Johannes Schmid

Spanische Fischküche

Gerichte mit Geschichte aus Spanien
und dem Mittelmeerraum

V E R L A G
WINFRIED JENIOR

Alle Angaben in diesem Buch wurden nach bestem Wissen erstellt. Trotzdem sind inhaltliche Fehler nicht auszuschließen. Der Verlag kann keine Verantwortung oder Haftung für falsche Angaben übernehmen. Wir bitten in diesem Fall um Korrekturhinweise an die Verlagsadresse.

Zeichnungen von Johannes Schmid

2. Auflage

Lassallestraße 15, D-34119 Kassel
Tel.: 0561-7391621, Fax 0561-774148
e-mail: jenior@aol.com
www.jenior.de
Druck: Druckwerkstatt Bräuning und Rudert, Espenau
ISBN 3-934377-33-5
Printed in Germany

Inhalt

Vorwort

Es ist erprobt: Ohne Hast und feste Route, offen für jede interessante Begegnung und mit einem guten Quantum Muße im Gepäck durch Spanien zu reisen, macht gute Laune und läßt die Versuchung aufkommen, sich mit dem einen oder anderen Thema, in das sich der Spanien-Reisende absichtlich verwickelt hat, endlich einmal gründlich zu befassen.

Würde es nicht einen Gewinn an Allgemeinbildung und Lebenslust bedeuten, die Beschäftigung mit Spaniens Weinen noch viel konzentrierter zu betreiben als bisher? Wäre es nicht an der Zeit, sich endlich einmal in Theorie und Praxis in den Flamenco zu versenken, um seinen musikalischen Ausdruck zu begreifen? Zeugt es nicht von Weisheit und Reife, einmal im Leben den Pilgerweg Camino de Santiago zumindest von Roncesvalles in Navarra bis nach Santiago de Compostela in Galicien zu Fuß gegangen zu sein? Und ist es nicht eine Schande, daß man so wenig von Antoni Gaudí und der Architektur des katalanischen Modernisme versteht; oder von der Bereicherung der spanischen Geschichte durch die Kultur der Mauren; oder von der spanischen Küche, ihren regionalen Varianten und Traditionsgerichten?

Ob auf den Balearen oder Kanaren, in den Küstenbereichen zwischen dem Baskenland und Galicien oder zwischen Katalonien und Andalusien, normalerweise ist es gar nicht zu verhindern, daß der Reisende dort mit der einen oder anderen Facette der spanischen Fischküche konfrontiert wird. Irgendwann sitzt er hungrig in einem Restaurant, studiert die Speisekarte, wendet sich voller Vorfreude der Abteilung mit den Fischen und Meeresfrüchten zu und liest: besugo, gallo, rodaballo, bonito, caballa, raya, merluza, cazón, rape, salmonete, vieira, centollo, almeja, berberecho...

Spätestens dies ist der Moment, in dem der Reisende spürt, daß es so nicht mehr weiter geht. War es ihm - daheim ein durchaus gebildeter und aufgeschlossener Hobbykoch - nicht schon immer ein persönliches Anliegen, sich der spanischen Fischküche zu widmen, um die fremden Begriffe und Namen zu verstehen, dazuzulernen, sich aufschlußreiche Kenntnisse und Erfahrungen anzueignen? Nie war genug Zeit dafür, nie die Gelegenheit günstig, nie das Thema vordringlich. Aber nun!

Nun gibt es das Buch „Spanische Fischküche" von Johannes Schmid. Mit appetitlichen Fotos bebilderte Koch- bzw. Rezeptbücher findet man auf dem deutschen Markt reichlich. Meist werden dort nur mehr oder weniger kommentarlos aus dem Spanischen ins Deutsche übersetzte Rezepte abgedruckt. Es fehlt aber der Hintergrund, die Warenkunde, die Erläuterung der Fachbegriffe, die landeskundliche Einordnung.

All dies birgt das Buch von Johannes Schmid. Bei der Lektüre fragt man sich unweigerlich nicht ohne eine Prise Neid: Wie und wann hat der Autor die Zeit gefunden und die Energie aufgebracht, um sich diesen Ausbund an solide recherchierten Kenntnissen zuzulegen? Nicht nur die Merkmale der wichtigsten Fluß- und Seefische, Krebse, Garnelen, Muscheln, Meeresschnecken, Tintenfische und Kraken sind beleuchtet und die jeweiligen Namen mehrsprachig angegeben. Es ist geradezu überwältigend, was der Autor beispielsweise von Kabeljau und Seehecht, Seezunge und Steinbutt, Sardine, Graubarsch, Goldbrasse, Neunauge, Seeteufel, Hummer, Taschenkrebs, Jakobsmuschel, Herz- oder Entenmuschel versteht. Auch in solche Themen wie Vermarktung und Zubereitung der Fische, Probleme der Überfischung, Grundzutaten der spanischen Fisch- und Marisco-Küche, Fischmärkte und Einkaufstips hat sich Johannes Schmid vertieft. Zudem ist das Buch durch Anekdoten und historische Exkurse sowie durch illustrierende Zeichnungen des Autors gewürzt. Die beeindruckend zahl- und variantenreich zusammengetragenen Rezepte bestechen durch Genauigkeit und Praktikabilität. Hier schlägt die Kochlust und -erfahrung des Autors überzeugend durch.

Kaum jemand liest wohl ein solch kompaktes Werk von vorn bis hinten durch. Aber es animiert inständig zum Nachschlagen, zur Vertiefung von Grundkenntnissen, zum Nachkochen von spanischen Fisch- und Marisco-Rezepturen. Wohl dem Hobbykoch, der das Buch stets in Herdnähe bei der Hand hat. Und wer durch Spanien reist, sich den Wohltaten der landestypischen Fischküche zuwendet und immer noch wie ein kulinarischer Analphabet über der Speisekarte sitzt, macht etwas falsch. Ach hätte er doch „den Schmid" dabei!

Harald Klöcker

1. Spanische Fisch- und Mariscoküche

Spaniens Fischmärkte sind für Fischliebhaber ein Gang durchs Paradies. Schillernd, bunt und überbordend liegt da der Ertrag des Meeres ausgebreitet. Grauschwarz glitzernde, faltige Leiber von Seehechten trennt eine Lage halb in Eis eingegrabener Schollen, Flundern und Seezungen von rotprunkenden Knurrhähnen, grünglänzend liegen mächtige Steinbutte neben zartrosa schimmerndem Filet vom Schwertfisch aus. Goldbrassen funkeln mit Marmor- und Rotbrassen um die Wette, in buntem Haufen liegt ein Korb Sardellen hingeschüttet da, Tintenfische überziehen mit ihren Tentakeln ihr Bett aus Petersilie, Mies- und Venusmuscheln stehen in prallen Netzchen bereit, Kronenhummer und Garnelen locken in allen Schattierungen von orange bis dunkelrot, und die Könige der Schalentiere, Langusten und Hummer, thronen stolz über Hügeln aus kardinalrotem Thunfisch, fahlbeigem Filet vom Zakkenbarsch und Bastkistchen mit Meeresschnecken. Es duftet kühl und frisch nach Salz und Algen. Noch ist es ruhig, aber bald kommen Kunden, der Markttag beginnt. Gegen Mittag hat sich die schöne Ordnung, die morgens herrschte, schon etwas aufgelöst. Einige Forellen liegen nun quer über den Sägegarnelen, die lachsroten Streifen einiger Bandfische sind zwischen die Meerspinnen gerutscht, häßlich flotzmäulige Seeteufel scheinen mit zwei Muränen zu schäkern, ein paar kleine Jureles purzeln nach und nach dem Rand zu, drei sind schon vom Tisch herabgefallen. Den Eindruck prallen Reichtums und verschwenderischer Schönheit verstärkt das nur. Unermüdlich wird tranchiert, filetiert, verpackt, neu aufgeschichtet, Eis dazwischengeschoben. Wer möchte da nicht kaufen!

Ehe man sich versieht, steht man mitten unter den Käufern. *¿Quien es último?*, wer ist zuletzt dran, fragen neu Hinzukommende. *¡Yo!* Es entmutigt etwas, daß man kaum ein Wort von dem versteht, was die Käuferin vor einem in eiligem Spanisch verhandelt; und man weiß inzwischen auch gar nicht mehr, wovon man eigentlich kaufen wollte. Etwas von den Seezungen und Schollen, da kann nichts schiefgehen, und das Erlebnis, wie geschickt die Verkäuferin diese Fische enthäutet, möchte man sich nicht entgehen lassen. Auf den Rest der Fische deutet man im Zweifelsfall: zwei von denen dort und *un kilo de estos, para el horno*, zum Garen im Herd. Die spanischen Namen auf den Täfelchen kann man nur schwer lesen (sofern es wirklich spanisch ist und nicht galicisch, katalanisch, baskisch oder gar handschriftlich, was in allen Sprachen der Halbinsel gleich unlesbar bleibt). *Para horno, al horno* ist das einfachste, da wird der Fisch nur ausgenommen und dressiert. Die Verkäuferin hat inzwischen mit ihrem Zeremoniell begonnen. Mit einem dickbauchigen Riesenmesser rückt sie den zarten Fischen zu Leibe, es scheint unmöglich und es geht doch, sie arbeitet in wundersamer Geschmeidigkeit, man könnte ihr ewig dabei zusehen. Später stapft man dann stolz über den Markt, in der Hand eine schwere Tüte, für den Tag gegen weitere Verlockungen des Fischmarktes gefeit.

Aber was macht man nun mit dem Fisch? Zieht man ihm die Haut ab, wirft man ihn in Wasser, zerteilt man ihn, brät man ihn, wie er ist, in Öl? Paniert man ihn, nimmt man ihn weiter aus, muß man ihn schuppen? Man könnte natürlich bei den drei Sorten Fisch bleiben, für die man weder Kochbuch noch Markt braucht. Aber ein spanischer Fischmarkt übt einen verführerischen Reiz aus.

Die gekauften Fische werfen viele Fragen auf. Wo lebte der Fisch in meiner Hand? Und wovon lebt er? Wie fängt man ihn? Ist er selten und in seiner Art bedroht, oder gibt es ihn reichlich? Hat er nahe Artverwandte? Und dann ist da noch etwas: Wir verbinden Seefisch stets mit unserer eigenen Zuneigung, Erinnerung, ja Sehnsucht nach dem Meer. Schon ein einfacher Hering ist uns immer mehr als er selbst, er ist Sendbote des Wassers, jener blauen wogenden Freiheit und Weite unseres Erdballs, die so zu locken versteht. An Fischständen geht man nie einfach vorbei; seien sie noch so unscheinbar, man sieht hin, man registriert, man nimmt die Schönheit der Fische auf, ihre zarten Farben, ihre eleganten Formen, ihre glatte kühle Appetitlichkeit, die Fremdheit ihres Lebensraums und ihren Geruch nach Ferne. Vollends aber, wenn man in Spanien ist und sich das Schauspiel der glänzenden, schillernden Pracht eines Marktes gönnt, wer wollte da gerade an den Fischabteilungen achtlos vorbeigehen! Fischstände sind in Spanien das Herz der Märkte. Wenn wir diese bunte Vielfalt von Farben und Formen, Tentakeln und Flossen, Filetmustern und Schuppenpanzern sehen - wirklich, da wüßten wir gern mehr über Fisch und Meeresfrüchte!

Aus diesen Anregungen heraus entstand das Buch über die spanische Fisch- und Mariscoküche. Es ist in erster Linie ein Kochbuch, aber auch eine Einführung in die dazugehörige Welt der Fische und Meeresfrüchte. Eines ist ihrem Autor stets ein Anliegen geblieben, so lange er sich auch damit beschäftigte: Fisch und Meeresfrüchte sind Lebewesen! Ziehen wir sie zu unserem Lebensunterhalt heran, so haben wir uns auch über Recht und Grenze dieses Tun Gedanken zu machen. Überfischung, Verschmutzung der Meere, umstrittene Fangmethoden, das gehört heute zum Hintergrund eines Fischkochbuchs.

Der Fisch in der Küche

Die Zubereitung von Fisch und Meeresfrüchten ist ein eigenes Kapitel der Kochkunst. Anders als an den Fleischtheken kauft der Kunde oft ein ganzes Tier oder gar mehrere und muß deren Qualität beim Kauf beurteilen können. Er hat danach den Vorgang der Zerlegung größtenteils selbst zu besorgen. Und auch der Kochvorgang unterscheidet sich von anderem Garen beträchtlich. Fischfleisch ist anders aufgebaut und geschichtet als Rindfleisch, der Geschmack muß nach anderen Regeln herausgearbeitet werden, die Zutaten werden unterschiedlich gehandhabt. Bei Meeresfrüchten sieht es nochmals anders aus. Diese Tiere sind oft sehr klein, der Geschmack unterscheidet sich von dem der Fische. Das schmale Angebot an Fisch und Meeresfrüchten in der deutschen Küche führt dazu, daß wir darüber wenig Kenntnis besitzen. Darum werden diese Vorgänge der Reihe nach und in der gebotenen Ausführlichkeit behandelt. Alles, was allgemein die Behandlung von **Fisch** in der Küche erfordert, wird in diesem Kapitel vorgestellt. Die Küche der **Meeresfrüchte** kann nicht in dieser Art erfolgen, sie ist je nach Schalentieren, Muscheln, Schnecken, Tintenfischen so unterschiedlich, daß sie jeweils bei diesen Gruppen behandelt wird.

Einkauf im Laden oder auf dem Markt

Als allgemeine Einkaufsregel für Fisch gelten vier Merkmale. Guter Fisch hat

klare, glänzende Augen
glatte, anliegende Schuppen
saubere, meist rote Kiemen
elastisches festes Fleisch.

An den Kiemen soll er nach dem Wasser riechen, sie sollten nicht bräunlich blaß sein, die Schuppen müssen noch gut ansitzen. Am zuverlässigsten ist es, Fisch zu drücken. Es darf keine Delle bleiben. Und Fisch muß frisch bleiben! 24 Stunden darf er im Kühlschrank lagern; wenn er sehr frisch ist, auch einmal 48, am besten in feuchtes Papier oder Alufolie eingeschlagen. Das Lagern auf Spezialeis, wie man es in den Fischhallen der Seemärkte sieht, ist ein ausgeklügeltes Verfahren, das mit chemischen Mitteln arbeitet. Bei exakt eingehaltener Temperatur und richtigem Feuchtigkeitsgehalt hält Fisch nämlich weit länger, als man denkt. Aber die herrschen in unserem Kühlschrank nicht. Die Regel von den 24 bzw. 48 Stunden ist nur eine allgemeine Richtschnur, die sich bewährt hat - im übrigen melden sich viele Fische von selbst, indem sie ‘fischig’ nach Ammoniak riechen. Geht der Geruch, auch nachdem man den Fisch mit Zitrone eingerieben hat, nicht weg, sollte man auf einen Verzehr verzichten. Thunfische sollte man möglichst rasch zubereiten, in ihrem Fleisch laufen mehrere schädliche bakterielle Vorgänge gleichzeitig ab.

Ein Wort zur Frische der Marktware. Weder in Deutschland noch in Spanien braucht man deswegen Sorge zu haben, auch im Sommer nicht. Die Lebensmittelüberwachung beider Länder ist gut, an der Küste wie im Inland. Sollte man während des Urlaubs in Mittelmeerländern einmal unter leichten Vergiftungen und Verdauungsturbulenzen leiden, muß nicht immer der Fisch daran schuld sein - auch den Spaniern ergeht es so, im Mittelmeerklima entwickeln sich Keime rascher, die Störungen gehen aber meist schnell vorüber.

Montags kaufen die Spanier keinen Fisch, da sonntags nicht angelandet, versteigert und verfrachtet wird. Die meisten *pescaderías*, die Fischläden Spaniens, sind montags denn auch traditionell geschlossen. Die offenen sollte man dafür bevorzugt gerade am Montag aufsuchen! Es fehlt zwar ein wenig an Angebot, aber der Montagsfisch ist bei den heutigen Lagermethoden noch absolut frisch und wird gern billig abgegeben, um den Platz für die Dienstaglieferung zu räumen. Mit ein wenig Kenntnis kann man da vorzügliche Käufe tätigen. Das größte Angebot und die besten Fische bekommt man traditionell am Dienstag und am Samstag.

An Gewicht rechne man pro Person 350-400 Gramm Fisch, bei Filet 200-250g (zu Filet reicht man mehr Beilagen). - Beim Kauf fragt der Verkäufer oft, wie man den Fisch geputzt haben will; und das wird dann auch vorgenommen, egal wie viele Kunden warten. Man sollte sich das nicht entgehen lassen! Erstens wird man so kunstfertig im Leben nicht oft bedient und zweitens ist es eine Frage der Ehre - soll der Kunde doch nicht glauben, die Verkäuferin wüßte den Fisch nicht exakt so herzurichten, daß er dem *caballero* und der *guapa* oder *reina* ('Hübsche' oder 'Königin', Frauen werden am Markt gern so tituliert) quasi von selbst in die Pfanne springt! Der Käufer wird dafür auch nicht versäumen, die Arbeit zu loben, denn auch das gehört zur Ehre Spaniens. Wer nicht reden kann, mache runde andächtige Augen. Wer es gut beherrscht, wird immer eine besonders zuvorkommende Verkäuferin vorfinden. In Supermärkten wird es leider zunehmend anders. Da setzen sie oft irgendein armes, unerfahrenes Ding an die Fischtheke und im Sommer eine Aushilfskraft. Die ist zwar entgegenkommend, aber oft noch schüchterner und verzagter als der ausländische Kunde.

Fisch wird stets gewogen, *bevor* er geputzt wird, man kauft also Rohgewicht (abgesehen von Fischen, die nach Gesetzesvorschrift nur ausgenommen verkauft werden dürfen, etwa die mit giftigen Rückenstacheln bewehrte Meerspinne). Gewöhnlich wird Fisch so geputzt, daß er zum Garen im Herd taugt. Petersilie (*perejil*) fragt man nach, sie wird dann kostenlos beigegeben, im Sommer zuweilen etwas sparsam, weil das Angebot knapp ist. Zitrone erhält man gewöhnlich nicht am Fischstand. Nicht ausgenommen werden Kleinfische wie Sardine, Sardelle, kleine Meerbarben usw. unter 20 cm.

Die Preise für Fisch und Meeresfrüchte in Spanien sind verläßlich. Wo sie sehr teuer sind, sind sie es auch wert, zuweilen arbeiten Fischtheken mit Restaurants zusammen und sind dann auf Edelware spezialisiert. Ich kaufte einmal einen Seehecht, normalerweise zu etwa vier bis fünf Euro das Kilo, für 24 Euro und habe es nicht bereut, die Qualität war einzigartig. Überhaupt ist festzuhalten, daß ich während der gesamten langen Recherchen für dieses Buch in Spanien nicht in einem einzigen Fall offenkundig unsaubere Preise antraf.

Vorbereitung des Fischs in der Küche

Das wichtigste ist ein gutes Messer, scharf, eher klein und stabil. Fisch glitscht; wer lieber mit Handschuhen arbeitet, sollte es tun.

Entschuppen muß nicht immer sein. In Spanien nimmt es auf Wunsch die Verkäuferin vor. Fisch wird vom Schwanz her entschuppt, an dem man ihn hält, und zum Kopf hin (wenn die Schuppen zu fest sitzen, taucht man den Fisch kurz in siedendes Wasser, dann lösen sie sich leichter).

Ausnehmen. Auch das erfolgt vom Schwanz her. Andernfalls riskiert man, die Galle zu verletzen, die meist knapp hinter dem Kopf sitzt, also ungewohnt weit oben. Einstich am After, dann nach vorn fahren bis zur Brustflosse oder bis zum Kopf, die Eingeweide fassen und mit einem Ruck herauslösen. Soll Blut von rotblutenden Fischen zur Sauce gegeben werden, sollte dieses sofort in Essig neutralisiert werden. Die Häutchen im Fischinneren entfernen, soweit es ohne Mühe geht. Störende Flossen werden am besten mit der Schere abgeschnitten. - Zuweilen wird in Rezepten ein **Ausnehmen durch die Kiemen** verlangt. Zweck dieses Vorgehens ist es, ein gleichmäßiges Garen von Rücken- und Bauchteilen zu erreichen; ist der Fisch am Bauch einmal offen, garen die lappigen Filets des Bauchs rascher als die am Rücken. Dieses Ausnehmen ist etwas mühsamer, aber auch nicht allzu schwer. Man schneidet oder bricht den Fisch mit einer Schnittlinie von Kieme zu Kieme über die Unterseite auf, um an die Eingeweide zu kommen. Erwischt man nicht alles, ist es nicht so schlimm. Hinterher werden bei Bedarf die Kiemenknochen vernäht. Die Tatsache, daß man zuweilen nicht alles herausbekommt, ist auch der Grund, warum man diese Art des Ausnehmens nur bei Raubfischen vornimmt. Sie haben einen kürzeren Darm mit weniger stinkendem Inhalt als Pflanzenfresser, die in der Regel noch am Fangschiff ausgenommen werden, da Magen- und Darminhalt rasch in Gärung übergehen.

Auswaschen: Fisch wird nach dem Ausnehmen abgewaschen. Am Fischmarkt unterbleibt es, da zuweilen kein Wasseranschluß da ist, man holt es dann zuhause nach. Weniger bekannt ist das anschließende **Säuern** mit Zitrone oder das **Salzen**, vor allem bei ausgelösten Filets. Beides wirkt sofort auf das Eiweiß und macht es fester, zudem bleibt das Fleisch weiß und Geruch wird neutralisiert. Bei feineren Fischsorten unterbleibt das Salzen, denn Salz zieht stets Wasser bzw. Fleischsaft. Mit Salz jedenfalls wird auch die Schleimschicht abgerieben, die manche Süßwasserfische haben, etwa Aal oder Forelle (an 'Forelle blau' darf natürlich kein Salz).

Filetieren und Häuten. Man filetiert stets vor dem Häuten, es geht leichter. Der Schnitt erfolgt diesmal vom Kopf zum Schwanz hin, da die Fleischfaser nach hinten verläuft. Schwanz und Kopf werden abgetrennt (hinter den Kiemen, meist besteht der Kopf aus einem zusammenhängenden Plattenteil), dann schneidet man entlang der Seitenmittellinie ein und hebt die Filets ab (es wird eigentlich eher abgehoben als geschnitten, außer bei Plattfischen).

Fische haben 4 Filets, zwei am Rücken und zwei am Bauch. Die Bauchfilets werden eher nach unten geschoben als abgehoben, das Fleisch liegt den großen Gräten um den Eingeweidetrakt in Längsrichtung an und löst sich durch Druck gut ab. - Das Häuten erfolgt ebenfalls vom Kopf- zum Schwanzende hin. Sind Kopf und Schwanz abgetrennt, fährt man am oberen Ende in der Mitte unter die Haut und löst sie bis zum Rand, packt die Haut dann kräftig (am Markt arbeitet man da mit rauhen Gummihandschuhen) und zieht sie mit einem Ruck ab. Beobachten Sie den Vorgang am Markt bei Seezungen, um ihn zu lernen. In Katalonien (Costa Brava und Costa Dorada) macht der Verkäufer es immer von sich aus, anderswo in Spanien nicht. Es bleibt trotzdem recht mühsam, bis man genügend Übung darin hat. Den **Aal** hält man mit einem Tuch (!) und häutet von unterhalb des Kopfes abwärts. Besser: man hängt ihn mit dem Kopf an einen Nagel. Nicht zimperlich sein beim Häuten! Wenn ein Stück Fisch mit abgeht, geht es eben mit ab und kommt in den Sud! Bei Fisch gilt wie bei Fleisch: Filets sind geschmacks- und fettärmer als andere Teile. Ganz gegart schmeckt Fisch stets intensiver. Filets dagegen brauchen, um zur Geltung zu kommen, in vielen Fällen einen stützenden Fischsud, am besten vom selben Fisch. Man bewahre also, wenn man filetiert, die Abfälle auf, sie werden noch gebraucht.

Die Zubereitung von Fischen

Fische haben empfindliches Fleisch. Biologisch gesehen sind sie eine hoch einzustufende Gattung der Lebewesen: höchste Einfachheit der Form, optimale Struktur von Muskelgewebe und Organen, bestmögliche Anpassung an das Milieu Wasser. Eben dieses Milieu Wasser, in dem Fische mit recht wenigen, bei Jagd oder Flucht aber sehr effektiven Bewegungen auskommen, ohne einen komplizierten Laufapparat zu brauchen, führt im Fleischaufbau jedoch zu wenig Bindegewebe, Knorpelmasse, Sehnen und Achsendrehungen der Muskelanlage. Für den Kochvorgang bedeutet dies, daß das **Muskelfleisch** der Fische viel weniger geschützt ist als das von Säugetieren. Es gart rasch und läßt den zwischengelagerten Saft auch rasch austreten. Die Garzeiten sind deswegen auch gering. Eine Ausnahme bilden festfleischig kochende Arten wie der Seeteufel, dessen Muskelaufbau kompakter und ringförmig ist. Der **Fettgehalt** schwankt. Viele Fische sind ausgesprochen mager. Fettschichten wie bei Säugetieren finden sich nicht (Ausnahme: Haie), das Fett ist in schmalen Partien zwischen die Muskelfasern eingelagert und tritt ebenso rasch aus wie der Fleischsaft. Gute Fischsuppen entstehen, indem man fette Fische länger als vorgesehen gart. Fett und Fleischsaft treten dann in die Suppe aus. Dasselbe gilt für die **Gelierstoffe**, wie bei den Säugetieren Hauptträger der Geschmacksstoffe, auch sie treten rasch aus. Fisch darf daher nie lange garen! Eigentlich muß er überhaupt nicht garen, Eskimos und Lappen haben Fisch ihr Lebtag lang roh verzehrt, teilweise mitsamt den Gräten, und Japans Beitrag zur Weltküche besteht in roh serviertem Fisch. Soweit wollen wir nicht gehen, aber Fisch darf innen stets halbgar sein - geht das Fleisch gerade eben von der Gräte, ist er ideal gegart. Was den **Geschmack** betrifft: Bei Fisch sind alle Aromen verhaltener als bei Landtierfleisch.

Ein Wort noch zum Fettgehalt. Da man es vielen Fischen nicht ansieht, ob sie fett sind, hat man versucht, mit den Bezeichnungen 'weißer Fisch' (unter 8% Fettgehalt) und 'blauer Fisch' (über 8% Fettgehalt) eine Regel zu setzen. Der Ansatz von 8% war eine reine Erfahrungsregel nach der Tauglichkeit von Fischsorten für Suppen. Die Regel funktioniert allerdings nicht. Dieselben Fischarten haben je nach Saison, Laichzeit und Nahrungsangebot ganz unterschiedliche Fettwerte, sieht man von einigen wie dem Kabeljau ab, der immer unter den 8% bleibt, oder Makrelen, die immer darüber liegen. Man hat die Regel daher wieder aufgegeben, trifft sie indes gelegentlich noch an. Diese Angabe hat nur indirekt mit 'weiß kochendem' Fisch zu tun. Darunter versteht man einige Fischarten, deren Fleisch beim Garvorgang nicht zerfällt (wie etwa ein Schellfischfilet), sondern im Gegenteil fest wird: Seeteufel, Brassen, Skorpionfisch und andere. Auch hier gibt es keine feste Regel.

Fisch kann auf alle Arten zubereitet werden, sofern das Garen schonend erfolgt: Dünsten, Braten, Dämpfen, Kochen, Fritieren, leichtes Grillen. Es ist mit Fisch auch hier anders als bei Landtieren, wo Rindsschlegel nicht gut nach Rezepten von Lammkoteletts, Schweinebries oder Geflügelbrust gegart werden kann. Garvorgänge beim Fisch sind einfacher. So sind auch Vorbehalte vieler Unerfahrener an Marktständen mit 50 Fischsorten unberechtigt - mehlgewendet in Öl sanft ausgebraten gelingt zum Beispiel schlechthin jeder Fisch! Sind keine Rezepte zur Hand, kann Fisch also trotzdem recht schmackhaft zubereitet werden! Aber man wird über dieses Improvisieren sicher irgendwann hinauswollen, und da hat der Vorbehalt dann doch recht. Es kommt beim Fisch in erster Linie auf gute Beherrschung der Zubereitungsarten an, in zweiter Linie auf die Kenntnis der Fischsorten und erst am Ende auf die Rezepte. Spaniens Fischküche hält die eben skizzierte Reihenfolge vorbildlich ein. Sie zielt auf den Eigengeschmack der Fische hin und zieht nicht beliebigen Fisch für die Eigenart von guten Rezepten heran. Erst muß man also die Fische kennen, dann begreift man auch Spaniens Küchenkniffe. Eben deswegen stehen in einem Buch über die spanische Fischküche auch im Vordergrund die **Fischporträts**. Vorerst jedoch ist es uns wichtig, in einer Rundumsicht die allgemeinen Zubereitungsarten abzuschreiten. Sie sind uns geläufig, es gibt aber beim Fisch einiges an ihnen zu berücksichtigen.

Kochen. Fisch wird grundsätzlich **pochiert**, nicht gekocht! 80% Wasser enthält er ohnehin, aufnehmen muß er also nichts davon, und das Fett soll im Fisch erhalten bleiben. Seefisch verträgt etwas mehr Hitze als Süßwasserfisch, aber kochen soll auch er nicht, nur simmern, d.h. in leicht perlendem Wasser von etwa 75° garen - man nennt das auch 'köcheln'. Ebenfalls schonend ist das Garen in Wasserdampf. **Suppen** sollen dagegen kräftig sprudelnd kochen. Sind Fleischsaft, Fett und Gelierstoffe einmal in sie übergegangen, braucht es gute Hitze, damit sie die anderen Ingredienzien binden.

Ob man den Fisch dann in der Suppe beläßt oder nicht, ist gleich, 'hinüber' ist er ohnehin. Bouillabaisse, bei der Fisch und Sud getrennt gereicht werden, ist daher auch keine Fischsuppe, es ist Fisch mit einem Nachschlag an aromatischem Sud. '**Blau**' gekocht darf Fisch weder geschuppt noch gesalzen werden. Er muß nach dem Garen auch sofort serviert werden, sonst verfärbt er an der Luft. Seefisch gelingt nie 'blau', der Salzgehalt des Meeres verhindert die Bildung einer blauenden Schleimschicht. Gekocht wird Fisch in Spanien mit Zwiebeln, bei kräftigerem Aroma auch mit Nelke, und meist mit Lorbeer und sehr gerne mit Muscheln.

Dämpfen oder **Dünsten** ist bei Fisch stets empfehlenswert, vornehmlich auf einem 'Gemüsebett', das ihn gegen starke direkte Hitzeeinwirkung schützt. In Spanien wird gern auf einem Bett von Zwiebeln und Knoblauch gedünstet. Zwiebeln ziehen gut Saft und werden dann mild und unaufdringlich. Auch die Paprika ist gut, ihr Ton tut dem Fisch nicht weh. Ein gewisses Problem schafft die Tomate. Sie ist im Geschmack sanft, kann mit ihrer speziellen Säure den Fisch aber auch erdrücken. Rezepte mit Tomate sind jedoch meist gut komponiert. Entweder hält der Fisch die Säure von selbst aus, oder er wird vorher mariniert, d.h. in Würzsauce eingelegt, was ihm genügend Stütze verleiht, oder die Tomate wird hinterher mit den in Spanien beliebten *majados* und *picadas* (siehe dazu Kasten 'Picada', S. 80) aufgefangen. Das sind sanfte Würzmischungen, oft mit Nüssen und Petersilie, die gegen Ende des Garvorgangs hinzukommen. Das verhaltene, leicht kernige Nußaroma stützt den Fischgeschmack und neutralisiert die Tomate etwas.

Gebraten und fritiert werden darf gern, aber nicht zu heiß, Fischeiweiß ist hitzeempfindlich. Es gerinnt bei 70° und drückt dann eingelagertes Wasser nach außen, das Fleisch wird trocken, zäh und geschmacksarm. Alle Rezepte, die Fisch braten oder fritieren, sehen deswegen einen Schutz gegen die Eiweißgerinnung vor, ein Wenden in Mehl, eine bald hinzutretende Sauce oder einen Sud, zuweilen einfach auch die Fischhaut. Das Wenden in Mehl ('Müllerin Art') ist in Spanien allgemein üblich. Man spare dabei nicht mit dem Mehl und reibe oder klopfe es auch tüchtig ein! Es isoliert den Fisch gut und gibt beim Ausbraten eine recht feine Kruste. - Fritieren, ein Bratvorgang in reichlich Öl, also von allen Seiten zugleich (das Öl muß das Kochgut dabei nicht unbedingt voll einhüllen) ist die besondere Kunst Andalusiens. In welcher Panade auch immer man Fisch fritiert, das Geheimnis besteht darin, ihn zugleich mittels der Panade abzuschirmen, ihn aber für die Röstvorgänge des Brat- oder Fritiervorgangs doch zugänglich zu halten. Übermäßig viel Öl nimmt man nicht. Man heizt es kräftig hoch und senkt dann die Temperatur, sobald der Fisch ins Öl kommt. Der Effekt ist ähnlich wie bei Fleisch, bei dem man mit hoher Hitze die Poren verschließt, um dann mit sanfterer Hitze das Innere zu durchdringen - bei Fisch verbäckt man die Haut oder die Panade, nur läuft der Vorgang sehr viel rascher ab. Also: das Öl gut erhitzen, den Fisch eingeben und sofort vom Feuer nehmen. In Spanien kocht man überwiegend mit Gas und kann die Flamme dann gut regulieren, bei Elektroplatten rückt man Topf und Pfanne von der Platte und wieder auf sie zurück. Fritierkünstler arbeiten auch mit mehreren Töpfen oder wissen genau, wieviel Kochgut sie eingeben müssen, damit die Öltemperatur von 200° auf 160° sinkt, so wie es meist gewünscht wird.

Paniert wird in Spanien mit viel Umsicht. Die 'Wiener Panade' mit Ei und geriebenem Weißbrot ist für Fisch selten tauglich, sie ist meist im Geschmack zu stark und die Röststoffe im Brot passen oft nicht zum Fisch. Sanfter ist ein Panieren in Mehl, Ei und/oder Milch. Nicht selten paniert man in Spanien zweimal, sei es, daß man 'in Mehl mariniert' und vor dem Braten nochmals mehlwendet, daß man den Bratvorgang abbricht, um nochmals eine Panade dranzugeben, oder daß man mehrere leichte Panaden mischt. Es ist bewundernswert, was sich die spanische Fischküche für Kniffe einfallen läßt (siehe z.B. Rezept 'Merluza a la Andaluza', S. 76). Alles dient dem Zweck, zwischen Fisch und Wärmequelle ein Polster einzuschieben.

Garen im Herd ist für Fisch exzellent. Es gibt in Spanien spezielle Fischformen dafür, sehr schlanke, da man bei Fisch nicht zuviel Flüssigkeit zugeben sollte und er selber (anders als ein Rindsbraten) nicht nennenswert Fleischsaft absondert. Wenn in diesem Buch von einem 'Bräter' gesprochen wird, sind solche Fischformen gemeint. Egal, ob sie aus Ton sind, aus Gußeisen oder Glas, die Form sollte länglich sein, dem Fisch also möglichst eng anliegen. Die allseits zutretende Hitze des Herds gart dann gut und rasch und verhindert ein Ausdörren bestimmter Stellen. In Spanien arbeitet die baskische Küche bei Fisch überwiegend mit **Tonformen**, weil sie 'atmen'; sie nehmen Hitze rasch auf und geben sie auch rasch wieder ab (wenn man baskische Rezepte mit gußeisernem Bräter kocht, darf man etwa 20% der Garzeit abrechnen, so viel etwa beträgt der Effekt des Nachbratens im Eisenbräter). Hat man keinen schlanken Bräter zur Hand, engt man den Raum einfach mit Kartoffeln ein! Im Herd wird Fisch gewöhnlich ohne Deckel gegart, also selten gedämpft. Der Grund liegt in den allermeisten Fällen darin, daß er eine Haut hat, die bei unbedecktem Herdgaren verbäckt und das Fleisch gut schützt, während sie beim Dämpfen aufweicht und oft sogar abgeht. - Wird Fisch im Herd ohne nennenswerten Sud gegart (das ist nur bei Fischen mit kräftiger Haut wie den Brassen oder mit Panade bedecktem Fisch üblich), dann wird die Bratform eingefettet und der Fisch in ihr stehend gegart. Auch hierbei hilft die Kartoffel: Mit Kartoffel im Bauch bleibt jeder Fisch im Bräter aufrecht stehen!

Grillen ist für Fisch ebenso ideal wie Herdgaren, ist aber mit Ausnahme der festfleischigen Fische wie Seeteufel mit besonderer Umsicht vorzunehmen. Grillen ist ein Garen mittels Strahlen-, nicht Umluftwärme. Es schließt die äußerste Muskelschicht schnell ab und schützt so vor dem Austrocknen, die Hitze muß aber dann rasch reduziert werden, sonst wird der Effekt überstrapaziert. Der Fisch wird für das Angrillen meist *nicht* in Mehl gewendet, denn Strahlenwärme verbrennt das Mehl nur unnütz, dafür aber kurzmariniert (am einfachsten 30 Minuten in Öl). Man grillt den Fisch also dicht an der Wärmequelle an und rückt ihn dann rasch weit weg davon. Bei zartem Fisch wie etwa dem Stöcker, auch bei Makrelen, ist das zuweilen eine Frage von Sekunden - 20 Sekunden volle Strahlenhitze (pro Seite) reichen meist schon aus, dann gehört der Fisch weg von der Glut! Für den Gartengrill gilt dasselbe. Das oft empfohlene Freilandgrillen von Fisch in Alufolie ist also unnötig. Zudem ist es Unfug. Denn erstens verklebt der gute Fischsaft in der Folie - auch falls sie kein Loch erhält, was meist noch dazukommt -, zweitens ist dasselbe Ergebnis sehr viel besser in Herd und Mikrowelle zu erreichen, und drittens grillt man, wenn Bedenken gegen die Benzolstoffe des Grillrauchs bestehen, Fisch am besten nach obenstehendem Verfahren an und gart ihn dann erst (!), auf Alufolie gebreitet und fern von der direkten Hitzequelle, zu Ende.

Garzeiten. Sie sind immer kurz. Bei Kleinfischen genügen 1-3 Minuten pro Seite, bei Fischscheiben 3-5 Minuten pro Seite, bei ganzen Fischen in der Regel um die 15 Minuten auf dem Feuer, 20-30 Minuten im Herd. An dem Punkt, an dem das Innenfleisch ganz leicht angegart ist, noch rosa und so eben von der Gräte geht, ist es am schmackhaftesten. Mit Rücksicht auf viele Personen, die Fleisch so nicht mögen, wurde in den Rezepten stets eine Garzeit vorgesehen, die den Fisch soeben durchgart, wie es in Spanien allgemein Sitte ist. Je besser der Fisch ist, desto vorsichtiger geht man mit der Garzeit um! Nachgaren ist immer möglich (eine Mikrowelle leistet dafür gute Dienste), aber einmal trockener Fisch ist nicht mehr zu retten. Bei Fischsuppen dagegen gilt das Umgekehrte: der Fisch *soll* trockenkochen, der Geschmack *soll* heraus aus ihm! Konsequente Restaurants servieren daher Fischsuppe stets ohne Fisch oder ersetzen ihn, als Einlage, durch neuen.

Marinieren

Eine Marinade leistet dreierlei. Sie schirmt das Kochgut nach außen ab, gart es an und imprägniert es mit Aromen. Während unser gewohntes Marinieren beim Braten von Fleisch vornehmlich aromatisiert, spielen beim Fisch auch die anderen beiden Aspekte eine wichtige Rolle. Fisch ist zartes Kochgut. Ein Land, das über Monate hinweg hohe Temperaturen hat, muß ihn gegen Bakterienbefall abschirmen, wo immer es möglich ist. Spanien hat aus seiner Not eine Tugend gemacht und viele sanfte, würzige Marinaden erfunden. Nicht selten gart die Marinade den Fisch sogar allein durch. Auch bei Dosenfisch ist Spanien führend.

Um Fisch abzuschirmen, muß nicht immer eine scharfe Essigmarinade dienen. Bereits die Zitrone, die man beim Säubern der Fische zugibt, nimmt Einfluß auf die Eiweißgerinnung, das Fleisch wird fester, kompakter, schließt die Poren. Denselben Dienst tun mit absteigender Wirkung Zwiebelsäure, mit Kräutern aromatisierte Öle und Milchsäurebakterien. Zugleich gibt die Marinade auch einen Schutz gegen allzu heftige Hitze beim Garen. Darum dient bei sehr zarten Fischen wie Seezunge oder Faneca eine Marinade mit Milch! Sie ist ganz sanft, schützt aber vorzüglich. Ansonsten nimmt Spanien dafür auch Salz und Mehl. Siehe dazu das aufschlußreiche Rezept 'Calamaritos rebozados', in dem Mehl sowohl zum Marinieren wie zum Ausbraten dient.

'Kaltes Garen'. Kochen setzt einen komplizierten Umwandlungsprozeß in Gang. Eier werden hart, Nudeln und Gemüse weich, Bakterien werden abgetötet, Röststoffe werden frei, aus dem Fett treten Emulsionsstoffe aus. Die Nahrungsmittel werden dadurch bekömmlicher, leichter verdaulich und meist schmackhafter. Alle diese Vorgänge außer dem Rösten können indes auch ohne Hitze, allein durch Säure oder durch Salz ablaufen. Bei zartem Fisch reicht der Beizvorgang der Marinade aus, um das Fleisch 'kalt' durchzugaren, z.B. bei Sardinen und Sardellen. Doch nicht nur Kleinfische garen in Marinade. Asiatische Länder wie Japan verfahren auch bei Filetfisch nach dieser Methode.

Standardgewürz in Marinaden ist neben Paprika, Senf, Zimt, Oregano und Petersilie der Fenchel, als Kraut oder als Korn. Sie geben dem Fisch geschmackliche Noten, die seinen Eigengeschmack nicht verwischen oder überlagern. Daher ist Fenchel, vor allem Wildfenchel, dem Dill überlegen. Um die Säure etwas zu verschönen, greifen manche Rezepte lieber zur Orange als zur Zitrone. Vorzügliche Marinaden finden Sie bei den Rezepten 'Jureles en adobo', 'Pescadilla al horno', 'Bonito en escabeche' oder 'Agujas en escabeche'.

Spaniens Stil in der Meeresküche

Die Länder, die sich in der Nachfolge der römischen Kultur verstehen, haben zwei Kochstile herausgebildet. Der eine bevorzugt den Naturgeschmack des Kochguts und will den Aromen nur Stütze geben. Ihm hängt Spanien an. Für den anderen, der aus Kochgut und Zutaten etwas geschmacklich Eigenständiges, Neues erarbeiten will, steht Frankreich. Welchem Stil man bei Fisch zuneigt, ist Frage persönlicher Vorliebe. Die internationale Restaurantküche wird immer eher der französischen Richtung zuneigen, denn feine Restaurants leben von der Kreativität, der Kompositionskunst, dem persönlichen Stil ihres Kochs, der 'etwas aus dem Fisch machen' will. Das ist auch in Spanien so. Wenn in diesem Buch dagegen der spanische 'Stil' den Vorrang erhält, so deswegen, weil die Fischküche dieses Landes von Grund auf eine am Naturgeschmack interessierte Volksküche ist. Die gesamte Restaurantküche, mit Ausnahme der erwähnten internationalen Küche mancher Hotels und Restaurants, baut auf ihr auf. Bei Fisch ist das noch auffälliger als bei anderen Gerichten.

Die spanische Küche steht oft unter dem Vorbehalt, sie sei einfach, kunstlos und nichts Besonderes, *un poco de ajo*, etwas Knoblauch, wie das Sprichwort sagt. Richtig, diese Küche ist einfach. Umso interessanter und reizvoller aber, zuzusehen, was man mit diesem *poco de ajo* alles anfangen kann! Gerade bei Fisch und Meerestieren entpuppt sich diese Küche nämlich als erstaunlich logisch, sauber und genau. Wir können an drei Punkten genauer erläutern, was einfach und doch raffiniert heißen soll.

Nehmen wir als Beispiel die Rezeptangabe *marinera*, nach Seemannsart. Auf See hat man nicht Zeit noch Raum für Überflüssiges. Da alle Seefahrt Knochenarbeit ist, muß an Bord sein, was zu kräftiger, vitaminreicher Kost verhilft und haltbar ist. Wein, Trockenbrot, Kartoffeln, Zwiebeln, Knoblauch, Trockenpaprika und reichlich Öl, alles einfache bäuerliche Produkte, nahm man also mit, um auf See zu kochen. Studiert man *marinera*-Rezepte genau, so staunt man, wie sorgfältig und variantenreich diese wenigen Zutaten verarbeitet werden, um ihren Eigengeschmack herauszubringen.

Das zweite Merkmal ist eben dieser Eigengeschmack. Nicht nur der Fisch, auch Paprika, Öl und Zwiebeln, alles schmeckt stets nach sich selbst. Die spanische Meeresküche klopft den Fisch gewissermaßen auf seine natürlichen Geschmacksnuancen hin ab und holt sie auf einfache, geradlinige Weise heraus. Eines der erstaunlichsten Rezepte Spaniens ist 'gekochter Wolfsbarsch' (*lubina cocida*): Fisch in siedendes Wasser mit einem Eßlöffel Meersalz geben, Hitze zurückschalten, 12 min. köcheln, fertig. Das Ergebnis ist umwerfend! Es gibt keinen Fisch, der mehr nach Fisch schmecken würde als Wolfsbarsch nach diesem Rezept. Es gibt aber auch keinen, mit dem dies auf diese Art sonst gelänge. An diesem Rezept stimmt alles: Konsistenz, Fetthaltigkeit, Biß und Geschmack.

Das dritte Merkmal besteht in der Genauigkeit und Bescheidenheit der Rezepte. Die spanische Meeresküche kommt mit bescheidenem Arsenal an Zutaten aus, gelegentlich kommt noch eine Raffinesse hinzu, eine Zutat, die man nicht ständig im Haus führt. Andererseits aber sind die Grundzutaten kaum ersetzbar. Fehlt etwas, schmeckt der Fisch nicht nach sich selber. Die ganz genauen Mengenangaben sind Gefühlssache, schon beim Salz gibt es ja Unterschiede, weder Kartoffeln noch Zwiebeln sind immer sortengleich, der Fisch kann im Fettgehalt schwanken usw. Mit einiger Übung wird man gewahr, daß eine bestimmte Mischung, Zeitangabe, Panade usw. den Fisch in seinem ganz eigenen Geschmack zutreffend herausbringt. Im Rezeptteil werden dazu genauere Hinweise gegeben. Seitenblicke auf Rezepte anderer Länder stellen dann oft nur noch mehr heraus, wie genau, geradlinig und ökonomisch (geringste Mittel, größter Effekt) der spanische Stil vorgeht.

'Spanischer Stil'? Natürlich nicht ganz Spanien. Nur die Küstenränder, die an der Iberischen Halbinsel wie an einem umgedrehten Teller ringsum ins Meer hinein abzurutschen drohen, schufen Rezepte, die inneren Landesteile lebten lange Zeit fast ohne Fisch. Wenn Fisch und Meeresfrüchte heute nirgends so reichlich und kunstgerecht zubereitet werden wie in Madrid, ringsum 600 km vom Meer entfernt, ist das kein Widerspruch. Selbst ohne Fischküche, ist Madrid Treffpunkt aller Fischküchen des Landes. Mit Barcelona ist es ähnlich. Es liegt zwar am Meer, aber zur reichen Fischküche Kataloniens hat es nur ein einziges Rezept beigetragen, die Fischsuppe *zarzuela*. Dafür trifft man in Barcelona die Fischtraditionen der ganzen Costa Brava und Costa Daurada bis nach Valencia hinab an. - Aber dann doch wieder ganz Spanien! Denn Fisch ist ein Politikum. Die Küstenländer sind sich in vielem uneins, driften stets auseinander, haben völlig verschiedene Sitten und Gewohnheiten, Sprachen und Tänze, Produkte und Bedingungen. Aber beim Fisch herrscht Einigkeit: *piscis hispanus est*, Fisch ist hispanische Gemeinschaftssache. Man wird stets genug Galicier finden, die bei Gott und allen Hexen Galiciens schwören, die Leute von Cádiz verstünden nicht die Bohne von Fisch und die Katalanen malträtierten ihn, daß es Steine erweichen könne. Doch kommt ein Franzose hinzu, reden sie alle anders, da ist die Front einig: der Fisch gehört so und so mit Öl, Zwiebeln und ein bißchen Knoblauch zubereitet, das wisse man doch in ganz Spanien! Doch wir wissen ja nun schon, daß *un poco de ajo* eine ganze Menge Finesse bedeuten kann.

Natürlich gibt es regionale Küchentraditionen, gerade beim Fisch. Oft läßt sich sogar der soziale Hintergrund bei Rezepten noch erkennen, wie wir es bei *marinera*-Rezepten sahen. Auch 'Forelle Navarra' (siehe S. 34) ist so ein Rezept: Forelle mit etwas ausgelassenem Speck, wie ihn die Wanderhirten mitführten. Andere Rezepte entstammen dörflichen Festen, etwa der galicische *pulpo a feira* (Krake nach Art des Landmarkts). Überhaupt lassen sich die Rezepte einteilen in solche, die ein Einzelgericht abgeben, worin der Fisch zur Geltung kommen soll, und in solche, die für Gerichte in der Öffentlichkeit dienten, Feste, Treffen, Feiern. Barcelonas Kleinbürger grillten früher beispielsweise regelmäßig sonntags an den Berghängen Sardinen - die Sardinenrezepte zeigen das heute noch, sie sind anspruchslos, kräftig, würzig und in der Menge variabel. Ähnlich ist es mit der valencianischen *paella*, deren Rezept gar nicht festliegt, mit dem baskischen Fischtopf *marmitako* oder mit sevillaner *soldaditos*, einem Stockfischgericht. Abgesehen davon aber lassen sich viele Rezepte ohne viel Mühe regionalen Traditionen zuordnen. Wo immer mit reichlich Wein gekocht wird, wo Butter verwendet wird, wo vor allem die *guindilla*, die Pfefferschote, oder Paprikaschoten dazutreten, hat das Baskenland seine Hand im Spiel. Wenn anders paniert wird als nur mit Mehl, und wo mit mehr Aufwand mariniert wird als mit ein wenig Zwiebeln, Knoblauch und Essig, steckt oft Andalusien dahinter. Wenn am Ende eine *picada* zugegeben wird, eine gestampfte oder gemörserte Paste, ist es meist katalanisch, wenn Nüsse oder gar Zimt darin vorkommen, ganz sicher. Wenn ein Rezept besonders sparsam ist, kann man wetten, daß es aus Kantabrien oder Asturien kommt. Wenn Muscheln den letzten Pfiff geben, oder wenn überhaupt dafür gesorgt wird, daß reichlich Sauce entsteht, haben wir ein Rezept Galiciens vor uns. Kommen von Kartoffeln, Korianderkraut (*cilantro*), Lauch, Möhren, Schnittlauch, Zitronen und Oliven mindestens drei zusammen vor, haben wir Portugal als Ursprung anzusehen. Reis weist natürlich immer auf Valencia. Es ist eben trotz der erwähnten Genauigkeit der Rezepte nicht so, daß Fische und Meeresfrüchte nur *eine* Art von Rezepten zuließen. Es läßt sich da schon variieren, und die Regionalküchen haben das auch stets getan.

Der Fisch am Tisch

Spaniens Fischküche ist eine einfache Volksküche. Auch spanische Fischrestaurants halten sich im Aufwand darum gern zurück, Fisch ist ein geselliges Essen in häuslicher Atmosphäre. Nur gehobene Restaurants und die Hausrestaurants guter Hotels gehen davon zuweilen ab. Da man bei Fisch- und vor allem Mariscoverzehr regelmäßig die Tischdecke befleckt, werden selten weiße und wertvolle Stoffe dafür genommen, eher grobes Leintuch in gedeckten Farben, neutrales Blau, Rotbraun oder Grün, dazu große schöne Tuchservietten. Sie sind wichtiger als eine besonders schöne Tischdecke. Das Gedeck ist weiß, wenn Mariscos allein oder Fisch in farbiger Sauce auf den Tisch kommen, und zart farbig, wenn der Fisch weiß oder hell serviert wird. Dazu wird Fischbesteck ausgelegt. Aufmerksam ist es, ein Schälchen Zitronenwasser zum Säubern der Finger beizustellen, eines mit Zitronenschnitzen zum Würzen und genug Schalen oder Teller für Gräten- und Mariscosabfall. In Spanien kommt natürlich auch das übliche Brotkörbchen, an Gewürzen Salz, Pfeffer und Öl auf den Tisch. Für die Getränke serviert man gewöhnlich ein größeres Wasserglas und ein kleineres Weinglas. Tranchiert werden vor den Augen der Gäste normalerweise nur Brassen oder grätenreiche Skorpionfische, deren Größe ein rasches Filetieren erlaubt. Alle anderen Fische werden in der Küche tranchiert oder es wird dem Gast überlassen. Ausgelöste kleine Happen serviert man nicht selten auch mit Zahnstochern als Besteck, so wie man es bei Tapas an der Bar macht.

Was die Tischsitten betrifft: es ist in Spanien durchaus üblich, die Finger zu Hilfe zu nehmen. Bei Mariscos geht es oft gar nicht anders, man arbeitet da regelmäßig mit den Händen, außer in sehr feinen Restaurants. Bei Fisch ist es erlaubt, sich Gräten dezent mit den Fingern aus dem Mund zu ziehen, was meist hinter vorgehaltener Hand erfolgt. Den Teller mit Brot auszutunken oder auszuwischen, gilt in Spanien keineswegs als undezent. Als undezent hingegen gilt, worauf wir Deutsche nicht kämen: Brot am Mund abzubeißen. Brot wird mit den Händen gebrochen und so zum Mund geführt!

Die Grundzutaten der spanischen Fischküche

Spanien braucht wenig an Zutaten für seine Fischküche, diese allerdings in guter Qualität. Das ist problemlos, die Sonne läßt alles zu vollem Geschmack ausreifen.

Benötigt werden zunächst reichlich **Zwiebeln** und **Knoblauch.** Die **Schalotte** weicht im Geschmack von der Zwiebel ab, ist dunkler im Ton und weicher im Aroma, allerdings auch weniger saftig. Meist kann sie in spanischen Rezepten durch milde Zwiebeln ersetzt werden, in den wenigen Fällen, wo es nicht so gut ist, wird es im Rezept angegeben. Knoblauch ist eine Preisfrage. Suchen Sie eine preiswerte Bezugsquelle, denn es macht wenig Spaß, ihn so freigebig zu verwenden wie die Spanier, wenn man ihn ständig überbezahlt.

An Kräutern brauchen wir vor allem **Petersilie** und **Lorbeer**. Petersilie wird in heißen Monaten in Spanien selten angeboten, man sollte dort also einen Vorrat tiefgefrieren oder tiefgefroren kaufen. Es gibt sie aber oft nicht im Supermarkt, Spanien hat eigene 'Congelados'-Läden für Tiefkühlprodukte. Lorbeer kaufen Sie, wenn es geht, im sommerlichen Mittelmeerurlaub ein; am Rande der Markthallen steht oft ein kleiner Landbauer, der ganze Tüten verkauft zu billigstem Preis. **Thymian** und **Oregano** schaffen kein Problem. Mit Dill ist die spanische Fischküche wenig vertraut, bei Bedarf pflückt man dort Wildfenchel vom Feld, in französisch beeinflußten Regionen wird manchmal mit Fenchelsamen oder Estragon gearbeitet, in Portugal mit Korianderkraut. Wenn es an Fenchel fehlt: Kräuter- und Reformläden (span. herbolario, dietética) führen solche Produkte. **Safran** ist im Levantebogen sehr gebräuchlich, sonst weniger. **Salz** und **Pfeffer** sind gewöhnlich im Haus. Grobes Meersalz ist für Fisch sehr gut, muß aber nicht sein, ausgenommen für 'Dorada a la sal', eine in Salzkruste gebackene Goldbrasse. Wichtig ist grüner Pfeffer, in Spanien führt ihn jeder Supermarkt im Gewürzregal als Ölkonserve. **Essig** dient für Marinaden. Es kann einfacher Weinessig sein. Zum Panieren benötigen wir **Mehl, Eier**, zuweilen **Milch** und **Paniermehl**.

An Fetten sind in Spanien **Öl** und **Butter** gebräuchlich, auch beides zusammen, denn Fisch gart bei Temperaturen, die genau zwischen den Bereichen liegen, wo Butter (100°-120°) und Öl (130°-180°) ihre besten Gareigenschaften entwickeln. Ein einfacher Ratschlag ist: für Süßwasserfisch Butter, für Seefisch und Mariscos Olivenöl. Öl erster Pressung muß es nicht sein, man nimmt gutes, einfaches, nicht zu säurehaltiges Öl. Nur eines der vorgestellten Rezepte sieht Schweinefett (manteca) vor, es ist in Metzgereien zu haben.

Wird Wein in Fisch- und Meeresrezepten zugezogen, so nimmt man trockenen **Weißwein** (siehe dazu Kasten 'Wein zum Fisch' S. 155) von ausgewogenem, fruchtigem, nicht zu schwerem Körper. Galicien gibt hier mit moselähnlichen kleinen Weißweinen derzeit den Ton an, aber auch Katalonien hat gute, saubere weiße Landweine. Man nehme lieber einen bescheidenen sauberen Landwein als einen großen Wein, wenn er zu massiv wäre! Wer von Alkohol absehen möchte, ersetzt den Wein durch **Fischsud** oder **Fischfond** (siehe Kasten 'Courtbouillon' S. 26). Nicht gut ersetzbar ist Wein allerdings bei Schalentieren, ihr Geschmack verlangt zuweilen das Aroma von Wein. Etwas anderes ist **Jerez** (Sherry), wenngleich auch dies ein Wein ist. Er spielt eine quasi französische Rolle, aromatisiert also Kochgut zu neuen Geschmackskompositionen und würzt nicht nur. Die Note, die der Jerez dabei mitgibt, ist schlechthin nicht ersetzbar, auch nicht durch guten Fischfond. An Jerez nur *seco* oder *amontillado*, nie *dulce* nehmen, das ergäbe nur Katastrophen! Das **Flambieren** ist in Spanien nicht üblich, außer im Baskenland oder zur Show. Richtig eingesetzt, verstärkt Flambieren das Grundaroma, aber Spanien hat dafür andere Mittel. Allerdings liebt man in Spanien den Feuerzauber, und so werden denn am Tisch zuweilen irgendwelche Hummerpanzer flambiert, daß es eine Freude ist. Ist es auch kulinarisch sinnlos, so doch sozial von unübertrefflicher Wirkung.

An Gemüse braucht die Fischküche zunächst ständig **frische Tomaten**. Wählen Sie die kleinen, gut reifen, oft fast zu weichen Kochtomaten oder die aromatischeren, die am Zweig hängend angeboten werden; die auch reif etwas grünlichen Salattomaten eignen sich schlecht, weil sie beim Kochen nicht gut zergehen. Darüberhinaus **Tomatenpüree** (im Karton oder Glas, wie in Deutschland) und **'geschälte' Tomaten**. So matschig Tomaten rasch werden, beim Verkochen lösen sie sich dennoch nicht leicht auf. Um das Verkochen zu fördern und um störende Schalenreste zu vermeiden, werden Tomaten 10-15 Sekunden in kochendes Wasser gegeben, dann mit der Gabel aufgespießt und ohne Mühe geschält. Bei feinen Gerichten entfernt man auch die Kernteile innen, nimmt also nur das Fruchtfleisch. Dieses Schälen ist zuweilen mühsam und ich gestehe, daß ich Tomaten entweder grob schäle oder einfach mit der Schale koche. Besser als Dosenware ist dies allemal, seien es ganze Tomaten oder Püree. Beide sind mit Säurezusatz haltbar gemacht, und manchen Fischen oder Meeresfrüchten schadet solche unverhoffte Säurezugabe.

Die **Paprikaschote** spielt in Spaniens Landesküche eine große Rolle. Die in Deutschland gewohnte rote, grüne oder gelbe Gemüsepaprika hat deutliche Zuckertöne. Für den Fisch bevorzugt Spanien seine eigene grüne Spitzpaprika, die eher mild und säuerlich ist, oder neuerdings die kleine Schote *pimiento de Padrón*. Schwer ersetzbar sind Dosenpaprika (*morrones*, reife rote, süße Paprika aus dem südlichen Baskenland, enthäutet, geräuchert und in Öl eingelegt) und Trockenpaprika, *ñora*, erhältlich in Stockfischläden, muß eine Nacht gewässert werden und wird dann ausgekratzt. Frisch im Haus haben sollte man Peperoni, spanisch **Guindilla**. Peperoni und Guindilla sind nicht ganz identisch, die Guindilla ist noch schärfer, aber geschmacksneutraler als die italienisch-ungarische Peperoni.

Fisch wird selten in Salzwasser gegart, meist in der Brühe, die ihn hervorhebt. Im einfachen Fall dient dafür eine vorher bereitete leichte **Courtbouillon** aus Wasser, etwas Zwiebel, Lorbeerblatt und Pfefferkörnern. Sie hat Brühwürfeln gegenüber den Vorteil, daß sie ungesalzen ist. Brühwürfel und Gewürzmischungen haben mich nie befriedigt, besser ist eine leichte Hühnerbrühe mit Lorbeer, etwas Sternanis, Kardamom und Fenchel. Bei **Fischsud** kommen Fischabfälle dazu (Kopf, Schwanz, Gräten; nie Innereien!), die das Wasser soeben bedecken soll. **Fischfond** ist ein angereicherter Sud, der zudem länger und sanfter kocht, denn er soll nicht nur würzen, sondern Grundlage für eine Sauce sein. Um die sämigen, fettigweichen Gelierstoffe aus Haut, Gräten und Panzerteilen der Fische zu lösen, muß die Kochzeit rund eine Stunde betragen. Courtbouillon, Sud und Fond sind wichtiger Bestandteil vieler Rezepte.

Courtbouillon, Fischsud, Fischfond

Courtbouillon: 1 kleine Zwiebel, 1 Lorbeerblatt, 5 schwarze Pfefferkörner, 1 Liter Wasser 10-15 Min. lebhaft voraus kochen. Courtbouillon kann in der Zubereitung variieren, vgl. die im Rezept 'Lachs gekocht' zitierte Courtbouillon für Kabeljau- und Plattfische, oder die für Krebstiere.

Fischsud: 500g Fischabfälle (Köpfe, Schwänze, Gräten, span. despojos), 1 Lorbeerblatt, 1 halbierte Zwiebel, 1 EL Essig auf 1 Liter Wasser, das die Fischabfälle bedecken soll, 15 Min. gut kochen, dann abseihen. Andere Gewürze nach Wahl zugeben: Pfeffer, Fenchelsamen, Wacholder, Petersilie, Nelke. Da Fischsud nicht voll auskocht, wird er oft mit Essig neutralisiert (1 EL auf 1 Liter), er bleibt dann stabiler.

Fischfond: 750g Fischabfälle und 500g Fischfilet in 1 ½ Liter Wasser aufkochen und dabei gut abschäumen, die schwebenden Eiweißteile vergaren sonst mit unangenehmem Geschmack. Dann 1 halbierte Zwiebel (nach Wahl mit 1 Nelke), 3 Stengel Stangensellerie oder ½ Sellerieknolle, 1 Lauchstange, ½ Lorbeerblatt, 1 TL Thymian, ½ TL Salz, 3 Pfefferkörner zugeben. 5 Min. lebhaft kochen, dann die Hitze zurücknehmen, den Fond bei kleiner Flamme noch 30 Min. leicht wallen lassen, dann abseihen. Filets und Abfälle gut ausdrücken.

Im Kühlschrank hält Fischfond 5 Tage, tiefgefroren etwa 6 Monate. Er kann dazu mit großer Flamme auf 50% reduziert werden. Friert man ihn in Eiswürfelgröße ein, sind kleine Mengen rasch bei der Hand. Noch stärker, auf etwa 20% eingekocht, heißt der Fond *Fischglacé*.

Für Sud und Fond eignen sich alle festkochenden und fetten Fische, außer Thunfisch (auch Makrele) und Heringsfischen, die einen zu starken Eigenschmack aufweisen. Vorzüglich eignen sich Lachs, Plattfische, Drachenkopf und andere Skorpionfische wie die Meerspinne, Seeteufel, Meeraal und Seelachs. Vorsicht mit Lachs! Sein ausgeprägter Geschmack paßt nicht zu allem. Hingegen passen alle anderen Fonds gut zum Lachs. - Die übrigen Fische sind für guten Sud zu mager. Mitkochen können sie aber immer, zum Beispiel Abfälle von Brassen. Zuweilen geben sie Sud und Fond sogar eine besondere Note.

Grundausstattung der Fischküche. Die folgende Lebensmittel sollten Sie im Haus haben bzw. stets mit einkaufen, was mit einem Sternchen (*) gekennzeichnet ist. Sie sehen, diese Küche macht es Ihnen nicht allzu schwer; es ist nichts dabei, was nicht ständig auch anderweitig zu nutzen ist.

Zwiebeln	Salz	Tomaten*	Mehl
Knoblauch	Pfeffer	Paprika*	Wein
Petersilie	Essig	Butter*	
Lorbeer	Öl	Eier*	

Rezepte aus der Fischküche Spaniens

Wie wurde in diesem Buch ausgewählt? Die spanische Volksküche ist der Leitfaden, obwohl man das Wort vielleicht lieber in der Mehrzahl gebrauchen sollte, es sind verschiedene Landesküchen. Ihre Rezepte liegen fest, soweit dies einen erkennbar einheitlichen Stil meint oder die Rezepte in den Zutaten über das nicht hinausgehen, was das Land anbaut und auf die Märkte bringt und die Privatfamilie diese Gerichte werktags und sonntags zubereitet. In ihrer Formulierung liegen manche Rezepte eher fest andere weniger. Darüberhinaus bemüht sich das Buch, seltenere Fische und Meeresfrüchte in Bild und Text, aber auch jeweils mit einem Rezept vorzustellen. So gut wie alle Rezepte wurden in der Küche ausprobiert, daraus entstanden dann die Kommentare.

Daß die spanischen Hausfrauen auf den Vorstadtmärkten ihre Rezepte ständig austauschen, abwandeln, daß jede es anders macht und dies auch wortreich mitteilt, sollte Ihnen den Mut zur Freiheit geben - tauschen Sie ohne Bedenken Sardinen gegen Sardellen, Merlan gegen Kabeljau, Makrele gegen Stöcker aus, und glauben Sie nie, die Sache könne nur schiefgehen, wenn einmal eine Zutat nicht bei der Hand ist! Das stimmt unter der Voraussetzung, daß man dem Fisch alles abschmecken will, was er im Unterschied zu anderen mitbringt. Und es sollte auch klar gesagt werden, daß diese Küche keinen überflüssigen Schnickschnack braucht; wenn sie etwas vorschreibt, ist es auch sinnvoll. Verstehen Sie es so: Dieses Buch will Ihnen ein jederzeit verläßlicher Führer sein, deshalb geht es nach dem Leitfaden 'so jedenfalls gut' vor. Lösen Sie sich von ihm! Nur: wenn Sie aus Ihrer Freiheit heraus dann wieder auf das Buch zurückgreifen, sollten Sie auch gewiß sein können, saubere Informationen zu erhalten. Im übrigen ist das Buch ja keineswegs ganz neutral und unparteiisch. Daß ich selbst an den Brassen, Sardinen und Sardellen besonders hänge, wird Ihnen subkutan doch einmal auffallen. Es soll Ihnen Anstoß sein, auch Ihrerseits Vorlieben und Neigungen auszubilden.

Ein Wort zu den Namen der Gerichte. Frankreich bemüht in seinen Rezepten oft die große Landesgeschichte zur Tafel und es geht da edel zu. Ein 'ris de veau à la financière en vol-au-vent' klingt doch schöner als 'Kalbsbries im

Ausbackteig'. Spanien benennt sehr nüchtern. Es kann Ihnen passieren, daß Sie in Barcelona für die fünf Wörter 'Ostras marineras - Suquet de marisco - Postre' (Austern natur - katalanischer Fischtopf - Nachtisch) 40 Euros hinlegen. In vielen anderen guten Restaurants steht überhaupt nur ein Fischname da. Wenn Spanien ein Rezept einmal genauer benennen will, zieht es seine Regionen heran, 'Merluza a la asturiana', Seehecht nach Art Asturiens, 'Rodaballo gallego', Steinbutt galicisch. Das heißt nur, daß in der Zubereitung etwas vorkommt, das an diese Region erinnert, aus ihr stammt oder in der Erinnerung vieler mit ihr verbunden ist. Keineswegs heißt es, daß das Gericht nur dort vorkommt. Nur mit der katalanischen Küche ist es etwas anders, sie ist eine recht eigenständige Landesküche. Die Namen der Gerichte sind Hilfskonstruktionen, und wenn einmal ein genauerer Name fällt wie bei 'Congrio Aranda', dann ist es eine liebevolle Widmung an dieses bescheidene Landstädtchen Aranda und nicht mehr.

Zuweilen werden Restaurantrezepte hinzugezogen. Spanien ist, anders als Deutschland, mit Restaurants aller Qualitätsklassen und kulinarischen Ansprüche gut versehen. Wenn Rezepte aus ihnen zitiert werden, sind sie gewöhnlich aus der etwas gehobenen Klasse, aber durchaus noch typisch für die Volksküche. In gepflegten Restaurants der gehobenen Klasse gehen die Köche über die hier zur Diskussion stehenden Rezepte oft erheblich hinaus und schaffen auch in Spanien witzige, phantasiereiche, unverhoffte Kreationen. Soweit das gut ist und nicht nur Modeartikel, liegt es stets jenseits der hier gewählten Ebene und ihrer kleinen Tricks. Es nützt uns einfach mehr zu wissen, daß man bei 'Merluza a la andaluza' den Fisch erst mit Mehl paniert und halb ausbrät, dann herausnimmt, mit Ei paniert und so zu Ende brät (siehe Rezept S. 76) und daß man Tintenfischchen auch einmal mit einer Panade aus Eigelb, Mehl, Milch, Öl und steif geschlagenem Eiweiß ausbacken kann ('Calamares fritos' S. 276). Eine Diskussion, ob zu einem Dentón (Zahnbrasse) mit Mandarinen aus Castellón besser ein Albariño- oder ein bestimmter Penedèswein paßt und wie man es dabei mit der Minze halten soll, liest sich allenfalls nett.

Ein paar Blicke wenden sich in den Rezepten dem Mittelmeerbogen nach Frankreich und Italien zu. Sie sollen Farbtupfer und Kontraste geben, sollen die Eigenart der spanischen Küche klarer konturieren und auch sagen, daß nicht nur Spanien mit Fisch gut umgehen kann. Ich kenne beide Länder gut, habe in ihnen gelebt und bin mir dieser Rezepte sicher. Um das Buch auch als Reisebegleiter in anderen Mittelmeerländern benutzen zu können, wurden die Fischnamen mehrsprachig angegeben. Leider ließen sich einige Bezeichnungen nicht ermitteln. Autor und Verlag sind für Hinweise dankbar.

2. Süßwasserfisch

Der Verzehr von Fisch hat in allen Völkern lange Tradition. Früh schon fing man mit Angeln und Leinen Flußfische, sammelte Schalen- und Weichtiere, siedelte in Ufernähe, erstaunlich früh auch wagte man sich aufs offene Meer hinaus. Flüsse und Seen gliederten Räume, Flußnamen gehören überall zur ältesten Schicht der Namensgebung, an Flüssen entlang entstanden Kulturzonen, Flüsse prägten Weltbilder und Rechtsvorstellungen.

Die deutsche Tradition hat zum Fisch ein eigenes Verhältnis. Süßwasserfisch war hier schon früh ein Adelsprivileg und Besitztum des Wassereigners geworden. Die Wurzeln dieser Rechtsauffassung sind vielfältig. Sicher ist, daß Binnengewässer in der keltischen Rechtsvorstellung prinzipiell nicht Freizone waren wie das Meer, sondern Bestandteil des sie umgebenden Landes, mithin auch Eigentum dessen, der dieses Land besaß. Die Römer dachten darüber anders, gezwungen durch die Knappheit an Süßwasser während vieler Monate des Jahres in Italien. Wasserläufe und Seen waren für sie Gemeineigentum, ihre Nutzung war frei wie beim Meer oder unterstand der sie umfassenden Gebietskörperschaft. Überall, wo die Römer ihre Kultur verbreiteten, brachten sie auch diese Rechtsvorstellung zur Geltung. Franzosen und Spaniern gilt der Fisch als freie Gabe der Natur, zu pflücken wie Blumen, Beeren und Pilze, zu jagen wie Wild. Für Deutsche dagegen ist Fisch, und zumeist ist das Süßwasserfisch, ebenso wie alles Wild Herrengut, nicht Gemeinschaftsgut. Sie haben auch nicht das spontane Verhältnis zum Angeln. Gut möglich, daß sich für sie die südländische Freude am Angeln um des Zeitvertreibs willen auf die Pilze verlagert hat. Es gibt sicher genügend Deutsche, die sich immer neu über einen Spanier wundern, der an einem brackigen Hafenbecken angelt und dort sicher selten etwas fängt, sich selbst aber die Suche nach Steinpilzen nicht verdrießen lassen, obwohl sie jahrelang kaum welche finden.

Die deutsche und osteuropäische Enthaltsamkeit bei Fisch kommt von diesen Wurzeln nicht los. In Klöstern verstand man sich seit dem Mittelalter auf Zucht und Zubereitung des Süßwasserfischs, im Volk nicht. Nach dem Versiegen der klösterlichen Fischteichkultur hat sich keine rechte Süßwasserfischküche mehr herausgebildet, so wie sie etwa in Fernost besteht. Auch die Zuchtforelle hat daran grundsätzlich nichts geändert, man muß nur einmal sehen, wie wenige Gaststätten sie auf der Karte führen und welch bescheidene Zubereitung sie meist erfährt. Nun ist Flußfisch in der Küche auch nicht ganz einfach zu verarbeiten. Sein Aroma braucht Stütze und verträgt wenig, in der Bevölkerung fehlt es an Erfahrung im Umgang mit ihm. Und fehlten früher oft zu den Fischen die Rezepte, so fehlen heute eher zu den Rezepten die nötigen Fische. Flußfisch könnte auch niemals Massenware sein wie Seefisch, Flüsse sind sensible Biotope. Warum wird Fisch in Deutschland weder genügend angeboten noch genügend nachgefragt? Im Mittelmeerurlaub essen die Deutschen doch auch munter Fisch und Meeresfrüchte, gehen auf Fischauktionen und photographieren mit Begeisterung Marktstände! Zu Hause, sagen sie, bekämen sie das alles nicht. Stimmt das? Fragt man die Fischhändler zu Hause, so beklagen sie, mangelnde Nachfrage führe zu mangelndem Absatz, zu Verlusten bei der Lagerung und treibe den Preis hoch, das sei eine stetige Spirale. Fisch hat nie zur Volkskultur gehört, man kennt sich da nicht aus, man weiß zu wenig, man bewegt sich in einem Niemandsland, man riskiert nichts, die Gewohnheit siegt. Und selbst was die deutsche Meeresküste mit Hering und Konserve an Einfluß ausüben konnte, hat keinen langfristigen Anker werfen können. Wenn die deutschen Urlauber im Mittelmeerraum Fischmärkte und Hafenszenen photographieren, so wollen sie damit eine Erinnerung an das Besondere, Einmalige, Eigenartige der Südländer festhalten, auch Erinnerung an das Fremde, Ungewohnte und eben darum so Reizvolle.

Spanien hat sich wie alle katholischen Länder früher für Flußfisch nur so weit interessiert, als es über die mönchische Zuchtteichkultur den Fischbedarf des Landesinneren für die Fastentage sicherzustellen hatte. Geblieben ist ihm davon das Interesse an der Zuchtfischkultur, allerdings eingeschränkt auf wenige Arten. Nur für Forellen gab es stets auch ein Interesse an Bestandserhaltung in Bergbächen und -seen der wasserreichen Gebirge in den Pyrenäen und im kantabrischen Scheidegebirge. Karpfenzucht war nie stark ausgeprägt, Schleienzucht nur regional von Bedeutung, andere Fische wie Hecht oder Zander blieben so gut wie unbekannt. Daran hat sich bis zur Franco-Zeit nichts geändert. Man muß immerhin bedenken, daß Spaniens Inlandgewässer im Sommer auf höchstens 10% ihrer Wasserführung zurückgehen! Im Grunde genommen ließen bis 1960 ja nur der Ebro im Norden und der Guadalquivir in Andalusien kontinuierliche Fischbestände zu. Selbst der ansehnliche Duero schrumpft im Sommer zu einem träge fließenden kleinen Brackwasserfluß zusammen. Die Francodiktatur hat, erzwungen durch die Isolationspolitik der Weststaaten nach dem II. Weltkrieg, zur Sicherung ihrer Energiereserven riesige Stauseeprojekte in Zentralspanien durchgeführt, und dort hat man auch Fischkulturen eingesetzt. Der Erfolg blieb bescheiden. Die gesamte Nahrungskette, an deren Ende größere Fische stehen, hängt an Kleinbiotopen der Uferzonen, Buschwerk, Pflanzen- und Vogelgemeinschaften, Insektenlarven, Schilf, Brackwasser, an allem also, was ein Stausee kaum ausbilden kann. Besteht Wasserbedarf, wird er nämlich abgelassen, sein Spiegel sinkt um mehrere Meter, die Biotope erlöschen wieder. Erst seit etwa 1980 zeichnen sich auf lange Sicht hin Erträge ab. Ihre Zukunft bleibt dennoch ungewiß. Denn wo früher der Süßwasserfisch als einziger am Markt war, haben Handel und Transport längst den Seefisch eingeführt. Anders ist die Lage lediglich im Norden und an der galicischen Küste, wo wasserreiche Küstenzonen mit Flußmündungen anzutreffen sind. Dort beherrschten Lachs und Aal das Feld, Arten also, die ebenso in Süßwasser wie in Meerwasser leben. Leider haben dort auch die wasserverbrauchende und -verschmutzende Industrie und die in ihr arbeitende Bevölkerung sich inzwischen so konzentriert, daß beide Arten an oder unter ihrem Existenzminimum angelangt sind. Der Lachs hat wenigstens als Zuchtlachs überlebt, beim Aal dagegen sieht es schlimm aus.

Andere Süßwasserfische spielen in Spanien keine Marktrolle. Privat wird fleißig geangelt, und wo die sommerliche Wasserführung der Gewässer es zuläßt, fängt man eine stattliche Anzahl an Weißlingen, Gründlingen, Äschen, Rheinanken, Stichlingen usw. Für den Biologen sind diese Fischbestände interessant. Zum einen weil es noch immer rätselhaft ist, warum einige Arten die Pyrenäen überwinden konnten und andere nicht, zum anderen wegen Untersuchungen über Fische unter Extrembedingungen. Es gibt in Spanien Kleinfischarten, die zur Sommerzeit in kleinen Tümpeln Temperaturen bis an die 30° durchstehen können! Das mag den Biologen faszinieren und den Angelfreund freuen. Am Markt und in den Restaurants erscheinen diese Fische nie. Wie angedeutet, könnte sich in Zukunft daran etwas ändern, wenn die aus Mitteleuropa bezogenen und ausgesetzten Fischarten, wie Saibling, Karpfen, Hausen, Süßwasserbarsche und vor allem Zander, in den größeren Stauseen einmal Rendite abwerfen. Für die Sportfischerei sind sie heute schon ergiebig. Mit dem Karpfen scheint einer den Sprung in den Markt derzeit zu schaffen. Noch vor einigen Jahren eine Rarität, ist er seit 1998 in den Wintermonaten mit schönen Exemplaren relativ regelmäßig am Markt. Bei den anderen Arten ist es hingegen noch nicht so weit. Es bleibt in Spanien vorläufig bei Forelle, Lachs, Aal, Schleie und Karpfen, dazu der im andalusischen Guadalquivir noch häufig auftretende Sábalo und die im Norden gelegentlich noch anzutreffende Lamprea (Neunauge). Wegen der Bedeutung, die in Deutschland der Hecht besitzt, wird er in diesem Buch ebenfalls mit aufgenommen, obwohl er in Spanien kaum vorkommt. In Frankreich, Norditalien und Jugoslawien immerhin gibt es ihn.

Trucha, dt. Forelle, *salmo trutta labrax*, katalanisch *truita*, baskisch *amuarrain* oder *amurrai*, auch *arrankalia*, frz. *truite,* ital. *trota*, griech. *pestrofa*, türk. *denizata.*

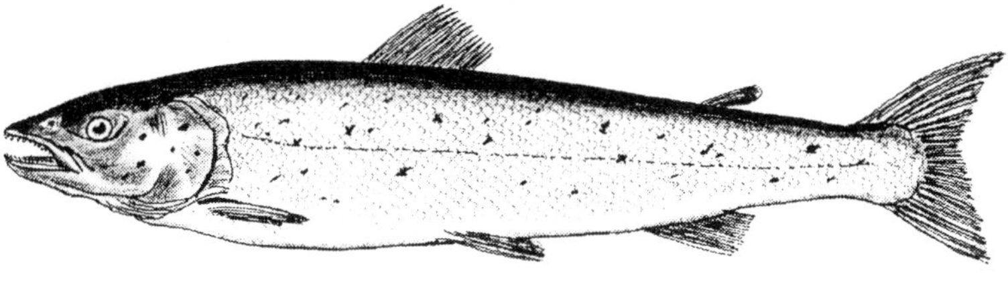

Form langgestreckt oval, etwas stumpf, ja pummelig, Rücken grünlich, Seiten glänzend grau mit silbernem Schimmer und getupft mit schwarzen Punkten, der Bauch weißlich. Kopf robust, Maul breitgezogen. Länge um 25 cm, Saison Mai-August.

Die Forelle ist zusammen mit dem Lachs Hauptvertreter der Salmoniden, einer umfangreichen Familie ansonsten kleinerer Fische, die ihr Leben im Meer teilweise oder ganz aufgegeben haben. Das war kein geringer Sprung, und weniger als die Nahrung war dafür Salz- oder Süßwasserverträglichkeit des Rogens von Bedeutung. Forellen sind reine Süßwasserfische und in ganz Europa häufig. Sie bevorzugen sauerstoffreiche Fließgewässer und steigen zum Laichen zuweilen erstaunlich weit die Bäche hoch. Bekannt ist ihre Lebhaftigkeit, ihre Schnelligkeit und ihr Geschick, sich in Flüssen zu tarnen und zu verstecken. Daß sie bei Erregung leicht an die Angel gehen, weiß schon das Lied, das Schubert vertonte - der einzige Fisch übrigens, dem ein bedeutendes Musikstück gewidmet ist. Der Butt erhielt immerhin einen Roman von Günter Grass. - In der großen Sortenvielfalt von Forellen beherrschen heute deutlich zwei das Feld: die **Bachforelle** (*trutta trutta*) und die aus der Zucht stammende **Regenbogenforelle** (*trutta irideus*). Bachforellen haben nur einige rote Tupfen im grüngrauen Kleid, Regenbogenforellen eine orangeschillernde Seitenlinie, besonders farbig irisierende Reflexe und eine stärker eingeschnittene Schwanzflosse. Die Saison für Bachforelle ist Mai-August (Monate ohne ‘r’), die Regenbogenforelle hat keine Saison. **Reo** oder **Trucha de mar (Meerforelle)** ist eine echte Seitenart der Bachforelle, der Ursprungsart vollständig ähnlich, wird jedoch gut 60 cm groß und wiegt 2-3 Kilo. Vom Lachs unterscheidet sie eigentlich nur die forellenhaftere, glattere Haut, und Lachse haben deutlich schwarze Rautenzeichnung. Die Meerforelle lebt meist in der Nähe von Flußmündungen, aber gewöhnlich ganz in Salzwasser. Nur zum Laichen steigt sie, wie der Lachs, wegen der schlechten Salzwasserverträglichkeit ihres Rogens die Flüsse hoch. Man vermutet, daß die heutige Bergforelle sich aus ihr entwickelt und irgendwann dem Süßwasserleben ganz angepaßt hat - keine leichte Sache bei dem marinen Appetit, den sie hat; sie ist wie alle Forellen ein ausgesprochen gefräßiger Räuber und wurde nur notgedrungen kleiner, um sich in Bächen halten zu können. Auch ihre Saison sind die Monate Mai-August. Im Geschmack sind Forellen eher gutes Mittelmaß, sie haben oft einen etwas dumpfen, schlammigen Geschmackston. Echte Bach- und Meerforellen freilich sind hervorragend. Sie schmecken sanfter als Lachs, haben dafür aber ein klareres, intensiveres Aroma als die gewöhnliche Forelle. In Galicien erreicht Meerforelle regelmäßig hohe Quotierungen, zumal als Flußforelle aus dem Betanzo und Ouro und als Augustforelle beim Stadtfest von Foz (rund 100 km östlich der Nordwestecke Spaniens). Für Bergforellen sind in Spanien namentlich León und Bierzo sowie das navarrische Städtchen Estella, baskisch Lizarra berühmt geworden. Auch die Pyrenäen Aragons und Kataloniens liefern gute Forellen. Vorsicht in Katalonien, der Name *truita* bedeutet dort gleichlautend auch *tortilla*, also Eieromelette! Im Zweifelsfall muß man nachfragen.

Küche: Die besten Frischforellen, auch aus Zucht, gibt es im Frühsommer (Monate mit 'i', bekannt vor allem als Maiforelle). Am Markt erkennt man Forellen sofort; infolge ihrer Schleimschicht glänzen sie wie kaum ein Meerfisch, zudem irisieren die Farben. Man vermeide zu große und zu dickliche Exemplare, schlanke Fische von 20-25 cm sind besser, größere sind nur hochgezüchtet und im Geschmack schal. Tiefkühlgut ist in Ordnung, sofern es sauber schockgefrostet wurde. In Spanien aber ist es nur im Inland verbreitet, an den Küsten gibt es genügend Frischware. Forellenfleisch ist empfindlich. Ganz frisch getötet haftet der Forelle ein leicht fauliger Geschmack an, den man durch rasche Beigabe von Zitrone bindet. Aus Navarra ist bekannt, daß man frische Forellen in Brennesseln wickelt, um ein Austrocknen der Haut zu verhindern. Man vermeide auch, Gefriergut schnell aufzutauen, z.B. in der Mikrowelle! Das Fleisch trocknet dann rasch aus. Bei Zubereitung 'blau', wozu sie oft rund zusammengebunden wird (Nadel mit ungewachstem Faden durch den Kopf ziehen und mit dem Schwanz verbinden) platzen ganz frische Forellen auf.

Die Garqualität der Zuchtforelle hängt von der Zuchtsorte und -methode ab. Je langsamer Forellen gezüchtet werden, desto leichter und besser sind sie zuzubereiten. Wo man also einmal gute Forellen gekauft hat, sollte man es wieder tun. Bachforellen sind weißer und fester im Fleisch und auch problemloser in der Zubereitung. - Unter den Rezepten sei eines hervorgehoben: 'Forelle Navarra'. Wenn die Wanderhirten mit ihren Schafen im Bergland von Navarra sömmerten, führten sie Dörrfleisch mit sich. Zeit zum Forellenfang hatten sie beim Schafhüten ja immer, sie nahmen es als willkommenen Zeitvertreib. Um die Fische zuzubereiten, brieten sie Speck mit etwas Kräutern aus und legten dann die Forelle darauf. Man kann Forellen nicht idealer garen. Das 'Bett' aus Speck schützt und aromatisiert das zarte Forellenfleisch gleichzeitig. Wären nur alle Forellenrezepte so einfach! Regel in der Forellenküche ist: je einfacher, desto besser, und nie zu schnell und zu heiß. - Die Meerforelle wird nach Rezepten von Lachs oder auch Forelle zubereitet.

Rezepte zur Forelle:

Forelle blau. Eine Courtbouillon ansetzen mit 2 Liter Wasser, ¼ Liter Weißwein, 1 Möhre, 1 Zwiebel, 100g Lauch, 1 TL gemahlenem Koriander und etwas Estragon. - 4 sehr frische Forellen mit 100g heißem Essig übergießen, dann die Bouillon angießen und die Fische 10 min. im 70° heißen Sud pochieren. Sie dürfen dabei aufplatzen, das ist ein Qualitätszeichen. - Sauce: 30g halbwarme Butter mit dem Schneebesen 10 min. cremig schlagen, dann Saft einer halben Zitrone dazu, Pfeffer und Salz. Diese Butter in einer Sauciere reichen. - Man kann die Forellen zum Kochen auch rundbinden. Dazu schlingt man einen kräftigen Faden um das Körperende und die Kiemen. - Das Rezept ist deutsch, in Spanien legt man auf den schönen blauen Ton wenig Wert.

Forelle gedünstet. 4 Forellen, mit je einem Zweig Estragon gefüllt, in der bedeckten Pfanne auf einem Bett von 200g Champignons, 100g Möhren, 200g Zwiebeln und etwas Fischsud 10 min. dünsten. - Sauce: den Gemüsesud pürieren, Sahne und noch etwas frischen Estragon dazugeben, nicht mehr als 7-8 Blättchen, die Sauce schmeckt sonst zu süßlich.

Der süßbittere Estragon harmoniert überraschend gut mit dem herben Forellenton. Wenn zwei nicht zueinander passende Töne wie hier verknüpft werden, nimmt man gern Sahne als Bindeglied. Ohne sie würde dieses Rezept nicht fein genug schmecken. Meister der Kunst, Sahne und Butter richtig einzusetzen, sind die Franzosen.

Trote stuffate (gedünstet auf italienische Art). 4 Forellen mit Salz und Pfeffer einreiben, dann mit etwas Knoblauch, je 1 Salbeiblatt und etwas Öl getrennt in Alufolie einschlagen und im Herd auf dem Rost 20 min. bei 200° dünsten. - Eine Variante des Dünstens, die in Italien viel benutzt wird, im Original nimmt man beschichtetes Butterpapier. Salbei paßt trotz des kraftvoll herben Tones dennoch schön zum sanft herben Forellenton, das Ergebnis ist ein harmonischer Zweiklang. Geschmacksspitzen mit so einfachen Mitteln zu erreichen, ist typisch für die italienische Fischküche.

Trucha asada (Forelle Müllerin Art spanisch). 4 Forellen ausgiebig in Mehl wenden und in 40g Butter sanft braten, 5 min/Seite. - Sauce: In den Bratrückstand 1-2 EL Butter, ½ rote Paprikaschote in Streifen, 100g Mandelstifte, 12 grob gehackte Oliven geben und 5 min. lebhaft aufkochen.
Der Fisch soll langsam schmurgeln. Die Butter darf nicht zischen, sonst ist die Hitze zu groß und die Röstaromen gelangen nicht ins Fleisch. Die Aromen der Sauce werden in 5 min. nicht voll ausgekocht, sie kommen im Mund zusammen und überlagern dann den Fischgeschmack nicht.

Trucha al modo gallego (Forelle, galicisch gebraten). 4 Forellen säubern. Innen mit Salz, ½ TL süßem Paprika, ½ TL scharfem Paprika würzen, außen nur salzen. In einer Pfanne mit 80g Speckfett und 80g Öl 12 min. ausbraten.

Trucha a la Navarra (Forelle nach Art von Navarra). 4 Forellen mit Salz, Pfeffer und Zitrone einreiben, in den Bauch je 1 Scheibe rohen Schinken geben, in Mehl wenden. - 40g Speckscheiben auslassen, dann 3 EL Öl dazugeben und die Forellen darin ausbraten.

Trucha a la Navarra (Variante). Die Forellen nur innen mit Butter ausreiben und mit je 1 Scheibe rohem Schinken füllen, 1 weitere Scheibe obenauf legen und auf sie Butterflocken setzen. Im Herd 30 min. bei 180° garen, am Ende etwas geröstete Mandeln darübergeben.
Speckfett macht Forellen im Geschmack kräftiger, würzig und reich, es neutralisiert auch den leichten Faulton. Schon das Rezept *al modo gallego* zog darum Speckfett hinzu. Je qualitätvoller die Forelle ist, umso sparsamer darf das Rezept mit Zutaten umgehen. Bei einer sehr guten Forelle sind sogar die Mandeln schon zu viel, Schinken und Butter genügen vollauf.

Trucha con salsa de almendras (Forelle mit Mandelsauce). 4 Forellen mit Salz einreiben und in Mehl gewendet ausbraten. - Eine Picada (vgl. Kasten 'Picada' S. 80) bereiten: 2 Knoblauchzehen, 60g geröstete Mandeln und 2 EL Petersilie gestampft, mit 2 EL Öl und 1 EL Butter sowie etwas Zitrone (2-3

EL) vermengt. Die Picada im Bratrückstand kurz anschmoren, dann als Paste auf die Fische geben.
Die Picada mit Mandeln ist typisch für die Levanteküche, sie ersetzt hier gewissermaßen, was in den vorigen Rezepten der Schinken an Würze leistete. Man bemerke vor allem, daß die Zitrone hier sowohl Aroma mitgibt als auch das Salz ersetzt. - Die Forelle nur mit Brot als Beilage servieren, der Geschmack ist in sich rund, jede Beilage würde nur stören.

Forelle gratiniert. 4 Forellen in einer Auflaufform im Herd bei 220° 20 min. garen. Nach 7 min. Garzeit über die Fische ein Gemisch geben aus: Saft von 1 Zitrone, pro Fisch 40g Mandeln, 40g Sahne, 40g Reibkäse. Am Ende kurz mit Grillhitze (Oberhitze) überbacken.
Das Gratinieren löst Fette und verschmilzt deren Rösttöne miteinander, hier den sahnigen Ton von Käsefett mit dem Bratfett des Fisches. In der Pfanne gelingt dies zwar, aber nie so gut. Käse, Mandeln und Forelle passen im Röstton sehr gut zueinander.

Trucha al estilo de Bierzo (Forelle gebraten nach Art des Bierzo). 4 Forellen innen und außen mit Schweineschmalz eingerieben im Bräter (Herd: 15 min. 220°) braten oder grillen.
Im Bierzo nimmt man dazu Spezialbräter aus Eichenholz. - Grillen faßt gewissermaßen das Braten und Gratinieren zusammen. Das Rezept ist ähnlich ideal wie Trucha Navarra - auch die Hirten grillten die Forellen oft mit Schinken, und das Bierzo ist ein Wanderhirtenland.

Tortilla de truchas (Forellen-Omelette). 4 Forellen samt Kopf und Schwanz 1 Std. in 200g Weißwein oder Jerez, 50g Öl, Salz, 3 Knoblauchzehen marinieren. Dann mit Chorizo (span. Paprikawurst) und rohen Schinkenwürfeln füllen und in Öl ausbraten. Am Ende zwei verquirlte Eier darüberschlagen.
Tortillas sind geschmacklich oft riskant, denn Eier bringen eine ganz eigene Note mit. Die Forelle wird darum hier mariniert. Es ist eine alte spanische Regel, daß Eier und Jerez gut zueinanderpassen.

Salmón, dt. Lachs, *salmo salar*, katalanisch *salmó*, baskisch *zancado*, *izokin*, frz. *saumon*, ital. *salmone,* griech. *solomós*, türk. *salmo baligi.*

Langer schlanker Körper, Schnauze breit und gut gezähnt, Kopf aber rundlich (Kennzeichen der Salmonidenfische). Farbe silbergrau, am Rücken mit dunkelblauer, am Bauch mit hellsilberner Tönung; über der Seitenlinie rundliche schwarze Flecken, am Kopf und am Rückenscheitel ziemlich zahlreich. Dazu oft feiner Rotschimmer. Länge 1 - 1,50 Meter, Saison März-Mai.

Der Lachs ist als Leitfisch der Salmoniden zweifellos der König der Süßwasserfische, von seiner Länge wie von seinem Geschmack her. Obwohl seine Saison März-Mai ist, gilt er im Winter als noch besser. Wildlachs ist in Spanien allerdings selten, der meiste angebotene Lachs ist Zuchtlachs aus Norwegen oder Schottland. Der Lebensraum des Lachses ist nicht in wenigen Worten anzugeben. Seit alters wußte man nämlich schon, daß die Lachse, flußabwärts wandernd, eine lange Reise irgendwohin im Ozean antreten, obwohl nie ein Lachs im Salzwasser gefangen wurde, auch nicht in Schleppnetzen. Es blieb ein Rätsel, wohin sie verschwanden. Als erster kam um 1850 der französische Neurologe Jean Charcot der Sache näher, als er in Grönland für seine skorbutleidende Mannschaft Fangschnüre auf 400-600m Tiefe ließ und dabei wunderbare Lachse heraufholte. Spätere Entdeckungen bestätigten seinen Fund: Fast alle Lachse der Welt ziehen zur Baffin-Bai, wo die erwachsenen Tiere ihre Entwicklung vollenden. Auch dort bleiben sie allerdings gern nach ihrer Herkunft zusammen. So halten sich z.B. die spanischen Lachse bevorzugt in der Davisstraße auf, einem ihren heimischen kantabrischen Küstengewässern ähnlichen Gebiet, wie auch andere Lachspopulationen dort oft Standorte aufsuchen, die ihren Herkunftsländern ein wenig entsprechen. Merkwürdigerweise kehrt der Lachs immer in seinen Geburtsfluß zurück. Zum Laichen kommen die Fische übrigens deswegen im Herbst ins Süßwasser zurück, weil ihr Laich das Salzwasser nicht verträgt. Laichzeit ist Ende Oktober bis Winterbeginn. Die Weibchen stoßen dann an die 2000 Eier pro kg Körpergewicht aus, die sie in Nischen des Flußlaufs verstecken. Die Junglachse wachsen rasch und steigen dann mit 1-2 Jahren in Forellengröße im Mai abwärts, geführt von einem Lachs mittleren Alters, der den Zug dirigiert. Der Zug geht langsam, die Gewöhnung ans Salzwasser benötigt Zeit, und auch im Mischwasser des Mündungsgebiets bleiben sie einige Zeit, bevor sie erneut wandern, im Meer bis 100 km pro Tag. Nach dem Laichen sterben viele Lachse ab. Die Überlebenden wandern wieder zurück ins Meer. Auf- wie absteigend frißt der Lachs nichts, er würde auch nichts finden. Klar, daß er beim Absteigen mager und nicht delikat ist. Gut ist er nur, wenn er angestrengt flußauf schwimmt. Die Fischerei auf aufsteigenden Lachs ist aber in Spanien wie in anderen Ländern streng reguliert.

Die Lachse vom Narcea. Merkwürdiges wußte Victor de la Serna 1954 von den Lachsen im Fluß Narcea in Asturien an der spanischen Nordküste zu berichten. Die Fische fanden sich da regelmäßig vor einem Hindernis, einer 5-6 km langen Passage, die aus der Einmündung des Nalón schwarzes, stark kohlestaubhaltiges, fast zähfließendes Wasser aus den dortigen Eisenfabriken führte. Die Passage war unmöglich. Indes gewöhnten es sich die Lachse an, exakt am Montagmorgen aufzusteigen, wenn sich das Wasser durch den Ruhesonntag langsam geklärt hatte. Nicht daß sie dann erst gekommen wären; sie stauten sich dort schon ab Samstag. Verwunderlich ist dabei ebenso ihr wöchentliches Warten wie die Tatsache, daß sie genau und nur am Montagmorgen, kurz bevor die Arbeit am Nalón wieder losging, ihren Zug entschlossen antraten, ganz als wüßten sie, daß es jetzt und nur jetzt gehe und kurz darauf die schwarze Brühe wieder einsetzen werde. Zumindest schafften es jeweils die meisten. Nachzügler kamen nicht mehr durch und mußten dann eine weitere Woche warten. Aber die Zeiten großer Laichzüge sind in Europa heute vorbei. Der Wildlachs ist weiter im Rückgang. Überfischung, Flußverschmutzung und Stauwehre haben seinen Bestand arg reduziert. Auch im Narcea finden sich heute nur noch wenige Lachse.

Küche: Lachsfleisch, straff, fett und aromareich, kann je nach der Ernährung des Fischs in der Farbe von blaßrosa bis dunkelorange variieren. Rosa Lachs ernährte sich eher von kleinen Seezungen, orangeroter von Krebsen, Muscheln und Tintenfisch (der kanadische ist meist orangefarben). Zuchtlachs ist zart, aber etwas aufgedunsen und nicht ganz so schmackhaft. Der beste Lachs ist 5-6jährig, er wiegt dann an die 7 kg und ist etwa 1 m lang. Klassisch ist die Zubereitung gebraten im Herd oder gegrillt, mit Saucen wie Hollandaise, Béarnaise, Mayonnaise, sonst auch gern gedämpft in Alufolie, die den Saftaustritt verhindert. Beachtung verdient **geräucherter Lachs**. Der im Handel erhältliche Schnittlachs ist zumeist im Meer gefangen bzw. gehalten, wo er lange nicht so delikat ist wie Süßwasserlachs, dafür aber bezahlbar.
Der fachgerechte Schnitt beim Lachs verläuft schräg, nicht gerade. Der senkrechte Schnitt, den Händler in Spanien bevorzugen, bietet zwar den Vorteil, daß dann die schräglaufenden Gräten besser zu fassen und zu entfernen sind, er schadet aber doch dem Fleisch, das beim Garen rascher austrocknet.

Rezepte zum Lachs:

Lachs gekocht mit Sauce Hollandaise. 1,2 kg Lachs in einer Courtbouillon aus 1 Liter Wasser, 2 Möhren, ½ Sellerieknolle, 1 Zwiebel, Thymian, Lorbeerblatt, ¼ Liter Bouillon, 125g Essig, 1 Zitrone 15 min. kochen. - Dazu Sauce Hollandaise mit etwas Sahne und Garnelenpüree (10 Garnelen 3 min. in der Bouillon gekocht, geschält, und püriert), letzteres nur nach Wahl.
Ein klassisches Rezept, schlicht und glanzvoll. Die Spur Garnelenton begleitet den Lachs ideal. Nimmt man das Rezept für Meerforelle, läßt man den Essig weg und nimmt lieber mehr Bouillon. - Der hier angegebene Sud ist auch ein Verstärker für alle Kabeljaufische und für größere Plattfische; für die zarte Seezunge ist er zu stark.

Rodajas de salmón asadas (Lachsscheiben gebraten). Dünne Lachssteaks mit Butter bestreichen und 3 min. pro Seite braten. Dann nochmals bestreichen und die Butter 3-5 min. einziehen lassen. - Dazu Kräuterbutter: 125g Butter erwärmen, 1 TL Knoblauchzehen und Kräuter nach Wahl einrühren, z.B. Petersilie, Basilikum, Oregano.
Ein internationales Rezept. Der Trick, den gebratenen Fisch nochmals mit Butter zu bestreichen, um ihn geschmeidiger zu machen, ist eine feine Sache - versuchen Sie das auch, wenn Ihnen ein Fisch einmal übergart erscheint. Es hilft besser als Öl.

Saumon grillé (Lachs gegrillt vom Rost). Lachsscheiben mit Zitrone beträufeln und 2 min./Seite grillen. Dazu Estragonbutter: 100g kalte Butter, etwas Fischfond oder Weißwein, 2 Schalotten, 2-3 EL Crème fraîche, ein wenig frischen Estragon gut miteinander verschlagen.

Salmón a la parrilla (Lachs gegrillt). Ein 800g-Stück vom Lachs 30 min. in Öl marinieren, 1 Stengel Thymian am Knochenrand einstecken, 25 min. im Herd oder auf Holzkohle grillen, danach gut abtropfen lassen. - Dazu Mayonnaise (vgl. Kasten Mayonnaise S. 163) mit 1 EL Tomatenmark und eventuell etwas Tabasco.
Lachs hat ein sehr aromatisches Fett, das durch langes sanftes Grillen gewinnt. Das will aber gekonnt sein. Wer sich nicht sicher fühlt, nimmt lieber 200g-Steaks und grillt nach dem vorhergehenden Rezept. 2 min./Seite reicht vollauf. Danach legen Sie die Steaks noch 5 min. ganz außen auf den Holzkohlengrill, bestreichen sie mit Butter und lassen sie durchziehen. Dann gelingt es immer.

Estofado de salmón (Lachspfanne). ½ Zwiebel und 2 zarte grüne Paprika (Siehe Kasten S. 121) in Streifen langsam in Öl anschmoren. Wenn sie gut angegart sind, 1 kg kleine Kartoffelwürfel, 200g Jerez, 200g Lachssud zugeben, alles 15 min. garen. Dann 750g Lachs gewürfelt dazu, noch 500g Lachssud angießen und weitere 10 min. garen.
Die spanische Fischküche liebt Ragouts. Dies hier ist ein Estofado, ital. Stuffato, ein 'umgedrehtes Ragout'. Beim Ragout gart Gemüse im Fleischsud, beim Estofado Fleisch im Gemüsesud. Der Lachston geht hier harmonisch im Sud auf. Das Rezept achtet auch darauf, das Ragout nicht zu suppig zu machen. Ein feiner Topf!

Ensalada de salmón ahumado (Räucherlachs-Salat): Räucherlachs in Streifen, 5 min. in Salzwasser gekochte Fenchelknolle, halbierte Haselnüsse im Gewichtsverhältnis 1:2:1. Sauce: 30g Sahne und 2 EL Zitrone in 30g Mayonnaise (siehe Kasten S. 163) gerührt.
So einfach kann spanische Fischküche sein! Das Ergebnis ist eine glänzende Überraschung und für jede Einladung ein i-Tüpfelchen. Für feinen Fisch ist Fenchel immer gut! Auch Anisgewürz eignet sich zu Lachs.

Zwei goldene Regeln der Fischküche

Die Küche von Fischen und Meeresfrüchten braucht kein aufwendiges Küchengerät. Über Herdplatten und Backröhre hinaus benötigen wir einen Pürierstab, einen Küchenwecker, einen kleinen Mörser - und vor allem gute Messer! Ein kleines und ein großes, scharf und spitz, sind unbedingt erforderlich. Zur Küchentechnik noch zwei wichtige Hinweise.

1. Wenn Sie mit Elektrohitze garen, geben Sie bitte zu den Garzeiten 10% zu. Spanien kocht mit Gasflamme, die aggressiver heizt. Wünschen Sie den Fisch mit Sicherheit ganz durchgegart, geben Sie nochmals bis zu 10% zu. Die in diesem Buch zitierten Rezepte garen stets 'auf den Punkt'. Der Fisch ist dann innen soeben durch, enthält aber noch allen Fleischsaft und kann etwas rosa sein.

2. Bleiben Sie stets beim Fisch, lassen Sie ihn nie aus den Augen! Ist der Fisch in Pfanne oder Topf, können Sie nicht nebenher noch an anderem arbeiten, Salat putzen, Kartoffeln schälen usw. Das erfordert eine gewisse Umstellung der Kochgewohnheiten. Und warten Sie mit ihm, bis alle Tafelgäste da sind. "Der Gast kann auf den Fisch warten, nicht aber der Fisch auf den Gast" heißt ein spanisches Sprichwort.

Lucio, dt. Hecht, *esox esox,* katalanisch auch *lluç*, baskisch *lutxo arrunta*, frz. *brochet*, ital. *luccio*, griech. *loutsos*, türk. *turna baligi.*

Langgezogene, etwas plumpe Körperform, das große, meist aufstehende Schlitzmaul mit Hunderten von scharfen Zähnen bewehrt, Kopf recht groß und starr schuppig, mürrischer Blick. Farbe grau, durchzogen von gelben Streifen. Mit 1 Meter Länge der größte allgemein verbreitete Süßwasserfisch Mitteleuropas. Saison Mai-Juni.

Die Farbe des Hechts ist eine vorzügliche Tarnfarbe für die pflanzenreichen Uferzonen, in denen er sich zur Jagd zu verstecken pflegt. Obwohl Raubfisch, ist der Hecht nämlich ein schlechter Schwimmer. Schon seine relativ plumpe und torpedoförmige Form verrät, daß er darauf angewiesen ist, beim kurzen Vorschnellen aus dem Röhricht seine Beute auch wirklich zu fassen. Entkommt sie ihm, holt er sie kaum mehr ein. Sein Lebensraum sind fließende und gern auch stehende Gewässer der Nordhalbkugel, auf der Südhalbkugel kommt er nicht vor. In Spanien ist er am Markt fast unbekannt; erst vor einigen Jahren wurde er dort in manchen Flußläufen und Stauseen eingesetzt. Ob er sich am Markt einmal durchsetzen kann, ist fraglich, denn sein Fleisch, leicht rot und festfleischig, aber fett und schwerverdaulich, gilt als etwas fade. Es hat zudem zahlreiche mit Widerhaken versehene Gräten, die den Verzehr mühsam machen, und Rogen sowie Milch sind zudem leicht toxisch. Sein so hohes Ansehen in Deutschland rührt wohl eher daher, daß er früher stets dem Adel vorbehalten war, ein stattlicher Raubfisch ist und sich keineswegs leicht fangen läßt. Hechte sind äußerst mißtrauisch und beißen ausgesprochen schlecht an - umso stolzer natürlich dann, wer sich rühmen kann, einen alten erfahrenen Hecht gezogen zu haben! Aufgrund der beschriebenen kulinarischen Mängel wird Hecht auch wenig ausgesetzt. Nur im französischen Jura gibt es bescheidene Zuchtteiche, überall sonst ist er reiner Gelegenheitskauf oder sportliche Trophäe. Erhält man ihn einmal angeboten, so sollte man Flußexemplare vorziehen, erkennbar am leicht dunkleren Bauch, und eher kleinere Exemplare, die großen verlieren deutlich an Geschmack. Im Handel ist er am häufigsten 1-2-jährig mit 2 kg Gewicht als Grünhecht oder Grashecht (Brotzenhecht nennt man in Österreich das Rundbinden beim Kochen, es ist kein Artname). Während der Laichzeit, vor Mai, ist er von deutlich geringerer Qualität.

Küche: Älterer Hecht sollte 2-3 Tage auf Eis abhängen, das Fleisch wird dann zarter. Junghecht wird meist gebraten oder gedünstet, blaugekocht wird eher älterer Hecht. Kleine Hechte eignen sind auch zum Fritieren. - Spanische Rezepte gibt es für Hecht nicht. Da er aber in Deutschland gelegentlich angeboten wird, wäre es schade, hier überhaupt keines anzubieten. 'Hecht blau' ist eine bewährte Zubereitung. Als klassische Sauce für Hecht gilt die französische 'beurre blanc' aus dem Poitou. In Frankreich, wo Hechte noch häufiger sind, nimmt man ältere Exemplare auch gern für Hechtklößchen, was zudem das lästige Problem mit den doppelzinkigen Gräten umgeht. Diese Zubereitungsart hat sich allmählich so durchgesetzt, daß man Hecht fast nur noch nach Art von Lyon oder Nantua serviert, wo diese 'quenelles' erfunden wurden. Sie müssen sorgfältig zubereitet werden, damit das meist ältere Hechtfleisch durch die Sahne an Aroma gewinnt. Kenner, heißt es allerdings, zögen Forellenklöße nach demselben Rezept vor. Überhaupt gilt, daß Hecht- und Forellenrezepte austauschbar sind, so daß man genügend gute Zubereitungsarten zur Hand hat.

Rezepte:

Hecht blau mit beurre blanc. Den Hecht in einem Sud aus Wein und Wasser (oder Fischbrühe) im Verhältnis 1:3 mit etwas Essig, Möhren, Lauch, Pfeffer und Fenchelsamen 20 min. bei 70° pochieren. - Dazu beurre blanc: 1 Schalotte, Thymian, 3 EL Wein oder etwas Brühe, 2 EL Wasser mischen und 100g eiskalte Butter darunterschlagen. Mit etwas Cayennepfeffer abschmecken.

Hecht ist wie alle Raubfische im Süßwasser ausgesprochen mager, die Buttersauce ist also sehr zu empfehlen. Wenn Sie keinen Fenchelsamen haben: auch Dill geht, die beiden sind enge Verwandte.

Hecht blau, Variante. Den Hecht pochieren wie im vorigen Rezept. 100g vom Sud nehmen, mit 60g Essig, 2 Schalotten, 40g Fischfond anreichern, auf 50% einkochen, dann langsam 500g eiskalte Butter darunterschlagen, mit etwas Zitrone abschmecken.

Quenelles de brochet Nantua (Hechtklößchen Nantua). 250g Hecht mit einer Pinzette entgräten, dann 1 Eigelb, 1 EL Butter, 4 grüne Pfefferkörner, 3 EL Sahne zugeben, alles pürieren und 2 geschlagene und gesalzene Eiweiß unterheben. Klößchen formen und 6 min. pochieren in: ¼ Liter Fischfond, 1 Zwiebel, Lorbeerblatt (dieses nach Aufkochen wieder entnehmen). - Sauce: Die Nocken entnehmen, den Fond passieren und mit einer Mischung aus Eigelb und Sahne binden.
Nantua liegt nordöstlich von Lyon im Jura und ist für seinen Süßwasserfisch berühmt; auch eine klassische französische Fischsauce heißt nach dem Städtchen. Keine geringe Ehre, wenn man nahe bei Lyon liegt, der Hochburg französischer feiner Küche. Nehmen Sie stets genug (am besten geschlagene) Sahne!

Anguila, dt. Aal, Flußaal, *anguilla anguilla*, baskisch *aingira,* galicisch *anguía, eiroa,* frz. *anguille*, ital. *anguilla*, griech. *cheli*, türk. *yilan baligi.*

Als Jungform **Angula, dt. Glasaal**, baskisch *txitxardiña*, galicisch *meixón*, frz. *civelle*, *piballe*, ital. *cediolo*, *ciriolo*, *capillaro.*

Schlangenähnlicher Fisch mit starker Schleimschicht, kleines, gut gezähntes Maul, schuppenlos erscheinend (er hat kleine, in eine Hautschicht eingebettete Schuppen), deutliche Seitenlinie. Farbe dunkles Braungrün. Kleinaale (span. *angulas*) mit silbernem Rücken, überhaupt viel heller, etwas durchsichtig. Länge bei Aal etwa 1 m, maximal 1,50 m mit 6 kg. Saison Oktober-April.

Der Aal war zu allen Zeiten ein geschätzter Speisefisch. Auch Aale unternehmen eine lange Wanderung zur Fortpflanzung. Genau umgekehrt wie die Lachse ziehen sie jedoch dazu vom Fluß ins Meer, laichen und schlüpfen dort und kehren dann wieder in den Fluß zurück. Obwohl sie insgesamt weit länger im Fluß als im Meer leben, zählen sie biologisch eher zu den Meeresfischen, als Ausnahmeart einer Gattung, die sonst ganz im Meer lebt und zu der auch die Muräne gehört. Ihr schlangenhaftes Aussehens läßt sie urtümlicher erscheinen, als sie sind; dennoch sind Aale voll entwickelte Fische. Sie sind extrem gefräßige, aggressive Jäger, die aber nur nachts aktiv sind und zu klares Wasser nicht schätzen, untertags leben sie versteckt unter Steinen. Extrem fett, waren sie zu allen Zeiten ihres Geschmacks wegen hochgerühmt. In Spanien genießen heute vor allem die Aale aus den Flüssen Cúa und Búrbia im Bierzo hohes Ansehen, in Cacabelos und Villafranca im Spätfrühling gefangen (das Bierzo liegt zwischen Madrid und Galicien, Hauptstadt ist Ponferrada).

Angulas (Glasaale) nennt man die im Meer lebende Jungform der Aale, eine Spezialität, die nach 1880 durch das Renommee der baskischen Küche landesweit immer beliebter wurde, besonders in Madrid. Früher war Glasaal billig und ein Armeleutegericht, es heißt sogar, man habe mit ihnen Felder gedüngt. Heute sind sie durch Überfischung dagegen so stark gefährdet, daß sie aus Lapurdi in Frankreich importiert werden müssen. In Spanien gibt es sie noch in San Juan de Arena an der Nalónmündung in Asturien, im Guadalquivir bei Lebrija, bei Trebujena und im Ebrodelta. Getötet mit Tabak, kommen sie kurzgekocht in den Handel, sie würden sich sonst zu rasch zersetzen. Die zeitweilig enorme Nachfrage führt heute zu hohen Marktpreisen, besonders im Dezember, wenn die Angulas fetter sind als in anderen Monaten. Auch abgesehen von den baskischen Angulas wird im Mittelmeerraum zuviel Jungaal in den Küstengewässern abgefischt. Die Bestände sind heute überall so stark gefährdet, daß Aale in vielen Flüssen bereits nicht mehr anzutreffen sind.

Ebenso wie Lachse fand man Aale so gut wie nie im Meer. Man wußte, daß sie wandern, entdeckte aber erst spät ihre Laichgründe in der Sargassosee Mittelamerikas. Konnte man beim Lachs noch verstehen, daß er nach Jahren im Meer seinen Heimatfluß wiederfand, war die Sache beim Aal noch rätselhafter: wie finden kleine Aale den Heimatfluß ihrer Eltern, den sie nie gesehen haben? Denn wie Lachse steigen sie nie andere Flüsse hoch als die, aus denen ihre Eltern kamen. Drei volle Jahre dauert die Reise der millimeterkleinen Junglarven, in Strömungen der Meeresoberfläche eher treibend als schwimmend, bis sie ins Küstengewässer ihrer Vorfahren gelangen. Sie sind dann 7 cm lang, weiß und durchsichtig. Und erst nach einer Umfärbung durch Berührung mit dem Küstensüßwasser obsiegt aufs neue ihr Wandertrieb, zumindest bei den Weibchen und einer geringeren Zahl von Männchen. Flußaufwärts steigende Aale wandern nicht nur im Wasser, sogar außerhalb des Wassers, denn Aale können auch durch die Haut atmen. Schlangenartig überwinden sie Strecken von bis zu 30 Metern an Land, umgehen Hindernisse sogar kletternd und schwimmen, bis sie zu Hause sind, um dort 10-20 Jahre zu bleiben. Sie ziehen dann zurück ins Meer, wo sie auf die dort zurückgebliebenen anderen Männchen stoßen. Alle Aale, die zum Laichen ins Meer ziehen, sterben dort, meist bald nach dem Laichen. Aale, die das Meer nicht erreichen, werden steril und bleiben im Süßwasser, wo sie bis zu 50 Jahre alt werden können. Wie aber finden sie den Fluß ihrer Vorfahren? Wir wissen nur, daß es durch Magnetpeilung geschieht: Aale wie Lachse übernehmen die magnetische Frequenz ihres Herkunftsgebiets, und zwar genetisch gespeichert, wie die Jungaale beweisen. Wie diese in der DNS verschlüsselt liegt, ist noch nicht erforscht.

Küche: Brauchbarer Aal wiegt ab 500-750g; Exemplare über 1 kg sollte man immer enthäuten, was nicht leicht ist, man muß ihn lange mit Salz abreiben. Beste Fangzeit ist Oktober-April. - Zum Enthäuten entschleimt man den Aal erst (5 min. in Salzwasser kochen, dann mit Tuch abreiben; auch ihn kurz durchs offene Feuer zu ziehen hilft). Direkt hinter dem Kopf an der Kehle wird rundherum eingeschnitten, die Haut etwas abgelöst und der Aal an der Schnittkerbe über einen Haken gehängt. Dann packt man die Haut am Nakken mit einer Zange und zieht sie gleichmäßig, nicht ruckartig, ab. Zum Entgräten spaltet man den Aal am Rückgrat auf, bis die Bauchseite erreicht ist. Macht man dasselbe auch auf der Gegenseite, liegt das Rückgrat frei. - Aal wird meist als Ragout in 5-cm-Stücken zubereitet, ansonsten mit Reis, paniert, mit Tomaten oder mit Kartoffeln und grüner Sauce. Räucheraal ist eine Delikatesse, aber in südlichen Ländern nicht geschätzt. Meeraal (Cóngrio) hat mit Anguila nichts zu tun, er ist ein ganz anderer Fisch. - Rezepte für Angulas gibt es nur wenige. Meist wird mit Knoblauch, Paprika, Öl, Peperoni, Eipanade oder Hollandaise der sehr zarte, süßliche Geschmack übertönt, es bleibt dann noch das einzigartig glitschig-knusprige Gefühl im Mund, das Angulas so berühmt macht.

Rezepte zum Aal:

Aal grün. 2 Knoblauchzehen und 1 Zwiebel in Öl glasig dünsten, dann Kerbel, Estragon, Salbei, Thymian, Lorbeer zugeben, 200g Fischfond angießen und 20 min. kochen. Den Aal in 5 cm großen Stücken zugeben und 10-15 min. bei geschlossenem Topf dünsten. - Sauce: Den Sud durch ein Sieb abseihen und auf 50% einkochen. Dann mit Sahne und Eigelb binden. Am Ende mit Zitrone abschmecken und Dill zugeben.
Klassisches deutsches Rezept. Gekochter Aal schmeckt etwas fade; der sehr frische Ton, den er haben kann, kommt erst durch die Kräuter zum Tragen.

Anguila al all i pebre (Aal in Knoblauchpaprika). 1,5 kg Aal häuten, in Scheiben von 7-8 cm schneiden, salzen. - 1 EL süßen Paprika sanft in 100g Öl erhitzen (er darf nicht anbrennen), mit 750g Wasser aufgießen und den Aal darin 15-20 min. garen. - Picada (siehe Kasten S. 80) aus 4 Safranfäden, 3 Knoblauchzehen, 2 EL Petersilie, 12 gerösteten Mandeln im Mörser zerstoßen, in Öl verrühren, mit etwas Sud lösen und für 3 min. zum Aal geben. - Beilage: Erbsen und Bohnen, separat in Salzwasser gekocht.
Katalanisches Rezept, einfach und gut. Es hat nur einen Mangel: der Aal schmeckt nicht nach Aal, sondern ein wenig nach Lachsforelle. Bekannte des

Autors aus dem Ebrodelta versichern aber, das sei so gewollt. Das Rezept stammt von dort. Leider verschwinden im Ebro die Aale immer mehr.

Anguila al estilo del Rio Esla (Aal vom Rio Esla). Einen Fond aus 1 Zwiebel, 1 Schinkenknochen, 200g Rotwein, 2 Tomaten, 1 grüne Paprikaschote (siehe Kasten S. 121) 1 Std. kochen. - Einen Aal von 1 kg stückeln, salzen, pfeffern und mehlgewendet kurz in Öl anbraten, dann zum Fond zugeben und 20 min. fertiggaren. - Beilage: Pellkartoffeln und pro Person 1 gekochtes Ei.
Der Rio Esla, ein nördlicher Zufluß des Duero aus den Bergen von León, ist heute noch einer der besten Fischflüsse Spaniens. Ausnahmsweise wird hier Rotwein zu Fisch verwendet, sein breiteres, tieferes Bouquet bringt den leicht bitteren 'Stich' des Aals gut zur Geltung. Die Weinregion Duero erzeugt heute leichte, spritzige Rotweine, die sich gut dafür eignen.

Anguilas fritas (Aal fritiert). 1 kg kleinere Aale säubern, salzen, pfeffern und mehlgewendet in reichlich Öl ausbraten.
Mittelmeerrezept, einfach und schlicht, aber ein wenig umstritten. An Spaniens Nordküste mag es noch angehen, aber im Mittelmeer sollte man Jungaale schonen.

Aal mariniert. 1,2 kg Aal häuten, in Scheiben von 6 cm schneiden, 12 Std. marinieren in: 1 EL Senf, 1 Zitrone, 3 EL Öl, 1 EL Essig, 2 EL Fischfond, 1 Knoblauchzehe, etwas Fenchel. - Dann mehlgewendet in reichlich Öl ausbraten.
Erneut: Aal braucht etwas Stütze, hier gibt sie der Senf. Es sei nicht vergessen: das älteste genaue Rezept Europas ist ein Aaltopf von 1349 aus Paris. Es nimmt den Stützbedarf des Aals allerdings etwas zu gründlich, der Aal wird dort regelrecht überwältigt von Aromen.

Aalspieße. 4 cm große Stücke vom Aal salzen und mit Öl bestreichen. Im Wechsel mit Salbei, Lorbeer und Brot auf Spieße stecken, gut in Bröseln wenden und ausbraten oder grillen.
Ein gutes, ausgewogenes Rezept. Der Lorbeer ist dabei unverzichtbar.

Angulas a la bilbaína (Glasaale nach Art von Bilbao) 4 Knoblauchzehen in 60g Öl 1 min. braten, dann 1 scharfe Peperoni (guindilla) dazugeben. Wenn der Knoblauch golden wird, ihn entnehmen. - In diesem Öl pro Person 150g Angulas bei mittlerer Hitze 1 min. braten. Mit Holzlöffel umrühren. Gut abgetropft servieren.
Rezepte zur Angula variieren eigentlich nur in der Menge an Knoblauch, Öl und Peperoni. Letztere kann durch eine Messerspitze Piment ersetzt werden, die Machart ist stets dieselbe. Wer mag, soll 6 Knoblauchzehen nehmen. Der feine salzige Geschmack mit dem leisen süßen Unterton wird dadurch nicht überdeckt, eher hervorgehoben. Im Baskenland bevorzugt man beim Garen von Fisch, besonders von Angulas, Formen aus Keramik. Sie halten die Hitze

gleichmäßiger als anderes Kochgerät. Ist keine zur Hand, wärmt man die Servierschale vor.

Carpa, dt. Karpfen, *cyprinus carpio,* katalanisch *carp*, baskisch *zamo arrunt*, frz. *carpe*, ital. *carpa*, griech. *kyprinos*, türk. *sazan baligi.*

Massige Fischform mit hoher Stirn, Rücken bogenförmig und hoch gewölbt, Bauch etwas flacher, dicklich mit auffallenden großen Rundschuppen und klarer Rautenzeichnung. Am Mund vier Bartfäden. Farbe am Rücken olivdunkelbraun, am Bauch goldocker, bei Zuchttieren aber viele Farbschattierungen nach rosa, grün oder blau. Länge 50 cm, Saison November-April.

Der Karpfen ist Leitfisch und größte Art der Cipriniden, einer reinen Süßwasserfischgattung mit vielen Arten. Bemerkenswert ist, daß hier einer ganzen Gruppe der Sprung ins Süßwasser gelang - eine ganze Anzahl von Stichlingen und Gründlingen gehören zu diesen Cipriniden, den Karpfenartigen. Die meisten anderen Süßwasserarten haben den Sprung in dieses andere Milieu einzeln vorgenommen. Wegen seiner vielen Gräten gilt der Karpfen nicht als sehr edler Fisch. Außerdem haben die meisten einen leicht dumpfen Faulgeschmack, müssen daher nach Abfischung 14 Tage in Frischwasser gehalten werden, bevor man sie verkauft. Am Markt gibt es drei Spezien: den Schuppen- oder **Flußkarpfen,** den fast schuppenlosen Teich- oder **Spiegelkarpfen** und den schuppenarmen **Lederkarpfen**. Von ihnen ist nur der Flußkarpfen, die Wildform, als wirklich delikat zu bezeichnen. Gelben Bauch sollte er aber nicht haben, er ist dann arg fett. Karpfenrogen bzw. Karpfenmilch gilt vor allem in Osteuropa als Delikatesse; Juden, denen der schuppenlose Stör aus religiösen Gründen untersagt ist, gewinnen aus ihm einen roten Kaviar. - Der Karpfen, ursprünglich wohl in China beheimatet, ist in Europa überall häufig, wo er zu Sommerbeginn Wassertemperaturen von etwa 20° antrifft, die er zum Laichen braucht. Spanien kannte ihn lange Zeit kaum, die Wasserläufe dort sind zu unbeständig. Seine Langlebigkeit (100jähriger Karpfen) ist ein Märchen, älter als 30 Jahre wird er nicht. Entgegen landläufiger Meinung lebt der Karpfen am liebsten in kleinen Seen mit klarem Wasser ohne viel Zu- und Abfluß, also in Grundwasserseen, die nicht zuviel Grünabfall verarbeiten müssen und daher nicht versumpfen.

Küche: Guter Karpfen ist nicht leicht zu bekommen. Zuchtbetriebe bilden oft Karpfen mit schwammigem Fleisch und gallertartigen Fettschichten heraus, wenn ihre Sorten auch den Faulschlammton zurückdrängen konnten. Deutschland besitzt größere Zuchten in Bayern, Niedersachsen, Schleswig und Mecklenburg. Am besten ist er 3-jährig mit 1-1½ kg Gewicht. Zubereitung: die klassischen Rezepte bereiten ihn leicht süß-sauer vor, was dem etwas ranzigen Fleisch entgegenkommt. Gern wird Karpfen aufrecht gegart (mit Kartoffeln gefüllt steht er gut). Da er in Spanien noch selten ist, werden hier nur deutsche Rezepte angegeben.

Rezepte:

Wurzelkarpfen. Den Karpfen 20-30 min. in Courtbouillon (siehe Kasten S. 26) aus Möhre, Lauch und Wurzelwerk (Sellerie, Petersilie, in Spanien auch Pastinake, Rübe), in sehr feine Streifen geschnitten, pochieren.
Das Rezept ist so klassisch, daß manche den Wurzelkarpfen für eine eigene Art halten. Es gelingt nur bei sehr gutem Karpfen, sonst schmeckt er dumpf. Wenn es geht, nehme man Karpfen aus dem Fluß oder in Frischwasser gehaltene Tiere.

Karpfen gesotten. Im Unterschied zum vorigen Rezept besteht der Sud aus ½ Liter Wasser, ½ Liter Fischfond, Saft und Schale von ½ Orange, 1 Nelke, Lorbeerblatt, 1 Zwiebel, etwas Möhre, Sellerie und Petersilie. - Sauce: Den Saft von ½ Orange und 1 Orangenschale in sehr feinen Streifen auf die Hälfte der Flüssigkeit einkochen. Dann 4 EL vom Pochiersud, 4 EL Hühnerbouillon dazu und erneut einkochen.
Diese etwas ungewöhnliche Sauce ist sehr anzuraten. Man sieht, was auch die deutsche Landküche konnte - das Rezept stammt übrigens aus Klöstern, da nahm man Orangeat! Die moderne 'Erfindung' von Fisch mit Orange ist also ziemlich alt. Man kann die Sauce gern mit etwas Sahne strecken, wenn man mag.

Karpfen blau. Der Fisch wird mit 2 Kartoffeln gefüllt, so daß er im Topf steht. Er wird mit 125g kochendem Essig übergossen, so daß er blau wird. Aufgießen mit ½ Liter Fischfond und 30-35 min. im Herd bei 175° garen.

Karpfen fränkisch. Den Fisch der Länge nach halbieren, entschuppen, waschen, die Kiemen abschneiden, mit Zitrone, Salz, Pfeffer, Dill einreiben, dann in Ei und Mehl wenden und in viel Fett bei 160° fritieren. - Sauce: 20g Zwiebelwürfel in Fett glasig braten; dann 100g Pilze und etwas Weißwein daran geben, 5 min. kochen; dann 2 EL Sahne, etwas angebräunte Béchamel, Salz, Pfeffer, Petersilie dazugeben.
Wäre der Dill nicht, dächte man eher an ein Wildrezept; man kann auch Hasen danach zubereiten. Aber Franken läßt auf seine Karpfen nichts kommen und das Rezept ist gut, der Fisch schmeckt ausgesprochen kernig.

Tenca, dt. Schleie, *tinca tinca* oder *cyprinus tinca*, baskisch *zaparda*, frz. *tanche*, ital. *tinca*, griech. *tinga*, türk. *tenga baligi.*

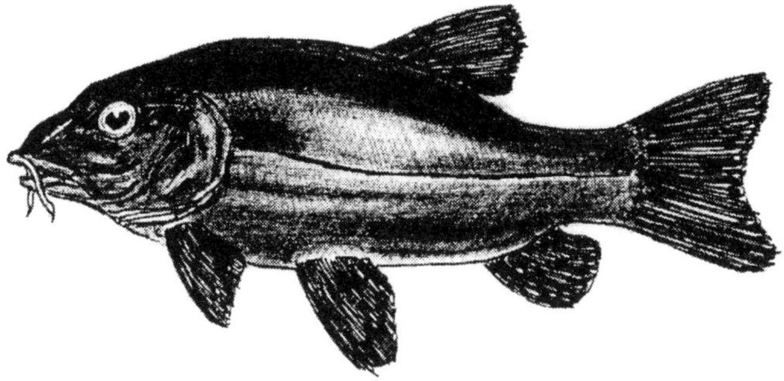

Ebenfalls ein Ciprinide. Körper oval länglich, etwas gebläht wirkend, kleinschuppig, gut ausgebildete, gerundete weiche Flossen und dicke Lippen. Farbe am Rücken dunkles Flaschengrün, am Bauch heller. Länge bis zu 40 cm, Saison Sommer.

Der Fisch ist in kleinen Seen und Dorfteichen recht häufig, in Mitteleuropa noch mehr als in romanischen Ländern, aber nicht sehr beliebt wegen seines schlammigen Geschmacks und der vielen Gräten im weißen Fleisch. Für ihn gilt aber dasselbe wie für den Karpfen: schlammige Gewässer sind nicht sein bestes Milieu. Große Flußschleien in sauberem, nicht zu tiefem Wasser mit reichlicher Vegetation oder auch in felsigen Wassergründen sind sehr viel besser und werden in Spanien dann ähnlich quotiert wie Forellen. Wie in Mitteleuropa haben sich auch in Spanien vor allem die Klöster der Schleienzucht angenommen. In klösterlich bestimmten Ecken Nordspaniens gibt es noch heute ganz vorzügliche Schleien auf dem Markt oder in Restaurants.

Küche: Schleien unbekannter Herkunft sollte man einige Stunden in Marinade aus Wein und Essig einlegen, um ihren Faulgeschmack abzumildern, nicht wegen ihrer Unbekömmlichkeit. Man hat dieses Marinieren, eine Hinterlassenschaft des in Klöstern gern gebrauchten allgemeinen Fischmarinierens, wohl im Volk mißverstanden. Jedenfalls hört man immer wieder, Schleien seien schwer bekömmlich. Es stimmt nicht. Allerdings haben sie viele kleine, im Fleisch steckende Gräten. - Zubereitung: Größere Exemplare werden im Herd gebraten oder gedünstet, kleine fritiert.

Rezepte:

Schleie blau: Sud aus ½ Liter Wasser, ½ Liter Wein, Pfeffer, Zitrone, Möhre, Zwiebel und Sellerie kochen (20-30 min). Die Schleie darin 8-10 min. pochieren. Dazu Meerrettichsahne. - Das beste an einer dumpfen Schleie ist der Meerrettich. Sein erdiger Geschmack kommt ihr sehr entgegen. Also: je besser die Schleie, desto sanfter die Meerrettichsahne, die beiden erdigen Aromen passen hervorragend zueinander.

Schleie gedünstet. Die Schleie mit Estragon füllen. 250g Wasser, 250g Fischsud, 150g Zwiebeln, 150g Möhre und die Schleie in den Bräter geben, den Deckel aufsetzen und im Herd dünsten (25 min. bei 200°). - Sauce: etwas vom Sud nehmen und mit Sahne und Petersilie anreichern. Meerrettichsahne kann extra dazu gereicht werden.

Tenca al estilo de Cáceres (Schleie nach Art von Cáceres). Aus 800g Pellkartoffeln Nocken abstechen, salzen, pfeffern, in Ei wenden und in reichlich Öl ausbraten. Im selben Öl dann Scheiben von Schleie (etwa 800g, gesalzen, 30 min. in Zitronensaft mariniert, dann mehlgewendet) ausbraten, entnehmen. Im selben Öl 3 geschälte Knoblauchzehen anbraten, etwas Petersilie darangeben, entnehmen und im Mörser zerquetschen. Erneut im selben Öl 1 Zwiebel und 1 Lorbeerblatt andünsten, mit 50g Essig aufgießen, den Sud gut einkochen, dann mit 2 EL Mehl pudern und 750g Wasser angießen. - Fische und Kartoffeln in einen Topf geben, die Brühe darübergießen und noch 25 min. köcheln. Am Ende für 2 min. die Paste aus Petersilie und Knoblauchzehen dazugeben. Serviert wird der Fisch im Kartoffelrand, die Sauce über die Fische gegeben.

Sábalo, arencón, dt. Alse, Maifisch, *alosa fallax/alosa*, katalanisch auch *alatxa*, baskisch *colaguyá*, *kodaka*, galicisch auch *sabella*, *xamborca*, frz. *alose*, ital. *alaccia*, *alosa*, griech. *frissa*, türk. *tirsi*, *tersi*.

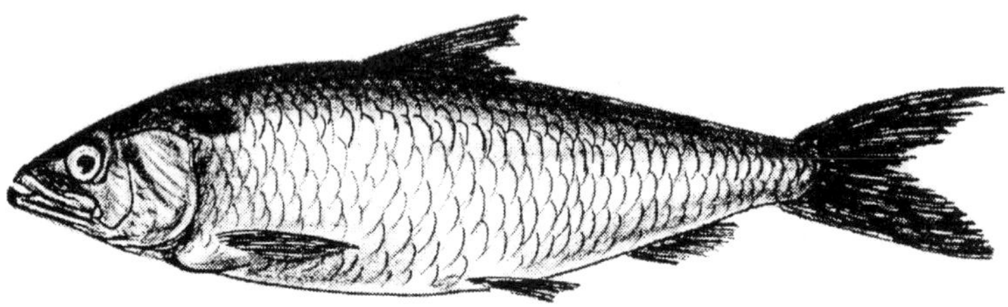

Heringsähnliche Form, langgezogen, etwas dicklich. Große, abblätternde Schuppen. Farbe am Rücken blau, an den Flanken silbern, dazu schwarze Flecken am Bauch, beim echten Sábalo (einer Nebenart, alosa *fallax fallax*) zusätzlich noch 7-8 Flecken auf den Flanken. Länge um 40 cm, Gewicht 1,5 kg. Saison ganzjährig.

Sábalo und Saboga (häufigster anderer Name für die Hauptart) sind rein spanische Arten und gehören den Heringsfischen an, leben aber teilweise im Meerwasser von Flußmündungen und auch im Süßwasser. In der Tat sieht der Sábalo wie eine zu groß geratene Sardine aus. Der Sábalo kommt im galicischen Miño sowie in kantabrischen und katalanischen Flüssen gelegentlich vor, sein Hauptgebiet ist jedoch der Guadalquivir bei Sevilla; er heißt dort zuweilen auch Südlachs, *salmón de Sur*. Zu seiner Art gehört auch der seltenere **Saboga**, der aber auf den Flanken zusätzlich noch 7-8 schwarze Flecken hat. Beide leben im Meer und steigen nur im Frühjahr zum Laichen die Flüsse hoch. Die Jungfische wachsen rasch und kehren schon im selben Herbst ins Meer zurück.

Küche: Der Sábalo ist sehr zart und äußerst geschmackvoll, hat aber leider eine solche Vielzahl von Gräten, daß der Genuß recht eingeschränkt ist. Im Tal des Guadalquivir, um Puebla del Río, Coria del Río und Alcalá del Río, gibt es jedoch zahlreiche Restaurants und Bars, die den Sábalo sehr gut filetieren, eine echte Kunst, denn es ist in der Tat nicht leicht. Krustig fritiert sind Sábalos eine Delikatesse der Sevillaner Küche, zumal der Fisch häufig vorkommt, wenn auch nicht mehr so, daß man ihn wie früher sackweise verkauft. - Das Fleisch des Sábalo zersetzt sich sehr rasch. Man muß also den Fisch schnell reinigen und gut abtrocknen. Außerdem muß man die Kiemen öffnen, an ihnen sitzen lange schmale Gräten, die herauszuziehen sind. In Andalusien bevorzugt man ihn in kleinen Filets fritiert, begleitet von Salat aus frisch gebratenen Paprika. Auch die Caldereta aus Sevilla ist sehr gut.

Rezept:

Caldereta de sábalo al estilo de Sevilla (Fischtopf vom Sábalo nach Art von Sevilla). 1 große Zwiebel, 1 kg sehr reife Tomaten, 250g grüne Paprika grob zerkleinert in einen Topf geben, dazu 1 Lorbeerblatt, 1 Knoblauchzehe, ½ TL Pfefferkörner, grobes Meersalz, 1 Nelke. ½ Liter jungen Weißwein angießen, alles 20 min. sanft kochen. Dann 6 Sábalos (ohne Kopf, in Scheiben von 6 cm Dicke) darauf setzen und noch 10 min. köcheln.
Der Sábalo schmeckt, ähnlich wie die Meeräsche, S. 186, fein, aber etwas dünn. Die wichtigste Zutat ist wohl die Nelke. Nehmen Sie aber nicht mehr als eine! Wenn Sie von Weihnachten noch ein wenig Zitronat haben: auch das gibt Fischen mit zartem, verhaltenem Aroma eine geschmackliche Stütze.

Lamprea de mar, lamprea de río, dt. Neunauge, *petromyzon marinus/fluviatilis,* katalanisch *llamprea*, balearisch *xuclador*, baskisch *lanproi, amproi*, galicisch *lampreia, chupona.*, frz. *lamproie, sept yeux*, ital. *lampreda*,

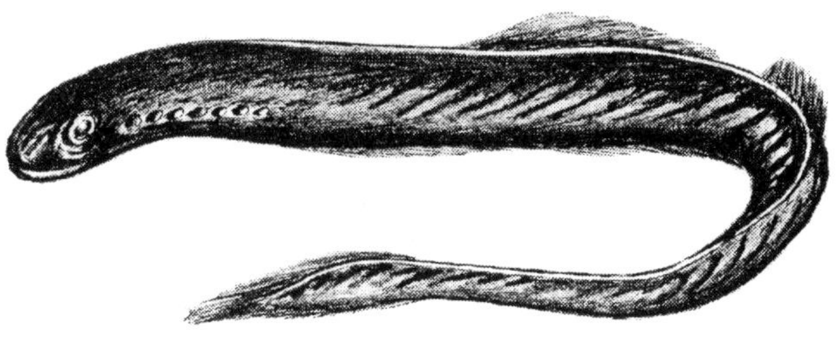

Wurmförmiger, noch sehr urtümlicher Knorpelfisch mit schleimiger nackter Haut, rundem Mund und Reihen von Hornzähnen, Farbe graublau mit dunklen Flecken, Bauch heller. Die beiden Arten sind nahe verwandt und im Erscheinungsbild fast identisch, das Meeresneunauge ist aber selten. Länge an die 60 cm, nicht über 90 cm, Saison Februar-April.

Die Lamprea ist ein von den bisher beschriebenen, auch vom Aal, stark abweichender Fisch. Wie die Haie, die ebenfalls Knorpelfische sind, hat sie noch keine Kiemen, sondern nur sieben Paar Branchialöffnungen am Hals (davon der Name 'Neunauge', man zählt die echten Augen mit). In den Wintermonaten steigt auch dieser Fisch aus dem Meer zum Laichen die Flüsse empor, meist an Lachsen hängend, von denen er sich dann ohne eigene Mühe transportieren läßt; seine kräftigen Hornzähne erlauben ihm zudem ein parasitäres Blutsaugen an anderen Meeresbewohnern. Man fischt ihn auch im Meer gewöhnlich nur auf diese Weise mit, einzeln ist er kaum zu fangen. Die Flußlamprea bleibt etwas kleiner als die Meerlamprea, lebt in stehenden oder kaum fließenden Gewässern und erreicht vom Geschmack her nicht annähernd die Klasse der Meerlamprea in den küstennahen Gewässern. Es heißt allerdings, die schlemmerhaften mittelalterlichen Mönche von Sahagún bei León hätten vorzügliche Lampreas in salzhaltigen Lagunen bei Zamora gezogen und sich in der Fastenzeit davon nicht schlecht ernährt. Irgendwas muß daran stimmen, es gibt zwischen Zamora und Villalpando drei Dörfer mit dem Namenszusatz *de la Lampreana*. Heute ist die Lamprea mit ihrem dunklen, fetten, vorzüglichen bis delikaten Fleisch aber dort wie in Spanien außerhalb Galiciens unbekannt. Dort erreicht sie schwindelnd hohe Börsenquoten. Auch in Deutschland, wo sie vor Jahrzehnten noch gelegentlich zu finden war, scheint sie am Aussterben zu sein.

Küche: Orthodox muß man Lamprea lebend kaufen. Man tötet sie, indem man sie an einem Nagel aufhängt und am Schwanzende einschneidet, so daß sie langsam ausblutet; das Blut wird für die Sauce verwendet. Dann wird sie in kochendes Wasser getaucht und die Haut mit einem Lappen abgezogen. All das, so heißt es, stelle in galicischen Küchen noch ein fast totemhaftes Ritual dar. - Zubereitet wird das Neunauge in Galicien als Estofado (Gulasch) im eigenen Blut und Ribeirowein, zuweilen auch in Würzsud mit Jerez. Es ist ein ganz besonders delikater Fisch, schwer vergleichbar mit anderen.

Rezept:

Lamprea al estilo de Noia (Neunauge nach Art von Noia). Einen Fisch von 1 kg Gewicht gut säubern, ausbluten lassen, den Kopf abtrennen, auch den Nerv entnehmen, der vom Kopf bis zum Ende am Bauch entlangläuft, die Innereien entfernen, vor allem die bittere Leber. Dann in 5-6 cm große Scheiben schneiden. Mit 1 ganzen Zwiebel, 1 Knoblauchzehe, 2 Zweigen Petersilie, 1 Lorbeerblatt, ½ TL süßer Paprika, ½ TL scharfer Paprika, 200g Wein, 200g Öl, Salz, Pfeffer, Fischblut in einen Topf geben und etwa 20 min. köcheln.
Noia liegt zwischen Santiago de Compostela und dem Meer, genau am Übergang eines der fjord-ähnlichen Flüßchen Galiciens zum Meerwasser. Nur an solchen Orten bekommt man heute noch in manchen Restaurants Lamprea angeboten.

3. Seefisch

Einleitung

Zugegeben: wenn man auf dem Markt Fisch kaufen geht, fragt man sich nicht eben häufig, wem denn der ganze Fisch im Meer eigentlich gehört. Das Meer zählt ja nicht zum Gebiet der Staaten, die an es grenzen. Verfolgt man den Gedanken etwas, so fallen rasch Begriffe wie Internationale Seerechtskonferenz, Fischkontingentierung, Fanggebietbeschränkungen. Der Markt mit Seefisch hängt nicht unerheblich von Vorentscheidungen ab, die aus derlei Rechtsfragen und immer wieder neu entstehen.

Europa hat schon seit der Antike mit geschriebenem oder ungeschriebenem Gesetz versucht, Fischerei und Meeresbesitz zu regeln, also auch schon, als Vermessung und Kontrolle noch kaum durchführbar waren, so daß das Meer trotz aller Vorbehalte weitgehend neutrale, keinem Länderrecht unterstehende Freizone blieb. Eine erste echte Grenze hat sich im 16. Jhdt. als 3-Meilenzone durchgesetzt. Was innerhalb einer von jedem Festlandpunkt aus, Inseln inbegriffen, gezogenen Linie von 3 Meilen (etwa 5,5 km) lag, galt als Staatsgebiet, also als Territorium, in dem ein Staat seine Hoheitsrechte aufrichten, gewährleisten und vor allem auch verteidigen durfte. 3 Meilen war die Reichweite einer damaligen Kanone. Außerhalb dieser inneren staatshoheitlichen Grenze bildete sich in der Folge eine weitere Grenze heraus, die 12-Meilen-Zone (etwa 22 km). In ihr wurde die Nutzung des Meeres, vor allem als Fahrweg für Schiffe, zwar als frei betrachtet, jedoch gehörte es, anders als die jenseits davon liegende Hochsee, zum staatlichen Hoheitsgebiet. Fische sowie Mineralien dieses Gebiets gehörten grundsätzlich dem Anrainerland als Eigentum. Dieses trat der Staat durch ausdrückliches Gesetz oder durch stillschweigende Übereinkunft an denjenigen Staatsangehörigen ab, der die Nutzung wahrnehmen wollte, oft auch an Angehörige fremder Staaten. Sehr genau pflegte man dies nicht zu nehmen. Dennoch: eine Verletzung der beiden Grenzen war rechtlich eine Staatsverletzung und unterstand dem nationalen Recht; sie war nicht nur, wie auf hoher See, ein privater Akt von Piraterie.

Auch die Großfischerei, die ab dem 16. Jhdt. mit der Entdeckung der Fischbänke bei Neufundland durch den Portugiesen Gaspar de Corte Real einsetzte, unterlag bis 1950 diesem Gesetz, ergänzt durch Gewohnheitsrechte früherer Zeiten. Unter der Annahme der Unerschöpfbarkeit der Meere sprach nichts dafür, die freie Nutzung der Weltmeere einzuschränken, wenn auch infolge der beiden Weltkriege viele Staaten die Sicherheitszonen ihrer Hoheitsgebiete neu faßten. 1952 weiteten nun Länder wie Peru, Chile und Ecuador in der 'Declaración de Santiago de Chile' ihre Souveränitätszone plötzlich auf 200 Meilen aus, in erster Linie aus Verteidigungsgründen, nicht zuletzt aber auch zum Schutz ihres eigenen Fischfangs. Meeresrechtskonferenzen 1958 und 1960 sowie eine 'Europäische Fischereiübereinkunft' 1964 folgten dieser Tendenz und gipfelten schließlich in der leider recht mißlichen 'Europarechtserklärung vom November 1976' mit einer Ausweitung der Souveränitätszone auch aller europäischen Staaten auf 200 Meilen. Nicht nur, daß damit die deutsche Fischereiflotte als autonome Größe vom Bild verschwand, sie hatte sich ohnehin, nachdem die Nordsee einmal überfischt war, nur mit Mühe halten können. Betroffen waren auch alle anderen. Zugegeben, es hatte etwas geschehen müssen, die Überfischung gerade küstennaher Gebiete war ein Faktum. Schon ab 1970 waren die Erträge weltweit gesunken, sie pendelten sich am Ende dann auf 70 Millionen Tonnen Fisch ein, wo sie noch heute liegen (seit 1920 waren sie pro Dekade um volle 100% gestiegen!). Doch die Erklärung brachte die Fischerei der europäischen Staaten in Unordnung und positive Auswirkungen hatte sie kaum.

Betroffen war auch Spanien, wo sofort die Händel mit Frankreich in der Biskaya (sie hatten nun ja eine gemeinsame Souveränitätszone) und mit Marokko, gar nicht der Erklärung unterworfen, aufflackerten. Nicht, daß die Entscheidung Spanien mehr als seine Nachbarn getroffen hätte, sie traf es nur zu einem besonders ungünstigen Zeitpunkt. Mit einem Gesetz von 1961 hatte sich der franquistische Staat zum Aufbau einer modernen Hochseeflotte entschlossen. Spanier sind seit je passionierte Fischesser mit 23 kg jährlichem Verbrauch pro Einwohner (200% des europäischen Mittelwerts, 300% des Weltmittels), der Markt garantiert dort den Absatz nahezu jeden Fangs. Seit 1960 stiegen Reeder- und Schiffsausrüster an Zahl wie an Investitionsmasse ständig. Spanien war bald weltweit Exportland für Fisch und 1977, auf dem Höhepunkt der Krise, im Besitz von 17.000 Schiffseinheiten und der weltweit drittgrößten Fischereiflotte (in Bruttoregistertonnen) nach der Sowjetunion und Japan. Während die Küstenfischerei vernachlässigt worden war und bald nur mehr minimale Erträge abwarf, stand nun auch die Hochseeflotte vor dem Aus. Die neuen eigenen Hochseegebiete rund um Spanien waren nicht fischreicher als die alten, dafür aber lagen die ertragreichen Fischbänke im Nordmeer nun in den 200-Meilenzonen anderer Länder! In der Folge verkaufte das Land notgedrungen viele seiner Schiffe oder brachte sie in gemischte Gesellschaften zum Fischfang ein. Eine echte Lösung war es nicht.

Was ist zu tun? Staaten mit lohnenden Fischgebieten, mehrheitlich in ökologisch diffizilen Gebieten liegend, werden über Zulassungszahlungen die Preise so treiben, daß Spanien von selbst reduziert. Langsam, aber merklich macht sich die Verwaltung Spaniens heute zum Sachwalter der eigenen Gewässer, ebenso wie es ja auch die andern tun. Diese Gewässer sind durchaus kein aussichtsloser Fall, sie sind nur weder für Massenfisch noch für ein einseitiges Angebot so nutzbar wie bisher. Man kann mit Werbung und Information vielleicht den Markt in ein anderes Gleichgewicht bringen; man kann mit gleichem Zweck den Küstentourismus fördern und verstärkt lokale Märkte mit Küstenfischerei wieder aufbauen, kann Meeresforschung betreiben mit dem Ziel, Fischgemeinschaften und Meeresbiotope sich zunutze zu machen und in Fischzuchtfragen innovativ zu werden. Auch bei der Umstrukturierung des Marktgebarens wäre einiges zu holen. In den 90er Jahren ist immerhin einiges geschehen. Die Palette der Fischstände ist reicher geworden, das Angebot diversifiziert sich (allerdings auch der Preis). Die Küstenfischerei an der Costa Brava beispielsweise kann winters schon einen guten Teil des Bedarfs decken. Zuchtfisch aus Großkäfighaltung wie bei Doraden und Wolfsbarsch oder in Lagunenhaltung wie bei Meeräschen (und Muscheln) ist stark im Aufwind.

Die Vermarktung des Seefischs in Spanien

Das Buch von José C. Capel, Manual de Pescado, R&B Madrid 1995, enthält ein lesenswertes Kapitel über die Vermarktung des Fischs in Spanien, das diesem Abschnitt zugrundeliegt. Die Vermarktung von Fisch ist keine leichte Angelegenheit. Sie muß schnell erfolgen und doch sorgfältig sein, hat manche Tücken und stellt Probleme mit der großen Masse an Ware, die bewegt wird. Am besten gehen wir der Reihe nach den Prozeß durch. Das Gesagte gilt für Spanien, aber in Frankreich ist es ähnlich.

Wird Fisch in einem der Fischereihäfen angelandet, so wird er umgehend entladen, nach Größe und Qualität vorsortiert, sofern das noch nicht an Bord erfolgte, und in die Versteigerungshalle geschafft, die diese Häfen haben, denn Fisch muß nach Gesetzesvorschrift von bestimmten Mengen an versteigert werden. Frühmorgens findet dann in diesen *lonjas* oder *rulas* (Börsen) die Versteigerung statt. Quotiert wird der Fisch in kleinen Schritten, nach Duro (5-Pesetenstück), Peseta, oft auch nach dem Real, 25 Centimos, gewöhnlich nach kg, nicht nach Stück, und grundsätzlich von einem geschätzten Maximalpreis nach unten. Wie die Börsen es mit dem Euro halten werden, ist noch offen. Fisch zu versteigern ist ein erprobter Vorgang, hat aber für beide Parteien seine Schwierigkeiten. Vor allem brauchen die *exportadores*, d.h. die in Kommission kaufenden Geschäftsleute oder Agenten der Großhändler aus dem Inland, eine solide, gründliche Ausbildung und viel Erfahrung. Ihr Job ist zudem aufreibend. Zu gleicher Zeit müssen sie alle Vortagsquotierungen mehrerer Börsen und Inlandsmärkte Spaniens im Kopf haben, die Summe der angelandeten, vorliegenden und zum Teil noch im Ausladen begriffenen Menge an Fisch überschlagen, dazwischen die ständig per Funk einlaufenden Nachrichten von ausstehenden Schiffen und ihrem Fang oder ihrer Fangerwartung mit einrechnen, dann kalkulieren und mit Geschick durch die Versteigerung steuern. Nicht selten gibt es nämlich bei großen Fangmengen über die Stunden der Versteigerung hinweg beträchtliche Preisdifferenzen. Es ist nicht gesagt, daß Fisch, der beim ersten Ausloben nicht wegging, beim zweiten oder dritten Anlauf billiger wird. Zu alledem brauchen die *exportadores* auch noch sehr genaue Fischkenntnisse. In Sekundenschnelle müssen sie einen Fang einschätzen. Wertminderungen durch Netzqualität oder technische Mängel bestimmter Schiffe sind stets mit in Rechnung zu ziehen; Kisten, in denen beschädigte Fische durch eine sauber aussehende Oberlage verdeckt wird, müssen vom Augenschein her erkannt werden. So etwas kann zur Vertragsannullierung führen, dann muß neu verhandelt werden, und nicht immer ist es der Anlander, der dabei die schlechteren Karten hat. Das größte Problem der Fischlonja ist jedoch ihre Preisbildung. Sie ist zu schwankend, von zu vielen Unwägbarkeiten abhängig, und sie stärkt vor allem die Oligopolbildung. Wer mehr Kapital hat, kann mehr riskieren, kleine handwerkliche und oft sorgfältig arbeitende Fischer haben gegen die Massenpreisbildung oft keine Chance, sie sind völlig abhängig vom Tageszufall. Ihre bescheidene Menge guter Qualität macht nie den Preis, und der *exportador* kann sie in den allermeisten Fällen drücken, wie er will. Er riskiert dabei wenig, für den müden Kleinfischer dagegen geht es zuweilen ums Überleben.

Von der Börse weg gelangt der Fisch über eingespielte Wege weiter. Die Transportzentralen Vigo, La Coruña, Pasajes (Guipúzcoa), Cádiz und Huelva, die für sich allein 66% des konsumierten Fischs anlanden, sammeln die Fänge und versenden sie ins Inland. 80% all dessen, was sich da zusammenfindet, verläßt die Küstenregionen. Ein geringer Anteil davon geht unmittelbar an Abnehmer im Inland, ein Viertel wird mit Direkttransporten nach Barcelona verfrachtet, der ganze überwiegende Rest geht nach Madrid. Madrid ist der größte 'Inlandshafen' Europas für Fisch, weit vor Paris und Milano. Dank seiner zentralen Lage hat es nicht nur stets engen Kontakt zu allen Anlandehäfen, sondern liegt für jeden Fisch auch gleich günstig in den Transportkosten. So laufen ständig, und zwar noch während der Transporte selbst, Dreiecksoperationen zwischen Hafen, Madrid und Transporteur ab. Nicht selten dreht ein Lastwagen aus Santander, schon bis Aranda gekommen, wieder nach Santander um, weil die Fracht plötzlich nach Zaragoza soll. - Neben dem LKW-Transport laufen täglich drei Fischzüge per Bahn, je einer aus Vigo/La Coruña für Barcelona und Madrid und einer aus Sevilla nach Madrid mit Waggons aus Algeciras und Huelva. Eilgut besonderer Qualität geht per Luftfracht.

Einmal soweit gelangt, gerät der Fisch in die Reichweite der *asentadores*, Kernfiguren im Fischkommerz und Leute mit logistisch und finanziell großem Unternehmenspotential. Die Asentadores dirigieren und kontrollieren den Handel, spekulieren nicht selten auch und sind mit ihrer Macht eine echte "pressure group". Untereinander sind sie eine Kaste für sich mit speziellen Lizenzen und eben dem Entscheidenden, einem Sitz (*asiento*) im Zentralmarkt. Den zu bekommen, verlangt Zeit, Einfluß, langjährige Praxis und meist auch familiäre Verbindungen. Asentadores kaufen und verkaufen nie direkt, aber bei ihnen laufen die Fäden von Angebot und Nachfrage zusammen und bei ihnen wird festgelegt, was wie umgeschlagen wird. Sogar die Fangflotte selbst wird von ihnen oft dirigiert. Sie wird es sich nicht leisten, auf Schellfisch zu gehen, wenn die Asentadores Kabeljau haben wollen, um ihn am Markt durchzudrücken.

Am Großmarkt vor Ort wird der eingehende Transport noch vor Marktöffnung nach den Vorgaben der Asentadores neu sortiert, in Barcelona z.B. ab 2 Uhr nachts im Industriegebiet 'Mercabarna'. Danach tritt man ins Preisgeschäft mit den Detaillisten ein. Es ist klar, daß dabei die Asentadores im Vorteil sind. Sie kennen die Ware, sie wissen, was bis dahin alles geschah, und sie haben die beste Einschätzung darüber, was in den nächsten Tagen zu erwarten steht. Der Detaillist bekommt die Ware hingegen erst jetzt zu Gesicht. Sein Interesse in den ständigen Konferenzen mit Großhändlern und Asentadores ist auch ein anderes, als den Handel zu organisieren. Es geht darum, den Kunden gleichbleibende Qualität und einigermaßen überschaubares Preisniveau zu bieten, nicht eben leicht bei so wechselnder Ware wie Fisch und einer nicht leicht beeinflußbaren Kundschaft. Die Kunden beschränken sich nicht selten auf die rund 20 Fischsorten, die sie mögen und kennen, mißachten den Rest und zwingen damit die Fischer so, Teile ihres Fangs aufzugeben oder unter Wert zu verkaufen, was den Preis des übrigen Fischs steigen läßt.

Am Großmarkt spähen auch nicht wenige Einzelhändler und Restaurants ihren Fisch nachts bereits selbst aus. Arbeitszeit für Xavier, den Kellner vom 'Paco Alcalde' in Barcelona, ist zum Beispiel 20 Uhr bis 4 Uhr. Bis 24 Uhr serviert er, dann wird gegessen und danach geht es bis 4 Uhr morgens zum Großmarkt.

Die Markthallen Spaniens sind gewiß ein ebenso interessantes Kapitel wie die Großvermarktung der Lebensmittel. In Barcelona wie in Madrid (Barcelona hat um die 40 Markthallen, Madrid um die 60) werden sie ab etwa 6 Uhr morgens vom Grossisten aus bedient, der nach Schluß des Großmarkts seine Ware verteilt und dorthin ausfährt. Auch dort läuft schon vor Ladenöffnung ein Handel. Ein Teil der Restaurants wird direkt vom Grossisten bedient, ein anderer Teil geht frühmorgens zum Markt. Restaurants erster Güteklasse, vor allem die galicischen, beziehen ihren Fisch zuweilen sogar direkt aus der Heimat über Börsen und eigene Transportdienste. Grossisten bedienen Restaurants, Marktstände und kleine Geschäfte in Stadt und Land. Sind Preis und Qualität eines Verkaufsstands auf längere Sicht hin stabil, sollte man sich an ihn halten - ein solcher Verkaufsstand steht beim Grossisten im Vorzug, er wird auch bei unausgewogener Tageslage gleichbleibend gut versorgt. Seine Preise sind dafür, ob Restaurant, Marktstand oder Fischgeschäft, auch stets leicht erhöht, Schnäppchen wird man bei ihm nicht machen. Seine Mehreinnahme gleicht dem Grossisten nämlich die Schwankungen aus. Ein weiteres einfaches Kennzeichen guter Läden oder Stände ist neben dem Preis die gleichbleibende Plazierung der Ware und die Fachkundigkeit der Verkäuferinnen (rund 90% des Verkaufspersonals sind Frauen). Die Mehrzahl dieser Verkäuferinnen weiß einen handwerklichen Zauber zu entfachen, der seinesgleichen sucht, ganz abgesehen von der physischen und psychischen Leistung, die diese Arbeit verlangt. Zugegeben, ein wenig Theater ist auch dabei. Aber viele von ihnen verstehen mehr von ihrer Ware, als man bei Marktständen erwarten würde. Große, gut sortierte Stände vertragen sich mit kleinen bescheidenen Nachbarn sehr wohl, Markthallen dienen immer für das gesamte Viertel, sie unterscheiden sich darin von deutschen Wochenmärkten gründlich. Ist der Tag gut, hat auch der Billigstand guten Fisch - es ist oft ein Tagesgeschäft. Wie schon erwähnt, gelten Dienstag und Freitag-Samstag als beste Tage für Fisch. Bereits die Anlanderschiffe richten sich danach.

Am Ende der Kette steht, nicht zu unterschätzen, der Kunde. Alle Bemühungen der vorangehenden Stellen bleiben fragwürdig, erweist nicht auch er sich in seinen Grenzen als Fachmann. Man muß einmal in spanischen Großstädten vergleichen, um wieviel sorgfältiger das durchweg ältere Marktpublikum am Morgen ist als das jüngere Supermarktpublikum am Abend, das schematisch und zu sehr am Preis orientiert einkauft. In den kleineren Markthallen der Vororte ist es anders. Da wachsen Frauen in die traditionelle Rolle der Hausfrau hinein und mischen am Markt munter mit - er ist genauso Umschlagsort für Ware wie für Fischrezepte und Lehrlingsbetrieb für Einkauf und Warenkunde. Da paßt dann alles zusammen. Denn der Fischhandel lebt vom stetigen bunten Spiel von Sorten, Preisen, Qualitätsunterschieden, vom Abwägen, von Vertrauen und langfristiger Erfahrung. Jeder Deutsche, der in Spanien Fischmärkte aufsucht, spürt das instinktiv. Er geht auf Distanz, er scheut sich zu kaufen, er hat das Gefühl, hier müßte er sich erst auskennen, sonst blamiert er sich! Es gibt für diese Lage nur den einen Rat: Stehen Sie zu diesem Gefühl! Spielen Sie souverän und in der angemessenen Bescheidenheit Ihre Rolle als unwissender Laie! Dann wissen die Spanier Bescheid und machen sich daran, Mitkunde wie Verkäufer, mit ihrer gewohnt herzlichen, unaufdringlichen Hilfsbereitschaft die Lage zu meistern. Beim Fischkauf in Spanien sind Sie sicher wie in Abrahams Schoß, da wird nicht falsch gespielt, gerade am Markt nicht. Mitkunden würden nie zulassen, daß ein Verkäufer die Lage ausnutzt, der Verkäufer nie zulassen, daß sich Mitkunden lustig machen über so viel Unwissenheit, und wenn alles gut geht, erhalten Sie zu einem heiteren Einkauf kostenlos ein Dutzend Rezepte hinzu, egal ob Sie sie verstehen oder nicht.

4. Kabeljau-Arten

Unter Seefisch stellt sich ein Deutscher Kabeljau oder einen anderen Fisch seiner Art vor, stattlich, um 1 Meter lang mit kräftigem, langgezogenem Leib, eleganter Rücken- und Bauchrundung, kräftigen Flossen, kleinschuppiger rauher Haut mit schönem Silberglanz, das Fleisch fest, blättrig, weiß und grätenarm. In der Tat liefert keine Fischfamilie im Atlantik so hohe Fangtonnagen wie diese: Gut 30 % des angelandeten Fischs sind Gadiden, Kabeljaufische. Ihr biologisches Kennzeichen sind drei meist deutlich getrennte, recht große Rückenflossen. Wir bekommen sie als Frischfisch angeboten, denken aber bei Frische gewöhnlich nur an die Transportdauer von der Küste bis zum Laden. Nur zuweilen kommt uns in den Sinn, daß der Fisch ja vorher auf See auch schon beträchtliche Zeit unterwegs gewesen sein muß. Wie frisch ist er dann eigentlich? Und was heißt Frischfisch?

Kabeljau und Anverwandte landen bei uns in drei Formen an. Ob in deutschen Läden eher als Filet oder in Spanien eher als ganzes Exemplar, beides läuft unter der Bezeichnung Frischfisch. Ein weiterer Teil kommt als Gefrierfisch in den Handel, der Rest als gesalzener entwässerter Stockfisch.

Frischfisch. Kabeljau muß bei uns stets langzeitgekühlt anlanden, es geht nicht anders, die Gadiden sind Bewohner kalter Gewässer, ihr Lebensraum umfaßt den nördlichen Golfstrom und die arktischen Regionen nördlich davon, Neufundland, Island, Norwegen und das Weißmeer. Nur selten überschreiten sie einmal ihre magische Grenze nach Süden hin, die Linie zwischen Loiremündung in Europa und North Carolina in Amerika. Der Schlüssel zum Begriff 'frisch' liegt im Unterschied der Lagerung. Frischfisch landet zwar langzeitgekühlt an, aber nicht tiefgekühlt. Der Laie staunt immer wieder, wie lange Fisch sich bei gar nicht so tiefen Temperaturen frisch hält. Das hängt mit den Blutwerten der Fische zusammen. Es gibt Temperaturbereiche, für jede Sorte unterschiedlich, die eine Lagerung über ziemlich lange Zeit erlauben, ja über Wochen hinaus. Zu kühl konserviert, arbeitet das Eis im Fisch, es verändert die Konsistenz des Fleischs, beim Auftauen wird es schlaff und verliert Saft. Zu warm konserviert, arbeitet der Fisch im Eis, das Fleisch verdirbt. Genau den Punkt in der Mitte visiert man beim Kühlen an. Jeder Fisch hat seine spezielle Lagertemperatur und auch sein für ihn mit chemischen Zusätzen, meist Salzen bereitetes Stoßeis, das ihn genau auf dieser idealen Langzeittemperatur hält. Und zwar recht lange. Wenn Gadiden durchschnittlich zwei Wochen am Fangschiff lagern, liegen inklusive einer mindestens 3-tägigen Prozedur vom Anlandehafen bis zum Endverkauf, dazu 1 Tag Aufenthalt im Kühlschrank, im Schnitt 18 Tage zwischen Fang und Verzehr. Wird sorgfältig gearbeitet, sieht die Ware auch dann absolut frisch aus, auf den ersten Blick ist sie von küstennahem Frischfisch gar nicht zu unterscheiden. Ein solcher 2-3 Tage lagernder Fisch gilt als **fangfrisch** und wird im Normalfall nur auf jeweils frischem, salzversetztem Eis kurzgekühlt, ein Verfahren, nach dem aber nur die Küstenfischerei arbeiten kann: nachts gefangen und gebunkert, morgens oder abends angelandet, sofort veräußert und ab 8 Uhr morgens am Markt ausliegend. Natürlich besteht zwischen 'Frischfisch' und 'fangfrischem Fisch' ein Qualitätsunterschied, nur kennen wir ihn bei Gadiden kaum, da wir sie ja nie fangfrisch bekommen. In Spanien kennt man den Unterschied. Ein Seehecht von der Küstenangel sieht prall, geschmeidig, füllig aus, der gewöhnlich angebotene hat etwas faltige Haut - das Eis hat natürlich Einfluß auf den Wasserhaushalt des Fleisches genommen, auch wenn ein Gleichgewicht erreicht wurde, bei dem Eis- und Bakterienwirksamkeit auf ein Minimum reduziert wurden. Meist ist der Unterschied in der Praxis ohne Bedeutung.

Tiefkühlgut ist je nach Fischsorte zu beurteilen. Im allgemeinen darf man heute mit fachgerechter Frostung am Fangschiff rechnen. Trotzdem lagert beim Gefriervorgang auch Fisch Wasser ein und scheidet es beim Auftauen wieder aus, es können bis zu 20% des Gewichts sein (die Mengendifferenz wird bei guten Firmen auf den Packungen angegeben). Welcher Fisch wird nun tiefgefroren? Es ist zuweilen einfach beschädigter Fisch, nicht minderwertiger. Man fängt Fische ja nicht, wie man Bohnen erntet. Netzriß, mitgefangene Großraubfische, bei stürmischer See in Aufregung geratende Fänge führen zu Verletzungen; hinzu kommt, daß die verschiedenen Sortier-, Umfüll-, Stapel- und Vereisungsvorgänge am Schiff bei rauher See nicht so glatt ablaufen wie bei ruhiger See. Natürlich spielt auch die Angebotsfrage mit. Es ist unsinnig, zur Wochenmitte 5000 Tonnen Frischfisch zuviel anzulanden und zum Wochenende 2000 Tonnen zu wenig. Man plant also und disponiert nach Fang und Wetterlage ständig um, friert zuweilen auch gute Fänge ein, weil man Order hat, noch länger draußen zu bleiben. Im übrigen leiden Fische im Tiefkühlverfahren ganz verschieden. Salmoniden (Lachs, Forelle) und Pleuroniden (Plattfische) stellen die besten Voraussetzungen für Gefriergut, wenngleich Salmoniden spürbar an Geschmack verlieren. Die Gadidenfamilie (Kabeljau, Schellfisch, Seehecht, Seelachs usw., in Deutschland der Hauptteil des Gefrierguts) und die Scombriden (Thunfisch) bieten nicht ganz so gute, aber immerhin noch gut erträgliche Ergebnisse. Den Brassen (z.B. Doraden) bekommt das Gefrieren durchweg schlecht. Recht problemlos scheinen Tintenfische und kleine Garnelen zu sein. Auch mit mittelgroßen Garnelen geht es noch an. Dagegen verlieren Großgarnele und Hummer immer zu viel an Aroma und Biß und werden außerdem zäh, so wie auch alle Muscheln (die Jakobsmuschel ausgenommen), die man deswegen überhaupt nicht einfrieren kann.

Zum Tiefkühlverfahren gehört allerdings auch die andere Seite, der Kunde. Da machen sich in Deutschland einige Küchenpäpste die Sache allzu leicht. Natürlich kommt Tiefkühlware der Frischware nie gleich. Aber man soll den Kunden fair informieren und nicht so tun, als beginne, was man menschenwürdiges Essen nennen könne, erst bei Wolfsbarsch, Wildlachs und Mauretaniengarnele und als sei der größere Teil der Kundschaft höherer Küchenweihen nicht würdig und eines besseren Gaumens nicht fähig. Eine deutsche Unsitte und Angeberei scheint es zu sein, in Rezepten überall noch teure Einzelheiten einzubauen, ein Häppchen Garnele, Trüffel, Kaviar, frische Steinpilze oder echter Parmaschinken. Das mag vorzüglich passen und schmekken, aber es ist keine Leitlinie! Zu spanischem Fisch und spanischer Gesellschaft paßt es nicht. Dort hat man weder Zeit noch Lust, sich den Appetit auf das Meer durch kulinarisches Klassenbewußtsein verderben zu lassen. Gewiß, man wird die tiefgefrorene Merluza zu Hause keinem Gast vorsetzen, der Anspruch auf besondere Hingabe und erhöhten Aufwand hat, und so denkt auch das anerkannt gute Restaurant. Aber es ist nicht alle Tage Festtag. In Spanien regiert das Meer, nicht die Kaste, und so gibt es bunt durcheinander Merluza und Garnelen, Krebse und Schollen, Frischfisch und Fisch aus der Tiefkühltruhe. Es schmeckt, ist einwandfrei und billig.

Stockfisch, spanisch **bacalao**, die dritte Form der Konservierung, wird heute teilweise schon am Fangschiff durchgeführt. Das Verfahren selbst ist uralt. Schon die Wikinger führten getrockneten Kabeljau als haltbares Nahrungsmittel auf ihren langen Fahrten mit, entweder im Gesamten als gesalzenen **Stockfisch** oder geschnitten, gesalzen und dann auf windigen Klippen zum Trocknen ausgelegt als **Klippfisch.** (Das ist der Unterschied zwischen beiden. Die erstere Methode verlangt wegen der langsameren Trocknung erheblich mehr Salz und ist eine deutlich spätere Erfindung, man nimmt das 14. Jahrhundert als Zeitpunkt an.) Auf Seereisen durch alle Jahrhunderte seither ein treuer Begleiter, hat sich Stockfisch in Mitteleuropa nie recht durchgesetzt. Um so mehr in Spanien. Er war lange Zeit der einzige Fisch, der bei den dortigen Temperaturen auch ins Inland gelangte, und die Iberische Halbinsel ist in Stockfisch regelrecht vernarrt, die Portugiesen womöglich noch mehr als die Spanier. Man achte nur darauf: Heute wird in Spanien einiges als Stockfisch angeboten, was gar kein echter *bacalao*, Kabeljau, ist. Den Namen *bacalao* darf es dennoch führen!

Eine vierte Art der Konservierung, die **Räucherung**, scheint heute ebenfalls schon am Fangschiff durchgeführt zu werden, anders als noch vor 30 Jahren. Räuchern, ob heiß oder kalt, hemmt Bakterien in ihren Umsetzungsprozessen. Bei Fisch spielt sie für den Geschmack der Nordländer eine große Rolle. Südländer, also auch Spanier, mögen im allgemeinen den Rauchgeschmack nicht, weder bei Fisch noch bei Fleisch. Räucherfisch gibt es dort fast nur als eingeschweißte Importware und merkwürdigerweise in einigen Gegenden Südspaniens, aber die Mengen sind gering.

Zurück zu den Gadiden. Nicht erst das Trocknungsverfahren, das die genauen Fischsorten unkenntlich macht, hat unter ihnen zu großem Benennungswirrwarr geführt. Die einzelnen Arten ähneln sich zuweilen sehr. Auch der deutsche Kunde unterscheidet in seinem Fischgeschäft Schellfisch und Kabeljau gewöhnlich nicht zweifelsfrei. Noch weniger ist der so häufige Seelachs das Nonplusultra einer genauen Bezeichnung. Er ist weder Lachs noch besagt hier 'See' etwas, denn es gibt ja Lachse auch im Meer. Verkäufer wissen gewöhnlich auch nicht, was Seelachs für ein Fisch ist. Es ist Köhlerfisch, *pollachius virens* - vorausgesetzt, es ist der echte Seelachs. In Spanien ist das Wirrwarr nicht weniger undurchdringlich. Es ist so gut wie unmöglich, einen Abadejo darauf festzunageln, daß die Biologen unter ihm nur *pollachius pollachius* (Pollack) verstehen wollen. Jede Küstenregion Spaniens versteht unter ihm etwas anderes, einmal ist es Schellfisch, einmal Merlan, einmal Plegonero (was dasselbe ist) oder Maruca (Lengfisch). Fischer und Marktleute haben auch anderes zu tun, als jeden Fisch genau anzusehen, ob er auch wirklich ein Abadejo ist, es ist Eile geboten, der Fisch muß raus. Wer einmal zugesehen hat, wird es verstehen. Mischen dann in der Biskaya noch die Franzosen mit, wird die Sache vollends konfus. Sie kennen Abadejo zwar als Merlan, unterscheiden dann aber blauen, grünen und grauen Merlan, umgekehrt ist für sie "morue" sowohl Schellfisch wie Kabeljau und Stockfisch. Die Fische landen eben in allen Altersstufen und Farbschattierungen an und unterscheiden sich biologisch nicht immer so auffällig sichtbar, wie man das gerne hätte. Die Franzosen werden wissen, warum sie den Merlan nach Farben trennen. Das Lebensmilieu hat oft mehr Einfluß auf Farbe und Qualität als der Artenunterschied, und da mag denn auch einmal ein merlan bleu unerkannt als merlan jaune passieren, weil er gelblich getönt ist.

Schaffen wir ein wenig Ordnung. **Kabeljau** ist der Leitfisch der Gruppe. Er ist durch jahrhundertelange Befischung heute selten geworden und wird, vor allem als getrockneter Stockfisch, Bacalao, zunehmend durch andere Arten ersetzt, ohne daß sich der Name ändert. Bei **Schellfisch (span. eglefino, frz. morue noire)** kann man oft nur raten, was das jeweils ist; in Deutschland ist es oft wirklich Schellfisch, in den Südländern Europas können unter den genannten Namen auch ganz andere, nie gehörte Arten laufen, die teilweise dem Schellfisch nur nahestehen, teilweise direkte lokale Unterarten zu ihm sind, also echte Schellfische. **Seelachs** gilt als ein etwas mäßigerer Fisch und ist eigentlich **Köhlerfisch** (span. *carbonero*, frz. *lieu* oder *colin*), aber da dürften oft auch einige Merlan mitlaufen. Soviel zu Fischen, die auch in Deutschland am Markt sind. Für Fische, die es nur in Südeuropa gibt, gilt: **Abadejo** ist als echter Abadejo in Spanien eine nur in wärmeren Breiten und küstennah vorkommende Kabeljauseitenart, vom echten Nordatlantikkabeljau in der Qualität weit verschieden. Die **Merluza** (dt. Seehecht) ist ein Gadide von sehr hoher Qualität, der aufgrund seiner Artunterschiede zu einer eigenen Familie zählt. Unter welchen Namen er in Frankreich läuft, kann nur der Fachmann sagen, unter seinem echten Namen **merlu** ist er jedenfalls selten, er wird meist wohl **lieu** heißen. Italienischer **stocafisso** sollte Klippfisch sein, **baccalà** Stockfisch, doch wird da oft nicht unterschieden. In beiden Ländern muß man heute davon ausgehen, daß es nicht immer Kabeljau ist. Marktnamen haben eben andere Gesetze als biologische Namen, der Name baccalà/bacalao ist nicht geschützt, und wenn es kein echter Kabeljau ist, kann es im Grunde jeder andere Gadide sein.

Vor allem bei den Gadidenfischen taucht in Spanien noch ein weiteres Wort auf, das Unklarheit schaffen kann: **palangre**. Es bezeichnet die Fangform. Gadiden werden mit kilometerlangen Angelschnüren gefischt, von denen viele kleine Einzelköder (palangres) herabhängen. Das Verfahren schont nicht nur den Meeresboden, es lockt auch eher die größeren Exemplare an, schont also die Bestände. Dennoch fängt natürlich auch die für Gadiden nicht übliche Schleppnetzfischerei stets eine stattliche Anzahl Gadidenfische mit ein. Sie sind keineswegs schlechter oder frischer, nur: sie sind infolge der Fangmethode oft verletzt und nicht mehr so schön, vor allem der beim Fang sehr nervöse Seehecht. Es kann also durchaus vorkommen, daß an einem Marktstand verschiedene Fische **palangre** heißen; und auch, daß derselbe Fisch unter seinem eigenen Namen und unter dem Namen **palangre** angeboten wird. Meist handelt es sich allerdings um die Merluza (Seehecht), so daß man mit den Bezeichnungen rasch klarkommt.

Ein Wort noch zur Qualität der Gadidenfische. Ihr Fleisch ist kernig, grätenarm, aromatisch und durchweg mittelgut bis sehr gut. Auch Spitzenqualität findet sich darunter: fangfrischer Kabeljau im Norden und fangfrische Merluza in Spanien sind Delikatessen. Über das beste Alter und die beste Größe sind die Meinungen im Fischland Spanien sehr geteilt. Abgesehen von kleinen Exemplaren unter 30 cm, die etwas matt schmecken, ist es eine persönliche Frage, ob man lieber den sanfteren Geschmack jüngerer Fische oder den kräftigeren der ausgewachsenen Exemplare mag. Am Markt liegen sie in Spanien deswegen oft auf demselben Stand auch getrennt, als hätten sie nichts miteinander zu tun. Junger Seehecht z.B. ist leicht durchsichtig und deutlich rötlich, mittlerer schön silbern, ausgewachsener rabenschwarz. Ob man sie fangfrisch, als Frischfisch oder als Filet kaufen will, hängt ebenfalls vom Zweck ab, für den man kauft, und vom Preis, der am jeweiligen Tage möglich ist. Mit etwas Liebe und Geschick zubereitet, ergeben die Gadidenfische aber allesamt vorzügliche Gerichte. Und mit etwas Kenntnis und Erfahrung läßt sich hier und da sogar ein besonders günstiger Einkauf machen.

Bacalao, dt. Kabeljau, *gadus morhua*, katalanisch *bacallá*, baskisch zuweilen auch *makillau, makallau,* frz. *cabillaud, morue*, ital. *merluzzo bianco*, griech. *morouna*, türk. *morina.*

Farbe dunkelgrau, oft auch dunkel grünbraun, in der Form etwas gedrungen. Sicherste Merkmale sind braune Sprenkel am Leib sowie die stets **weiße Seitenlinie**, die außer dem Kabeljau unter den Gadiden nur noch der *carbonero*, Seelachs, hat und die kurvig bis zur zweiten Rückenflosse absteigt, um dann gerade nach hinten zu ziehen. Den Bartfaden, den er hat, zeigen viele Gadidenfische, er ist aber kein Familienkennzeichen, manche Gadiden haben ihn nicht. Länge ausgewachsen 75 cm bei 10 kg Gewicht, Saison Dezember-Mai.

Jungkabeljau wird in Deutschland auch als **Dorsch** angeboten. In der Ostsee heißt zuweilen jeder Kabeljau Dorsch, zuweilen aber auch nur die dort verbreitete Seitenart, die außer an ihrer Größe kaum unterscheidbar ist. Die **Leber** des Jungfischs ist von hohem Nährwert, weshalb auch junger Kabeljau schon früher stark befischt war. Heute ist er überfischt und zunehmend seltener am Markt, lohnende Fanggebiete liegen noch in Neufundland sowie im nördlichen Hochatlantik um Island und Norwegen. Getrockneter Kabeljau ist **Stockfisch**. In Spanien wird er nie an Fischständen angeboten, sondern an eigenen Ständen bzw. in eigenen Geschäften.

Gurtubays Bacalao. Nichts Neues im Westen: Kabeljau und seine Geheimnisse waren den Wikingern lange schon bekannt, bevor der Portugiese Gaspar de Corte Real um 1500 die ergiebigen Neufundlandbänke entdeckte und mit Kabeljau und Lachs der organisierte Fischfang im großen Stil begann. Seit damals gab es in Spanien auch 'bacalao' (1519 erstmals nachweisbar, wohl als 'bakelau' vom lateinischen 'baculum', Stock; der Begriff umfaßte damals alle in Salzlake eingelegten Fische). Anfangs führten vor allem Walfänger den Kabeljaufang als Zweigerwerb durch, Schotten, Norweger und Isländer mit abenteuerlich alten und gebrechlichen Fahrzeugen. Erst im Laufe des 17. Jhdts., als geregelte Fischereiflotten entstanden, sieht man auch verstärkt die Basken am Werk, und seitdem wurde er in ganz Spanien beliebt. Der Fang war ergiebig, der Fisch also billig, und Salzlake bzw. Trocknung machten den Transport im Inland leicht. Den endgültigen Durchbruch für Stockfisch erreichte 1861 der bescheiden situierte Fischhändler Gurtubay aus Bilbao, als er 'treinta o cuarenta' Bündel Bacalao in Norwegen bestellte. Dort muß man das 'o' (oder) falsch gedeutet haben, jedenfalls kamen auf den erbleichenden Señor Gurtubay statt 30 o 40 volle 30.040 Pack bacalao zu, eine ganze riesige Schiffsladung! Er saß eben im Kontor und überschlug seinen Ruin, als ihn die Nachricht vom Ausbruch des Karlistenkriegs erreichte. Bilbao wurde im Nu belagert, es fehlte an Nahrungsmitteln. Wovon im Überfluß da war, waren einzig die Mäuse - und Gurtubays Bacalao. Gurtubay machte ein Vermögen! Die Geschichte klingt wie Seemannsgarn, ist aber gut verbürgt und zeigt auch, mit welchen Mengen an Bacalao Norwegen damals schon handelte. In Spanien stand man soeben im Aufbruch. Erst einige Jahre davor hatte das Finanzministerium den freien Handel mit Bacalao verbieten müssen. Allzuviel Devisen gingen mittlerweile deswegen außer Landes, der Schmuggel gerade in den Pyrenäen mit Frankreich war lebhaft, und in ihm ragte neben Tabak und Branntwein namentlich Bacalao als begehrter, lukrativer Artikel heraus.

Küche des Bacalao:

1. **Bacalao als Kabeljau** wird in Deutschland fast nur als Filet angeboten. Mit ihm hat man keine Probleme, das Fleisch ist reinweiß, griffig, etwas blättrig und wird paniert, gedünstet oder ausgebraten. Nur für Fischsuppen und Fischfond eignet es sich nicht, es ist zu mager und zerfällt leicht. Statt ihn zu filetieren, schneidet die spanische Hausfrau ihn lieber in Scheiben, wie sie das bei der Merluza (Seehecht) gewohnt ist.

2. **Bacalao als Stockfisch** hat in Spanien eine Sonderküche hervorgebracht. Trocknen und erneutes Wässern verändern Biß, Geschmack und Fasereigenschaften stark. Im Biß kernig, ist das Fleisch leicht zerpflückbar, der Geschmack ist kraftvoll. Es harmoniert vorzüglich mit Knoblauch, Öl erster Pressung (ausnahmsweise verwendet man hier dieses Öl), toleriert Schärfe ohne Verlust an Witz, mag jede Art von Paprika, gelingt gut mit Milch und Butter und verträgt sogar Tomatensaucen, die sonst doch vielen Fischen geschmacklich schaden. Guter Stockfisch ist weißfleischig und kurzfaserig, die Seitenlinie der Haut muß gegen das Sonnenlicht gut durchscheinen. Im Zweifelsfall nehme man das etwas teurere Filetstück. Schwanz und Bauchstücke sind grätig und garen ungleichmäßig, für Streifchen aus ‘Abfall’ gilt dasselbe, sie kommen auch für manche Rezepte nicht in Frage, hingegen sehr wohl bei Klößen.

Entsalzung: nach alter Regel von 11+11+2 Stunden dauert der Vorgang genau einen Tag, was aber nicht zu strikt genommen werden sollte. Bacalao wird in Stücken von etwa 8 cm erst 11 Std. in kaltes Wasser gelegt (stets mit der Haut nach unten, das wässert besser), dann in neuem weitere 11 Std. und schließlich in lauwarmem Wasser noch 2 Std. Dieses letzte Wasser muß unbedingt handwarm sein (um 40°), denn erst dieser letzte Vorgang löst das Salz aus dem weichgewässerten Fleisch heraus, die ersten Wasserwechsel dienen eher dem Aufweichen des Gewebes! Wer sicher gehen will, wiederholt den letzten Vorgang und verkostet ein wenig vom Wasser. Man kann nur dazu raten, denn versalzener Fisch ist unangenehm. Am Ende trocknet man die Stücke gut ab. Je trockener Stockfisch zubereitet wird, desto besser.

Zubereitung: Am einfachsten und schwersten zugleich ist die baskische Zubereitung ‘pilpil’, ein Rütteln des in heißem Öl schwimmenden Fleischs über dem Feuer, bis Eiweißsaft aus dem Fleisch tritt und sich mit dem Öl verbindet. Dem Rütteln gibt man heute den Vorzug gegenüber dem ‘gurpil’, einem Kreisen aus dem Handgelenk heraus. Beides ist enorm anstrengend für den Arm. Klassisch ist ansonsten die Verbindung von Bacalao mit Knoblauch. Die weiteren beigegebenen Rezepte sind regionale Rezepte von Rang; aber der kernige Geschmack dieses Fisches verträgt auch viele weiteren Zutaten, deswegen hat sich in Spanien eine immense Literatur dazu gebildet. Ich habe unlängst ein altes Büchlein ‘100 recetas del bacalao’ aus der Jahrhundertwende gefunden. Sogar eine ganze Stadt verdankt dem Bacalao ihren Aufstieg: Aranda de Duero, tief im kastilischen Inland, kam als Umschlagsort für Bacalao zu seinem bescheidenen Reichtum.

Rezepte für Bacalao als Stockfisch (zum Frischfisch siehe Rezepte S. 71):

Bacalao al pil-pil (Stockfisch nach baskischer Art, gerüttelt gebraten). 6 Knoblauchzehen grob stampfen (nicht zu Paste!) und mit 50g Öl, nach Wahl auch einigen Stückchen Peperoni (guindilla) in eine gute Pfanne geben, darauf 4 Stücke vom Bacalao, die genug Raum haben sollen, Hautseite nach oben (am besten Filetstücke). Erhitzen und weiteres Öl zugeben, bis es den Fisch bedeckt. Den Fisch auf mittlerer Hitze garen, so daß das Öl nur eben perlt; die Pfanne dabei stets 1 cm über der Gasflamme halten und leicht rütteln, bis vom Fisch Flüssigkeit austritt und das Öl langsam vom Fisch her weiß wird. Ist alles Öl weiß, dann ist der Fisch gar (8-10 min.). Das Rezept braucht viel Sorgfalt und Übung, um perfekt zu gelingen. Wie erwähnt, kann man statt des Rüttelns die Pfanne auch kreisend bewegen, 'al gurpil'. Varianten: Knoblauchstifte und etwas Peperoni kurz aufbraten, beides entnehmen und am Ende als Dekor beilegen. Oder am Ende die Ölsauce mit etwas Einweichwasser vom Fisch verlängern.

Bacalao a la llauna (Stockfisch nach katalanischer Art). 125g Öl, 1 EL Paprika, 1 Lorbeerblatt, 150g Wein aufkochen; dann 4 Bacalaofilets (700g) zugeben, die Haut erst nach unten. Öfters wenden und etwa 5 min. in der Pfanne garen, dann 10 min. bei 170° im Herd fertiggaren. Am Ende 5 Knoblauchzehen und reichlich Petersilie darübergeben und noch 2 min. nachgaren.
Ein katalanisches Rezept - Katalonien war zusammen mit der armen Extremadura immer der beste Abnehmer für Stockfisch in Spanien. Man erhält ihm heute regelmäßig in einfachen Restaurantmenüs, es befriedigt immer: kernig, kräftig, gut.

Bacalao a la vizcaína (Bacalao baskisch). 6 Trockenpaprika (ñoras) eine Nacht wässern, dann mit einem Löffel auskratzen, dabei die Kerne entfernen, und die Fruchtmasse mit 4 Zwiebeln, 3 Knoblauchzehen, 2 Zweigen Petersilie, Pfeffer in ¼ Liter Öl 6-8 min. gut anbraten. (Die Paprikaschalen werden im Mörser mit etwas Wasser gestampft und braten mit). Die Masse dann passieren, fast alle Flüssigkeit abgießen, 1 hartes Eigelb, etwas Salz und Zucker darangeben. - 8 kleinere Fischteile (etwa 500g) nochmals in kaltem Frischwasser ansetzen und bis zur Schaumbildung aufkochen, auf die Paprikamarinade geben und nach Art von pilpil braten. Hat die Ölsauce eine einheitliche Farbe, ist der Fisch gar.
Ein feines Gericht. Nicht zu Unrecht tendieren viele der unendlichen spanischen Rezepte zum Bacalao auf die Paprika. Die herben, würzigen Töne beider passen zueinander. Das Rezept mit Trockenpaprikas (ñoras) wurde ausgewählt, weil es die Mitte hält zwischen Frucht und Pulver. Ñoras erhält man in Spanien übrigens fast nur in Stockfischläden; ansonsten bei 'Frutos secos', Läden für Bohnenkerne, Linsen usw.

Bacallà amb samfaina (Bacalao in prevenzalischem Gemüse). 1 kg Bacalao in 8 Stücken pfeffern und in 2 EL Öl und 2 EL Schmalz goldgelb anbraten; dann 100g Landschinken, 2 Lorbeerblätter, 2 Knoblauchzehen und 1 Zwiebel in feinen Scheiben zugeben und ebenfalls goldgelb anbraten, dann 6 geschälte, entkernte Tomaten und etwas später 200g Wein oder Fischsud - In einem zweiten Topf 1 Zucchini und 2 kleine Auberginen (beide geschält und in Streifen von 10 cm geschnitten) in Öl und Schmalz anbraten, dann 3 rote Paprikaschoten (ebenso geschnitten) darangeben. Wenn sie halb durchgegart sind (etwa 8 min), diesen Topf zum ersten geben, noch 5 EL Fischsud angießen und etwas nachköcheln. Das Gericht wird warm oder auch als kalte Vorspeise serviert.
Es ist den Katalanen gelungen, die Paprika zu 'doubeln'. Die hier verwendete Aubergine bringt im Mischsalat genau die richtigen Töne mit, um den Stockfisch kernig zu machen. Die 'Esqueixada' sollte man sich in Barcelona nicht entgehen lassen - Samfaina mit Stockfisch, als Salat.

Morue à la biscaienne (Stockfisch nach Art der Biscaya). 3 Lauchstangen, 2 Zwiebeln in 4 EL Öl andünsten; 500g Bacalao zerpflückt dazugeben, 1 Glas Weißwein, ein Kräutersträußchen, 4 enthäutete Tomaten, Safran, Cayennepfeffer, 10 min garen, dann 3 EL Cognac darangeben und flambieren. Die Masse abkühlen lassen und pürieren. Kein Salz nehmen! - In einer anderen Pfanne 1 kg Bacalao in großen Stücken braten, auch sie mit Cognac flambieren. Das Kasserolenpüree zugeben und zusammen noch 5-10 min. sanft dünsten. Serviert mit geröstetem Brot.
Aus dem französischen Baskenland stammt eigentlich nur das Kräutersträußchen, Wein und Flambieren mit Cognac sind auch im spanischen Baskenland Tradition. Die zwei verschiedenen Stockfischaromen sind durchaus pfiffig - und baskisch. Spaniens feine Gerichte der hohen Küche stammen stets aus dem Baskenland, dort liebt man das Tüfteln und Probieren.

Baccalà a la Partenopera (Stockfisch Partenopera). 800g Bacalao in 5-cm-Stückchen in 3 EL Bröseln wenden und mit reichlich Petersilie, 2 Knoblauchzehen, 40g Kapern, 100g Oliven, 3 Tomaten (geviertelt), 125g Öl in einer Auflaufform 30 min. bei 225° im Herd garen.
Rezept aus Neapel, aber spanischer Herkunft, denn die Stadt war sehr lange spanische Hauptstadt der 'beiden Sizilien' aus denen die Kapern kommen. Ein echtes Capriccio, die Kapern passen vorzüglich zum Bacalao.

Bacalhau a Gomes de Sea. 750g Bacalao gut wasserdeckend (nochmals in neuem Wasser kalt angesetzt) aufkochen, dann die Hitze reduzieren und 20 min. weiterköcheln. Danach den Fisch in Flocken teilen. - 125g Öl, 300g Zwiebelringe 5 min. sanft glasig braten, 1 Knoblauchzehe dazugeben. - In eine geölte Auflaufform lagenweise 1 kg Pellkartoffeln in Scheiben, Fisch und Zwiebelpüree geben, 100g Öl darübergießen und 20 min. im Herd bei 200° sanft garen. Garnieren mit 20 schwarzen Oliven, 5 harten Eiern und 2 EL Petersilie, etwas Vinagreta dazu (Salz, Pfeffer, Essig, Öl miteinander verschlagen).

Ein deftiges, voll aromatisches Gericht der portugiesischen Küche, zu deren Spezialitäten solche Kartoffeltöpfe gehören.

Brandade de morue (Stockfischmousse). 400g dickfleischigen Bacalao ragoutstückweise in Wasser aufkochen, dann vom Feuer nehmen und 15 min. ziehen lassen, entnehmen, abtropfen (evtl. entgräten). - In der Pfanne 1 Knoblauchzehe in 2 EL Öl anbraten, zusammen mit dem Stockfisch pürieren, in die Pfanne zurückgeben und auf milder Hitze mit allmählicher Zugabe von 200g Öl, danach ¼ Liter Sahne, mit Milch gemischt, und Püree von 3 Kartoffeln gut verrühren. - Variante: nur 140g Öl, 60g Milch, keine Kartoffeln, dafür 1 Knoblauchzehe mehr. Statt Milch kann auch Crème fraîche dienen.
Die Brandade wird als Vorspeise auf Toast serviert. Sie ist provenzalisch, Frankreichs bester Beitrag zur Stockfischküche. Man findet sie dort auch als Konserve im Glas. Daß es sie auch in Katalonien gibt, zeigt, welchen Weg sie schon im Mittelalter ging.

Eglefino, dt. Schellfisch, *gadus eglefinus*, katalanisch kann *aglafí*, baskisch *babadira, bakailo*, galicisch *agaraffin, burro* als Name auftreten, frz. *églefin, aiglefin, morue noire*, ital. *nasello*, griech. *morouna*, türk. *morina*.

Form wie Kabeljau, ihm nahe verwandt, mit helleren Seiten, klar dunkler(!) Seitlinie und einem kennzeichnenden schwarzen Rautenpunkt oberhalb der Brustflosse, von dem auch der Name herkommt (Raute als ‘Schelle’ wie im Kartenspiel). Etwas wulstigere Form und kleiner als Kabeljau, um 60 cm bei 3-4 kg, nur ausnahmsweise 1 Meter und 12 kg.
Das Verbreitungsgebiet des Schellfisches sind die Küstengewässer Westeuropas und des westlichen Mittelmeers, der Fang beschränkt sich aber auf Gewässer um Island, Färöer und Südnorwegen, wo die Laichgebiete liegen. Nur zur Laichzeit lebt er gesellig. Auch der Schellfisch ist heute stark überfischt. Obwohl qualitativ gut, scheint er am Markt etwas überteuert.

Küche: Das Fleisch ist weiß und ähnelt dem des Kabeljau sehr, ist jedoch blättriger. Der Qualität des Kabeljau ist der Schellfisch nicht gewachsen. Spanien kennt ihn nicht gut und hat daher keine eigenen Rezepte. Wenn er einmal am Markt ist, hält man sich an Rezepte von Kabeljau oder Abadejo.

Abadejo, dt. Pollack, *gadus pollachius*, katalanisch *bacallá*, baskisch auch abadira, galicisch badeixa, in castellano auch *sarreta, serreta,* frz. *lieu jaune*, ital. *merluzzo giallo*, griech. *mpakaliaros*.

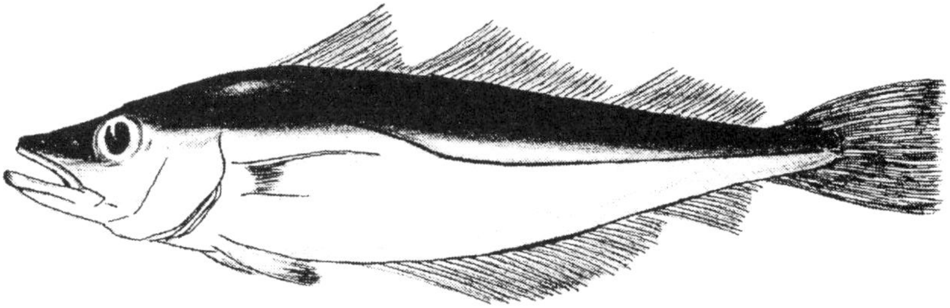

Carbonero, Seelachs oder Köhlerfisch, *gadus virens*, in Nordspanien auch *colín* (vom Französischen her), *falero, fogonero*, baskisch *ikazkin,* in castellano auch *palero*, frz. *lieu noir*, ital. *merluzzo (carbonaro)*, griech. *mpakaliaros*.

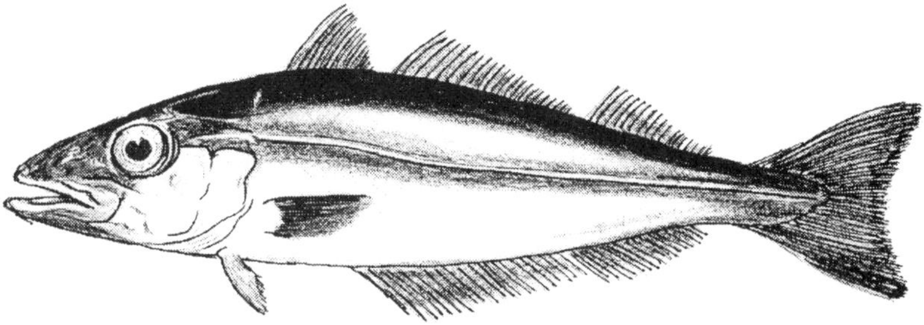

Die beiden sind zwei enge Verwandte des Kabeljau, haben aber den bei Gadiden häufigen Bartfaden nicht (der Köhlerfisch hat zuweilen einen rudimentären), dafür aber einen vorspringenden Unterkiefer und eine schwarze, teilweise auch grünliche Seitenlinie. In der Farbe können sie variieren, der Pollack neigt eher zu oliven Tönen und zuweilen rötlichem Schimmer, der Seelachs ist dunkelgrün. Der deutlichste Unterschied zwischen beiden ist der schwärzliche Mundschleim beim Seelachs, von dem auch sein Name Köhlerfisch herstammt. Die Länge beider erreicht 1,30 m.

Gemeinsam bilden Pollack und Seelachs das Genus *pollachius* innerhalb der Gadidenfamilie. Auch das Fanggebiet beider ist gleich, zumindest in Europa, es liegt rund um die Britischen Inseln und vor Norwegen, doch kommen größere Seelachsbestände eher nördlich vor (Hauptfanggebiet Skagerrak-Kattegat und Nordmeer), größere Bestände an Abadejo eher in der Biskaya. Ihre Laichgebiete liegen nahe beieinander (Grund ist der ihnen gemeinsam gebliebene Bedarf an erhöhtem Salzgehalt des Laichwassers und 8° Temperatur), doch in der Restzeit trennen sie sich. Der Seelachs ist Hochseefisch und findet sich auch im südlichen Grönland und vor dem amerikanischen Festland, er zieht bevorzugt Heringsschwärmen nach. Dagegen bleibt der Abadejo eher küstennah, zieht wesentlich südlicher und ist bis im westlichen Mittelmeer anzutreffen. Beide sind ergiebige Fischarten, zudem ist ihr Fang nicht aufwendig, und beide haben zartes, sehr schmackhaftes Fleisch. Kein Wunder, daß Sportfischer auf beide scharf sind, denn fangfrisch schmecken sie vorzüglich, Seelachs sogar noch mehr als Abadejo. Leider ist sein Fang mit der Angel auch seltener, während der küstennahe Abadejo sich sogar gern in Flußmündungen tummelt und dann gut anbeißt. Fangfrischer Seelachs vom Ärmelkanal (frz. *lieu*, engl. *haddock*) oder Abadejo aus Kantabrien sind jedenfalls hochgeschätzte Delikatessen. Das Fleisch hat nur einen großen Nachteil: es ist schlecht haltbar! Zwar verdirbt es beim Kühltransport nicht, doch verliert es rasch an Biß und Feinheit und wird labberig.

Seelachs als Delikatesse. Man wundere sich in der Normandie, der Bretagne und in Nordspanien nicht über zuweilen teure Preise für Seelachs und Pollack. Versuchen Sie mehrmals Seelachs, wenn er hübsch rosagelb schimmert und sich fest anfühlt. Wenn Sie Glück haben und einen aus späten Fangtagen erhalten, werden Sie glauben, einen ganz anderen Fisch gekauft zu haben, so gut kann er sein! Er kann regelrecht zur Delikatesse aufsteigen. Beim nächsten Mal können Sie allerdings wieder Pech haben, denn es ist oft purer Zufall, aus welcher Kiste Ihr Händler bedient wurde. Schimmer und Griff wollen freilich gelernt sein, und der Händler weiß oft selber nicht, wie groß die Unterschiede beim Seelachs tatsächlich sein können. Übt man sich ein wenig darin, kann man aber beim Seelachs zuweilen ein sehr hübsches Schnäppchen machen. Verkosten Sie ruhig einmal ein kleines Stückchen roh! Schmeckt es so, daß Sie gerne weiteressen würden... nun, Sie wissen Bescheid. Wenn Sie ein kleines Probierstückchen vor dem Kauf erbitten, läuft die Sache noch besser. Ob Sie dem Händler das Geheimnis anvertrauen oder ihm vorlügen, daran erkenne man, ob man besser braten oder grillen soll, sei Ihnen überlassen. Halten Sie sich dabei jedoch vor Augen, daß die Theologie in diesem Fall die Notlüge erlaubt, denn es liegt der Fall vor, daß Wissen den Charakter des Händlers verderben könnte... - in Spanien gilt für den Abadejo übrigens genau dasselbe.

Küche: Pollack wie Seelachs sind qualitativ hochwertige Filetfische. Sie haben aber noch etwas gemeinsam. Ihr Fleisch ist stark gelatinehaltig und eiweißreich zugleich. Sie lassen sich daher, im Unterschied zum Kabeljau, vorzüglich als Suppen- bzw. Fondfische verwenden! Als Suppeneinlage kann man sie dann zwar nicht mehr servieren, weil sie rasch zerfallen, aber sie würzen hervorragend. Im übrigen hat die ständige Zurücksetzung beider hinter die Qualität des Kabeljaus heute zu einer deutlichen Unterschätzung geführt. Sie sind beide aber Fische von beachtlicher Güte.

Merlan, seltener **plegonero**, **dt. Wittling**, *gadus merlangus*, katalanisch auch *brótula*, auf den Balearen *peix rei*, baskisch *bakallana, lexera, liba*, galicisch *bacalada*, in castellano zuweilen *barbada*, auch *sarreta, serreta* wie der Abadejo, frz. *merlan*, ital. *merlano*, griech. *bacaliaros*, *gados*, türk. *mezit, mezgit baliki, bakalyaro.*

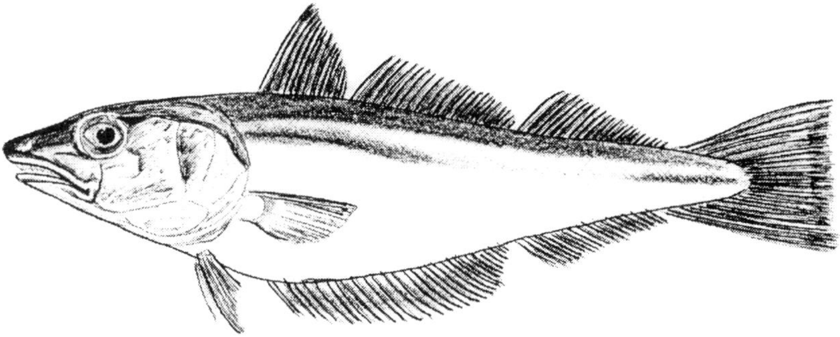

In Form, Farbe und Merkmalen dem Kabeljau recht ähnlich, der Bauch allerdings etwas mehr durchhängend. Auffälligstes Merkmal: er hat nie die weiße Seitenlinie wie der Kabeljau, seine ist undeutlich, zuweilen hat er mehrere, die sich über die ganze Flanke ziehen. Farbe nach dem Untergrund variierend, auf dem er lebt, schwärzlich, bläulich oder grünlich, oft mit einem Gelbschimmer (daher der französische Name). Länge um 60 cm.

Schon die Namen, dann aber auch die Merkmale deuten an, daß der Merlan oft weder vom Kabeljau noch vom Seelachs und Abadejo sauber unterschieden werden kann (auch frz. heißt er *lieu* wie oft der Seelachs, aber *lieu jaune*, gelber Seelachs). Der bläulich schimmernde, im Französischen *merlan bleu*, meist aus der Biskaya, gilt als der beste. Ansonsten kommen Merlane aus dem offenen Atlantik bis hinauf zur Barentssee und im westlichen Mittelmeer bis Sardinien und Korsika (eine Seitenart *euxinus* lebt vorzugsweise im Schwarzmeer). Er meidet allerdings den Umkreis der Britischen Inseln und hat ein deutliches Lieblingsgebiet, eben die Biskaya. Warum das so ist, weiß man noch nicht. Wie öfters in solchen Fällen, dürfte es eine Kombination von Untergrundform, Salzgehalt des Wassers, Wasseraustausch und Nahrungsangebot sein, deren Schlüssel uns verborgen ist. Er lebt dort, wie alle Gadiden auch, bodennah von Kleinfischen und kleinen Schalentieren.

Küche: Der Merlan gilt als ausgesprochen schmackhafter Fisch, mit leichtem, nicht zu fettem und auch nicht zu sehr blätterndem und sich beim Kochen auflösendem Fleisch. In Frankreich finden sich Rezepte, Spanien bereitet ihn meist nach Kabeljauvarianten zu.

Maruca, dt. Leng, Lengfisch, *molva molva*, katalanisch *escolà*, baskisch auch *juliana* oder *tatxula*, galicisch *palo*. Hat eine Mittelmeerabart *dipterygia elongata*, im Atlantik auch vor Marokko und hoch bis Schottland, sowie eine Atlantikart *dipterygia dipterygia*, die als *escolano* bezeichnet wird, Basis für den katalanischen Namen, kommt aber nur nördlich Englands vor, frz. *lingue*, ital. *molva*.

Verläßt etwas die übliche Kabeljauform und ähnelt in der hechtartig langgezogenen Form eher der weiter unten angeführten Merluza (Seehecht). Die Farbe ist wenig auffallend, schwärzlich am Rücken, weißlich am Bauch. Auffallend das große Maul, eine abgerundete (!) Schwanzflosse und durchgehende 2.-3. Rückenflosse. Länge maximal 2 Meter bei 30 kg Gewicht, im Mittelmeer deutlich kleiner mit maximal 90 cm.

Die Maruca hat ein kleines, aber deutliches Bartanhängsel etwas zurückgesetzt am Kiefer. Manche, aber nicht alle Fischführer erwähnen einen weißen Querstreifen über die Flossen weg. Sie ist, zumal im Atlantik von Portugal bis Norwegen, ein häufiger, beim Fang lohnender Fisch. Das Fleisch, weiß und blättrig, ist von vorzüglicher Qualität. Warum Maruca bzw. Lengfisch in Deutschland nie, in Spanien kaum einmal als Frischfisch angeboten wird, darüber kann man rätseln. Vermutlich dient sie als bevorzugter Ersatz für Kabeljau bei der Stockfischfabrikation. Sie soll auch als Dosenfisch Verwendung finden, doch ist das sicher unter ihrem Wert.

Küche: als Frischfisch eignet sich Maruca für jedes Rezept für Merluza, Seeaal oder Abadejo. Eigene Rezepte finden sich nicht.

Béchamel und Veloutée

Die Sauce béchamel trägt ihren Namen zu Ehren des Marquis Louis de Béchamel, der um 1700 am Hof Ludwigs XIV. lebte. Sauce Veloutée (Samtsauce) wird von ihr abgeleitet. Fischrezepte verwenden beide Saucen häufig. Ebenso oft wird auch eine Sauce béchamel einfach mit Fischfond verlängert. Heute nennt man auch dies eine Veloutée, obwohl die hohe französische Küche sie als Sauce béchamel maigre bezeichnet, dünne Béchamel.

Sauce béchamel. 30g Butter bei mittlerer Hitze im Topf schmelzen, dann 30g Mehl zugeben und die Masse 1-2 Min. rühren, bis sie schäumt (Mehlschwitze). Unter ständigem Rühren nach und nach 250g Milch angießen und darauf achten, daß die ganze Schwitze sich mit der Milch verbindet. Danach bei kleiner Flamme noch etwas weiterrühren, damit sich das Mehl voll auflöst. Mit wenig Salz und etwas Muskat würzen.

Sauce veloutée. Statt Milch 250g Kalbsfond. Fischveloutée: 250g Fischfond.

Im Original sind beide Saucen allerdings komplizierter. Für Sauce béchamel sind Milch, 1 TL gehackte Zwiebeln, Muskat und Thymian vorzukochen und sind dann 15 Min. auf 60° zu halten; am Ende wird die Sauce weitere 15 Min. auf schwachem Feuer weitergerührt, damit der Mehlgeschmack ganz verschwindet, und dann noch passiert, um die Zwiebeln zu entfernen.

Rezepte für Gadidenfische (außer Bacalao, S. 64 und Merluza, S. 75).

Da die blättrige Konsistenz des Fleisches aller bisher vorgestellten Gadidenfische vom Grillen und Braten abraten läßt, ist das Dünsten die angemessenste Garmethode. Der sanfte, nicht stark ausgeprägte Fischgeschmack, den sie bieten, wird dabei vorwiegend mit sanften Gemüsen und Gewürzen verarbeitet. Man erreicht dabei recht anständige, in der Nuance oft sogar überraschende Ergebnisse. Nur beim Kabeljau kombiniert man kräftiger. Außer dem Kabeljau sind alle auch für Fischfonds gut geeignet. Als Suppenfische führt man sie ihres blättrigen Fleisches wegen nicht, es sei denn püriert. Für Merlan kann man auch zu Rezepten für Merluza greifen.

Filet de cabillaud Dijon (Kabeljaufilet Dijon). 2 Scheiben (=350g) Kabeljau mit Senf bestreichen und mit 2 Schalotten, 2 in Scheiben geschnittenen Tomaten, 2 Weißbrotscheiben und 50g Butter in einen Bräter geben. 100g Fischsud (siehe Kasten S. 26), etwas reduziert, 50g Sahne und 2 EL Zitrone darübergießen. Obenauf 1 TL Butter, Kräuter nach Wahl, 1 TL Senf. 5 Min. bei 220° garen, dann 5 Min. mit Oberhitze gratinieren.
Das Garen in Senf und Sahne kommt aus Burgund bzw. Lyon, wo man diese Küche pflegt. Die Sauce hier wird durch Brot und Sahne noch zusätzlich sämig und weich und verlangt guten, breit aromatischen Senf, um nicht platt zu schmecken. Die feinere Küche entnimmt am Ende den Fisch und püriert den Rest.

Cabillaud Mornay (Kabeljau Mornay). Fisch in Courtbouillon mit Kräutern 10 Min. pochieren und 10 Min. ohne Feuer nachziehen lassen. Béchamel bereiten aus 10g Butter, 10g Mehl, 200g Milch (oder 100g Crème fraîche und 100g Fischsud), mit 50g Gruyère anreichern und dicklich einkochen (dabei stets gut rühren!). Danach in eine Auflaufform geben, 75g geriebenen Gruyère und etwas Pfeffer darüberstreuen und 5-7 Min. überbacken. Klassisch wird der Fisch mit Miesmuscheln *marinière* als Beilage serviert.
Dieses französische Rezept kommt deutschem Fischgeschmack sehr entgegen; es ist nicht anspruchsvoll, kann aber durch gute Zutaten zur Delikatesse werden. Das Einkochen der Sauce ist nötig, sie bleibt sonst zu mehlig-suppig. Unbedingt Gruyère nehmen, sonst wird das Gericht fade.

Bacalhao a la portuguesa (Kabeljau portugiesisch). 500g Fisch in Scheiben in ¼ Liter Öl, 2 Knoblauchzehen, Oregano, Petersilie, Dill 3 Std. marinieren, dann 2 Min./Seite in reichlich Öl ausbraten. Den Fisch entnehmen und den Rückstand mit 8 EL Mayonnaise, 4 EL Sahne, Saft von ½ Zitrone, Pfeffer, Zucker, 1 EL Sojasauce, Petersilie, Dill, Schnittlauch, Kresse zu einer dicken Sauce erweitern.
Wenn die Mayonnaise selbst gemacht wird, dann halb mit Öl, halb mit Sahne; bei Markenmayonnaise ist 'light' vorzuziehen. Die Sojasauce überrascht. Portugal kennt sie aus seinen Kolonien und nimmt sie nur als Würze.

Abadejo con nata (Pollack in Sahnesauce). In Scheiben geschnitten oder als ganzen Fisch von etwa 1,5 kg in Salzwasser kochen (15 Min., beim ganzen Fisch 30 Min.). - Sauce getrennt zubereiten: 125g Butter, 30g Petersilie, 40g Zwiebeln etwa 5 Min. schmoren, mit 250g Sahne oder guter Milch ablöschen und 15 Min. sanft weiterkochen, dabei gut rühren. Getrennt servieren. Ein ganz simples Rezept, aber vorzüglich, wenn der Fisch in Ordnung ist.
Die spanische Küche arbeitet selten mit Sahne und Butter. Hier zu Recht, die Sauce harmoniert mit dem Fisch und unterstreicht seinen glatten, kernigen Geschmack.

Merlan (oder Schellfisch) mit Champignons. 250g Champignons in Scheiben geschnitten in 60g Butter garen, am Ende 200g Crème fraîche darangeben. - 4 Filets vom Merlan oder Schellfisch (700-800g) mehlgewendet in Butter 5 Min. pro Seite sanft braten. Dann in die Sauce legen, mit Zitronenschnitzen garniert servieren.

Lieu à la sauce des artichauts (Seelachs oder Pollack mit Artischockensauce). 4 Filets vom Lieu mehlgewendet in Öl und Butter ausbraten. - Sauce: Artischockenböden und 1 Stengel Basilikum pürieren, mit 100g Crème fraîche aufschlagen, salzen und pfeffern.

Lieu noir aux moules (Seelachs mit Miesmuscheln). 1,5 kg Miesmuscheln öffnen (siehe Kasten S. 235), auslösen, den Sud filtern und darin 1 gehackte Zwiebel und 1 Kartoffel in Scheiben 5 Min. kochen. Die Kartoffelscheiben

entnehmen (die Zwiebeln belassen), den Sud nachsalzen und pfeffern und als Veloutée-Aufguß zu einer Béchamel aus 40g Mehl, 45g Butter, 50g Milch nehmen, die 10 Min. weitergekocht wird. Die Veloutée abkühlen auf 60°, 2 Eigelb und Saft von ½ Zitrone darin einschlagen und die Muscheln darin erwärmen (ohne Feuer). 750g Seelachsfilet in Mehl wenden und ausbraten. Im Muschelbett servieren.
Beide französischen Rezepte zeigen, was alles aus Seelachs zu gewinnen ist. Die Artischockensauce ist Geschmacksfrage; manche mögen bittere Töne beim Fisch nicht, manche mögen sie sehr.

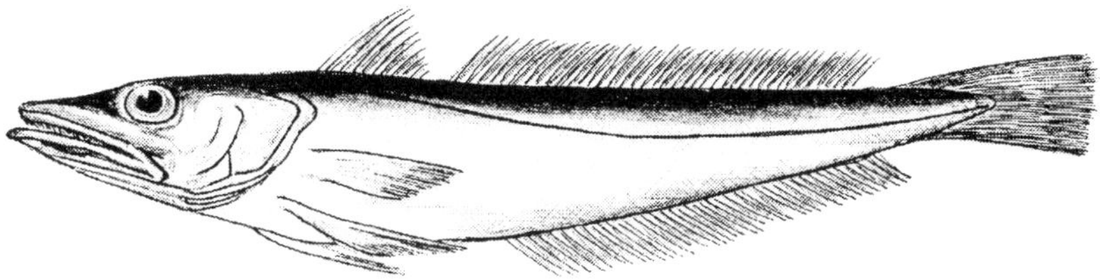

Merluza, dt. Seehecht, *merluccius merluccius*, katalanisch *lluç*, jung *llucet* (nicht zu verwechseln mit dem Parallelwort *llucio* für Hecht), baskisch *legatz(a)* oder *lebatza*, oft der Größe nach auch unterschieden nach *merluza* (groß), *pescadilla* (mittel), *carioca* (klein), in Regionalsprachen mit Verkleinerungsform: *llucito*, *llucera* usw., in Andalusien auch *pijota*. Als Grenze für den kleineren Fisch gelten 60 cm, frz. *merlu*, ital. *merluzzo*, griech. *bakaliaros*, türk. *berlam*. Am Markt nach der Fangart auch als *palangre* angeboten, dann auch rund 20% teurer (zu *palangre* siehe S. 61).

Form eher dem Hecht ähnelnd als den anderen Gadiden. Deutlich tief liegende Augen (auch schon beim Jungfisch), stark ausgebildeter Unterkiefer, penetranter unwirscher Hechtblick. Farbe beim ausgewachsenen Fisch schwarz, Bauch nur noch leicht silbergrau, ansonsten schwärzlich-silbern; als Jungfisch (*pescadilla*) oft mit deutlichem Rotton. Familienmerkmal außer der Kopfpartie: die Merluza hat nur 2 Rückenflossen. Länge 1 - 1,5 Meter. Saison ist Herbst und Winter.

Die Merluza ist der spanische Paradefisch par excellence. 80.000t, gut zwei Drittel aller europäischen Fänge, fischt allein dieses Land ab. Damit ist Merluza der meistgefangene Fisch Spaniens. Das war aber nicht immer so. Jahrhundertelang war sie nur im Baskenland und Kantabrien hoch geschätzt, Kochbücher in Frankreich mißachten sie noch heute. Griechen und Römer mochten sie offenbar ebensowenig, sie nannten den Fisch abschätzig 'Esel'. Die Merluza findet sich häufig und an vielen europäischen und afrikanischen Atlantikküsten, im Mittelmeer bis Griechenland. Im Sommer lebt sie küstennah, im Winter weiter draußen und auch tiefer (200-300 m tief). Ihr Fang erfolgt nachts, wenn sie auf der Jagd nach Sardinen an die Oberfläche kommt - auch sie reagiert dann auf Licht. Angeboten wird sie in drei Arten:

a) selten als **Angelmerluza** (unter dem Namen *anzuelo* oder *pincho*, nie *palangre*), direkt an der baskischen Küste am Haken gefangen, einer der Hochgenüsse spanischer Fischküche und entsprechend teuer, das Kilo ab 32 Euro aufwärts. Es scheint dort Spezialisten zu geben, die mit kleinen Küstenbooten regelmäßig solche Exemplare finden, nicht ganz zufällig, denn Merluzas leben gern ortsfest. Meist geht so ein Fang allerdings direkt an gute Restaurants.

b) als **Frischmerluza,** der Hauptteil angelandeter Merluza, mit Schleppnetz oder Angelschnur gefischt und in der Qualität erheblich schwankend nach Fanggebiet, Alter, Fangzeit, Fangort und Transportbedingung. Zur Hauptlaichzeit im Frühjahr und bis in den August hinein verliert der Fisch nämlich fast seine gesamte Geschmacksqualität. Auch ist die dunkelgraue Merluza aus der Biskaya weit besser als die häufigere aus Marokko mit ziemlich schwarzer Haut und etwas schlaffem weichem Fleisch.

c) als **tiefgekühlte Merluza**. Der recht hohe Anteil an Tiefkühlware (es dürfte die Hälfte sein) hat unbestritten auch Vorteile: er verhindert allzu hohe Quotierungen an der Börse. Außerdem fällt beim Merluzafang reichlich beschädigter Fisch an, die Merluza ist beim Fang recht nervös. Man könnte einen guten Teil des Fangs als Frischfisch gar nicht mehr auslegen und müßte ihn weit unter Wert zu Fischmehl verarbeiten. - Es sei hier noch eine Anmerkung eingeflochten. Wenn Sie in spanischen Restaurants beim Menü Fisch in Scheiben serviert erhalten, ist das fast immer Merluza, entweder frisch oder aus dem Tiefkühlfach.

In Spanien häufig angeboten, allerdings nur in Restaurants und tiefgefroren, wird Rosada, eine biologisch dem Schellfisch (abadejo) und im Erscheinungsbild dem Seehecht (merluza) ähnliche Art der Gadidenfische mit charakteristischer roter Färbung des rohen Fleisches, das wie jenes des Seehechts in Scheiben geschnitten verkauft wird. Die Rosada ist ausschließlich auf der Südhalbkugel der Erde zu Hause. In Spanien verkaufter Fisch stammt aber zumeist nicht vom Leitfisch dieser Art, der in Gewässern um Südafrika lebenden eigentlichen, in der Qualität dem Seehecht ebenbürtigen **Rosada,** dt. Klipfisch, (*genyopterus capensis*, span. *rosada*, engl. *cusk eel*, frz. *abadèche royale du cap*), sondern von der im Wert etwas geringer einzustufenden und in chilenischen Gewässern häufigen Unterart *genypterus chilensis*, span. *congribadejo colorado*, engl. *red cusk eel*, frz. *abadèche rouge*. Das Fleisch dieses Fisches hat um die Zentralgräte herum einen deutlich dunkelroten Ton, den die südafrikanische Hauptart nicht aufweist.

Küche: Achten Sie auf feste Schuppen und lebhaft rote Kiemen. Die eingesenkte Augenpartie macht das Auge in diesem Fall zu keinem guten Kriterium. Schwanzteile geraten am besten gefüllt oder im Herd gebraten, Scheiben vom Mittelteil und Filets (nur tiefgefroren, am Markt wird immer in Scheiben geschnitten) gelingen mit Dünsten und Ausbraten gut, Kopf und Vorderteil eignen sich eher für Sud, Schmoren und Braten. Bei Rezepten fährt man mit den baskischen stets gut, dort wird auch die meiste Merluza gegessen. Eine Besonderheit ist **Kokotxa**, ein kleiner gallertartiger Fischteil vom Hals, ausnehmend delikat und oft astronomisch hoch quotiert. Da dieser Teil nur absolut frisch angeboten werden kann, blieb es beim baskischen Namen.

Die Gefräßigkeit der Merluza. Eine Merluza zu fischen, ist für die Basken eins der großen Vergnügen des Daseins. Selten springt ein Fisch so prompt und gierig an die Angel wie dieser nimmersatte Räuber. Im Sommer kommt er gern nah an die Küste, um auf Jagd nach Sardinen, Sprotten, Sardellen und Makrelen zu gehen, die er auch ordentlich zu dezimieren versteht. Man trifft ihn dann dicht unter der Wasseroberfläche an. Freilich tut die Merluza in ihrem Jagdeifer oft des Guten zuviel. Wenn sie in Sardinenschwärme einfällt, wird sie nämlich derartig gefräßig, daß sie, sonst für ihr elegantes Ausweichen bekannt, viel zu schwerfällig wird, um dem Netz zu entgehen. Aber den Köder verschmäht sie auch dann nicht, wenn sie schier platzt. Man hat früher Merluza fast ausschließlich küstennah gefischt, vor allem bei Finisterre, Avilés, Bermeo und Fuenterrabía, Orte an Spaniens Nordküste, die für Merluza noch heute einen guten Ruf genießen. Der einzige Nachteil: richtig schöne große Exemplare sind nicht so häufig, wie die Angler es gerne hätten. Aber hin und wieder gelingt ein schöner Fang für die Restaurants. Denn die gieren nach Angelmerluza zumindest ebenso wie diese nach den Sardinen: Angelmerluza ist ihre größte Delikatesse. Übrigens wissen auch die Berufsfischer genug um die Gefräßigkeit der Merluza. Bei großen Fängen in Sardinengebieten treffen sie zuweilen viele Exemplare mit völlig leerem Magen an, denn der völlig überfressene Fisch gibt in seiner Aufregung beim Fang allen Mageninhalt wieder von sich. Ob die Römer mit ihrem Namen 'Esel' für den Fisch nicht doch recht hatten?

Rezepte für Merluza:

Merluza a la gallega (Seehecht galicische Art, mit Muscheln): 1 Knoblauchzehe, 1 Zwiebel in Öl golden anbraten, darin dann 4 Scheiben Merluza zu je 300g beidseitig sanft ausbraten (5Min./Seite). Beim Wenden 500g Herzmuscheln zugeben; sobald sie sich öffnen, noch 350g Miesmuscheln dazu, etwas Weißwein und Fischfond (zusammen etwa 150g), Petersilie, Salz. Die Sauce soll am Ende dicklich sein.

Merluza a la sidra (Seehecht in Apfelwein): 1 Zwiebel und 2 Knoblauchzehen in Öl glänzig dünsten, dann mit 1 EL Mehl bestäuben, 1 eingelegte Paprika (morrón) dazu, 1 Tomate, 2 Äpfel in Schnitzen. Das Ganze 3-4 min sanft angehen lassen, dann 200g Sidra angießen, 15 Min. kochen und die Sauce pürieren. - 3 Scheiben Merluza zu je 200g in Mehl wenden und beidseitig 3 Min. in Öl ausbraten.
Nicht jedermanns Sache. Asturien mag den kleinen Süßton, auch die Blutwurst der Region, die *morcilla*, enthält Zucker und Zimt. Interessant ist das Püree gewiß.

Merluza a la malagueña (Seehecht nach Art von Málaga). Eine Courtbouillon aus Fischkopf und -schwanz, 1 Zwiebel, Thymian, Lorbeerblatt, Salz 30 Min. kochen. In diesem Sud dann 500g Kartoffelscheiben 15 Min. kochen. Die Kartoffeln abseihen (den Sud aufbewahren) und in einen neuen Topf geben, darauf 1 kg Merluzafilets und ein Majado (siehe S. 80) aus: 1 Knoblauchzehe, 3 Safranfäden, ½ Nelke, 10 geröstete Mandeln, Muskat, 3 Pfefferkörner gemörsert, mit 2 EL Öl und etwas Sud genäßt, es soll eine Paste bleiben. - Den Kartoffelsud darübergießen und den Fischtopf 10 Min. bei sanfter Hitze fertiggaren.
Ein gutes, angenehmes, unauffällig mildes Gericht, in Spanien recht beliebt, wie die Speisekarten von Restaurants zeigen. Vielen Deutschen liegt diese milde Note nicht, sie bevorzugen herzhaften oder pointierten Geschmack. Die folgenden Rezepte sind ein wenig kräftiger; aber die Tendenz der spanischen Küche geht gerade bei ihrem Hauptfisch, der Merluza, immer wieder auf feine, blasse, 'pastellartige' Töne aus.

Merluza a la canaria (Seehecht gebraten nach Art von Gran Canaria). 300g Kartoffeln mit 1-2 Lorbeerblatt kochen, den Lorbeer entnehmen, die Kartoffeln pürieren. - 600g Merluza (3 Scheiben) in 50g warmer Butter und 1 Eigelb (auf ganz sanfter Hitze gewärmt und verrührt, das Eigelb darf nicht gerinnen) wenden und in Öl ausbraten. Die Scheiben werden auf dem Kartoffelpüree serviert, im Bratrückstand werden Weißbrotstückchen geröstet, die mit auf das Püree gelegt werden.
Das Rezept heißt des Pürees wegen 'Canaria', im Mittelmeerraum gilt Kartoffelpüree als Krankenkost. Die Kanarischen Inseln haben nun freilich besonders gute Kartoffeln - das Püree bitte hier nie aus der Packung machen! Im übrigen ist mit dem Paniertrick die Sache glänzend gelöst, das ganze Aroma der Merluza wird dadurch frei.

Merluza asada a la vasca (Seehecht gebraten, baskische Art). 4 Knoblauchzehen in 200g Öl rösten, bis sie schwimmen, vom Feuer nehmen und 4 Scheiben Merluza von 2 cm Dicke einlegen, salzen, Petersilie, nach Wahl Peperonischeibchen darauflegen. Wieder aufs Feuer setzen und dort stetig und gut bewegen, sobald Saft austritt, bis eine einheitliche Sauce entsteht. Wenn der Fisch weiß wird, ist er gar. Wichtig: der Fisch muß bei dieser Zubereitungsart sehr frisch sein und die Knoblauchzehen dürfen nicht anbrennen!

Merluza a la andaluza (Seehecht andalusisch). 4 Scheiben Merluza (ca. 800g) werden nach 3 Varianten gebraten:
a) in Mehl und 2 Eiern ausgiebig wenden und 4 Min./Seite in 10 EL Öl ausbraten.
b) mit Zitrone einreiben, etwas salzen, in Mehl wenden und 2 Min./Seite in reichlich Öl braten; dann in Ei wenden und nochmals 2 Min./Seite fertigbraten.
c) in Mehl wenden und 3 Min./Seite in reichlich Öl ausbraten. Dann 2 verquirlte Eier darübergeben, die Pfanne vom Herd nehmen und sanft rütteln, bis die Eier stocken. - Garzeit für den Fisch: nie mehr als insgesamt 10 min, immer bei sanfter Hitze.

Alle drei Varianten sind ideale Rezepte: größte Wirkung mit kleinstem Aufwand. Vorzüglich lösen die verschiedenen Methoden des Panierens ihre Aufgabe. Weder trocknet der Fisch aus noch bäckt das Ei mit den Bröseln ein.

Pescadilla al horno (Junger Seehecht, im Herd gebraten). 1 kg Pescadilla 1½ Std. in 4 EL Öl, 2 Schalotten, 2 Zwiebeln, 1 Knoblauchzehe, Oregano, 1 TL Senf (möglichst hellgelben Senf nehmen), Petersilie, Salz marinieren. Entnehmen, in 40g Butter tränken und in den Bräter geben. Darüber kommen 100g vorgedünstete Champignons (3 Min. bei gedeckter Pfanne sanft in Öl angedünstet), Petersilie und 2 EL Zitronensaft. 15 Min. bei 200° garen. - Variante: am Ende eine Béchamel bereiten aus 100g Butter, 3 EL Mehl, 400g Milch, Muskat. Die etwas zerkleinerten Filets und die Pilze darin einlegen, dazu 1 Eigelb, nochmals 2 EL Zitronensaft. 50g Reibkäse und 20g Butterflocken daraufsetzen, bei scharfer Hitze gratinieren, bis der Käse etwas bräunt. Man nimmt, wenn man so gratiniert, mehr Champignons ins Rezept, etwa 250g.
Ein aufwendiges baskisches Rezept, viel Ehre für die bescheidene Pescadilla, die als Armeleutefisch gilt - wer sich ausgewachsene Merluza nicht leisten kann, greift zur Pescadilla. Es zeigt, wie man mit billigem Fisch fein kocht, und verrät auch, worüber die Leute am Fischstand so viel reden. Gerade die Pescadilla und die folgenden kleineren Gadidenfische brauchen viel Liebe und Zuneigung, und da die Rezepte fast austauschbar sind, ist des Redens nie ein Ende. Hier geht es z.B. darum, den Fisch kompakt zu garen, aber die feine, leise Note der Pescadilla nicht zu verwischen.

Kleinere Gadidenfische

Kleinere und auch seltenere Gadidenfische sind gewöhnlich nur als zufälliger Beifang (siehe dazu S. 150) an Bord der Fangschiffe und deswegen auch nur immer in wenigen Exemplaren am Markt - aber mitgefangen heißt eben auch für Faneca, Capellán, Brótola, Bacaladilla mitgehangen. Sie sind durchwegs kleiner als die übrigen, bisher vorgestellten Gadidenfische.

Faneca, dt. Franzosendorsch, Zwergdorsch, nach der norwegische Seitenart auch **Stintdorsch**, *gadus luscus*, katalanisch auch *palanca, capellá*, baskisch *paneka*, galicisch auch *basoca*, frz. *tacaud*, ital. merluzzetto (bruno), griech. *bakalariaki*, türk. *mezit baligi*.

Typische Gadidenform, oft einem kleineren Abadejo stark ähnelnd, aber mit relativ großen Flossen. Farbe grau, aber schwankend, viele haben etwas Kupferglanz. Auf Sandboden lebende Fische sind hellgrau und haben am Bauch goldgelben Schimmer, auf Felsgebiet lebende Fische sind dunkler und haben deutliche Senkrechtstreifen. Länge um die 30 cm. Die Faneca gibt es nur im Atlantik. Im Mittelmeer lebende Fische, die ähnlich aussehen, gehören fast ausnahmslos zur Species *capellán*. Unterscheidungsmerkmal ist ein schwarzer Fleck bei der echten Faneca in Nähe der Brustflosse.

Capellán oder **Faneca menor, dt. Zwergdorsch**, *trisopterus minutus oder gadus minutus,* katalanisch *mòllera*, baskisch *paneca*, galicisch auch *fodón*, im castellano zuweilen auch *barbada.* Auf den Kanaren gern *faneca* genannt., frz. *capelan, petit tacaud*, ital. *merluzzetto, cappellano*, griech. *bakaliaraki siko*, türk. *mezit baligi.*

Der Faneca recht ähnlich, aber ohne den Fleck in Nähe der Brustflosse, mit ungemein großen Augen. In der Farbe grau, aber stets mit rosabräunlichem Hauch. Als Capellán wird auch ein kleinerer Süßwasserfisch geführt, zu den Lachsfischen gehörig, doch sind die Merkmale der Gadiden so auffällig, daß es kaum zu Verwechslungen kommen kann. Verbreitungsgebiet: gesamte europäische Atlantikküste, Nordafrika und Mittelmeer, außer im östlichen Teil. Gerade auf den Kanareninseln trifft man also beide Fische an. Der Zwergdorsch gehört zu den Kleinfischen, er wird nur 15-20 cm groß und wiegt dann um die 300g.

Küche von Faneca und Capellán: Die fast vollständige Fettlosigkeit und folglich gute Verdaulichkeit des Fleischs machen beide Fische, Faneca wie Capellán, zur idealen Krankenkost. Das Fleisch ist zart, ganz reinweiß, mürbe, bröcklig und von angenehmem Geschmack. Beide sind allerdings extrem fäulnisanfällig, vor allem weil das weißliche Gewebe, das den Eingeweidetrakt vom Fleisch trennt, sich sehr rasch zersetzt. Sie sind deswegen an Börsen und im Großhandel nicht gern gesehen. Beim Kauf also darauf achten, daß der Fisch gut glänzt und die Haut straff spannt! Indes sind beide Fische, mit 30-40 cm zu den kleinen Gadiden zählend, billig, weil viele sie nicht kennen; man kann also ruhig, sieht der Fisch gut aus, hier einmal auf Risiko kaufen. Saison ganzjährig.

Brótola, dt. Gabeldorsch, *phycis phycis*, katalanisch *mòllera*, auch *moll* oder *lluç barbut* (also Bartmerluza), baskisch *lotza, matrana*, castellano *barbada (lorcha)*, zuweilen *merluza falsa*. Auch am Markt wird unterschieden: **Brótola de fango**, *phycis blennoides*, katalanisch *moll de fang*, frz. *phycis de roche*, ital. *motella*, auf schlammigen Bodenzonen lebend, hellgrau, und **Brótola de roca**, *phycis phycis*, auf Felsgrund lebend und dunkler gefärbt, frz. *mostelle de fond*, ital. *mustella*, griech. *pontikós*, türk. *esek baligi.*

Wie die Unternamen besagen, ähnelt dieser Gadidenfisch von ca. 30 cm Länge der jungen Merluza in Form und Farbe stark, hat aber einen Bartfaden, keinen rötlichen Farbton und sehr große Augen wie der Capellán. Die Brótola lebt in Mittelmeer und Atlantik und wird 60 cm groß, selten einmal größer wie im japanischen Meer und im Indischen Ozean, wo sie auch 1,10 m Länge erreichen kann. Brótola de fango (Schlamm) und de roca (Fels) gelten als gleichwertig, ein wenig entgegen der Regel, wonach auf Fels lebende Fische besser sind. Das Fleisch ist weiß und recht schmackhaft, zudem ist der Fisch billig. Er ist nur nicht ständig am Markt, denn die Brótola lebt ungewöhnlich tief: in 800 m Tiefe leben nur wenige andere Arten, deshalb wird dort wenig gefischt.

Küche: kaum eigene Rezepte. Man empfiehlt Rezepte vom Merlan (Wittling), dem ihr Fleisch am meisten ähnelt.

Bacaladilla, dt. blauer Wittling, *gadus* oder *micromesistius poutassou*, katalanisch *maire*, seltener *lluça*, auf den Balearen *peix rei*, baskisch und andalusisch *bakalada*, galicisch *lirio*, frz. *merlan bleu*, *poutassou*, ital. *melù*, griech. *prosphygaki*, türk. *mezit baligi*, *bakalyaro.*

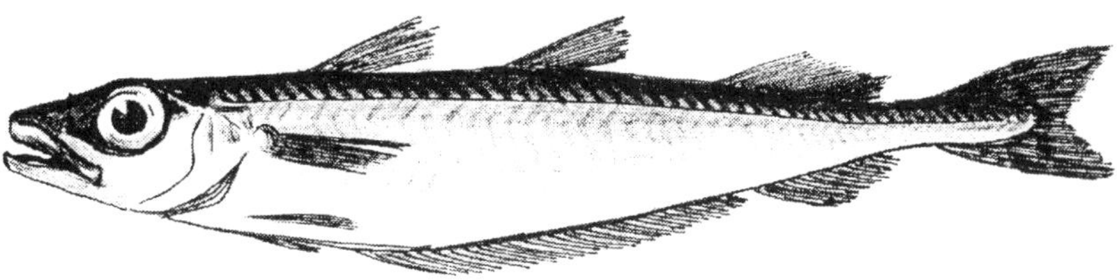

Die Form ist der Merluza ähnlich, auch die Farbe, am Rücken dunkelgrau, am Bauch weißlich. Der Fisch hat aber die für die Gadidenfische typischen drei Rückenflossen, was der Grund gewesen sein mag, ihn *bacaladilla*, Kleinkabeljau zu nennen. Das Fleisch ist weiß und etwas blättrig. Die Bacaladilla ist ein an allen europäischen Küsten, auch im ganzen Mittelmeer (nicht aber Schwarzmeer) häufiger Massenfisch, für die anderen Fischbestände von großer Wichtigkeit, darum auch viel am Markt und als 'Merluza der kleinen Leute' viel nachgefragt, weil sie ausgesprochen billig ist - mit der jungen Merluza, der Pescadilla, wird sie denn auch oft verwechselt. Wenn sie frisch ist (die allgemeinen Merkmale für Frische reichen aus, es zu erkennen), schmeckt sie durchaus delikat. Liegt sie länger, wird das Fleisch rasch schal und schmeckt dann ausgesprochen dünn. Man kann mit ihr zuweilen einen vorzüglichen Kauf machen! Wenn ältere Frauen, sichtlich nicht erstmals an diesem Stand, Bacaladilla kaufen, kann man es auch tun. Die älteren Frauen kennen sich aus, sie würden nie ein zu altes Exemplar kaufen - je schmaler der Geldbeutel, umso genauer kennen die Leute ihren Fisch.

Picada, Picadillo, Majado, Mandeln

Mit dem Rückzug der Mauren aus Granada verschwand auch ihre Küche von der iberischen Halbinsel. Manches kam später wieder nach Spanien zurück, vieles nicht mehr. Einer der Küchentricks, die sich gehalten haben, ist die maurische Picada.

In ihrer Grundform ist *Picada* (wörtlich: Gehacktes) eine Mischung aus Knoblauch, Gewürz und Mandeln, im Mörser kleingestoßen und mit ein klein wenig Flüssigkeit aufgeschlämmt. Sie wird Gerichten 2-3 Minuten vor Ende der Garzeit beigegeben, zeitig genug, um alles mit ihrem Aroma aufzufrischen. Eine kleine Picada nennt man *Picadillo*. Stammt sie nicht aus dem alten Königreich Aragon-Katalonien, so hat sie keinen Zimt und heißt *Majado* (wörtlich: Gestoßenes, Gemörsertes). Zimt ist ein Rest der regen Handelsbeziehungen Kataloniens mit der nordafrikanischen Küste. Für Fisch wird er kaum herangezogen.

Ein Wort noch zur Mandel. Die katalanische Küche röstet sie stets, sie schmeckt dann intensiver. Grob geviertelte Mandeln werden dazu in einer Pfanne ohne Fett und bei kleiner Hitze 3-4 Min. gebräunt. Geeignet sind alle Arten von Mandeln, die Sie in Deutschland kaufen können: gebleichte, Stifte, Splitter, auch gesalzene Mandeln. Ungeschälte Mandeln kochen Sie 1 Min. in heißem Wasser an, dann löst sich die Schale leicht. Am besten sind Mandeln frisch geschält und dann geröstet, bei 50° im Herd, etwa 30 Min. lang. In Spanien machen es viele Hausfrauen selbst. Zuweilen erhalten Sie solche Ware in 'Frutos secos'-Läden des Landes.

Küche der kleineren Gadidenfische: Faneca und Capellán ergeben mit Merluzarezepten gute Gerichte. Brótola kann nach Merluza- wie nach Kabeljaurezepten zubereitet werden. Die Bacaladilla wird ihrer geringeren Größe wegen meist gebraten. Daneben sind auch Sardellenrezepte für sie tauglich, außer solchen, die kalt marinieren; dafür ist die Bacaladilla zu empfindlich. Die folgenden Rezepte behandeln den Fisch alle sanft. Wer Fisch gern scharf würzt, dem sei das Rezept 'Guetaria' empfohlen.

Bacaladilla guisada (Blauer Wittling gedünstet). Den Fisch gut reinigen, abtupfen und mit Zitrone beträufeln. Dann in eine Auflaufform legen, einen Aufguß aus 10 EL Öl, Saft von 1 Zitrone, 1 EL Petersilie, etwas Salz und Pfeffer darüber und im Wasserbad oder Dampftopf auf dem Einsatz garen. Sobald das Fleisch weißlich wird, ist der Fisch gar.
Fein, wie die Zitrone hier die Faneca 'liftet'. Das Rezept ist genauso für Faneca, Brótola, Capellán oder Pescadilla tauglich. Es ist ein schnelles Gericht, das nicht mehr als 10 Min. beansprucht.

Faneca en fritura (Zwergdorsch fritiert). Den Fisch in Milch (1 Liter auf 1kg Fisch) einige Minuten marinieren, dann gut abtropfen, in Mehl wenden und sanft in 80g Öl ausbraten (etwa 5 Min./Seite). Mit Petersilie bestreuen und mit etwas Zitrone beträufelt servieren.
Nicht mehr als 5-7 Min. braten, sonst ist der duftige Meerton weg, den die Faneca hat! Das Marinieren in Milch stabilisiert hier den zarten Fisch sehr gut.

Faneca a la Guetaria (Zwergdorsch baskisch). Den Fisch in Salzwasser 3 min vorkochen. Dann filetieren, die Filets mit einer Tinktur aus Öl, Knoblauch und Peperoni bestreichen und in Öl ausbraten nach dem vorangehenden Rezept für fritierte Faneca.

Bacaladilla al vapor (Blauer Wittling gedünstet). 500g kleine, möglichst frische Bacaladillas putzen, die Köpfe abtrennen, innen gut trockentupfen und etwas salzen. Einige Tropfen Zitrone zugeben. In einem Suppenteller in einen Topf setzen, einen umgedrehten Teller darüber, etwas Wasser beigeben, den Topf abdecken und die Fische auf kleiner Flamme garen; immer wieder etwas Wasser nachgießen (leichter geht es im Dampftopfeinsatz). Sobald die Fische weiß werden, sind sie gar. - Sauce: 10 EL Öl, Saft von 1 Zitrone, 1 EL Petersilie, Salz und Pfeffer gut verschlagen; über die Fische geben und die Sauce 5 Min. einziehen lassen.
Ein ganz ähnliches Verfahren kennt die Nouvelle Cuisine, vgl. bei der Scholle, siehe Rezept S. 88. Das Rezept ist wirklich alt, es stammt von Carmen Vélez, die aus einer reinen Traditionsküche kommt. Es arbeitet auch nur mit Tellern.

Capellanes fritos (Zwergdorsch fritiert). 2 kleine Capellanes von je 200g ausgiebig in Mehl wenden, das mit Petersilie versetzt ist, und in 120g Öl ausbraten, bis die Haut schön goldbraun ist. Serviert mit Zitronenschnitzen.

Brótola en salsa de mantequilla. (Gabeldorsch in Buttersauce). 1 Brótola von 800g rundgebogen in einen breiten Topf legen, deckend lauwarme Courtbouillon (siehe Kasten S. 26) aufgießen. Auf großer Flamme aufkochen, dann die Hitze zurücknehmen und den Fisch 5-7 Min. köcheln. Danach im Sud 10 Min. abkühlen lassen. - Sauce: 2 EL vom Fischsud, Saft von ½ Zitrone, etwas Salz und Pfeffer auf kleiner Flamme aufkochen, dann 75g Butter in kleinen Stücken einschlagen. Dabei jeweils den Topf vom Feuer nehmen und mit dem Schneebesen verarbeiten. Die Buttersauce darf nie kochen! Am Ende 1 EL Petersilie dazugeben, abschmecken.
Das Einschlagen der Butter dient dazu, die Fettpartikelchen feiner zu verteilen, die Sauce gewinnt dadurch sehr. Frankreichs Küche verpflichtet dabei stets zu eiskalter Butter; bei ihr ist der Effekt am nachhaltigsten.

5. Plattfische und Rochen

Die Plattfische sind die von der gewohnten Fischform am meisten abweichende Ordnung im Reich der Fische. Ihre rundliche Scheibenform kennt jeder. Nicht jeder allerdings weiß von ihrer seltsamen Augenwanderung. Alle Plattfische haben nämlich im Jungstadium normale Fischform. Erst später wandert das eine Auge über die Stirnmitte auf die andere Seite, diese färbt sich dann auch anders (die dem Sand zugewandte Seite hell, die obere dunkel) und der Fisch segelt eine Weile mit Schlagseite durchs Wasser, bis er sich vollständig querlegt und dann so weiterlebt. Im Jungstadium frei im Wasser schwimmend, werden Plattfische nach der Umwandlung zu reinen Bodenbesiedlern, meist küstennäher lebend, als man vermuten würde. Die rauhe, dunkelgetönte Oberfläche mit den Augen verbirgt den Fisch fast unentdeckbar auf dem Meeresboden, wo er des nachts auf Lauer liegt und in dem er den Tag versteckt zubringt. Es gibt übrigens linkswendende Arten und rechtswendende Arten, wobei nicht immer alle Fische der Art die 'richtige' Seite zu finden scheinen, es gibt immer eine Anzahl Abweichler unter ihnen. Für den Biologen ist diese Seitenwahl natürlich eine vorzügliche, schnelle Sortierhilfe, für den Markt war sie es nie: bei den Schollen, egal wie sich wenden, geht es mit den Bezeichnungen ziemlich durcheinander. - Was die Küche anbelangt, so sind alle Plattfische vorzüglich. Ihr Aroma ist reich und nuanciert, manchmal verhalten und zart wie bei der Seezunge, zuweilen auch kraftvoll wie beim Heilbutt. Wer den natürlichen Fischgeschmack mag, dem wird die biedere Scholle schöne Überraschungen bieten können. Nur beim Steinbutt sind sich alle einig: *melius non cogitur*, etwas Idealeres an Fischgeschmack ist nicht vorstellbar. Außer der Scholle sind alle Plattfische recht fett, ja man hat zuweilen den Eindruck, als sei der Geschmack dieser Fische sahnegeschönt, so weich ist er. Ihre Zubereitung erfordert eine vorsichtige Hand, ihr Fleisch zerfällt leicht.

Den Plattfischen nur der Form nach ähnlich sind die Rochen, auch sie haben eine rautenartig platte Form und viel Fett. Im biologischen Sinn gehören sie aber ganz woanders hin. Ein Biologe wird sich sicher die Haare raufen, wenn er Plattfische und Rochen in einem Kapitel beisammen findet. Für ihn zählt, daß Rochen Knorpelfische sind, biologisch urtümlich und mit den Haien eng verwandt. Ein Restaurantkoch wiederum würde sich jedesmal ärgern, wenn er die Rochen bei den Haien suchen sollte, wie es biologisch richtig ist. Es ist ihm - und uns - eher unwichtig, ob er Rochen von Knorpeln oder Scophthalmiden von Knochen abfiletiert. Für ihn zählt, daß die Vorgänge und anschließend auch die Rezepte ähnlich sind. Und so sollen die beiden so fernen Ordnungen im Tierreich auch hier beisammen stehen. Von der Küche her gesehen sind die Rochen ein Fall für Liebhaber, ein wenig den Kutteln vergleichbar. Ihr Geschmack hat einen ranzig-spitzen Stich, der vielen widerstrebt, mögen die andern noch so sehr davon überzeugt sein.

Viele Fische, darunter auch die Plattfische, haben eine **Saison**, andere dagegen nicht. Saison heißt offiziell und im Marktgebrauch, daß in dieser Zeit der Fangertrag ergiebig ist, so daß der Fisch eigens befischt und an der Börse notiert wird und daher am Markt reichlich angeboten werden kann. Es heißt ausdrücklich nicht, daß er außerhalb dieser Zeit geschützt wäre und nicht befischt werden dürfte (das nennt man wie beim Wild Schonzeit oder Fangbeschränkung) oder daß von seinem Genuß abzuraten wäre, wie das bei einigen Meeresfrüchten der Fall ist. 'Saison' ist letztlich also nur eine Marktangabe.

Etwas anderes sind die Gründe und die Probleme, die hinter der Saisonangabe verborgen stecken. Warum ist der Fangertrag eigentlich unterschiedlich? Oft wissen wir es nicht. Das Leben am Meeresgrund kann nicht so durchgängig beobachtet werden wie das Tierleben am Land. Der Raum spielt eine andere Rolle, er ist leichter überbrückbar, Höhenzüge spielen kaum eine Rolle, das Wetter, die Temperatur... - andererseits aber sind wir durch sinkende Fangerträge oft zu Vorsichtsmaßnahmen, zu Schonzeiten gezwungen, die sachlich nicht genau begründbar und daher politisch auch schwer durchzusetzen sind. Zum Beispiel ist vom Genuß vieler Fischarten zu ihrer Laichzeit abzuraten, weil die hormonelle Umstellung, die der Fischkörper in dieser Zeit erfährt, fast immer auch seinen Geschmack beeinträchtigt. Bei vielen kommt hinzu, daß sie lange Laichzüge unternehmen, auf denen sie wenig fressen, so daß ihr Fang zeitweise wenig ergiebig ist. Der Thunfisch gehört dazu, der Lachs bedingt, er 'kippt' erst knapp vor der Laichzeit. Bei Sardinen ist es ganz anders. Sie ändern ihre Geschmacksqualität je nach Wassertemperatur durch erhöhten Austritt von Fett in die Epidermis und sind im Winter besser als zu anderen Jahreszeiten, mit der Laichzeit hat das nichts zu tun. Bei Plattfischen hängen Qualität, Freßverhalten, Ergiebigkeit und damit auch Fangaufwand im wesentlichen an der Umstellung des Nahrungsangebots; sie sind in der ersten Jahreshälfte besser *und* im Fang ergiebiger, im Spätherbst *nur* besser, man weiß nicht genau, warum. Und schließlich gibt es Verbrauchergewohnheiten, die die Saisonangabe beeinflussen. Im Winter bevorzugt man allgemein fetteren Fisch als im Sommer, wo eine Rascasse bei weitem nicht so gut über die Theke geht wie eine Dorade, obwohl sie im Juni ausgesprochen delikat wäre. Die Brassen haben andersherum zwar oft im Sommer Saison, aber eine markante Art unter ihnen, der Besugo (Graubarsch) macht die komplette Ausnahme, weil er der traditionelle Fisch fürs spanische Weihnachtsessen ist. Am Ende kommen wir auf den Anfang zurück: die Angabe 'Saison' kann uns nur sagen, wann wir am Markt mit reichlichem Angebot an einer bestimmten Fischart und mit einem stabilen Preis rechnen dürfen. Bei den Plattfischen, um im Zusammenhang des Kapitels zu bleiben, ist dies leider der Winter - leider deswegen, weil Galicien die besten Plattfische liefert und wir dann gewöhnlich dort nicht sind.

Gallo, dt. Scholle, die Ostseeart **Flunder**, *lepidorhombus boscii*, katalanisch *bruixa*, auch *ollara* (warum ein Hafen, San Carles am Ebrodelta, sie *misèria*, Elend nennt, ist rätselhaft), kleine Exemplare generell *palaia* oder *pelaia*; baskisch *oilar, ollarra*, galicisch *ollón,* in Andalusien oft *peluda*, frz. *plie*, ital. *rombo*, *passera*, griech. *chematida*, türk. *pisi.*

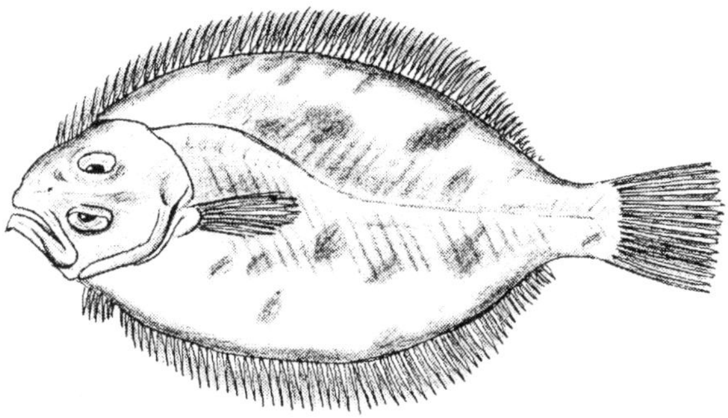

Die Scholle ist oval geformt, ziemlich flach, Unterseite milchweiß, Oberseite dunkelgrau mit rotgelben Tupfen, etwas durchscheinend, Länge 30-50 cm.

Der deutsche Name ist ein vorzügliches Bildwort, allerdings lateinischen Ursprungs (*solla*, woraus auch *olla*, *ollara* stammt, ist eine Erdscholle; tatsächlich werden diese Fische wie Erdschollen aufgelesen) und eher ein Gattungsname als ein genauer Artname. Als einzelne Art ist *lepidorhombus boscii* ein **Flügelbutt**. Daß es bei der Augenwanderung der Plattfische nicht mit rechten Dingen zugehen kann, spricht der katalanische Name *bruixa* (Meerhexe) deutlich aus. Schollen leben auf Sand- und schlammigen Tonböden in 50 Metern Tiefe oder noch weiter unten, nicht so küsten- und oberflächennah wie die Seezungen. Dort verstecken sie sich wie viele Plattfische tagsüber perfekt getarnt im Schlamm, denn sie jagen nur nachts. Taucher bekommen sie daher nur zufällig zu Gesicht, wenn sie sie aufstöbern. Böden, wie die Schollen sie mögen, gäbe es reichlich, doch sie stellen sehr genaue Bedingungen an Salzgehalt, Wassertemperatur, Flutung und damit verbundene Nahrung. An den Sandbänken der Nordsee um Helgoland, vor Dänemark und in Skagerrak/Kattegat scheint es ihnen besonders zuzusagen. Man hat versucht, sie dort abzufischen und anderswo anzusiedeln, in der Ostsee und Nordnorwegen, wo sie mehr Raum hätten. Sie gewöhnten sich dort zwar ein, wuchsen aber viel langsamer, und nach dem Laichen zogen die meisten wieder auf ihren alten Routen und kehrten an ihren Ursprungsort zurück. Eine Seitenart, nur schwer von anderen zu unterscheiden, hat sich auf den Bornholmgraben spezialisiert, die **Flunder** mit dornigen Warzen und rauher Mittelgräte, im Norden Rauchscholle genannt. Schwer zu sagen, was sie dorthin zog. In Spanien sind echte Schollen nicht häufig. Es gibt nur in Galicien bescheidene Bestände, der Marktfisch stammt aus Hochseefischerei um die Britischen Inseln. Häufiger sind Seiten- und Unterarten der Scholle.

So genau es die Schollen nämlich mit ihrem Lebensraum nehmen, so wenig genau nehmen sie es mit den Arten. Sie befruchten sich nicht selten quer über die Arten hinweg, so daß genaue Bestimmungen einzelner Fische sehr schwierig werden. Je kleiner die Schollen, umso häufiger scheinen sie sich zu kreuzen. Spanien kennt ziemlich viele Schollenarten, besonders im Golf von Cádiz, wo auch noch die Mittelmeerarten kräftig mitmischen. Wie der deutsche Name 'Scholle' scheinen auch die spanischen Namen *solla*, *platija* oder *peluda*, *pelaia* eher Gattungsnamen als Artnamen zu sein, dem Markt nützen die vielen kleinen Unterschiede zwischen den Sorten nichts. Ohne im Detail auf Korrektheit zu achten (auch die biologischen Fischführer machen hier zuweilen widersprüchliche Angaben), wird man grob unterscheiden können:

Solla, Platija, dt. Scholle, *platichthys oder pleuronectes flessus oder platessa,* katalanisch *plana* oder *pelaya*, *palaia*, baskisch *platuxa, txabaloi*, frz. *flet, carrelet*, ital. *passera pianuzza*, griech. *chematida*, türk. *dere pisi, pisiya*. Dem Gallo, der Hauptform, nahestehende Art, jedoch weniger durchscheinend, Oberseite dunkler, graubraun mit rötlichen Tupfen, in Einzelfällen auch gut 60 cm groß. Lebensraum: alle europäischen Küsten, im Mittelmeer aber *platessa* nur im westlichen Teil, im östlichen nur *flessus*, meist etwas heller gefärbt und weniger gepunktet. In spanischen Gewässern scheint es ausgesprochene Mischformen zu geben.

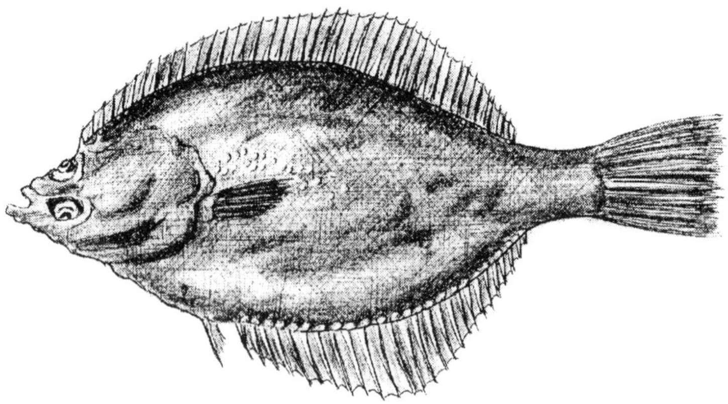

Peluda, dt. Lammzunge, Schorrfisch, *arnoglossus laterna*, katalanisch auch *bruixa* wie die Scholle (wenn sie größer ist), balearisch *llenguado*, baskisch *oilar eskuin*, galicisch *rapapelos*, frz. *fausse limande, arnoglosse*, ital. *suacia*, griech. *arnóglossa*. Eine Kleinscholle, die nicht über 20 cm lang wird, Farbe bräunlich-grünlich, in Abarten auch rötlich, deutliche Netzzeichnung.

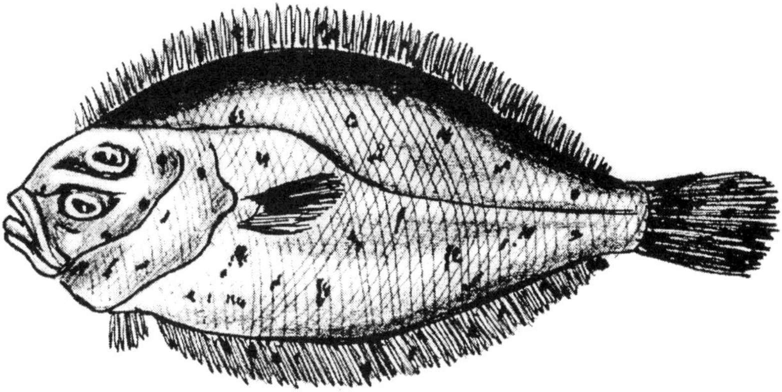

Limanda, dt. Rotzunge, Kliesche, *limanda limanda*, baskisch *ollarra*, frz. *limande*, ital. *limanda*. Um 30 cm, eher einheitlich dunkel (graubraun mit leicht rötlichem Hauch) gefärbte Oberseite und auffallender Grätenrand: ausgebreitet bildet der Fisch eher eine Rautenform als ein Oval. Eine kleinere Seitenart dazu ist *phrynorhombus regius* oder *norvegicus*, **dt. Zwergbutt**. Nur in Nordmeeren, in Spanien selten, daher kein spanischer Name.

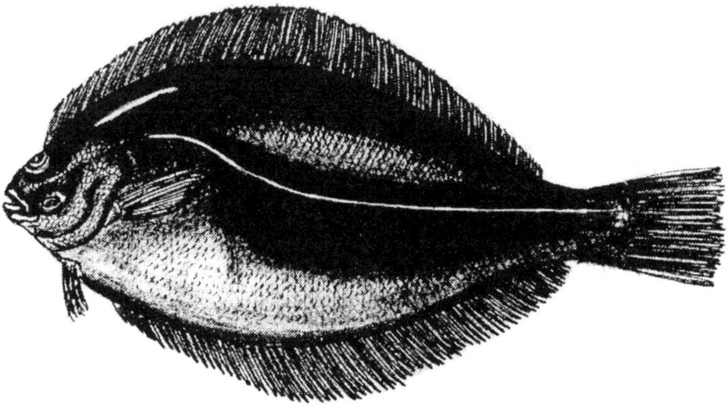

Küche: Schollen haben weiches, geschmackvolles, nicht gut haltbares Fleisch mit recht verhaltenem Aroma. Angeboten werden Kleinschollen im Gewicht von 200-500g und Großschollen bis 1,5 kg und 40 cm Länge. Saison ist die erste Jahreshälfte, der beste Monat ist Mai, wenn sie abgelaicht haben (‘Maischolle’). Das in romanischen Ländern verbreitete Vorurteil, sie seien weit weniger schmackhaft als Seezungen, hat offenbar auch auf Spanien abgefärbt - eines der wenigen Vorurteile, das sich dieses Land bei Fisch leistet. Vielleicht kommt es daher, daß man früher in Inlandrestaurants zuweilen Schollen filetiert und unter Saucen versteckt als Seezungen ausgab. Wenn es so war, dann war es nach unserem Urteil eher ein Betrug am Geld als am Geschmack. Wie dem auch sei, das Vorurteil hält die Schollen billig. - Beim Putzen wird der Kopf ganz abgetrennt, die Flossen werden mit der Schere abgeschnitten, beides dient für vorzügliche Fischfonds. Infolge der bei allen Plattfischen zarten, sich rasch zersetzenden Trennhaut zum Eingeweidetrakt hin werden Schollen in Spanien stets ausgenommen angeboten, sie stammen ja aus Hochseefischerei. In Deutschland ist es anders. Nimmt man sie selbst aus (es ist nicht schwierig), ist auf die Galle zu achten, die unverletzt entfernt werden muß, sonst kann sie den ganzen Fisch bitter machen. Enthäutet werden muß die Scholle nicht, es sei denn, man filetiert sie, was etwas Übung benötigt und bei Seezungen leichter geht, denn bei Schollen reißt das Fleisch rasch von der Gräte. Schollen unbedingt ausgiebig in Mehl wenden und in viel Fett braten, sie kleben rasch in der Pfanne an! Und es sollte eine gute Pfanne sein, sonst hat man nur Ärger. Kleinschollen werden in Spanien gern einfach zu Sud verarbeitet - der Sud ist vorzüglich, kein Wunder, man kann sie nämlich ebensogut wie Großschollen als Leckerbissen zubereiten, sie sind besonders zart.

Rezepte:

Scholle gebraten. Die Scholle in Mehl wenden und in Butter ausbraten (5 Min./Seite). Mit etwas frischer Butter, Petersilie und Zitrone servieren. (Statt Butter empfiehlt sich auch eine Mixtur aus 4 EL warmer Butter und 2 EL Öl).

Peludas fritas (Lammzunge fritiert). 10 Kleinschollen (Peludas oder Pelayas) in Öl wenden und in 80g Butter und 20g Öl ausbraten (2 Min./Seite). Kleine Schollen gelingen besser fritiert als gedünstet, denn ihr feines, aber ganz dünnes Aroma verpufft dann wirkungslos in der Sauce.

Scholle gedünstet nach Art der Nouvelle Cuisine. 1 Zwiebel, 1 Knoblauchzehe kleingeschnitten auf 1 Teller als Bett für 2 zarte Schollenfilets legen, darüber 5 EL Schnittlauch streuen. - 2 EL Thymian in ¼ Liter Wasser 3 Min. brühen, 5 Min. nachziehen lassen. Dann in diesen Topf den Fischteller auf eine Tasse stellen und zugedeckt 3 Min. dämpfen.
Restaurantrezept der Nouvelle Cuisine, ein Volltreffer. Gerade die Scholle schmeckt dann überaus fein, bei der Seezunge ist der Unterschied nicht so spürbar. Man kann das Verfahren auch bei anderen feinen Filetfischen verwenden. Oder wenn man Spanier zu Gast hat - es wird sie umso mehr freuen, als die Methode eigentlich spanisch ist, wie schon bei 'Bacaladilla al vapor' gesagt wurde (vgl. S. 81).

Gallo relleno de mariscos. (Scholle gefüllt mit Meeresfrüchten). 4 Schollen zu je 300g werden auf einer Seite filetiert. Auf die filetierte Seite wird eine Füllung gegeben, die Filets werden daraufgesetzt, die Fische in Ei und Bröseln gewendet und 5 Min. in Öl ausgebraten. Füllung: 3 Knoblauchzehen, 1

Zwiebel, Petersilie in Öl scharf anrösten, dann 150g Garnelen, 60 g Tomatenpüree, 150g Jerez zugeben, mit weißem Pfeffer und Salz würzen und 8 Min. köcheln. Stets gut rühren. Dann 40g Paniermehl dazugeben und kühlen. - Eine Veloutée bereiten aus 30g Butter, 20g Mehl, 150g Milch, 150g Sud aus den Schollenköpfen. Die Schollen in eine Auflaufform geben, die Veloutée darübergießen und das Gericht 5 Min. im Herd bei 200° gratinieren. Am Ende mit etwas Zitrone abschmecken.
Ein Restaurantrezept aus Galicien. Garen Sie den Fisch wirklich nur 5 Min. in der Pfanne und 5 Min. im Herd! Dann bleibt er saftig und lohnt den Aufwand; er gewinnt einen kernigen, kräftigen, stabilen Geschmack, den gerade die Scholle rasch wieder verliert, wenn sie zu lange gart.

Filetes de gallo gratinados. (Schollenfilets gratiniert). Eine Scholle von 1 kg filetieren. Die Abfälle mit 150g Wasser, 1 kleinen Zwiebel, 2 Stengeln Petersilie und etwas Lorbeerblatt 15 Min. auskochen. Die Filets leicht salzen, mit 5 El Öl, 100g Wein und einigen Tropfen Zitrone in den Bräter geben und im Herd 6 Min. bei 230° garen. - Eine Veloutée bereiten aus 50g Butter, 1 EL Mehl, 150g Schollensud, dann 2 EL Tomatenpüree darangeben, etwas Petersilie, Salz und Pfeffer und 10 Min. weiterköcheln, dabei oft umrühren. - Die Veloutée auf die Fische geben, etwas Brösel darüberstreuen und im Herd 7 Min. überbacken.

Lenguado, dt. Seezunge, *solea solea*, katalanisch *llenguado*, baskisch *lengoradu*, *lenguadua*, *txabalo*, galicisch *acedía*, frz. *sole*, ital. *sogliola* griech. *glossa*, türk. *dil.* Unterarten *lascaris* (**lenguado de arena, sortija, dt. Sandseezunge**) und *nasuta* werden im lateinischen Namen nicht unterschieden. Anders **Acedia, acevia** (andalusisch), **dt. Zwergzunge**, *buglossidium luteum*, im restlichen Spanien *lenguado* oder *lenguadillo*, katalanisch auch *remol petit*, kastilisch auch *tambor*, frz. *petite sole, solenette*, ital. *sogliola gialla.*

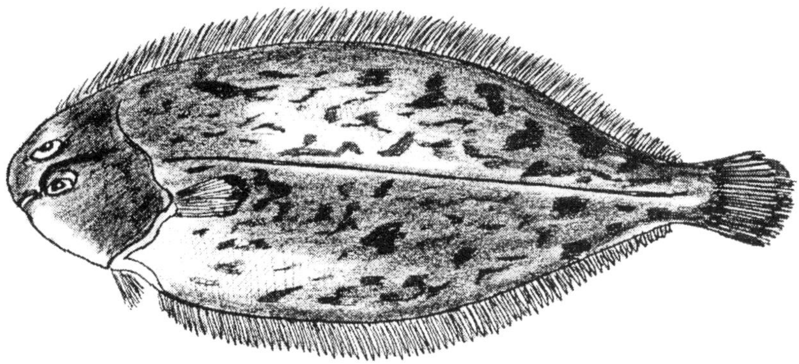

Recht kleiner Plattfisch, kompakt wirkend, immer schön ovale Form. Auffallend die rundliche Schnauze und die kurze Schwanzflosse. Unterseite milchweiß, Oberseite graubraun, eher dunkel, mit orangefarbenen Sprenkeln. *Lascaris* mit Gelbton und etwas Rosa darin, dazu schwärzliche Sprenkel, der den Seezungen gemeinsame dunkle Fleck auf der Brustflosse sitzt bei ihr eher außen, *nasuta* eher etwas grünlich. Länge bis 40 cm, meist aber um 25 cm. Kleiner und im Farbton eine Spur heller ist *buglossidium luteum*, nie über 25 cm, meist 10-12 cm. Saison Juni-Oktober.

Die Seezungen wurden wegen ihres vorzüglichen Geschmacks zu allen Zeiten hoch geschätzt. Man trifft sie an allen europäischen Küsten außer der Ostsee, im Norden gehen sie nicht über den Breitengrad Nordschottlands hinaus. Ihr Lebensraum sind wie bei der Scholle Sandböden, aber meist küstennah und in Tiefen zwischen 10-50 Metern. Wo es die besten Seezungen gibt, darüber läßt sich streiten. Die galicische hat festeres Fleisch, die aus Cádiz feineres, fast gelatinierendes, Effekt des dort ruhigeren laueren Wassers; den Nutzen hat Madrid, es ißt beide gleich gern. Immer handelt es sich dabei aber um die *lascaris*-Seezunge, während *nasuta*, etwas weiter draußen gefangen und das Gros der am Markt angebotenen Seezungen, als spürbar geringerwertig gilt. Da sie am Fischstand oft nicht getrennt werden, kann man mit etwas Glück auch einmal eine Lascaris billig bekommen. Im Streit weniger erwähnt wird die in Schottland beheimatete kleine Acevia-Scholle mit z-förmiger Seitenlinie. Sie soll noch delikater sein (wird jedenfalls noch höher notiert), hält aber schlecht und zerfällt leicht, so daß man sie in Spanien höchstens einmal direkt in den Großanlandehäfen Cádiz und Huelva antrifft. Ansonsten gibt es Seezungen sowohl in Frankreich wie in Spanien an allen Küsten. Abweichend von der Saisonangabe gilt die zur Laichzeit zwischen April und Juni gefischte Seezunge als die schmackhafteste.

Küche. Entgegen dem zarten Aussehen sind Seezungen die fettesten Plattfische, viermal so fett wie Steinbutt, so daß man bei heißem Wetter mit üppigem Verzehr vorsichtig sein sollte. Die beste Seezunge ist übrigens nicht die größte, sondern die um 25-30 cm Länge. Beim Kauf verlange man stets auch die Abfälle (*despojos*): Kopf, Flossen und Grätenteile ergeben einen hervorragenden Fischsud oder -fond. Wer oft genug am Markt zugesehen hat, wie Seezungen geputzt werden, kann sie auch selbst ausnehmen: Kopf und Eingeweide entfernen (das ist auch bei Seezungen meist schon am Fangschiff erfolgt), Haut durch Unterfahren mit dem Messer etwas ablösen und dann mit kräftigem Zug abziehen! Die Eleganz läßt sicher zu wünschen übrig, mit der Zeit lernt man das aber. Im übrigen achte man darauf, daß die Seezunge am Markt glitschig ist, es ist ihr bestes Frischezeichen. Je länger sie liegt, desto trockener wird sie. - Rezepte gibt es mehr als genug. Ein spezieller Küchenkniff bei Plattfischen, vor allem aber bei Seezungen ist das Marinieren in Milch, wozu der Fisch an der Mittelgräte eingeschnitten wird. Man kann dies übrigens bei allen fetten Fischen machen, es macht sie zart. Marinierzeit 1-2 Std.

Rezepte:

Lenguado a la parrilla (Seezunge gegrillt). Die dunkle Haut abziehen, die helle nur schrubben. Den Fisch in Öl tränken und 2 Min./Seite grillen. Erstaunlich, aber dies ist ein Restaurantrezept! Feine Fische brauchen zuweilen fast keine Rezepte. Man sieht auch: nicht überall in Spanien enthäutet man Seezungen. Zum Grillen die helle Haut zu belassen, ist sicher gut.

Lenguado asado (Seezunge gebraten). 2 Seezungen zu je 300g 30 Min. in Milch marinieren (siehe Kasten 'Marinieren', S. 19), in Milch und Mehl wenden und in 2 EL aufschäumender Butter braten (2 Min./Seite, nicht zu heiß).

Lenguado frito (Seezunge fritiert). 500g kleine Seezungen (unter 20 cm) ungehäutet, aber mit einem Einschnitt auf jeder Seite 45 Min. in Milch marinieren. Dann mehlgewendet in reichlich Öl (fast deckend) sanft ausbraten, abtropfen.

Lenguado rebozado (Seezungen paniert). 2 Seezungen zu je 500g in Mehl, Ei-Mixtur (2 Eier, Salz, Pfeffer, 1 EL Öl, miteinander verschlagen) und Bröseln wenden und in Öl ausbraten. - Dazu paßt Estragonbutter: 125g weiche Butter cremigschlagen, dann 1 EL Zitrone, 1 EL Petersilie, ½ EL Estragon, Salz und Pfeffer gut einarbeiten.

Lenguado al albariño (Seezunge in Albariñowein). 1 Zwiebel in Stücken und 1 ganze Knoblauchzehe in 1 Liter Albariñowein ansetzen und diesen auf 50% einkochen. - Den Weinsud mit Zwiebeln und Knoblauch über 1 Seezunge von 1 kg gießen. Eine Picada (siehe Kasten S. 80) bereiten mit 50g gerösteten Mandeln und 10 schwarzen Pfefferkörnern. Auf den Fisch geben und ihn 10 Min. bei 200° im Herd garen.
Albariño ist ein leichter, spritziger Weißwein aus Galicien; die Trauben wurden im Spätmittelalter von Mönchen aus Cluny dorthin gebracht. Unklar ist der Name, der an den Rhein erinnern könnte. Tatsächlich ist er mit deutschem Wein von Rhein, Mosel oder Nahe vergleichbar. Auch Wein aus Baden ist geeignet. Er paßt gut zu den Mandeln.

Sole à la mode de Dieppe (Seezunge Dieppe). 12 Miesmuscheln und 1 Schalotte in ¼ Liter Wasser aufkochen, ausnehmen, den Sud filtrieren und in ihm 6 kleine Seezungen zu je 200g garen. - Sauce: Veloutée aus 75g Butter, 1 EL Mehl und dem Fischsud bereiten, etwas Petersilie daran, die Muscheln wieder zugeben.
Im Originalrezept mit der feinen Diepper Seezunge wird keine Sahne genommen; bei Nasuta-Seezungen verfeinert Sahne ein wenig das Aroma. Nicht mehr als 12 Miesmuscheln nehmen! Ihr feiner Seegeschmack hebt das Aroma der Seezunge, verdeckt es aber nicht.

Sole à l'estragon (Seezunge in Estragon). 1 mittlere Seezunge (ab 250g aufwärts) in einer Auflaufform auf ein Bett von 125g frischer Butter und 2 EL Estragon setzen. Etwas Salz, Pfeffer, Butterflocken darauf, mit weiteren 2 EL Estragon bedecken und im Herd bei 220° 10-15 Min. garen, dabei öfters mit der Butter übergießen.
Ein hervorragendes Rezept von Toulouse-Lautrec, der Estragon schmeckt wunderbar geschmeidig zur Seezunge. Das Original sieht wirklich 125g Butter vor - typisch für das Bürgertum des Fin de siècle. Die Hälfte tut es auch.

Ensalada de limanda (Salat mit Rotzunge). 200 g Filets von der Rotzunge 5 Min. in Courtbouillon (siehe Kasten S. 26) kochen. Salat bereiten aus gestükkeltem Fischfilet, 1 Tomate, 100g ausgelösten Garnelen, 100g gegarten Miesmuscheln, 1 Dose Mais, 1 Kopfsalat. - Sauce: 50g Zitronensaft, 1 Gläschen Kapern, Salz, Pfeffer, 150g dicke Sahne (am besten Crème fraîche, in Spanien Mischung aus Joghurt und Sahne), 1 TL Senf. - Verzichtet man auf den Kopfsalat, so nimmt man zur Sauce die halben Angaben.
Vorsicht mit der Zitrone - am besten nur 2 EL nehmen und beim Abschmekken noch mehr zugeben! Ein frischer, nicht aufdringlicher Sommersalat, gut für Buffets. Die Miesmuscheln können hier auch aus der Dose sein.

Halibut, dt. Heilbutt, *hippoglossus hippoglossus*, und Seitenart *reinhardtius hippoglossoides*, **dt. schwarzer Heilbutt, Schwarzbutt**, kein regionalspanischer Name, frz. *fletan*, ital. *ippoglosso*, griech. *ipogloso*, türk. *büyük dil.*

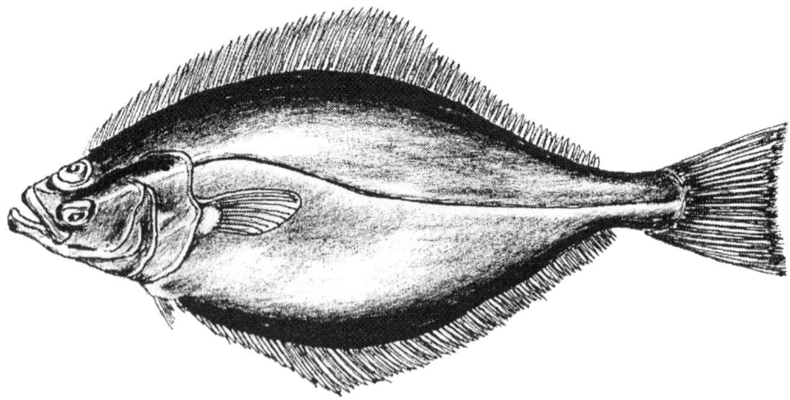

Den Schollen nahestehende Arten, Form schollenähnlich rundoval und dicklich, nie wie der Steinbutt platt und rautenförmig, in der Farbe untereinander klar abweichend: Heilbutt oliv bis olivschwarz, Schwarzbutt braunschwarz, zuweilen etwas blauglänzend. Beide führen die Augenwanderung der Plattfische nicht vollständig durch, das wandernde Auge bleibt oft auf derselben Seite, wenn auch weit vom andern entfernt. Sie schwimmen aufrecht und haben dieselbe Farbe auf beiden Seiten. Größe beim Heilbutt meist bis 2 m und

Gewicht um 60 kg, beim Schwarzbutt weit weniger, 60-80 cm mit 10 kg. Lebensraum Nordatlantik. Saison ganzjährig.

Der deutsche Name Butt galt eigentlich immer nur dem Heilbutt, die Ausdehnung auch auf den Steinbutt ist sekundär. Der Butt ist ein energischer, finsterer Vielfraß, der mit zunehmendem Alter immer einsiedlerischer lebt und immer tiefer nach unten auf die Felsenböden zieht, die sein nächtliches Jagdrevier sind. Bis auf 2000 Meter Tiefe hinab, fast unerreichbar für den Fang, ziehen sich solche alten Butte zurück, mit 4 Meter Länge, 300 kg Gewicht und 70 Jahren mächtige Fürsten der Tiefsee - eigentlich ein merkwürdiges Verhalten, da ihre Nahrung weiter oben aus stattlichen Fischen bestand, die sie so tief unten ja immer weniger finden; sie müssen dann von Kleintieren leben. Fänge solcher alten großen Butte sind ganz selten, beide Butte sind überdies bestandsgefährdet, auch wenn die Fänge an Heilbutt trotz seiner Größe die an Schwarzbutt (auch er erreicht im Alter stattliche 1,20 m) noch übertreffen. Am ehesten trifft man sie noch vor Labrador, im Eismeer Norwegens und der Barentssee an, auch in der Beringstraße findet man sie zuweilen. Markierte Exemplare zeigten, daß Butte ziemlich weite Wanderungen unternehmen. Das unspanische Wort *halibut* zeigt, daß die Spanier den Fisch erst im Lauf ihrer Neufundlandfischerei kennenlernten.

Küche: in Spanien werden Heilbutt und Schwarzbutt selten angeboten. Die Maße liegen dann bei 80-90 cm Länge und 10-15 kg Gewicht. Filetbutte sind kleiner und teurer, zuweilen findet man sie im Gefrierangebot. Größere Exemplare werden meist im Norden und geräuchert angeboten, wie man es aus Deutschland kennt. In der Qualität sind Heil- und Schwarzbutt ebenso edel und hochklassig wie Steinbutt.

Rodaballo, dt. Steinbutt, *psetta maxima*, katalanisch *turbó, rèmol, rom*, baskisch *turbote, erreboilo,* galicisch auch *corujo, curuxo, sollo,* frz. *turbot*, ital. *rombo*, griech. *kalkani*, türk. *kalkan.*

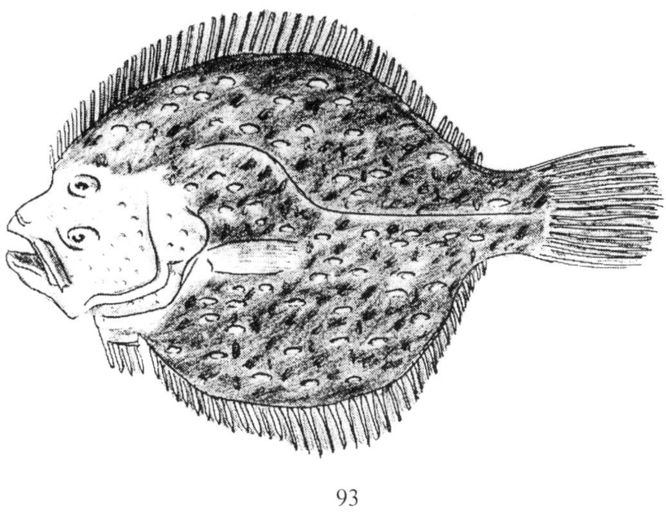

Nahe verwandt ist der **Rombo, dt. Glattbutt**, *scophthalmus maximus*, gleiche Regionalnamen, in Galicien auch *escamudo (schuppenlos)*, frz. *barbue*, ital. *rombo liscio*, griech *rombos-pissí*, türk. *çivisiz kalkan*.

Rautenförmig infolge eines in Körpermitte sehr groß ausfächernden Grätenrandes, ziemlich flach, Augen etwas weiter getrennt als bei Schollen, grau bis kastanienbraun, andere auch grüngrau, bedeckt mit Schuppen und knochigen Pigmenttuberkeln, beim Rombo glatter und kleingeschuppt. Länge 70 cm, beim Rombo etwas weniger, gut 55 cm, maximal 1 m mit 12 kg. Saison ganzjährig.

Man findet Steinbutte an allen europäischen Küsten bis etwa zum Polarkreis, fast immer küstennah auf nicht zu tiefgründigem feinsandigem Boden. Befischen kann man sie nirgends, denn erstens sind sie selten und leben einsiedlerisch, und zweitens gelten Steinbutt wie Glattbutt als vorzügliche, aufmerksame und mißtrauische Jäger. Ihre Fähigkeit, sich in Sand und Felsgelände zu verstecken, ist bemerkenswert, beim Fang können sie sich oft entziehen, Butte sind schlaue Tiere. Seinen Ruf als König der Butte erwarb der Steinbutt schon in der Antike, er hat ihn bis heute nicht verloren, für viele Fischliebhaber ist er der beste Fisch. Der Fang des echten Steinbutts wird auch stets eine Ausnahme bleiben. Was am Markt unter diesem Namen läuft, ist zumeist Glattbutt, der gern auch in leicht verschmutzten Gewässern lebt. Er ist auch im ganzen Mittelmeer verbreitet; die Türkei, die viel auf ihn hält, bezieht Exemplare mehrerer Unterarten aus dem Schwarzmeer. Beide ernähren sich von Kleinfischen, bevorzugt Pionesfischen, die wie sie feinen goldgelben Sandboden lieben, dazu von Krebstieren und Schalentieren. In Europa gelten die galicischen Felsstrände mit ihren Schwemmsandnischen, besonders die Rias Bajas von Corujo bis Canido in der Provinz Pontevedra, als ergiebigstes Fanggebiet. Echte Steinbutte kommen nur selten auf den Markt. Die geringen Zahlen an gefangenen Exemplaren verpflichten nicht zur Börse, der Fisch ist darum auch längst für ein Luxusrestaurant in Madrid oder Paris vorbestellt, das ihn zu jedem Preis sofort auch einfliegt. Mag er also für den Marktkunden unerreichbar sein: auch der Rombo ist von vorzüglicher Qualität.

Talleyrand serviert "turbot". Seit der Antike und bis in unsere Zeit genoß der Steinbutt in der internationalen Küche einen geradezu legendären Ruf. Schon in der Antike war er der Mittelpunkt von exquisiten Gelagen. Die Römer zogen ihn sogar dem Stör vor, wenn sie durften - der Fisch war zeitweilig der kaiserlichen Tafel allein vorbehalten, und Cato berichtet, seine Quotierung habe leicht die einer ganzen Kuh im vollen Saft überstiegen. Von Talleyrand, dem großen Beherrscher des Wiener Kongresses von 1814-1815, wissen wir eine schöne Anekdote. Er war einmal zufällig in den Besitz von zweien dieser Prachtfische gekommen. So wies er bei einer Festtafel in seinem Palais die servierenden Diener an, den einen Steinbutt mit allem Pomp vor den Gästen aufzutragen, die Platte mit dem so kostbaren Butt dann jedoch in gespieltem Ungeschick fallenzulassen. Daraufhin erhob sich Talleyrand lächeln unschnipste nur lässig mit den Finger, um der entsetzten Tafelgesellschaft so-

gleich den zweiten aufzutischen, als sei das nichts für ihn und seinesgleichen. In Pontevedra erzählt man sich, ein Stenz aus der feinen Madrider Gesellschaft sei dort lässig über den Fischmarkt gegangen und habe eine einfache Fischersfrau angemacht, ob sie denn überhaupt wisse, was da vor ihr liege. Sicher, habe sie geantwortet, das sei ein Remol und er sei sehr schön. Nun, wenn sie ihn Remol nenne, könne sie ihn auch behalten! lehnte der Stenz hochmütig ab. Woraufhin die Fischersfrau aus Haß über so viel Arroganz den Fisch, der im übrigen ein echter Steinbutt war, was die Fischfrau auch wußte, einer armen Bauernfamilie geschenkt haben soll. Soviel zum echten Steinbutt - und zur echt spanischen Auffassung von Stolz und Ehre.

Küche: Vorbereitung wie Schollen und Seezungen. Wenn die Herdgröße es erlaubt, lasse man beim Steinbutt die Grätenränder nicht abtrennen, sie aromatisieren vorzüglich. Vorsicht: da die Verkäuferin in Spanien stets davon ausgeht, daß der Fisch zu groß ist für Pfanne oder Herd (womit sie meist recht hat), schneidet sie ihn auch ungefragt in Scheiben. Wer das Exemplar ganz will, muß es dazu sagen. Bei den Rezepten wird zu Bedacht geraten. In Spanien gilt auch hier: einfache Rezepte und leichte Saucen! Man neigt zuweilen dazu, bei so wertvollen Fischen nach etwas Besonderem zu greifen, etwa nach besonderen Restaurantrezepten, deren Kniff aber nicht mitgeteilt wird, und erhält am Ende mit viel schönem Aufwand ein nur mittelmäßiges Ergebnis. Das besondere am Steinbutt soll immer der Fisch selbst, nicht das Rezept sein. - Der Anteil an Abfällen ist bei Stein- und Glattbutt hoch, er kann bis zu 60% des Gewichts betragen. Es wäre unklug - oder eben wieder Snobismus -, ihn nicht für Sud zu nutzen, auch die Abfälle vom Teller. Die Rezepte sind immer für den Steinbutt verfaßt, sie gelten aber für beide Arten.

Rezepte:

Rodaballo a la gallega (Steinbutt galicisch). 500g Kartoffelwürfel und 4 halbe Zwiebeln in 300g Wasser kochen. Kurz bevor sie gar sind, 1 kg Rodaballo in Stücken dazu und 10 Min. sanft weiterköcheln. Die Zwiebeln entfernen, Kartoffeln und Fisch beiseitestellen. - 3 Knoblauchzehen in 100g Öl anbraten, dann etwas vom Kochsud angießen, Petersilie, Lorbeerblatt, ½ TL sanften Paprika dazugeben, 5 Min. kochen und über Fisch und Kartoffeln gießen. Ein fast banales Rezept, wie oft in Galicien, das nur mit absolut frischen Zutaten gelingt, dann aber zur Delikatesse wird. Klassisch ist hier das Herausarbeiten von Substanz und Pfiff im Steinbuttaroma durch Kartoffel und Paprika gelöst. Steinbutt hat zudem immer ein wenig Wildaroma, das hier ebenfalls durch die Kartoffel zurückgedrängt wird. Genau so soll Steinbutt schmecken!

Steinbutt gegrillt. Einen Butt von 1,5 kg samt Grätenrändern in 4 EL Öl wenden, salzen, pfeffern, in Bröseln wenden und auf dem Rost 15 Min. sanft grillen (darunter eine Reine mit etwas Öl, der Fisch tropft). Eine Nadelprobe machen, um die Garzeit genau zu erreichen; die Nadel muß ohne Widerstand ins Fleisch dringen. - Dazu Sauce Béarnaise, Whiskymayonnaise (siehe dazu

Kasten S. 163) mit etwas Tomatenmark und Tabasco oder mit etwas Schlagsahne und einer Spur Curry.
Gegrillt weist Steinbutt einen kräftigen Heilbuttgeschmack auf, wie man ihn vom geräucherten Heilbutt kennt. Die Außengräten werden hier am Fisch gelassen, sie aromatisieren nachhaltig. Eine Sauce tut gute Dienste, der Butt allein ist zu einlinig.

Rodaballo a la marinera (Steinbutt, Seemannsart). 1 kg vom Steinbutt in Scheiben oder Filets teilen, mehlwenden und in 200g aromatisiertem Öl (mit Knoblauch und Peperoni) 10 Min. ausbraten. Dann mit Brandy oder Cognac flambieren und 50g trockenen Jerez, 500g Herzmuscheln, 150g Fischsud zugeben (aber nicht zu suppig machen!). Noch weitere 15 Min. garen, nach 10 Min. etwas Pfeffer daraufgeben.
Auch hier gibt der Jerez dem Fisch einen leichten Kalbfleischton mit Anklängen an Zimt - wer dies nicht schätzt, nehme Weißwein oder Fischfond, von der Seezunge oder vom Lachs. Die Verbindung Brandy-Fischsud dürfte die beste Lösung sein.

Raya, dt. Rochen, *raja*, katalanisch *ratjada*, baskisch *arraia*. Familie Rayiden. Am Markt wird so gut wie nie die Art näher unterschieden, in den allermeisten Fällen ist es *raja clavata,* **dt. Nagelrochen**, oder *miraletus*, dt. **Spiegelrochen**; frz. *raie*, ital. *razza*, griech. salaki, türk. *keler* (eigentlich das Wort für den **Pez ángel, dt. Engelhai**, *squatina squatina*, kein Rochen, sondern ein rochenähnlicher Hai, in der Türkei häufig, von recht guter Qualität).

Biologisch, wie eingangs erwähnt, ein Knorpelfisch, den Plattfischen in der Form aber ähnlich: rautenförmig, oft pustelig, wie Plattfische mit heller, dem Meeresboden zugewandter Seite und dunklerer, meist lebhaft brauner Oberseite. Flanken zu dickfleischigen Häuten umgebildet, dafür keine Flossen,

Augen auf der Oberseite (Mund, Branchialöffnung und Anus auf der unteren). Charakteristisch ist die verdickte Mittelachse, auslaufend in eine verschieden ausgeformte Schwanzpartie, meist als dorngespickter Anhang. Farbe fast immer kräftig braun (in verschiedener Tönung), Länge 1-2 Meter. Saison Juli-Oktober.

Der Lebensraum der Rochen sind bevorzugt die großen Weltmeere, meist in Nähe von Riffen und nährstoffreichen Fels- oder Sandpartien und relativ küstennah, doch finden sie sich auch in kleineren Meeren wie dem Mittelmeer. Es gibt unter den vielen Rochenarten keine kleinen, sie sind alle von beträchtlicher Größe. Marktfähige Exemplare des Nagelrochens messen 70 cm bei Männchen, 125 cm bei den stets größeren Weibchen, was eher die untere Grenze darstellt. Im Atlantik erreichen Rochen enorme Maße, der Manta (*raja mobular*) kann um die 4-5 Meter Spannweite aufweisen. Die meisten Arten unterscheiden sich in der Ausformung der Schwanzpartie, die zugleich Steuer und Waffe des Fisches ist. Zuweilen eher striemenförmig, kann sie auch schnurartig, peitschenartig oder keulenartig geformt sein, ja bei einigen Arten auch elektrische Schläge absetzen. Form, Gefährlichkeit und Größe der Rochen haben bei Fischern zu einer Vielzahl von Namen und auch Legenden geführt. Warum der recht häufige Nagelrochen, mit knochigen nagelartigen Verdickungen auf der Haut, und andere ähnliche Arten im Mittelmeer indes auch Mahometfisch, in Katalonien gar Bischof oder Mönch genannt werden, habe ich bisher nicht herausfinden können. Um die Iberische Halbinsel sind Rochen relativ häufig.

Küche. Die Rochen werden unterschätzt. Gibt es auch keine ganz großen Delikatessen unter ihnen, so sind viele von ihnen doch sehr schmackhaft und ergiebig, gerade die Nagel- und Spiegelrochen, die am häufigsten angeboten werden. (Weltweit gibt es etwa 30 Arten; das Mittelmeer allein weist bereits 18 auf. Viele sind allerdings entweder selten oder nur eingeschränkt genießbar. Es muß gar nicht am Geschmack liegen; manche Rochen haben einfach zu schwammiges, fettdurchzogenes Fleisch). Besonders wertvoll ist, daß sie im Sommer Saison haben, wenn sonst das Angebot abflaut, sie sind dann eher größer, um 80 cm, und daß sie neben dem Congrio (Meeraal) die einzigen Fische sind, denen ein bißchen Liegezeit sogar gut bekommt, sie werden dadurch spürbar besser! Gekühlt hält sich das Fleisch gut einige Tage, es wird dann wieder weiß. Der zuweilen stark fischige Ammoniakgeruch kann durch Essigwasser oder Zitrone behoben werden; bleibt er dennoch zu stark, ist vom Verzehr abzuraten, eine leicht zu beherrschende Regel für die Frische. Das Fleisch vom Flügel ist immer am besten. Es liegt fächerartig gerippt auf den Gräten, ein wenig wie bei Plattfischen, ist langfaserig und zart. - Bekömmlich ist Rochen allerdings nie, er ist fett und ausgesprochen schwerverdaulich, daher verwenden die Rezepte gerne **Essig.** Rochen eignet sich für viele Zubereitungen, auch als Klößchen oder als Suppe. Standardgewürz sind Kapern. Obwohl das Aroma des Fleisches recht intensiv ist, sollte man nicht überwürzen; der stichige Ton, den es hat und den manche nicht mögen, dringt trotzdem durch, aber die anderen Nuancen verlieren sich. - Eine wirkliche Delikatesse ist die **Rochenleber**. Als Gulasch gebraten oder als *canapé* auf Toast serviert: sie ist eine Fettleber von Luxuswert! Leider scheinen sie nicht alle Märkte zu führen.

Teuflisches vom Rochen. Um die Rochen winden sich viele Sagen und Legenden. Schon im Altertum zerrieb man ihre Haut zu Pulver gegen allerlei Gebrechen, man verehrte sie und haßte sie. Der Name Teufelsrochen für den Manta kommt daher auch weniger von seiner Gefährlichkeit als von Merkwürdigkeiten, die die Fischer damals an Hexen- und Teufelswerk gemahnten. So hat der Zitterrochen (Tembladera, torpedo ocellata) eine elektrisch geladene Schwanzkapsel, mit der er Angreifern, aber auch Beutetieren starke Ladungen versetzt. Kleine Fische sind nach solchen Schlägen tot, aber auch dem Menschen kann schon ein 50 cm großer Zitterrochen gefährlich werden, die Schläge sind heftig: 200 Volt im Wasser sind keine Kinderei! Noch merkwürdiger ist die bis 2 Meter groß werdende Pastinaca (raja pastinaca, Stechrochen). Ihr Schwanz ist peitschenartig geformt mit mehreren dornigen Knochenauswüchsen, und Fischer wissen, daß Schläge damit bis zur Amputation verletzter Glieder führen können, vor allem weil diese Schläge zudem giftig sind. Beim Schlag verspritzen Körperdrüsen des Schwanzes Gift. Die Fischer führten deswegen früher meist auch spezielle Mittel dagegen mit sich, eine Art von Alkali. Am besten war es allerdings, den Fisch zu fangen und sich seiner Leber als Mittel zu bedienen, denn sie enthält das wirksamste Serum gegen das Gift. Auf die Wunde gepreßt, sind die Nachwirkungen dann weit weniger schlimm. Sie bestehen in periodisch auftretendem, zum Teil heftigem Fieber, das merkwürdigerweise exakt im Rhythmus der jeweils geltenden Gezeiten am Ort wechselt. Das kommt einem wie Seemannsgarn vor, trifft aber zu und ist bis heute ohne einleuchtende Erklärung geblieben, ebenso, daß Pastinacas auf Musik reagieren. Die antiken Griechen führten beim Fang daher dudelsackartige Instrumente mit sich, und es heißt, die Tiere seien dadurch so zahm geworden, daß sie dem Fang keinerlei Widerstand entgegensetzten. Kein Wunder also, wenn Rochen von Legenden und Aberglauben umwoben sind. So glauben viele Leute in Andalusien noch heute, man könne Rochen nur winters essen, weil sie im Sommer menstruieren und dann bitter schmecken. - Abgesehen von alledem, ist die Rochenfischerei immer gefährlich, besonders die auf den Manta. Sie verlangt Mut und technische Fertigkeit, denn Mantas verfügen über außerordentliche Kraft, können tödliche Unfälle herbeiführen und kleinere Schiffe sogar zum Kentern bringen. Ihr Fang ist an Spaniens Küsten aber eine Ausnahme. Katalanische Fischer erinnern sich noch heute, daß in Cerbère kurz nach 1960 einmal ein Manta von 5 m Spannweite und 900 kg gefischt wurde. - Tauchern werden Mantas nicht gefährlich, entgegen altgriechischen Versicherungen, sie brächten die Schwammtaucher um. Begegnungen mit ihnen wie mit anderen Rochen sind nicht selten. Meist sind sie unverhofft, denn als Nachtjäger liegen sie untertags mit der Tarnseite nach oben faul im Sand und sind vom Meeresboden dann kaum zu unterscheiden. Schon mancher Taucher hat sich da einen argen Schreck geholt, wenn er zufällig einen Riesenrochen aufstöberte. Meist schwimmt dieser dann mit wallend weichen, höchst eleganten Bewegungen davon. In neun von zehn Fällen kommt er allerdings wieder zurück, denn Rochen sind ungemein neugierig. Aggressiv sind sie aber nicht, wenn man sie nicht gerade jagt.

Rezepte:

Raie au beurre noir (Rochen in schwarzer Butter). 1 kg Rochen gehäutet und in Scheiben, dazu gern auch etwas Leber, in Kaltwasser (soviel, daß alles bedeckt ist) und 1 EL Essig, Lorbeerblatt, Oregano, Nelke, Meersalz, Paprika ansetzen. Kurz aufkochen, dann Fisch und Leber entnehmen. - 150g Butter bräunen, darin 2 EL Essig lösen, etwas Salz zugeben, darin die Fischscheiben 5 Min. sanft nachziehen lassen, am Ende nochmals scharf erhitzen. Mit Petersilie bestreut sehr heiß servieren.
Die Zugabe von Leber verfeinert, ist aber nicht unerläßlich. Man bräunt die Butter hier, weil sie den starken, ja fast aufdringlichen Geschmack der Rochen besser einebnet als weiße. Rochen braucht immer einen Widerpart, ob braune Butter, Kapern oder Kartoffeln, ist Geschmackssache. Das Rezept mit brauner Butter ist ein französisches Standardrezept.

Rochen in Kapernsauce. 500g Rochen in Courtbouillon aus 750g Wasser, 1 Zwiebel, 1 kleine Sellerie, 2 Zitronenscheiben, Salz, Pfeffer 10 Min. pochieren. - Sauce: Béchamel aus 30g Butter, 10g Mehl, 300g Milch, gewürzt mit Muskat, 2 EL Tomatenmark, 100g Crème fraîche, 3 EL Kapern.
Das Pochieren nimmt dem Rochen die kräftige Würze, das Gericht schmeckt ganz sanft. Die Béchamel ist genau nach Rezept zu bereiten, sie wird sonst zu mehlig. Kapern sind für Rochen ideal.

Raya a la vascongada (Rochen baskisch). 4 Knoblauchzehen in 100g Öl anbräunen. - 1,5 kg Rochen, geteilt oder am Stück, in Salzwasser mit Lorbeerblatt, 1 TL Paprika, 1 EL Essig 15 Min. pochieren. Dann entnehmen und warmhalten, im Rochensud 750g Kartoffeln garen. - Serviert als Rochenstück auf dem Kartoffelbett, mit dem Öl übergossen.
Je nach Rochenart kann das Gericht auch einmal blaß schmecken; dann sollte man mehr Knoblauch nehmen. Ein Gericht, das in einfachen Haushalten Spaniens viel zubereitet wird, Rochen ist immer billig, dazu ist er nahrhaft.

Hígado de raya (Rochenleber). 4 Scheiben Weißbrot in gutem Öl tränken und in Butter ausbraten. - 125g Rinderfett anbraten, darin 2 Rochenlebern mit Petersilie, Zwiebelchen, Schalotten und Kapern (alles zerkleinert) ausbraten. - Das Brot in eine Auflaufform legen, darauf etwas Lebermasse, einige Anchovis, nochmals Leber, obenauf Brösel. Die Canapés kurz gratinieren (5 Min. bei 220°).
Ein kleiner Anklang an Gänseleber ist stets dabei, doch das Hauptaroma ist durchaus kraftvoll und gediegen.

6. Hering, Sardine, Sardelle

Die Fische der Familie Clupeus, Heringsfische, umfaßt kleinere Schwarmfische, Hering, Sardine, Sardelle und andere, im Fang ergiebig, im Geschmack von guter Qualität, nahrhaft und in der Regel küstennah genug, so daß ihr Fang schon früher stets lohnte. Der Frischmarkt und namentlich die im 19. Jahrhundert entwickelten Verfahren der Dosenkonservierung haben riesige Industrien ins Leben gerufen und die Clupeiden zum billigen Volksnahrungsmittel aller europäischen Länder gemacht. Nach 1950 hat dann eine verstärkte Befischung der besonders ergiebigen Heringsbänke in der Nordsee zumindest den Hering so stark reduziert, daß er heute im Vergleich zu seiner Qualität den hohen Preis kaum mehr lohnt. Inzwischen haben Sardine und Sardelle nachgezogen. In Katalonien und an der Biskaya, einst blühende Zentren eingelegter Dosensardellen, besteht über sieben Monate im Jahr Fangverbot, in der Restzeit ist der Fang nur eingeschränkt erlaubt. Der Grund ist klar: Bestandsgefährdung durch Überfischung. Was dagegen zu tun ist, scheint ebenso klar: Fangverbot. Tatsächlich erholen sich die Bestände im Mittelmeer allmählich wieder. Aber so einfach ist es nun doch nicht.

Überfischung. So eindeutig der Begriff scheint, so haarig wird er im Detail. Wie mißt man Überfischung, ja überhaupt Befischung? Das Verfahren ist interessant. Es werden nicht einfach Fangergebnisse ausgezählt. Vielmehr erstellen die Mathematiker zunächst in wenig befischten Gebieten Jahrestabellen von Fischpopulationen, ausgehend von den ältesten Jahrgängen, die stets nur wenige Vertreter haben (beispielsweise 0 Fische mit 13 Jahren, 24 mit 12 Jahren, 150 mit 11 Jahren usw.). Daraus errechnen sie die jährliche Bestandsabnahme hoch und gelangen so zur Ausgangspopulation im ersten Lebensjahr. Vergleichsmessungen derselben Art in befischten Gebieten zeigen dann die Abweichungen in der jährlichen Bestandsabnahme. Nun erst werden tatsächliche Fangzählungen vorgenommen. Ihr Ergebnis weicht von den ersten hypothetischen Tabellen sicherlich ab, doch eben aus dem Vergleich mit ihnen erstellen die Mathematiker ein 'Mortalitätsraster', d.h. sie versuchen nun, die von den Idealtabellen abweichenden Zahlen zu begründen. Dazu vernetzen, kreuzen, kombinieren sie viele Tabellen der im selben Raum lebenden Meerestiere (nicht nur Fische, das wichtigste Glied in der Nahrungskette sind Algen und kleine Tintenfischarten!). Fische sind ja in wechselnden Altersstufen zugleich oder nacheinander Konkurrenz-, Futter- und Jagdpopulationen. Am Ende stehen Tabellen der jährlichen Bestandsziffern bei Befischung wie ohne Befischung.

Eine zweite Meßreihe schließt an die erste an und beschäftigt sich nun näher mit dem Fischfang. Den bisherigen Messungen fügt sie zunächst den Parameter 'Gewicht der Fische' hinzu. Nach den Tabellen der ersten Meßreihe verläuft die Bestandsabnahme einer Tierart nämlich nie linear, sie weist Kur-

ven auf, ist zuweilen flacher, dann wieder dramatischer. Zugleich aber ist auch die Gewichtszunahme der Fische im Lauf ihres Lebens keineswegs kontinuierlich, auch sie stellt sich als Kurve dar. Beide Meßreihen miteinander gekreuzt, ergeben sich schließlich Antworten auf folgende Fragen:
In welchem Lebensalter der Fische erbringt ihre Befischung welches Gewicht und welche Rendite? In welchem Lebensalter greift ihre Befischung überproportional oder gar gefährdend in den Bestand ein? In beiden Fällen ist zu berücksichtigen, wann die Fische Nachwuchs erzeugen. So kann der Fang dreijähriger Bestände ergiebiger sein als der von vierjährigen, auf lange Sicht aber rückläufig, wenn erst der vierjährige Fisch ausgiebig laicht.
Welche Rückschlüsse ergeben sich daraus für die Wahl der Netze? Zunächst liegt der Gedanke nahe, kleinmaschige Netze von z.B. 80 mm Maschendichte fingen mehr Fisch ein als großmaschige von 140 mm Maschendichte. Indes führt im Gegenteil kleinmaschige Befischung zu einer Abnahme an Jungfisch und damit womöglich zu einer rascheren Abfischung der Art. Auch diesmal ist einzurechnen, in welchem Ausmaß die bei großmaschiger Befischung entkommenen Fische Nachwuchs erzeugen.
Welche Rückwirkungen ergeben sich aus der Befischung bestimmter Jahrgänge der einen Fischart auf die anderer Arten? Die großzügige Befischung beispielsweise von Seehecht bereits mit vier statt erst mit fünf Jahren hat nur geringe Auswirkung auf die Seehechtbestände, schon jedoch in großem Maß die Sardinenbestände.

Überfischung, das sollten die in ihrer Kürze komplizierten Angaben andeuten, ist nicht in erster Linie eine Tonnagenfrage und in der Definition nicht einfach eine zu ausgiebige Befischung. Überfischung ist eine verfehlte Art von Befischung! Überfischung ist andererseits natürlich ein politisches Problem.

Nach Auskunft der Agrar- und Gewässerkommission der UN sind 70% der Weltfischgebiete bereits erschöpft. Diese Zahl ist allerdings auf die verschiedenen Weltmeere verschieden zu beziehen. In der Arktis laufen Lebenskreisläufe um ein Vielfaches langsamer ab als jene in warmen Meeren. Politisch heißt das, daß die Fischerei gerade der Drittweltländer zukünftig heiß umstritten sein wird: dort sind die Gebiete nicht nur ergiebiger, sie erholen sich auch rascher! Derzeit zeigen sich im Mittelmeer, einem warmen Meer, erste handfeste Daten regionaler Erholung ab, Folge von (allerdings recht allgemein gehaltenen) Fangbeschränkungen. Mehr sei hier nicht gesagt. Die damit verbundenen Fragen nach Fangmethoden und -genehmigungen, Eigenbedarf der Anrainerländer, Anlage von Fischzuchten, Meeresverschmutzung usw. stellen für jedes Teilmeer ganze Problempakete dar. Es sollte hier nur eine Anregung gegeben werden, in welcher Richtung heutige Fischereiprobleme liegen - nur nach dieser Richtung hin können sie ja auch gelöst werden. Ihre Dringlichkeit liegt auf der Hand.

Arenque, dt. Hering, *clupea harengus*, katalanisch *arengada*, baskisch *txardiña* oder *sardiñ ígarra*, frz. *hareng*, ital. *ariuga*, griech. *renga*, türk. *ringa baligi*.

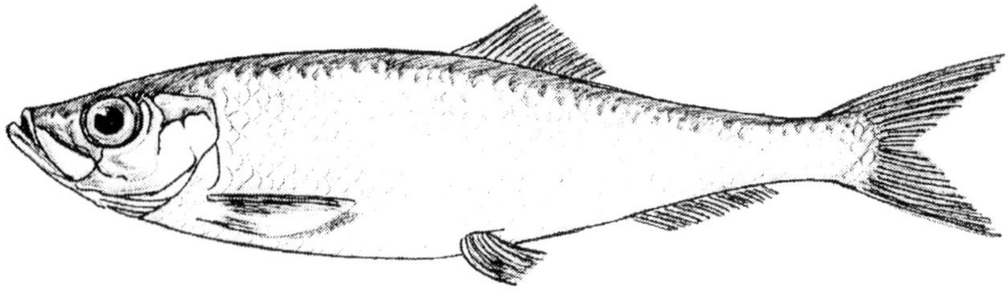

Der größte Clupeidenfisch und Leitfisch der Familie, langgezogene Form, Farbe silbern mit schöner netzartiger Zeichnung, am Rücken dunkelblau bis schwärzlich, Flossen unauffällig, zumal Bauchflossen kurz, die Schwanzflosse stark eingeschnitten. Länge bis 40 cm. Saison Mai-September.

Der Hering ist ein reiner Nordmeerfisch, der nie südlich der Loirelinie vorkommt, da er eine Wassertemperatur von höchstens 12° bevorzugt, und sich sehr gern in der Nordsee aufhält, weil er Gewässer mit geringem Salzgehalt bevorzugt. Heute lohnt sein Fang leider nur noch auf Hochsee. Sein Fleisch hat nur mittlere Qualität, er wird daher nur selten als Frischfisch unter dem Namen Grünhering angeboten, so daß ihn viele als ganzen Fisch gar nicht mehr kennen. Die weitaus größere Menge wird verarbeitet zu Rollmops oder Bismarckhering (in Salz- und Essiglake), Bückling (geräuchert), Brathering (paniert gebraten, dann in Salz- und Essiglake eingelegt) oder Geleehering. Überteuert ist er heute natürlich auch in diesen Formen. Im Juni-Juli heißt er auch Fetthering, Folge des steigenden Nahrungsangebots für ihn in dieser Jahreszeit, rogentragend im August auch Vollhering. - Frisch sollte der Hering etwas steif sein, was die verlorengehende deutsche Wendung 'steif wie ein Hering' noch wußte, die im 19. Jahrhundert allen verständlich war. Hering ist wie alle Clupeiden immer relativ fett, namentlich als Junghering, **Matjes**, der noch nicht gelaicht hat. - In Spanien ist Hering heute nicht mehr am Markt, auch nicht als Konserve (ausgenommen Touristenregionen), er wäre dort bei seiner Qualität zu teuer. Was als **Arenque** oder **Arengada** zuweilen vor allem in Südspanien angeboten wird, ist eine Sardinenart, die Groß- oder Heringssardine. Für sie gab es früher in Ayamonte an der portugiesischen Grenze große Konservenfabriken. Heute ist auch sie selten geworden.

Küche: Zubereitung von Frischhering ist auf alle Arten möglich. Nur filetieren lohnt sich nicht.

Bauernfrühstück a la andaluza. Die spanische Heringssardine wurde in Spanien seit dem 14. Jhdt. viel gehandelt, vor allem gepökelt und gesalzen. Mit der aufkommenden Industrialisierung im 19. Jhdt. galt sie dann wie der nordeuropäische Hering als Armenessen und wurde daher auch etwas despektierlich 'Zigeunersardine' genannt. Zumal im dürftigen Arbeitermilieu Kataloniens und des Baskenlands war sie das tägliche Brot: 'Brot und Hering essen' war Ausdruck in Barcelona für das, was man in Deutschland 'Hinterhofmilieu' nennt. Außerhalb dieser Stadtregionen schätzte man sie aber hoch. Interessant ist, daß die Heringssardine in Andalusien früher gern zum Bauernfrühstück genommen wurde. Die erste Brotzeit am Feld bestand vielfach aus ölgetunktem Brot, Salzsardine und einem guten Schluck Schnaps. Irgendwie muß Alkohol am Morgen den Spaniern liegen. Noch heute sieht man in den Bars überall im Land Spanier gegen 9 Uhr vormittags ein Wasserglas Whisky, einige Häppchen Sardellen und etwas Brot zu sich nehmen, völlig entgegen den Gewohnheiten dieses sonst nicht sehr alkoholfreudigen Volks. Wie die Arbeit danach vonstatten geht, ist nicht bekannt. In Andalusien auf den Feldern läßt sich vorstellen, daß sie sogar besser von der Hand ging. Aber wenn man es sogar Streifenpolizisten im Dienst tun sieht, bevor sie sich in gewohnter Fröhlichkeit wieder aufs Motorrad schwingen, braucht man vor Überraschung wohl auch selber rasch einen Doppelten. Mit etwas Sardelle und Brot, bitte.

Sardina, dt. Sardine, *sardina sardina pilchardus*, baskisch auch *parritxa*, galicisch *xouba, parrocha* für kleine Sardinen, in Andalusien auch *manola*, *mariquita*, frz. *sardine*, ital. *sardina*, *sarda*, griech. *sardella*, türk. *sardalya* (im Ostmittelmeer die Hauptart wenig häufig, dafür die etwas kleinere, gestauchtere Nebenart *sardinella maderensis*, span. *machuelo* häufig).

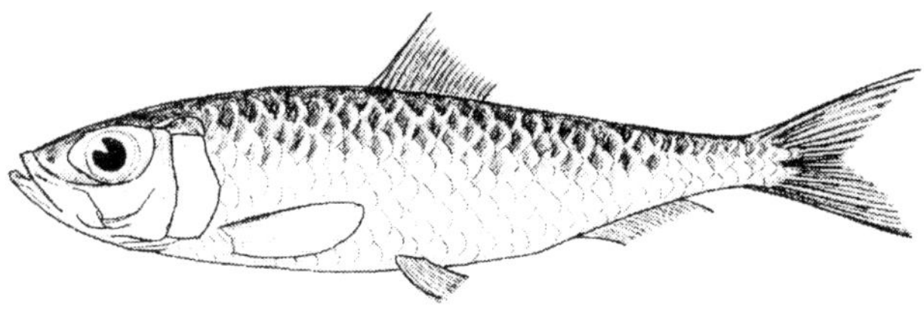

Langgezogen, etwas flach, Rückenflosse etwas weit vorne ansetzend, Rücken blau bis grünoliv, Flanken silbern, große durchsichtige Schuppen, Fanggröße 20-24 cm. Saison April-November.

Die kleine Heringsvertreterin in Atlantik und Mittelmeer hat überall so viel Ansehen erworben, daß sie als einziger Fisch Europas überall gleich heißt: Sardine. Nur England macht eine Ausnahme, es bezieht diesen Namen auf Dosensardinen, die Frischsardine heißt dort *pilchard*. Sie hat sogar einer Insel den Namen gegeben: Sardinien. Dort hat man sie in römischer Zeit viel gefangen, denn die Römer mochten sie sehr, anders als die Griechen, denen sie als Armenfraß galt und die sie der Totengöttin zuordneten. Im Mittelmeer häufiger als im Atlantik, bildet sie heute noch in Italien wie in Spanien, ja im gesamten Mittelmeerbereich den Basisfisch, den Fisch mit der größten Fangtonnage. Obwohl die Sardine extrem gefräßig ist, findet sie bei ihren Wanderungen in riesigen Schwärmen offenbar stets genug Plankton. Sie ist auch enorm fruchtbar. Zur Laichzeit am Winterende und im Frühjahr legen die Weibchen an die 60.000 Eier, offenbar genug, daß die Fänge sich nach wie vor auf Tausende von Tonnen pro Jahr beziffern können, eine rege Konservenindustrie davon leben kann und auch viele Raubfische ihr Auskommen finden, denen die Sardine als Hauptnahrungsquelle dient. Ihre Überfischung im Mittelmeer ist ein Problem für sich. Es ist dies zwar das Meer, das wir am besten kennen und von dem wir auch bezüglich der Umweltverschmutzung die genauesten Daten haben. Indes ist es in vielem nicht mit anderen Meeren vergleichbar. Die Sardine zeigt es. Jahrhundertelang war sie ausreichend für eine Küstenbevölkerung, die nicht zu viel abfischte. Nun aber zeigt sich: Überfischung ist nur ein Teilproblem. Die geringe Tiefe gerade der Meeresbecken wie die Adria, in denen Kleinfische wie sie ihre Frühstadien durchmachen, harmoniert übel mit den dort herrschenden Strömungen, die die Kleinfische in Abbrüche reißen, wo sie schwarmweise verenden. Und im Ostmittelmeer ist die Sardine leider selten, Folge der wenigen Flüsse, die dort münden und genug Plankton- und Algenkultur brächten. Früher war der Nil dort einer der Meeresbefruchter. Seine Wirkung spürte man, eben an den Sardinen, bis nach Zypern. Seit er reguliert ist und die wertvollen Schlämme als Dünger ausgebracht werden, fehlt diese Wirkung. Auch in Spanien ist ein paralleler Effekt zu spüren. Die Sardinenbestände an der Levante hätten sich längst besser erholt, hielte Spanien nicht seit 40 Jahren in Stauseen das Flußwasser zurück und hätte nicht 1993-1996 eine Dürreperiode die Flußläufe zum Versiegen gebracht. - Sardinenfang wird im übrigen mit Delphinhilfe ausgeführt. Die Sprünge der Delphine verraten genau, wie die Netze zu werfen sind. Auf Sardinenfischerei geht auch die heute noch weitverbreitete Nachtfischerei mit Licht zurück. Fackeln oder Scheinwerfer ziehen Sardinenschwärme an, die nachts (wegen des dann an die Oberfläche steigenden Planktons) oberflächennah schwimmen. Freilich nicht nur sie; eine ganze Reihe anderer Fische, ebenfalls nachtaktiv, reagieren auf Licht.

Unter den verschiedenen Sardinenarten gibt es eine, die trotz geringerer Qualität recht bekannt wurde: der **Espadín, dt. Sprotte,** *sprattus sprattus,* katalanisch *amploia, meleta,* baskisch auch *kolaka,* galicisch *trancha*, frz. *sprat, harenguet*, ital. *papalina, spratto*, griech. *papalina*, türk. *çaca* (dort im Mittelmeer selten, aber viele Arten im Schwarzmeer). Der Sardine sehr ähnlich, aber etwas kleiner, mit auffälligem Silberglanz und weichen, sehr kleinen Schuppen. Auch der Espadín ist ein Schwarmfisch und in spanischen Gewässern häufig, besonders ergiebig in der Fangsaison März-Mai und September-Oktober. In der Ostsee ist er ausgesprochen häufig, wie überhaupt Clupeidenfische das weniger salzhaltige Wasser der Ostsee schätzen. Da Spanier Räucherfisch wenig mögen, das Verfahren ihr aber am besten bekommt (‘Kieler Sprotte’), gilt die Sprotte in Spanien als geringwertig. Sie spielt dort nur in der Fischkonservenindustrie, wo sie Bedeutung hat, als Ersatz für die echte Sardine eine große Rolle. In ihren Saisonmonaten finden sich in einem Kilo Marktsardinen regelmäßig 4-5 Espadíns. Nur bessere Stände machen sich die Mühe, alle Sardinen genau anzuschauen.

Küche: Wenn im Frühjahr bei steigender Temperatur die Planktonmenge zunimmt, der Fisch sich von seiner winterlichen Hungerkur erholt und Fett in der Haut anreichert, ist Sardinenzeit. Während des Sommers nimmt ihre Qualität ab. Zubereitet wird sie ganz, also samt Kopf und Eingeweiden oder ausgenommen und entgrätet. Angeboten wird sie immer, wie sie ist, das Putzen muß man also selbst besorgen. Meist wird die Sardine roh oder mariniert ausgebraten. Nur mariniert wird sie seltener zubereitet, man macht das lieber mit den zarteren Sardellen. Das Grillen empfiehlt sich vor allem im Frühsommer, wenn sie fett genug ist. Sie wird dann nicht entschuppt, wie es sonst immer notwendig ist. - Zu **Dosensardinen** kann man in Spanien gern raten, das Angebot ist immens. Unter Gourmets gelten sie, siehe weiter unten, als Delikatesse. Mag das auch nur auf einzelne Sondermarken zutreffen, es kann nur gut sein, wenn die Dosensardine aufgewertet wird. Sie ist, wenn sorgfältig hergestellt, wirklich nicht zu unterschätzen. Die Sardine hat sogar in dieser Rolle namensgebend gewirkt. War es auch kein Land - ein Fußballstadion war es immerhin. Der Erstligaklub Racing Santander spielt in der '*sardinera*', der Sardinenbüchse - wünschen wir ihm, seine Zuschauer mögen stets so eng gestapelt stehen, wie die Sardinen in ihren Dosen liegen!

Genuß für arm und reich. Daß die Sardine köstlich sei, wußten die Barcelonesen schon immer, dazu brauchten sie nicht erst ihr römisches Erbe. Im 19. Jahrhundert, so heißt es, machten sich jeden Sonntagmorgen im Frühjahr Hunderte und Hunderte von Familien auf den Weg aus den düsteren Mauern der engen Stadt hinaus auf den Montjuïc oder zum Collserolahang zum Sardinengrillen. Über dieses sonntägliche Sardinengrillen und die Bergquellen ging den Barceloninern nichts. Der ganze Berg soll vom Rauch verhangen gewesen sein. Spötter behaupten, der gesamte Montjuïc bestehe zum größten Teil aus versteinerten Sardinengräten aller Jahrhunderte. Das Sardinengrillen war aber auch eine Kunst. Dazu reichte nicht ein normales Feuerchen, es mußte schon etwas Besonderes sein, noch heute versichert uns ein Gourmet ernsthaft, Eichenholz gemischt mit Maisstengeln sei geradezu unübertrefflich. Gegrillt wurden die Sardinen übrigens nicht am Rost, sondern auf Ruten gespießt wie der Steckerlfisch unserer früheren Jahrmärkte! Daß die Sardine aber an Köstlichkeit gar nicht zu übertreffen und der Aufmerksamkeit sogar des Klassenfeinds wert sei, des bürgerlichen Snobismus, das hätte gerade die Barceloniner doch baß erstaunt. Seit ein spleeniger Engländer die Theorie aufbrachte, Sardinen verhielten sich in der Dose wie guter Wein, ständig reifend, gibt es Gourmets, die ihre Dosen 30 Jahre und mehr aufbewahren, ja sie jährlich einmal wenden wie Sekt, damit das Öl immer mehr einziehe. Unfug? Wers nicht glaubt, sehe sich bei 'Fauchon' in Paris nach galicischen

Sardinen und ihren Preisen um! Freilich sind das handverlesene Sardinen in ausgesuchten Ölsorten, die von vorneweg schon ab 4 Euro aufwärts kosten. Da darf man von Glück sagen, wenn einem die Fabrik nicht minderwertige Auritasardinen, Alochas, Espadines oder Jureles in die Dose gepackt hat. In diesem Fall bleibt nur eines: die Sardine begraben. Am besten in Barcelona, denn dort ist das 'Begräbnis der Sardine' der Akt, mit dem der Fasching endet.

Rezepte für Sardinen:

Sardinen gegrillt:

a) ***al modo de Barcelona*** (nach Art von Barcelona). Unausgenommen und ungeschuppt auf geöltem Rost grillen; wenden, sobald sie Farbe bekommen. Diese Sardinen werden traditionell mit den Fingern gegessen; da sie nicht gesalzen sind, wird dazu Brot mit Salzbutter gereicht.

b) ***a las Rías Bajas*** (nach Art der galicischen Südküste). Die Sardinen unausgenommen in Salzwasser waschen, grobes Salz daraufstreuen, in Weinlaub einwickeln und grillen. Wer es pikant mag: in den Fischrücken einen Einschnitt machen und dort mit Oregano und scharfem Paprika würzen.
Ein schonendes Grillverfahren, das den Fisch saftiger beläßt, freilich nicht so aromatisch wie das erste. Auch für kleine Sardinen gut geeignet. Es muß nicht Weinlaub sein, auch Spinatblätter gehen gut.

c) ***a la gallega*** (galicisch): Sardinen ausnehmen und waschen; würzen mit Salz, Öl, auf 500g Fisch 3 Knoblauchzehen und 1 EL Petersilie. Beim Grillen ab und zu mit etwas Öl einpinseln. Dazu Salzkartoffeln reichen.

Sardinen im Herd gegart:

a) ***Sardinas lañadas*** (gefüllt). Die Sardinen schuppen, entgräten, die Kiemen abtrennen, die Köpfe aber dranlassen. Füllen mit einer Paste aus Zwiebeln, Petersilie, Knoblauch, Oregano, Bröseln, Paprikagewürz, Öl. Je 2 ineinandergesteckt in eine Auflaufform legen, etwas Öl darübergießen und 15 Min. bei 200° ausbraten. Man kann die Köpfe auch abtrennen; das Ineinanderstekken muß dann nur sorgfältiger vorgenommen werden.

b) ***Sardinas asadas*** (gebraten).Eine ausgebutterte Auflaufform mit 4 Tomaten in dicken Scheiben, 4 Knoblauch, 1 EL Petersilie auslegen, 16 geputzte Sardinen, obenauf noch 1 weitere Tomate, Brösel, Salz, Pfeffer. - Über alles eine Marinade aus 3 EL Öl und Kräutern, gut verschlagen, geben. 20 Min. bei 200° im Herd garen.

c) ***Sardinas asadas*** (gefüllt gebraten). 10 Sardinen füllen, in eine ausgeölte Auflaufform legen, Brösel darüber, noch etwas Öl zugeben und 50 Min. bei 180° im Herd braten. - Fülle: 1 Scheibe Rohschinken, 1 Zwiebel, 2 gehäutete Tomaten, 3 Sardinen (!), Knoblauch, Petersilie, Salz, Pfeffer. Alles in etwas Öl andünsten, dann gut vermengen.

Die Rezepte wurden in steigender Linie zitiert. Das letzte ist gewiß das beste, schmeckt aber nur mit den fetten Winter- oder Frühjahrssardinen rund und füllig (noch besser, wenn man das Gericht einen Tag stehen läßt), für Sommersardinen sind die ersten beiden vorzuziehen. Frische gebratene Sardine ist eine Delikatesse.

Sardinas al estilo andaluz (andalusischer Sardinentopf). 24 eher größere Sardinen geputzt, aber ohne Köpfe mit je 1 Zwiebelscheibe darauf in etwas Öl 30 Min marinieren. - In einer Pfanne 250g Tomatenpüree in 2 EL Öl angehen lassen, dann die Sardinen dazugeben, 1 Lorbeerblatt und 1 TL süßen Paprika zugeben, 15-20 Min. sanft garen.
Das Rezept nimmt eine Mittelstellung ein zwischen gebratenen und marinierten Sardinen, das Ergebnis ist fein und mild.

Sardinen mariniert (je 24 Stück):

a) 1 Stunde marinieren in 10 EL Öl, 4 Knoblauchzehen, Saft von 1 Zitrone, 1 EL Tomatenmark, ½ TL Fenchelsamen, ½ TL Paprika, Salz. - Im Herd ganz unten auf Alufolie legen und 5 Min./Seite ausbraten.

b) ***Sardinas rebozadas*** (paniert). Ausnehmen, entgräten, aber nicht waschen! 3 Stunden marinieren in 3 EL Fischfond, 100g Orangensaft, 1 EL Essig, 4 Knoblauchzehen, 2 Stengel Petersilie, Oregano, Salz, Pfeffer. - Dann in Mehl und Ei gewendet in der Pfanne ausbraten.

c) ***Sardinas en escabeche*** (in Gewürzsauce). Ausnehmen, nur abtupfen (nicht waschen), in Mehl wenden und in 8 EL Öl braten, je 1 Min./Seite, 4-mal wenden. Entnehmen, den Bratrückstand mit 4 EL Öl auffüllen, etwas kleine Zwiebel und 1 Karotte in Scheiben dazugeben und 3 Min. dünsten. Dann 2 Knoblauchzehen, 4 EL Essig, 150g Wasser, Cayennepfeffer, Koriander, Thymian, Lorbeerblatt, Salz, Pfeffer dazugeben und 15 Min sanft kochen. Die Fische darin 48 Stunden marinieren, 30 Min vor dem Servieren entnehmen.

Die drei Rezepte mit Marinade (siehe Kasten S. 19) zeigen verschiedenen Stil auf. Das erste ist eine Kurzmarinade, der Fisch schmeckt ganz nach sich selbst, es kommen nur ein paar Spuren anderer Geschmackstöne hinzu. Das zweite gibt der Sardine einen fruchtigen Nebenton. Wenn die Orange mit ihrem Aroma Fische imprägnieren kann, dann in erster Linie Heringsfische! Es erstaunt, wie kräftig der herbe Sardinengeschmack am Ende doch durchschlägt. Eine Verfremdung ist dieses Rezept noch nicht. Das dritte schließlich verfremdet den Geschmack. Wer deutsche Heringskonserven nicht liebt, weil sie zuviel Essigschärfe aufweisen, wird mit diesem Rezept sehr glücklich werden. Die Marinade ist geradezu anschmiegsam, ganz sanft. Man sollte dafür große, fette Sardinen nehmen, sie gelingen weit aromatischer als kleine.

Fisch im Campingurlaub

Was können wir im Sommerurlaub mit bescheidener Küche an Fisch zubereiten? Früher wanderten die Familien der Mittelmeerländer gern mit dem Fisch im Korb aus den Städten hinaus an den Strand, auf die Hügel, an schattige Quellen. Dort grillten sie Fisch, die würzenden Saucen brachten sie von zu Hause mit. Diese Küche soll auch für uns die Leitlinie sein. Grillen oder kurzes Braten, einfache Saucen, Marinaden, das geht sowohl mit dem Campingkocher wie im Campingbus.

Grillfisch und Bratfisch. Viele Campingplätze haben einen Grill oder erlauben das Grillen. Sonst dient die Pfanne. Gute Rezepte finden Sie bei Lachs, Faneca, Seezungen, Sardine, Sardelle, Rotem Thunfisch, Makrele, Schwertfisch, Seeteufel, Meerbarbe, Knurrhahn - eine stattliche Palette! Rochen und Hai riechen stark, Stockfisch ist mühsam zu entwässern, von diesen Fischen ist daher abzuraten. Wählen Sie Gerichte, die nur einen oder zwei Töpfe benötigen. Als Beilage kann überall Brot dienen.

Vorzüglich gelingen kleinere Fischtöpfe (siehe Kapitel über die Fischsuppen). Ebenso gut eignen sich für die kleine Küche die Meeresfrüchte, z.B. 'Cigalas en jamón', Muschelsuppen und Calamares. Als Tip ferner einige besonders geeignete Fischrezepte: 'Abadejo con nata', 'Herrera frito', 'Lubina cocida', Rezepte zur Merluza und zum Mero und 'Triglie alla calabrese. Auch alle Brassen eignen sich, wenn Sie sie filetieren und braten, statt sie im Herd zu garen.

Saucen: gute leichte Saucen bieten die Rezepte 'Saumon grillé', 'Besugo con salsa de almendras', 'Pagel en salsa fría', 'Emperador a la parrilla', 'Salmonetes a la parrilla' und 'Palometa roja'. Auch Marinaden lassen sich leicht herstellen.

Boquerón, Anchoa, dt. Sardelle, Anchovis, *engraulis encrasicolus,* katalanisch *anxova*, im Fachgebrauch und unterhalb der Costa Brava *seitó*, baskisch *antxova, bokarta*, davon auch galicisch *bocarte*, sonst dort *bucareu*, frz. *anchois*, ital. *acciuga*, griech. *gavros*, türk. *hamsi* (auch die Sardellenhauptart im Ostmittelmeer wenig vertreten, dafür viele Unterarten im Schwarzmeer, in der Türkei werden sehr viele Sardellen verzehrt).

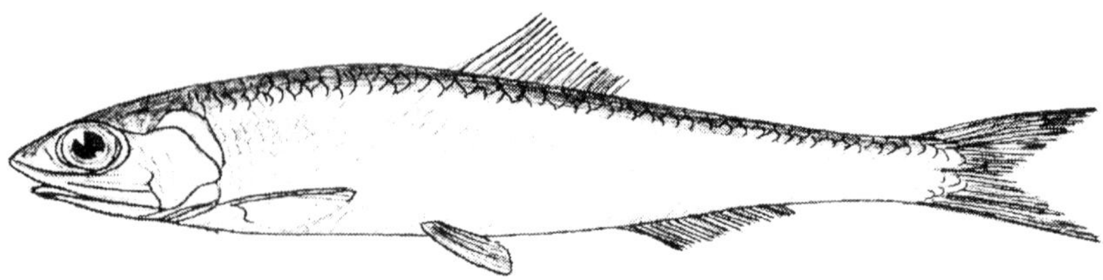

Der Sardine und noch mehr der Sprotte sehr ähnlich, große Augen, scharf gezähntes Maul, aber silberner, glitzernder, kleinschuppig, mit 12-17 cm etwas kleiner als Sardinen. Saison März-August.

Trotz ihres scharfen Gebisses ist die Sardelle ein recht harmloser Herdenfisch, dazu verspielt und neugierig. Sie teilt den Lebensraum mit der Sardine, hält sich gern küstennah auf, kann aber im Atlantik auch weit draußen angetroffen werden; ihre Nahrung besteht aus treibendem Plankton, kleinen Schalentieren, Fischeiern usw., dem großen nahrungsreichen Meeresteppich, dem sie wie die Sardine nachzieht. In der Qualität ist sie wie die Sardine unterschiedlich, am besten und fettesten ist sie im späten Frühjahr (die Laichzeit ist winters, nach Regionen aber in unterschiedlichen Monaten). Die Sardelle wird oft unterschätzt. Um gute Sardellen herauszukennen, muß man allerdings Kenner sein. Fischer sagen, das etwas ruhigere Mittelmeerwasser bekomme ihr besser als das Atlantikwasser. Nicht ganz abwegig ist auch die Annahme, Vélez Málaga, das antike Mainake, sei des Sardellenfangs wegen an seinem Platz angelegt worden. Die schwarze Málagasardelle und die silbrige Victoriana aus Málaga (biologisch nicht unterschieden) gelten noch heute etwas. - Sardelle wird vielfach in Konserve eingelegt und heißt dann **Anchoa, dt. Anchovis**. Erwähnenswert ist aber nicht die essigeingelegte Anchoa, die für deutsche Gaumen meist viel zu scharf ist, auch nicht die in Oliven gesteckte (über 80% der gefüllten Dosenoliven Spaniens sind mit Anchovis gefüllt), sondern die Salzsardelle. Die Zubereitung erfolgt in einem aufwendigen Salz- und Stapelungsverfahren, das ein wenig an Sauerkrautzubereitung erinnert. Unter diesen Konserven ragen die aus Santander und die katalanischen aus Roses, Cadaqués und L'Escala heraus, traditionell im Glas, nicht in der Dose verkauft. In Kantabrien gibt es Anfang Frühjahr zwei Arten, eine etwas größere rotfleischige und eine weißfleischige, deren Gräte sich beim Kontakt mit heißem Öl fast von selbst löst. Beide sind als Santoñasardellen eine Delikatesse. Man sollte sie aber gut im Kühlschrank aufbewahren und bald verbrauchen, sie verlieren rasch an Qualität. Ein Tip: unter den vielen Marken von Sardellenfilets in Dose gibt es zwei, Masso (produziert in Vigo am Atlantik) und El Menú (in Vinarós am Mittelmeer), die wenig Salz haben. Sie sind billig und gut. Zuweilen findet man sie in Supermärkten.

Küche: Auch Sardellen werden am Markt nicht ausgenommen, man muß dies selbst vornehmen. Mit der Schere geht es rasch, auch mit dem Messer: kurzer Schlitz den Bauch entlang, dann den Kopf abschneiden und mit ihm zusammen die Eingeweide herausziehen, die an ihm hängen. Anschließend wird oft entgrätet: im ausgenommenen Fisch fährt man mit dem Finger kräftig von oben bis unten durch, packt die Mittelgräte am unteren Ende oder in der Mitte und zieht sie heraus. Es geht weitaus glatter als bei der Sardine. - Zubereitung ähnlich wie Sardinen. Wegen ihrer geringen Größe und ihrer Zartheit werden Sardellen nicht immer ganz durchgegart. Auch kalt gegart in Marinade sind sie delikat.

Kalt garen

Wenn wir kochen, verändern wir nicht nur die Konsistenz von Lebensmitteln - Eier werden hart, Fleisch wird fest, Nudeln und Gemüse dagegen weich - wir setzen damit auch ein kompliziertes Umwandlungsprogramm in Gang. Ein Teil der Bakterien im Kochgut wird abgetötet, Eiweiß gerinnt, Röststoffe werden frei, aus Fett treten Emulsionsstoffe aus und verschmelzen mit anderen Stoffen. Die Nahrungsmittel werden dadurch bekömmlicher, leichter verdaulich und oft auch schmackhafter. Nicht vielen ist allerdings klar, daß ein guter Teil dieser Vorgänge durch Säure, teilweise auch durch Salz kalt ablaufen kann. Wenn wir Wild in Beize einlegen, garen wir bereits ein wenig vor. Bei zartem, dünnem Fischfilet reicht der Beizvorgang oft sogar schon aus, um das Fleisch ganz durchzugaren, so bei Sardinen und Sardellen.

Rezepte zur Sardelle:

Bocartes santanderinas (Sardellen nach Art von Santander). Sardellen 3 Min. in Salzwasser mit viel gut Essig (5 EL auf 1 Liter Wasser) kochen, entnehmen, entgräten und in reichlich Öl getränkt servieren.
Ein einfaches Fischergericht, das es in sich hat. Besser noch ist es kalt serviert. Es schmeckt genau so, wie man sich gute Dosensardinen wünscht. Wenn man es einmal gegessen hat, bekommt die Sache mit dem Sammeln von Sardinendosen plötzlich ein anderes Gesicht. Es handelt sich zwar hier um die Sardelle, aber der Unterschied ist gering. Sardinen wie Sardellen sind alles andere als mittelmäßig, sie können ungemein zart schmecken. Mit Sardinen gelingt das Rezept übrigens nicht so gut.

Panojas malagueñas (Sardellen fritiert nach Art von Málaga). 1 kg Sardellen waschen (nicht ausnehmen), gut abtrocknen, salzen, in Mehl wenden (je 3-4 fächerartig gehalten) und in Öl ausbraten. Auf Küchenkrepp abtupfen. - Oder ausnehmen, aber nicht mehr waschen, nur salzen und 1 Std. ziehen lassen. Sehr sorgfältig in Mehl wenden und in viel Öl sanft fritieren. Auf Krepp abtupfen.

Sardellen gebraten:

a) ***Anchoas tipo angulas*** (nach Art von Glasaalen). 300g Sardellen waschen, Köpfe abtrennen, entgräten, nochmals waschen, dann zu Nudeln zerschneiden. - 2 Knoblauchzehen in feinen Streifen in 6 EL Öl goldgelb anbraten. Dann das Öl hochheizen, 2 Stückchen scharfe Peperoni dazu und die Fischnudeln. 15 Sek. heiß braten (mit der Gabel verrühren), dann auf mittlerem Feuer noch 3 Min. weiterbraten. Am Ende Petersilie darüber. - Als Beilage Salat.

b) ***Anchoas en cazuela a la vasca*** (nach Art des Baskenlands). Sardellen in einen Bräter schichten mit Zwiebeln und Paprikapulver dazwischen, obenauf Lorbeerblatt und Salz. Reichlich Öl darübergießen (300g auf 1 kg Fisch), 15 Min. garen bei 200° (bei kleineren Mengen nur 10 Min.)

Wenn sie mit frischer, guter Ware zubereitet werden, sind die beiden Gerichte vielleicht sogar den Angulas vorzuziehen. Sie schmecken sehr leicht und weich, mit einem kleinen Anklang an den Duft von Meerwasser. Beim zweiten tut die Zwiebel guten Dienst. Man achte darauf, möglichst gute, saftige Zwiebeln zu nehmen; Spanien bietet auf vielen Märkten eher kleine, lila bis rosa getönte Zwiebeln an, in Katalonien heißen sie 'empordanesas', weil sie bei Figueres angebaut werden. Sie sind überaus saftig, allerdings leicht verderblich. Für Sardellen sind sie die besten.

Anchoas rebozadas (Sardellen paniert). Die Fische entgräten und waschen. Je 2 ineinander gesteckt in Mehl und Ei wenden und in viel Öl ausbraten, nie zu viele gleichzeitig. Sie bleiben saftiger, als wenn jeder Fisch einzeln paniert wird.

Sardellen mariniert. (siehe auch Kasten S. 19). Jeweils 1 kg Sardellen (diese werden nicht weiter gegart, der Garvorgang läuft infolge der Marinade kalt ab).

a) ***Anchoas en adobo*** (in Gewürzlake). 1 kg Sardellen sehr sauber reinigen, Flossen und Kiemen abtrennen. Nochmals waschen. In 250g Essig, 1 EL Meersalz, 1 EL Tafelsalz, 5 Knoblauchzehen, 8 Lorbeerblatt, 1 Zwiebel, etwas Petersilie, 1 EL Öl 24 Stunden marinieren. In der Marinade servieren.

b) ***Anchoas*** (in Anchovismarinade). Sardellen entgrätet und gewaschen in Salz und etwas Zitrone 90 Min. ziehen lassen, dann längshalbieren. In eine Schüssel lagenweise die Fische (Rücken nach oben) stapeln mit 1 Orangen- und 1 Zitronenschale (in feine Stifte geschnitten), etwas Saft von beiden, Öl, Salz, Pfeffer, etwas Fenchelgemüse (oder -kraut), mit etwa einem halben Liter Öl aufgießen, mit Alufolie bedecken und einen Tag im Kühlschrank marinieren. Servieren auf etwas Rösttoast mit Knoblauch.

c) ***Boquerones en vinagre*** (essigmariniert). 1 kg Sardellen gereinigt und gewaschen 3 Tage in 200g Essig marinieren, öfters wenden. Dann den Essig abgießen, die Fische entgräten, halbieren und mit gehacktem Mengsel aus 10 Knoblauchzehen und viel Petersilie bestreut servieren.
Man kann zur Sardelle gern mehr Kräuter nehmen als zur Sardine. Vor allem Oregano und Provencekräuter, auch Minze (oder Kräuteressige) arbeiten den Sardellengeschmack schön heraus, sie schmeckt dann erfrischend und reichhaltig. Man kann sie nicht feiner nennen als die Sardine, aber sicher ist ihr Geschmack variabler und anpassungsfreudiger.

7. Brassen

Brassen sind unverwechselbar. Fische, denen man zutrauen möchte, daß sie mit ihrem flachen Bauch auf einer Servierplatte stehen können, den Rücken hochgewölbt wie eine buckelnde Katze, silbern in allen Farben des Regenbogens schimmernd, das tiefsitzende Maul verwundert geöffnet und mit großen Augen staunend auf das Tafelgeschirr blickend, können nur Brassen sein. Für viele sind sie der Inbegriff südlicher Fischkultur, Kraft gepaart mit Form und Schönheit, und zu Recht erhalten sie auf den Marktständen immer bevorzugte Plätze. Um die Brassen spannt sich ein Namensgewirr, demgegenüber die Felsengewirre an den Küsten, in denen sie leben, wohlgeordnete Wohnzimmer sind. Dem unkundigen Fremden gehen diese Namen ebenso reizvoll über die Zunge wie die Fische selber. Fischnamen sind ein Kapitel Sprache für sich.

Fischnamen - woher kommt es, daß es so viele gibt? Es liegt daran, daß Küstenstriche ein eigenes Leben führen, vom Hinterland immer etwas abgesetzt, daß sie in den Sprach- und Kulturgebieten stets außen sitzen (das Römerreich war bisher das einzige Großreich, das sich um ein Meer herum aufbaute) und daß die Fischerei lange Zeit ein rein regionales Gewerbe war. Fischerdörfer haben heute noch wenig Bindung untereinander. Das Dorf Cadaqués an der Costa Brava zum Beispiel, in dem Salvador Dalí malte, erhielt erst 1954 überhaupt eine Zufahrtsstraße, die Cinque Terre im italienischen Ligurien waren bis 1980 nur per Bahn oder Fußsteig erreichbar. Ob der andalusische Fischer das, was er aus dem Wasser zieht, *rancho* oder *goraz* nennt oder, ist der Fisch noch jung, auch *pancho*, geht den Balearenfischer nichts an, er fischt *llot* und *ollomoll*. Erst in Madrid muß man wissen, ob das nun *besugo* ist oder *pagel*, sonst schickt man *rancho* aus Cádiz nach Ibiza und *llot* von Ibiza nach Cádiz und es ist derselbe Fisch, *pagellus erythrinus*. Madrid liegt aber nun in Kastilien, und seine Sprache ist auf der ganzen Halbinsel die einzige, die anfangs an keiner Küste lebendig war, sie besaß von sich aus keine Seefischnamen. Die Benennung der Fische vor Ort erfolgt meist nach uralten Volkstraditionen. Nennt der Fischer aus Ibiza eine Brasse *burro*, Esel, weil er so dreinschaut, so findet der Fischer aus Cadaqués dasselbe von der jungen Merluza und der Galicier von der Dornigen Herzmuschel. Trifft sich beides am Markt in Morella, wohin der Bauer auf dem geritten kommt, was er gewöhnlich *burro* nennt, wird es gewiß Kopfschütteln geben. Fischerdörfer haben kein Interesse an der Biologie. Sie kennen ihre Fänge und nennen sie gern mit Kosenamen. Aber es ist in Deutschland nicht anders. Ob Crevette, Shrimp oder Gamba, für uns ist das Schüsselchen in der Auslage ein Krabbensalat, auch wenn es in Wirklichkeit um Garnelen geht. Wir nennen dafür die echten Krabben Krebse, die echten Garnelen Langusten und die Langustine Hummer (Kronhummer). Die Wissenschaft legt zwar ihrerseits Arten nach biologischen Kriterien fest, allein ihre Unterschiede sind in der Praxis nicht anwendbar - bei manchen Gadidenfischen muß man z.B. Schuppenrei-

hen oder Zahnreihen zählen, um Arten auseinanderzuhalten. Hinzu kommt eine weitere Klippe, für die die Schollen ein gutes Beispiel sind - kaum eine unter ihnen hat nicht mindestens zwei lateinische Namen, manche haben fünf und sechs; Linnés alte, gute Definition 'was sich schart und paart, soll zu einer Art gerechnet werden' greift bei ihnen eben nicht, Schollen kreuzen sich quer über die Arten hinweg, und bei den Lippfischen, bei den Weißthunen, bei den Muscheln ist es ähnlich. So haben wir insgesamt drei Nomenklaturen in Spanien: die wissenschaftliche, die Marktnomenklatur (sie richtet sich nach nationalen und internationalen Instituten) und die örtliche. Denn die Fischgeschäfte nennen ihre Fische weiterhin so, wie es der Kunde seit Generationen gewohnt ist. Auf den Balearen ist *pagellus centrodontus* nun einmal seit alter Zeit ein *ollomoll*, der 'Fisch von der Mole mit den besonderen Augen', im Unterschied zum *moll*, den man sonst da fängt und der eine Meerbarbe ist, und der größeren *móllera*, einem Gabeldorsch. Die drei Fische sind biologisch weit voneinander entfernt, aber man kann es den Fischerdörfern kaum verdenken, wenn sie sie so zusammenstellten und auseinanderhielten. Sie wußten genau, was gemeint war, man angelte ja genug an der Mole.
Wir müssen noch einmal auf das zurückkommen, was Madrid täglich mit seiner Marktnomenklatur zu leisten unternimmt: es faßt 4 Hauptsprachen und mindestens 4-5 Dialektsprachen unter einen Hut. Mit einheitlichem Namen laufen Fische und Meeresfrüchte von den Börsen am Anlandehafen bis zum Verteilerzentrum der Großmärkte. Danach, wenn der Großmarkt seine Geschäfte bedient, trennen sich die Namen wieder in Català (katalanisch), Euskadi (baskisch), Gallego (galicisch, eng mit dem Portugiesischen verwandt) und Castellano (kastilisch), die vier Hauptsprachen, dazu Balearisch bzw. Mallorquí, Canario (dem Portugiesischen nahe) und örtlich Dialekte des Asturischen, Kantabrischen, Valencianischen und Andalusischen. Für dieses Buch liegt es nahe, die Marktbezeichnung an erste Stelle zu setzen. Für die Praxis aber, in der wir den Fisch ja im Laden oder am örtlichen Markt kaufen, brauchten wir oft die Hauptsprachen, dazu die für deutsche Leser wichtige Benennung der Balearen und Kanaren.

Zurück zu den **Brassen**. Zwar sind die Namensprobleme bei ihnen häufig, andererseits aber ist ihre Zeichnung so auffällig, daß sie sich schon mit flüchtigem Blick sicher erkennen lassen. Brassen sind mit ihrem Silberglanz nicht nur Schönheiten, sie sind auch allesamt vorzügliche Speisefische. Küstennah um bizarre Felsgewirre herum in klarem Wasser lebend, gehören sie zu den Felsenfischen *(peces de roca)* und eine Vielzahl von ihnen nährt sich als ausgesprochener Raubfisch von Muscheln, Garnelen und anderen Schalentieren oder Mollusken, die sie mit ihrem ungemein kräftigen Gebiß mühelos knacken. So ist ihr Fleisch fein aromatisch und hat auch meist einen spürbaren Anklang an Schalentiere. Brassen sind verbreitet an allen Felsküsten in Mittelmeer und Atlantik, doch sind die bekanntesten die Biskayabrassen - dort findet man die größten Exemplare (bei Brassen gilt: je größer, desto schmackhafter). Typisch ist ihnen allen der **Brassenfleck** zwischen den

Augen, mal deutlicher, mal undeutlicher ausgeprägt, aber nie so schön wie bei der echten Dorade, wo er prunkvoll golden glänzt. Warum sie so auffällige Zeichnung haben, ist nicht ganz klar. Es hängt wohl damit zusammen, daß ihre Urheimat die Tropen sind, in deren Korallenriffen ja viele auffällig gefärbte Fische leben. Man findet sie heute in wärmeren Meeren fast überall. In Europa machen sie an der Loiregrenze Halt. Nur Besugo und Pargo gehen noch nördlicher. Fast alle Brassen sind merkwürdigerweise Hermaphroditen, und zwar in der Hälfte der Arten erst Männchen, dann Weibchen, in der anderen Hälfte umgekehrt. Es ist gut möglich, daß die mit dem Alter zunehmende Schmackhaftigkeit des Fleisches mit der Hormonumstellung zu tun hat. Katalanische Fischer nennen die Brassen auch gern *peixos d'escata*, Schuppenfische; sie haben alle recht große, allerdings auch locker sitzende Schuppen.

Pescados de roca, pescados de playa, pescados de palangre

Noch einmal drei fremde Namen, die in Spanien recht wichtig sind. Sie bedeuten durchaus Verschiedenes.

Als Marktname dient **pescados de roca** (dt. Felsenfische) für Sortimente nicht getrennter kleinerer Fische, die als Einzelgänger aus dem Netz kommen, zum Wegwerfen aber zu schade sind. Darunter finden sich durchaus Köstlichkeiten: kleine Brassen, Petermännchen, Knurrhähne, Meerbarben und andere. Sie leben alle auf Felsgebiet, d.h. nähren sich in klarem Wasser vorzugsweise von Schalen- und Weichtieren und ergeben vorzügliche Fischsuppen, allein oder mit anderen Suppenfischen. Oft sind sie groß genug, daß man sie auch einzeln ausbraten kann. Kennt man sie, wird man gerade von diesen Kistchen gerne kaufen, *pescados de roca* sind immer ganz billig, weit unter ihrem richtigen Wert.

Pescados de playa (dt. Strandfische), häufiger noch als Namenszusatz *de playa* für Schalentiere bedeutet: aus Küstenfischerei, nicht aus Zuchthaltung. Meist heißt das euch, diese Tiere sind teurer. Nicht immer wird man *de playa* vorziehen, es kommt darauf an, wozu man die Tiere verwendet. Ausnahme: die Miesmuschel. Da sie frei lebend nur auf Felsgebiet vorkommt, heißt sie nicht *de playa*, sondern *de roca* - eigentlich unnötig, man erkennt diese Miesmuscheln sofort heraus, sie tragen bei weitem mehr Filzgeflecht. Daß sie immer besser wären, kann man nicht sagen.

Palangre schließlich können viele Fische heißen, und den Laien verwundert es zunächst, am selben Marktstand den Namen drei oder vier Male für verschiedenste Fische zu finden. Es sind mit Angelschnüren gefangene Fische, lange Leinen, von denen Einzelköder herabhängen (siehe auch S. 61). Das einzige Qualitätsmerkmal: diese Fische sind unbeschädigt und makellos. - Und am Ende noch dies: Spanien hat für Fisch zwei Wörter. *Pez*, Mehrzahl *peces*, ist der Fisch im Wasser. Sobald er gefangen ist, heißt er *pescado*. Suchen Sie also nie nach *pescados*, wenn Sie ihr Aquarium bereichern wollen, das Ergebnis wäre, wie man in Spanien sagt, fatal.

Küche der Brassen. Je größer Brassen sind, desto besser sind sie. Viele müssen geschuppt werden. Normalerweise macht die Verkäuferin das bei den Brassen von sich aus. Brassen gehören gebraten oder gegrillt. Denn das einzige, was nicht sonderlich gut ist, ist ihre silbrige, kräftige, aber auch etwas ledrige Haut. Sie schützt das Fleisch ideal, weicht aber beim Kochen oder Dünsten unangenehm auf, reißt dann und schwimmt in Fetzen im Sud herum. Das Standardrezept für alle größeren Brassen sieht vor, den Fisch in der Bratform aufrecht zu stellen, mit einer zurechtgeschnittenen Kartoffel in der Eingeweideöffnung. Keine Sorge, trotz der kräftigen Haut saugt das Fleisch, das nicht von Brühe benetzt wird, die Aromastoffe immer gut aus der Luft oder aus der Panade ein, mit der man ihn bedeckt. Zusätzlich helfen Einschnitte in die Flanken. Beim Brassenkauf fragt der Verkäufer regelmäßig, ob man diese Einschnitte wünscht. Er zieht dann 1-3 Einschnitte quer über eine der Flanken, in die man Zitronenscheiben steckt - Brassen können zuweilen ein wenig brackig schmecken, die Zitrone unterbindet das. Da ich diese Schnitte nicht wünsche, sage ich stets von mir aus: '*sin corte*', ohne Einschnitt!

Besugo, dt. Rote Meerbrasse, Graubarsch, Seekarpfen, *pagellus bogaraveo* oder *centrodontus*, katalanisch *quelet, calet*, balearisch *llot*, baskisch *bisigu, bixigu*, galicisch *ollomoll, boraz, goraz*, der Jungfisch auch *pancho,* frz. *brème, rousseau*, ital. *occhialone*, griech. *lithrini*, türk. *mandagöz mercan.*

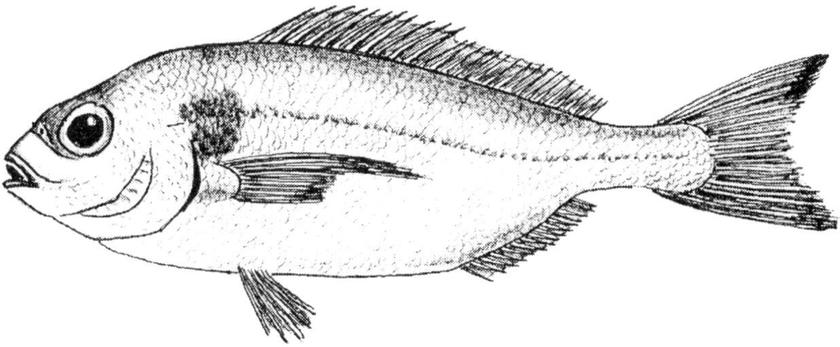

Leitfisch der Brassen (Espariden, Sparidae), obwohl die Dorade viel verbreiteter ist. Silbern mit rotgrauem Rücken (der rötliche Schimmer zuweilen undeutlich, aber immer feststellbar), große klare Augen, stark gekerbte Schwanzflosse, deutlicher dunkler Fleck am Beginn der Seitenlinie, behäbiges Aussehen. Größe ausgewachsen 30-40 cm mit 2 kg, am Markt meist um 25 cm. Saison Oktober-April. Auf den ersten Blick sieht die Rote Palometa, S. 182, ihm sehr ähnlich: silbern mit Rotschimmer und großen Augen. Von fern hält man sie oft für einen Besugo, zumal sie selbst nicht so häufig ist.

Der Besugo ist seit Jahrhunderten in ganz Castilla und Aragon das Hauptgericht am Heiligen Abend. Was dem Deutschen die Weihnachtsgans, ist dem

Madrileño der Besugo mit Rotkohl (*lombarda*), und kurz vor dem Fest bricht jedes Jahr in Madrid geradezu eine 'besugomanía' aus, obwohl sich ansonsten die Kantabrier aus Santander als die treuesten Besugomanen verstehen. Ob hier oder dort, der Besugo wird zu Weihnachten astronomisch teuer. Wahr ist an den Beteuerungen der Santanderinos jedenfalls, daß es in Kantabrien die besten Exemplare gibt, vor allem die der regionalen Art Besugo de Laredo bzw. del Norte. Er ist etwas größer und länglicher, meist undeutlicher rot, das Auge noch voluminöser, ja glotzend, ein unverkennbares Prachtexemplar an Fisch. Der Besugo gilt als vorzüglicher Fisch, sein Fleisch ist zart und ausgesprochen delikat. Zwei andere Seitenarten, **Aligote, besugo blanco**, *pagellus acarne*, katalanisch *besuc*, franz. *pageot*, ital. *pagello*, etwas länglicher, Kopf etwas kleiner, um 30 cm, und **Pagel**, *pagellus bellottii*, meist klarer rosa, gelten meist als weniger delikat, vor allem in Andalusien, aber es wird versichert, die Leute in Huelva und Cádiz ließen sich da nichts vormachen, sie seien ebenso gut. Alle kommen auch im Mittelmeer vor, wo sie etwas kleiner sind, und auch nördlich der Biskaya, sie sind dort aber selten. Nur ausnahmsweise findet man sie also auch einmal in Frankreich.

Küche: der Besugo hat viele Rezepte. Bei ihm ist die Gewohnheit, Seitenschnitte anzubringen, am verbreitetsten. Wie bei allen Brassen mittlerer Größe ist das Braten oder Grillen am besten. Nur sehr große Exemplare werden filetiert. Der Fisch gilt als gar, sobald sein Auge weiß wird!

Ein Idealrezept: ***Besugo Donostiarra****. Das beste Besugorezept ist zugleich das einfachste. Gut gewaschen und gesalzen wird der Fisch abgehängt und dann unter gutem Bepinseln mit Öl erster Pressung über Holzkohle gegrillt (im Herd: 35 Min), so daß er eine Knusperhaut bekommt. Beim Tranchieren am Tisch kommen lediglich einige Tropfen mit Knoblauch aromatisierten Öls und einige Tropfen Limone daran. So einfach kann Raffinesse sein! Ein Besugo Donostiarra (d.h. nach Art von San Sebastián) muß einfach gut sein, es geht gar nicht anders. Der feine Langusten- und kernige Fischgeschmack des Besugo, beim Garen miteinander kombiniert, wird durch den Hauch geschmeidigen Öls und die zuspitzenden Aufhelltöne von ein wenig Limone nur eben hervorgekitzelt. Das Rezept ist beispielgebend für spanische Kochkunst.*

Rezepte

Besugo al horno (Graubarsch, im Herd gebraten). 1 kleine Tasse Minze, 1 TL Knoblauch, 1 EL Petersilie, 2 EL Paprika mit 500g Kartoffelscheiben (½ cm dick) im Bräter auslegen, Salz und Pfeffer darüber. Darauf 2 Besugos zu je 500g legen, nur gesäubert. ¼ Liter Wasser angießen, dann 125g Öl über die Fische geben, mit Bröseln überstreuen und auf dem Mittelrost im Herd 30 Min. bei 220° garen.

Besugo al horno a la gallega (Graubarsch im Herd gebraten, galicisch). Einen Besugo von 1,2 kg (oder 2 kleine) waschen, trocknen, mit Salz, Pfeffer, Öl einreiben, den Bauch füllen mit Lorbeerblatt, 1 gehackte Knoblauchzehe, 5 Stengel Petersilie, dann mit einer zurechtgeschnittenen Kartoffel, so daß der Fisch im Bräter steht. Im Herd 15-20 Min. bei 250° garen, nach 5 Min. mit 50g Fischbrühe oder Wein übergießen, dies noch dreimal wiederholen (also insgesamt 200g).
'Besugo al horno' ist fast schon ein fester Begriff geworden. Im Unterschied zur Dorada liegt bei diesem Fisch das Aroma verschlossener, eingewickelter vor, man muß es erst herausholen. In Salz gegart entfaltet er z.B. seinen zarten Schalentiergeschmack nie so recht, er schmeckt dann fast dumpf. Das Garen im Herd und eine kleine frische Säure leisten das Gewünschte am besten - von den zitierten vier Rezepten arbeiten drei mit Fruchtsäure (das erste über die Minze). Wie immer man also mit dem Besugo verfährt: ihn mit Zitrone einzureiben ist immer von Gewinn.

Besugo con salsa de almendras (Graubarsch mit Mandelsauce). 2 kleine Besugo von 600g salzen, in Mehl wenden und in der Pfanne in 60g Öl ausbraten. - In einer anderen Pfanne 2 Knoblauchzehen, 50g geröstete Mandeln, etwas Petersilie in 2 EL Öl und 1 EL Butter anbraten, zerstampfen, 4 EL Zitrone dazu (eher weniger) und über den zerteilten Fisch geben.
Ein vorzügliches Rezept. Den Pfiff gibt hier die Zitrone, sie macht die Verbindung von Butter, Petersilie und Mandeln frisch und beschwingt, so daß ein ganz zarter, pastellartiger Geschmackston entsteht. Als Beilage sollte man daher nichts Dumpfes, Tieftöniges wählen, sondern etwas, das dem entspricht, etwa Broccoli.

Besugo en salsa de limón (Graubarsch in Zitronensauce). Einen Besugo von 1,5 kg innen und außen einreiben mit einer Paste aus 3 Knoblauchzehen, Petersilie, 1 EL Senf, Kräutern, und 1 Stunde marinieren. Dann in einen Bräter geben. ¼ Liter Öl mit Saft von 1 Zitrone und Pfeffer verschlagen und über den Fisch gießen. Bei 250° im Herd anschmoren, dann die Hitze auf 200° reduzieren und 20 Min. fertiggaren Den Fisch oft mit dem Öl-Zitronengemisch übergießen.
Das Rezept liegt auf der Linie des vorigen. Die Sauce ist robuster und gröber, auch nachhaltiger, sie wird daher für einen größeren Fisch vorgeschlagen. Das Übergießen dient übrigens nicht so sehr dem direkten Imprägnieren mit Geschmack. Es läßt die Fischhaut 'atmen', der in der Röhre ziehende Zitronendampf dringt dann leichter in den Fisch ein.

Dorada, dt. Dorade, Goldbrasse, *sparus aurea*, katalanisch *orada, daurada*, baskisch *urraburu, erroburu*, galicisch *dourada*, kanar. *chacarona*, frz. *daurade, dorade*, ital *orata*, griech. *tsipoúta*, türk. *çipura.*

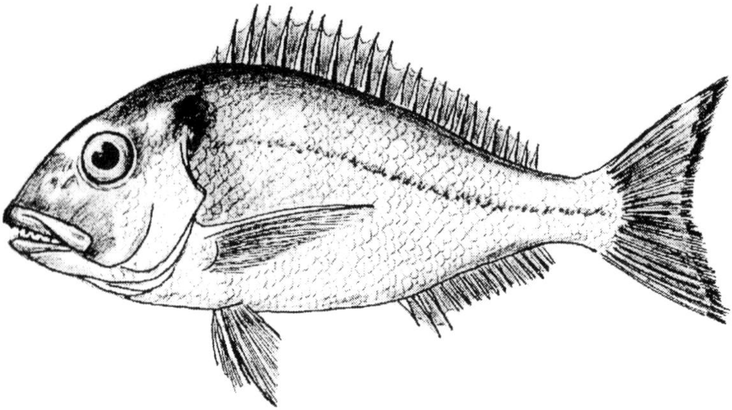

Körperform karpfenartig länglich, kompakt, mit kleinem massigem Kopf, Rücken silberblau mit goldenen Lichtreflexen, Flanken goldgelb mit grünen Streifen, Bauch silbern, dickfleischige Lippen, ausgeprägtes Gebiß. Deutlichstes Kennzeichen: ein halbmondförmiger Goldstreifen zwischen den Augen. Größe bis 70 cm, im Handel meist mit 40 cm und um 2kg. Saison ganzjährig.

Doraden leben küstennah an steilen felsigen Meeresböden und bevorzugen salzigere Zonen im Bereich von Flußmündungen, auch Strandlagunen. In solchen Regionen sind sie im Mittelmeer auch besonders bekannt, dort hat man in Arenys de Mar/Katalonien und im Ebrodelta Zuchten angelegt, denn freilebende Doraden sind infolge von Überfischung an den Küsten selten geworden; weiter draußen gibt es sie noch. Die größten und besten Exemplare freilich finden sich an felsigen Küstenstrichen Ostandalusiens; diese echte Felsendorade ist sicher einer der besten Fische überhaupt, leider aber recht selten. Am Markt wird sie oft zuweilen 'falsch' angeboten, da in manchen Regionen alle Brassen *doradas* heißen können. Es handelt sich dann oft um Sargo, Pargo, Dentón oder Pagel.

Seit 1995 führt Spanien **Zuchtdoraden** aus Katalonien, seit 1997 sollen Anlagen auch in Galicien bestehen. Der Unterschied ist nicht so groß wie bei Forellen, aber ein wenig fehlt es doch an Delikatesse. Mit etwas Erfahrung sieht man es den Doraden an, woher sie kommen, Zuchtbrassen sehen immer etwas schlaffer aus.

Doradenwoche Ende Oktober an der Costa Brava. Die Doradenzucht hat ein arbeitsloser Ingenieur aus Katalonien entwickelt. Die Idee war nicht schwer, es handelt sich um ein umfangreiches Drahtgitter, das gut verankert im Meer sitzt. Die Schwierigkeit war nur die, Gitterform und -material zu finden, die (a) stabil genug sind und (b) kleine Nahrungstiere nicht über Gebühr beim

Zutritt behindern. Meerestiere reagieren nämlich anders auf solche Sperren, als wir vermuten. Viele können schon Lichtschranken oder Sauerstoffschranken im Wasser nicht einfach überwinden, andere scheuen vor Temperaturschwankungen, Strömungen usw. Bei den Nahrungstieren, die die Dorade mag, ist zum Beispiel gar nicht das Gitter selbst das Hindernis, sondern die durch es entstehenden Strömungen. Genug, der findige Ingenieur entwickelte das Modell und erprobte es auch in den galicischen Herbststürmen aus. Irgendetwas muß an denen des Mittelmeers aber anders sein. Schon 1995 beschädigte ein Herbststurm einen der Käfige. Gewitzt durch die Folgen, daß nämlich in den Folgetagen an der ganzen Costa Brava sehr schöne Angelbrassen an die Leine gingen, legten sich die Katalanen im nächsten Jahr auf die Lauer. Denn wo es etwas billig gibt und wo man ernten kann, ohne gesät zu haben, sind die Katalanen immer da; deswegen ist auch das Reizkersammeln im Herbst unter ihnen zur Manie geworden. Der Erfolg war glänzend! Auch 1996 und 1997 zerrissen die Stürme die Käfige und es machte einen Riesenspaß, zu fischen. Der Zeitpunkt war genau bekannt. Es war jedesmal die Woche nach dem 20. Oktober. - 1998 fand der Spaß allerdings nicht mehr statt. Nicht weil die technische Lösung gefunden wurde, nein, der Herbststurm blieb aus. Das war immerhin ein Trost und man kann weiter hoffen. Klappt es einmal nicht mehr, weil der Ingenieur die Lösung gefunden hat, bleiben ja noch die bewährten Rovellóns (Reizker) in den Wäldern.

Küche: wie Besugo oder Lubina, große Fische in dicken Scheiben im Herd gebraten, gedämpft oder in Courtbouillon gekocht. Man variiert hier mehr als beim Besugo, und die Saucen müssen zart sein, damit sie das feine Fischaroma nicht überdecken. Als besonders aromatisch gilt die Dorade in Salz zubereitet, ein Rezept vom Mar Menor bei Cartagena oder allgemein aus Ostandalusien, abgeleitet von einer griechischen oder auch punischen Zubereitungsweise, wonach man sie in Ton eingeschlossen in einfachen Holzöfen briet. - Als weniger schmackhaft gilt die Dorade im Frühjahr.

Die Venus des Mittelmeers. Poeten, weiblichen Reizen ja in jeder Form zugetan, haben der Dorade stets gehuldigt. Sie beschrieben sie als Meeresodaliske mit goldenen Halsketten, sinnlichen Lippen und Halbmondgehänge über der Stirn, auch als Venus im Schaum der Gestade und Aphrodite im Tau der Nacht. In der Tat war sie bei den Griechen der Aphrodite geweiht, aber nicht nur wegen ihrer sagenumwobenen Schönheit mit den blitzenden Reflexen auf der irisierenden Haut, sondern noch mehr wegen der ihr nachgesagten aphrodisischen Eigenschaften. Auch anderswo genoß die Dorade stets einen hohen Ruf im Aberglauben, namentlich in China und Japan. Lege man sich einen Schneidezahn der Dorade unter die Zunge, so werde man unsichtbar, hieß es; auch galt, daß Schneidezähne der Dorade sich bei Kontakt mit Giften verfärbten und alchemische Substanzen anzeigten. Nun sind die kräftigen Zähne der Dorade, in die Kiefer eingewachsen, in der Tat auffällig. Und vielbenutzt! Unermüdlich passiert die Dorade jagend um Felsen und Sand-

bänke, ein Alptraum aller Austern und anderen Muscheln, denn sie knackt sie alle. Ihr kompaktes Fleisch besitzt denn auch im Geschmack den ausgesprochenen Fruit-de-mer-Ton, den man so schätzt. Ausgenommen davon ist allerdings die Fastenzeit, wo sie, so der Volksmund, nur Algen fresse, sogenannten Meeressalat.

Rezepte:

Dorada a la sal bzw. ***Dorada Mar menor*** (Goldbrasse in Salz gegart). Eine Dorada über die Kiemen ausnehmen, die Öffnungen mit Alufolie verschließen, in einer Glasform in grobes Meersalz setzen, mindestens 3 cm deckend (das kann an die 1,5 kg Salz verbrauchen) und 45 Min. bei 230° garen. Nicht berühren, die Salzkruste darf nicht brechen. Am Ende die Kruste zerschlagen. Ein antikes Rezept. Man glaubt es zunächst nicht, aber der Fisch schmeckt wirklich nur ganz sanft gewürzt und ist an allen Stellen gleich gut gar. Man muß nur beim Zerschlagen der Kruste umsichtig sein und alle Salzkörner von der Platte räumen. Die Methode wird neben der Goldbrasse sonst nur mit dem Wolfsbarsch angewendet; beide sind Fische, die ohne jede Zutat auskommen.

Dorada al horno (Goldbrasse im Herd gebraten). Eine Dorade von 2kg mit Salz und Pfeffer einreiben, in den Bräter auf ein Bett von 200g Kartoffelscheiben setzen, 200g Öl angießen und 15 Min. bei 200° garen. Dann über den Fisch eine Mixtur aus 6-7 ungeschälten Knoblauchzehen, 1 gestückelten grünen Paprikaschote, 2 Tomaten, Lorbeerblatt, schwarzen Oliven und in Petersilie und Öl angerösteten Schalentieren geben und weitere 15 Min. garen, erst bei 210°, dann bei 190°.
Ein ausgewogenes Rezept, das den feinen Brassenton hebt. Anders als beim Besugo, gewinnt man mit Zitrone hier nicht so viel. Man nehme ausgiebig Salz und vor allem Pfeffer - es kann auch eine Mischung von grünem und schwarzem Pfeffer sein.

Dorada rellena al horno (gefüllte Goldbrasse). Eine 800g-Brasse in Bröseln wenden und im Bräter mit etwas Öl bei 220° 5 Min. garen. Dann mit 250g Wein oder Fischfond übergießen, 60g geröstete Mandelsplitter darüberstreuen. Weitere 30 Min. bei 200° garen, öfters mit dem Sud übergießen. - Fülle: 1 hartes Ei, 2 EL Brösel, 2 angedünstete kleine Zwiebeln, 2 Schalotten, Kräuter, 1 Eigelb.

Dorada rellena al estilo de Navarra (gefüllte Goldbrasse nach Art von Navarra). Eine Dorada von 1,5 kg im Bräter mit 6 Artischockenböden und 1 Fenchel, fein geschnitten, 20 Min. bei 220° garen. - Fülle: 175g geräucherten Schinken in 2 EL Öl anbraten, dann 1 Zwiebel, 1 Knoblauchzehe, 50g Selleriewürfel dazugeben und 5 Min. weiterbraten (gut rühren). Vom Feuer nehmen und 100g Brotstückchen dazu, die das Fett aufsaugen sollen, Schnittlauch, Salz, Pfeffer, 1 Ei, alles vermengen.

Spanische Paprikaschoten

Einige Lebensmittel aus der 'Neuen Welt', die über die spanischen Eroberer nach Europa kamen, haben erst das Mittelmeer umrundet, um schließlich über die Türken nach Mitteleuropa zu gelangen. Der Kaffee zählt dazu und auch die Paprikaschote.

Deutschland erhält seine Paprikaschoten bevorzugt aus Ungarn und Italien. Diese Länder züchten rote, gelbe und grüne Gemüsenschoten mit ganz ähnlichen Merkmalen. Spanien baut von diesen Züchtungen nur die rote und gelbe an, seine grünen sind die *Spitzpaprika*, 15 cm oder 30 cm lang, und die *Zwergpaprika* von 5-7 cm. Beiden fehlt der bittere, voll aromatische Ton der roten und gelben Sorte, sie sind milde, dafür etwas säuerlich. Besonders mild ist die Zwergpaprika, nach ihrem früher einzigen Anbaugebiet Padrón in Galicien *pimiento de Padrón* genannt. Vorsicht mit ihnen! Im Volksmund heißt es 'pimientos de Padró, unos pican, octros no' (manche beißen, manche nicht). Unter zehn Zwergpaprikas ist in der Regel eine von höllischer Schärfe, weit schärfer als eine Peperoni.

In diesem Buch bedeutet 'grüne Paprikaschote' immer die spanische Spitzpaprika. Wenn Sie in Deutschland stattdessen eine der dort üblichen Paprikas verwenden, achten Sie bitte auf die Garzeit und passen Sie das Rezept an! Die weiche spanische Spitzpaprika gart bereits in 7 Minuten ganz durch, die in Deutschland angebotene Gemüsepaprika benötigt 15-20 Minuten.

Die meisten Brassen gelten als vorzügliche Tafelfische. Es lohnt sich, zumindest diejenigen zu kennen, die öfters am Markt auftreten, allerdings unregelmäßig, sie sind keine Schwarmfische, auf die man den Fang ausrichtet. Auch Restaurants führen sie, und zwar gerade kleine, anspruchslose Lokale, die der Reisende gern aufsucht, weil ihre Küche typischer, charakteristischer ist als die der Hotels. Darum wird im folgenden eine Liste der wichtigeren Brassen aufgeführt, die in Spanien zum Verkauf angeboten werden, einige auch im Bild. Es mag daraus doch ein kleiner Eindruck davon entstehen, wie vielfältig die Fischfauna Spaniens ist. Vom gastronomischen Standpunkt aus sind die Brassen ein wenig, was die Täublinge unter den Pilzen sind. Man muß sie nicht alle kennen, aber man kann immer zu ihnen greifen, man greift nie ganz fehl. Und vor allem, die Spanier lieben ihre Brassen. Das allein schon rechtfertigt ihre Vorstellung.

Pagel, Breca, dt. Rotbrasse, *pagellus erythrinus*, katalanisch *pagell*, baskisch *lamote*, in Andalusien kann auch der Name *dentón rojo* oder *mojarra* auftreten. Auf den Kanaren *garapello,* frz. *pageot rouge*, ital. *fragolino*, griech. *lithrini*, türk. *mercan.*

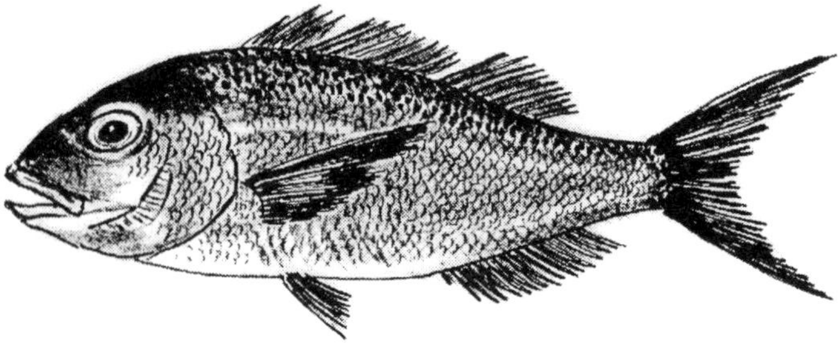

Dem Besugo nahe verwandt, mit lebhaft silberrosa Tönung, nie richtig rot wie der Besugo, darauf blaue Pünktchen, der Fisch wirkt wie künstlich geschönt! Größe bis 30 cm und 1,5 kg Gewicht. Saison März-August. An allen Küsten Spaniens auftretend, ein vorzüglicher Speisefisch mit weißem Fleisch, fein und von exquisitem Geschmack, ebenso gern bei Berufsfischern wie bei Sportanglern gesehen. Eine **Cachucho** genannte Seitenart (dt. Großaugen-Zahnbrasse, *dentex macrophthalmus*, frz. *denté aux gros yeux*, ital. *dentice occhione*, biologisch dem Dentón näher, vgl. übernächstes Porträt, im Erscheinungsbild aber der Rotbrasse ähnlicher), um die Kanarischen Inseln herum sehr häufig, soll weit weniger wert sein, immerhin aber akzeptabel, und darum auch viel billiger.

Pargo, seltener **Pagro, dt. Meerbrasse, Sackbrasse**, *sparus pagrus*, katalanisch *pagre*, balearisch *pàguera*, baskisch *txelba* oder *urta* (Hurta allerdings auch eine eigene Art, *sparus caerulesticus*, frz. *pagre royal*, ital. *pagro reale*), andalusisch *cachucho*, auf den Kanaren auch *bocinegro*, frz. *pagre, brelot*, ital. *pagro, praio*, griech. *fagrí*, türk. *sinarit/sinagrit* (die einzige auch im Ostmittelmeer häufige Brassenart).

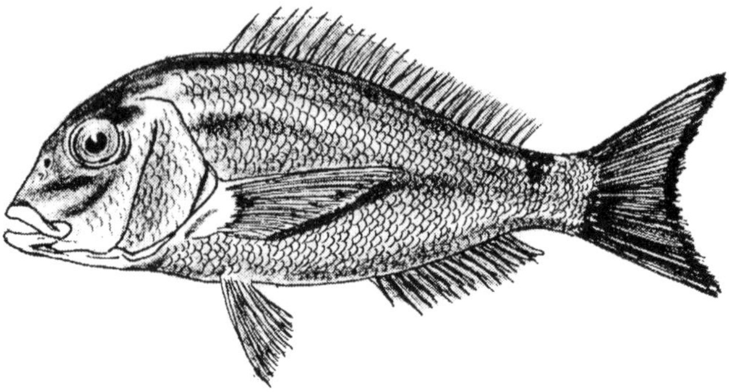

Form etwas länglicher gezogen als andere Brassen, hartes robustes Maul, Farbe am Rücken rot-rötlich, am Bauch rosasilbern, Mundhöhle schwärzlich. Eindeutig kenntlich an einer Rosatönung der Flossen, die sonst kein Fisch hat (je nach Lebensraum kann statt Rosaton auch ein schöner Mandarinenton vorkommen). Beste Größe 40 cm bei 4 kg Gewicht (maximal 75 cm mit 6 kg), also ein stattlicher Fisch. Saison März-Nov. Die besten Pargos finden sich am Atlantik, wo sie zuweilen wie der Besugo sogar nördlich der Loire auftreten, und im andalusischen Mittelmeerbogen, wo der Fisch sehr hoch geschätzt wird und viele Liebhaber hat.

Dentón (auch **Capitán**, **Sama**), **dt. Zahnbrasse**, *dentex dentex*, katalanisch *dentól*, baskisch *txelba hortzandia*, auch *machote*, andalusisch *capitán* oder *pachán*. Auf den Kanaren meist *sama*. Frz. *denté*, *brème dentée*, ital. *dentice*, griech. *synagrida*, türk. *sinarit*, *sinagrit*.

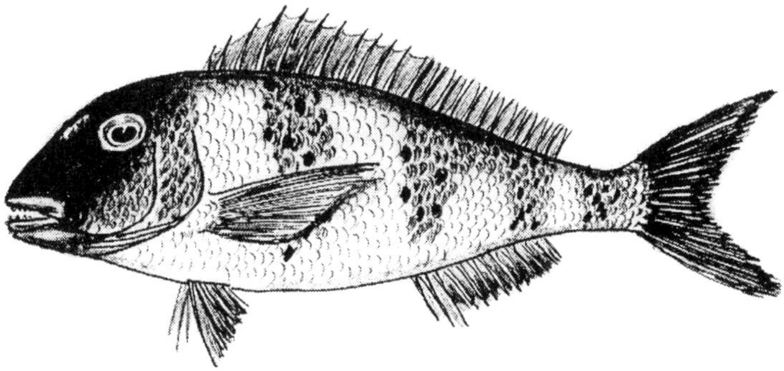

In der Form etwas steif und rechteckig, hoher Nacken, am besten an den großen vorstehende Zähnen kenntlich, die ihm den Namen gaben. Farbe silbern, jung mit etwas blauem Rücken, erwachsen fast immer mit weinrotem Schimmer (im Ostmittelmeer rosa Schimmer). Bis 80 cm Länge und 10 kg Gewicht. Saison Mai-Oktober. Der Dentón wird an allen Küsten Spaniens selten angelandet, dann jedoch meist in stattlichen Exemplaren, von denen sich die schönsten vor Ostandalusien und im Atlantik finden; er lebt in kleinen Gruppen von 6-8 Tieren, nicht allzu küstennah. Der Dentón ist der größte Sparidenfisch und gilt als vorzüglicher Speisefisch. Ihm fehlt der Schalentierton, da er, eine Ausnahme, sich nicht von Schalentieren ernährt, sondern reiner Fischfresser ist. Es lohnt sich aber, ihn zu kennen, da er normalerweise weniger gefragt und billiger ist als andere Brassen.

Küche von Breca, Pargo und Dentón: wie Dorada und Lubina. Das weiße, delikate Fleisch hat feines Aroma von Meeresfrüchten. Auch in dicken Scheiben dampfgegart, im Herd oder in Courtbouillon mit sanften Saucen gelingt der Fisch gut. Pikante Zutaten mag er nicht.

Herrera, **dt. Marmorbrasse**, *lithognatus mormyrus*, katalanisch *mabre*, baskisch *erla, ernai* (*erla* auch galicisch), frz. *marbré*, ital. *mármora*, griech. *mourmoura*, türk. *çizgili mercan.*

Ein silbergrau schimmernder Kleinfisch, auffällig die stets 6 senkrechten dunklen Bänder am Leib, um 20 cm Länge und 300g Gewicht (40 cm und 1,5 kg sind ganz selten). Nicht allzu häufig, am Mittelmeer aber immer wieder in Einzelexemplaren am Markt, da die Herrera dicht an Küsten lebt, gern auch in Flußmündungen, denn sie ist Allesfresser. Die höchste Fangquote erreicht man am Mar Menor bei Cartagena. Da Herreras sehr mißtrauisch sind, werden die meisten nach Stürmen in aufgewühltem Meer gefischt, das Fangdatum kann man somit meist bestimmen. Ihr Fleisch ist fein und in der Würze zart.

Küche: Größere bereitet man nach Doradenrezepten. Kleinere werden fritiert. Herreras versteht man in Andalusien vorzüglich zu fritieren.

Salpa (auch **Salema, Saboga**), **dt. Goldstrieme**, *sarpa salpa*, katalanisch auch *saupa*, baskisch *boba*, auf den Kanaren auch *jalema*, *panchona*, frz. *saupe*, ital. *salpa*, *sarpa*, griech. *salpa*, türk. *çitari*, *sarpa.*

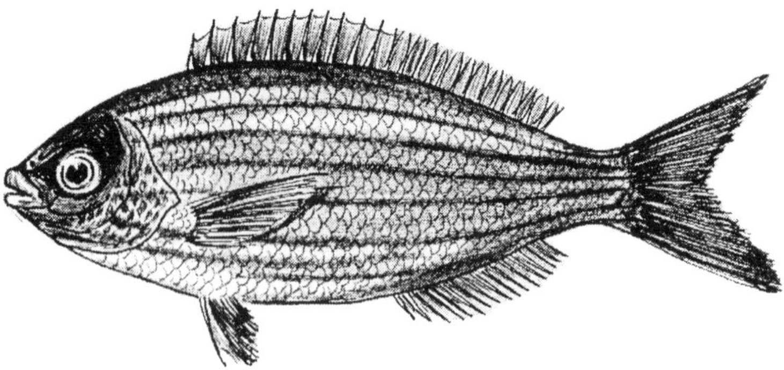

Farbe blaugrau, etwas stahlglänzende Haut mit 10-11 auffälligen, sehr hübschen goldenen Längsstreifen am Leib, Länge 25-30 cm. Ein im Mittelmeer häufiger Fisch, nirgends hoch quotiert, da er wie Oblada und Boga Pflanzenfresser ist, mit Vorliebe Grünalgen abweidet und oft etwas brackig schmeckt.

Das ablehnende Urteil der Salpa gegenüber ist alt. In der Tat muß sie nach dem Fang rasch gesäubert werden, die im Magen vergärenden Pflanzen übertragen sonst einen üblen Geschmack. Achtung aber: Im Oktober und November, wenn sie wenig frißt, ist der Fisch ein ausgesprochen guter Bissen! Dann, eben im Herbst, sieht man Salpas auch in Freiheit - die Jungfische, 10 cm lang, spielen 1 Meter vom Spülsaum der Strände entfernt.

Küche: wie Besugo und Dorada. Am besten gegrillt und mit einem guten Öl, das mit Knoblauch und Peperoni mariniert wurde.

Oblada, dt. Brandbrasse, *oblada melanura*, baskisch *buztanbeltz*, galicisch auch *chepa, txopa* (gleicher Name wie für die *chopa*, siehe weiter unten), in castellano auch *doblada* häufig. Frz. *oblade*, ital. *occhiata*, griech. *melanouri*, türk. *melanurya*.

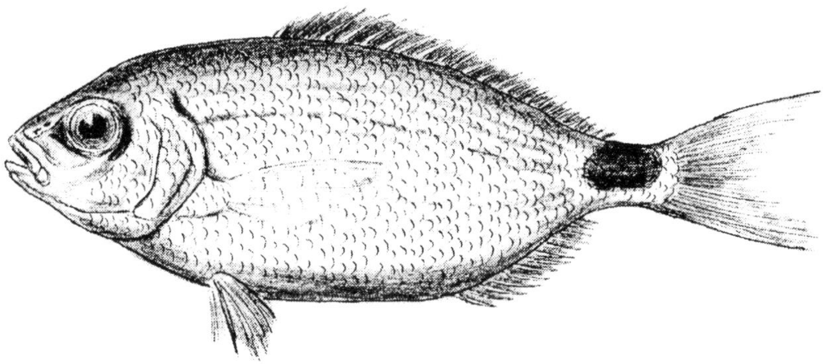

Der Salpa ziemlich ähnlich, aber graugrün, an den Flanken silbergrau und mit 12 schwarzblauen, nicht goldenen Linien. Der deutsche Name kommt von einer seltsamen Farbveränderung: erschrickt sie, färbt sie sich im Nu rötlich oder bräunlich. Länge ebenfalls 25 cm. Wie die Salpa ein Pflanzenfresser, lebt gern in der Nähe von Küstenhäfen an Felsstrand und wird darum von Anglern öfter gezogen als von Küstenfischern. Leider ist sie weniger schmackhaft als hübsch; mit ihrem kompakten Körper und den lebhaften Augen darf sie als einer der hübschesten Fische gelten.

Küche: wie Besugo und Dorada, auch sie am besten mit gutem Öl mariniert gegrillt, nicht so schmackhaft wie andere Brassen, außerdem geht das Fleisch schwer von der Gräte.

Sargo, dt. große Geißbrasse, *diplodus sargus*, katalanisch *esparrall, sard*, (kleine Exemplare *morruda*, baskisch *muxar handi*, auf den Kanaren auch *almojarra, morruda, saifia.*, frz. *sar commun, sargue,* ital. *sarago maggiore*, griech. *sargós*, türk. *karagöz.*

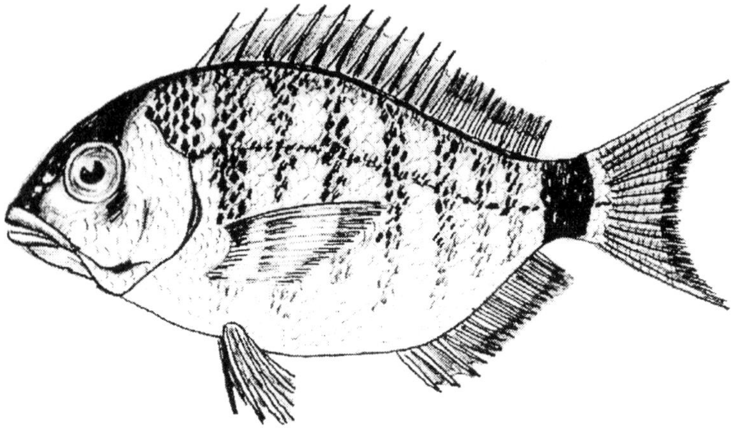

Farbe silbern bis metallgrau. Der Herrera in Farbe, Form und dunklen Längsbändern ziemlich ähnlich, hat aber stets 7 oder 9 Bänder, nie nur 6, dazu einen dunklen Ring knapp vor der Schwanzflosse und einen dunklen Stirnfleck. Relativ große Maulpartie mit starkem Gebiß zum Knacken aller Art von Schalentieren. Länge ausgewachsen 25 cm mit 700g Gewicht, selten 45 cm erreichend. Der Sargo wird auch *fumador*, Raucher genannt, da größere Exemplare zuweilen einige gelblich umrandete Körpereinschnitte tragen. Er lebt bevorzugt an Felshöhlen, im Sommer auch auf Sand, im Sommer auch gern in Hafeneinfahrten. Einige Seitenarten mit 10 oder 12 Bändern statt 7 oder 9 sind Pflanzenfresser und im Wert deutlich niedriger einzustufen. Nicht zu ihnen allerdings gehören der **Sargo imperial oder Bedao**, **dt. Großlippige Brasse**, *diplodus cervinus*, frz. *sar tambour*, ital. *sarago*, in Form und Größe ähnlich, mit 5 schon kardinalroten Längsstreifen, und der **Raspallón**, **dt. Ringelbrasse,** *diplodus annularis*, katalanisch *esparrall*, frz. *sparaillon*, ital. *sparaglione*, ebenfalls ein Liebhaber von Hafeneinfahrten, vom Sargo nur dadurch zu unterscheiden, daß er bräunlicheren Silberton und weniger deutliche Streifen hat. Seine kräftigen spitzen Zähne weisen ihn als Fleischfresser aus, und in der Tat ist er so schmackhaft wie der Sargo. Wer Sargos kennenlernen möchte, mache eine Tour mit dem Glasfiberboden-Boot in L'Estartit an der Costa Brava zu den Medasinseln hinüber. Dort wimmelt es von jungen Sargos - und sie sind auch nach der hundertsten Fahrt so neugierig wie nach der ersten.

Mojarra, dt. gewöhnliche Geißbrasse, Schwarzbandbrasse, *diplodus vulgaris*, katalanisch *variada* oder *esparrall* wie der Sargo, baskisch *muxar(ra)*, galicisch *chaparella*, auf den Kanaren *almorrás,* frz. *sar doré*, ital. *sarago fasciato*, griech. *sparos*, türk. *karagöz, sarigöz.*

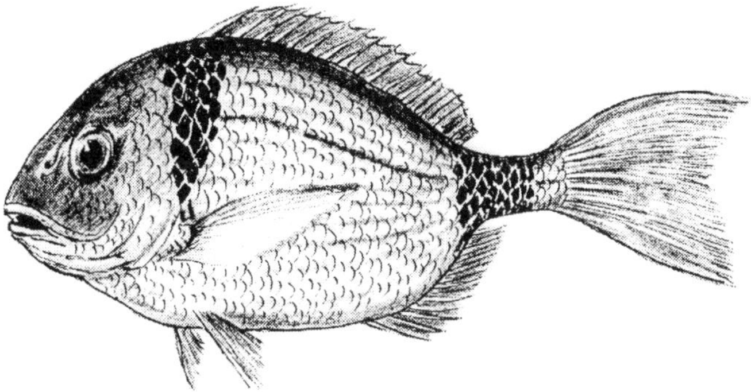

Auch die Mojarra, dem Sargo nahe, ist silbergrau. Auffallend zwei große schwarze Senkrechtstreifen oder Dreiecksfelder am hinteren Kopf- und Körperende. Die Flanken sind von golden irisierenden Linien durchzogen, der ganze Fisch sieht etwas bräunlich aus. Bis 20 cm Länge, Saison Mai-Oktober. Ein lebhafter, sympathischer Fisch, dessen züngelnde Bewegungen mit der Schwanzflosse ihm den Namen eintrugen: *mojarra*, Schwatzmaul. Sie ist an allen spanischen Küsten häufig, auch im ganzen Mittelmeer (im Ostmittelmeer noch relativ häufig), leider etwas selten am Markt. Das weiße Fleisch hat ungemein feinen Geschmack - man weiß nicht recht warum, denn die Mojarra ist Pflanzenfresser, die sonst eher weniger gut munden.

Küche: Wegen der geringen Größe wird die Mojarra am besten gebraten.

Boga, dt. Gelbstrieme, *boops boops*, baskisch zuweilen *saubiya*, in Andalusien *pámpano,* frz. *bogue*, ital. *boga*, griech. *gopa*, türk. *gupa*, *kupes.*

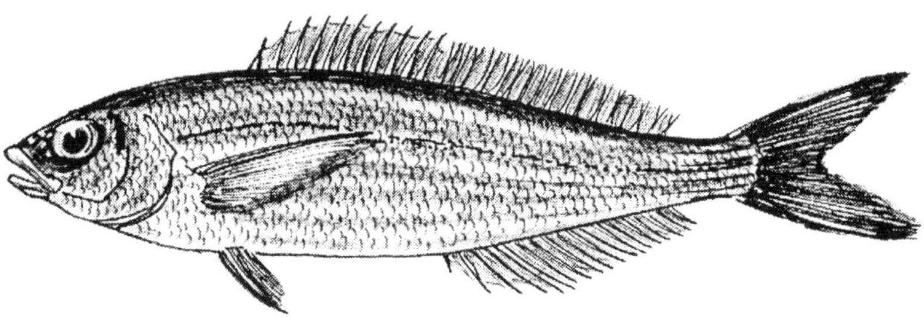

Eine schön geschuppte, in der Form anmutige Kleinbrasse, in der Form etwas abweichend von den anderen, nämlich langgezogen, Rücken olivgrün, Flanke und Bauch heller. Auffallend sind deutliche schwärzliche Seitenlinien und unterhalb davon 4-5 goldgelbliche Längsstreifen, die ihr den deutschen Namen gaben. Länge bis 20 cm. Saison Juni-Oktober. Die Boga ist im Winter ein Hochseefisch, kommt im Sommer aber in oft großen Mengen in die Nähe von Küstenhäfen, ja auch in diese hinein, so daß sie ergiebige Fänge abgibt. Als Pflanzenfresser ist sie aber nicht so schmackhaft wie andere Brassen, dazu voller Gräten, und erreicht daher keine hohen Quotierungen.

Küche: ausbraten oder grillen. Der Fisch ist viel nachgefragt für die sommerlichen Mittelmeerfischtöpfe und auch für Reisgerichte der levantinischen Küche. Er muß aber sehr frisch sein, das Fleisch zerfällt rasch.

Chopa, dt. Streifenbrasse, Seekarausche, *spondyliosoma cantharus*, katalanisch *xopa*, auch *càntera*, baskisch *txopa, birlote*, galicisch *chepa*, *pancha*, auf den Kanaren *pachona*, *zalema,* frz. *dorade grise*, *griset, canthare*, ital. *tanuta*, griech. *scathári*, türk. *saragoz.*

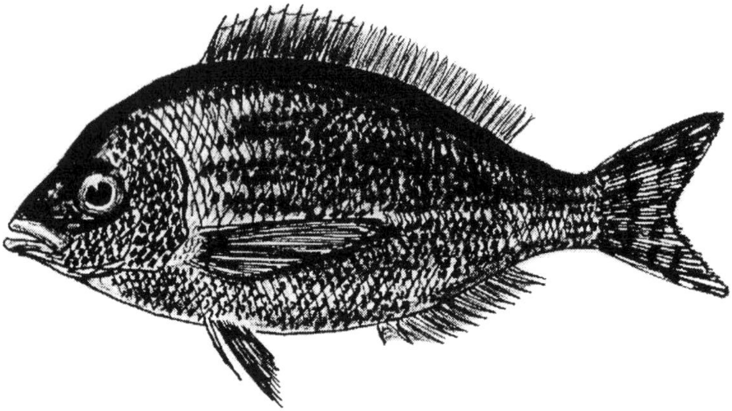

In der Form die typische hohe Sparidenform, in der Farbe aber je nach Lebensraum stark variierend, graubraun, graublau oder silbergrau, immer mit schönen gelblichen Längsbändern, bis 25 cm Länge. Saison Oktober-April. Die Chopa ist im Mittelmeer, im Schwarzmeer und im Atlantik zuhause, vor Spanien vor allem in Gewässern Kantabriens. Als einer der wenigen Fische ist sie Nestbauer; die Männchen (d.h. hier die älteren Fische, auch die Chopa ist Hermaphrodit) bauen mit dem Mund eine Sandkuhle und verfolgen dann die in kleinen Gruppen schwimmenden Weibchen, bis sie eines davon zum Nest dirigieren können. Daß die Chopa zuweilen mit der Dorada verwechselt werden konnte, der sie tatsächlich in Form und Farbe ähnelt, hat ihrem Ruf über Gebühr geschadet. Ihr Geschmack ist sanft, fein und von zartem Aroma.

Rezepte für seltenere Brassen (sie wurden so gewählt, daß sie auch mit anderen Brassen als den angegebenen gute Resultate gewährleisten. In Deutschland kann man sie gerne auch mit Schollen probieren, das Ergebnis ist recht ordentlich):

Pagel al horno (Rotbrasse im Herd gedünstet). 2 Rotbrassen zu je 600g schuppen, ausnehmen, Gräten abschneiden, innen und außen salzen, im Bräter auf 5 Schalotten und 100g Champignons setzen oder legen. 300g Fischfond angießen, 50 g Butter beigeben und 30 Min. bei 200° zugedeckt dünsten. - Sauce: Die Fische entnehmen, Mehlbutter aus 50g Butter, 1EL Mehl bereiten, in den Sud einarbeiten, über die Fische gießen und servieren. Am Tisch nochmals Butter und 2 EL Petersilie über die Fische geben.
Das Ergebnis befriedigt sehr. Es wird bei diesem Rezept weniger der Meeresfrüchteton als der Fischton akzentuiert, was das zarte Fleisch der Rotbrasse gut unterfüttert. Butter ist hier besser als Öl, sie wirkt geschmeidiger.

Pagel en salsa fría (Rotbrasse in kalter Sauce). 125g Fischfond mit 1 TL Fenchelsamen auf insgesamt 5 EL einkochen. Abkühlen lassen, Saft von 1 Zitrone und Salz dazugeben, den Fenchel abseihen und 10 EL Öl einschlagen. - 1 Pagel von 600g in Salzwasser lebhaft aufkochen, dann etwa 15 Min. nachköcheln. Mit der kalten Sauce übergossen servieren.
Die Sauce ist ein Volltreffer der spanischen Küche. Erneut ist es der hauchzarte Nebenton des Fenchels, der sie so wirkungsvoll macht; dabei ist sie ganz leicht (wer mag, kann mit dem Öl etwas sparsamer sein). Sie eignet sich für alle Brassen, die Fleischfresser sind, und darüberhinaus auch für alle anderen Fische, die sich von Schalentieren ernähren. Das Rezept ist für alle Brassen tauglich, gerade für die kleineren.

Herrera frito (Marmorbrasse, fritiert): 4 Fische zu je 200g einreiben mit 1 Knoblauchzehe, 4 gewässerten Sardellenfilets, 2 Oliven, Pfeffer, ½ TL Zitrone (alles zu Paste zerstampft) und 1 Std. marinieren. Dann mehlgewendet in viel Öl ausbraten, gut abtupfen.
Das Rezept kann für alle kleineren Brassen herangezogen werden. Es bringt den zarten, manchmal etwas gebrechlichen Brassenton fein zur Geltung.

Herrera al horno (Marmorbrasse im Herd gegart): Einen Fisch von 500g rundum mit Zitrone bepinseln und im Bräter auf ein Bett stellen oder legen aus: 4 kleinen Zwiebeln und 2 Schalotten, sehr feingewiegt, 2 EL Petersilie, Salz, Pfeffer. 100g Fischfond angießen, 50g Butter daraufgeben und 20 Min. bei 200° zugedeckt dünsten. - Sauce: Den entstehenden Fond mit 75g Butter und etwas weißem Pfeffer anreichern, dann pürieren. Den Fisch vorsichtig filetieren. Filets in der Sauce bei 180° nochmals 10 Min. ziehen lassen.
Die Qualität der Zwiebeln entscheidet hier. Man kann auch nur Schalotten nehmen. Nur wenn man das Rezept für große Brassen heranzieht, kann man auch mit milden Zwiebeln allein auskommen, etwa mit der schon erwähnten

lila-rosa Saftzwiebel (vgl. S. 111 bei Sardellen). Neben der Zitrone hebt vor allem die Zwiebel den Meeresfrüchteton der Brassen hervor. Auf einem Zwiebelbett gegart, behält der Fisch dann auch seinen Eigengeschmack.

Dentón en salsa de almendras (Zahnbrasse mit Mandelsauce). Eine Zahnbrasse von 2kg putzen, filetieren, die Filets in 100g Butter und etwas Cognac kurz scharf anbraten (weniger als 2 Min./Seite, sie sollen saftig bleiben). - Einen Sofrito (siehe Kasten S. 187) bereiten aus: 1 Zwiebel, 4 Knoblauchzehen, 500g Tomaten Thymian. Ist er gut durchgezogen (in diesem Fall 1 Stunde ansetzen), 250g geröstete Weißbrotwürfel (Migas) dazugeben, gut einziehen lassen, die Masse passieren und 150g geröstete Mandeln dazugeben. Die Sauce über die Fischteile geben und im Herd 8 Min. bei 200° fertiggaren.

Sargo en salsa picante (Geißbrasse in Pfeffersauce). 2 Sargos zu je 400g mit Wasser bedeckt aufkochen und 12 Min. nachköcheln. Vom Herd nehmen, die Fische filetieren, die Filets in einen Bräter geben, dazu 50g Butter, 1 TL gestoßenen grünen Pfeffer, 150g Sahne. Die Filets darin wenden und nur aufwärmen.
Ein Restaurantrezept, etwas künstlich, aber das Ergebnis ist erfreulich. Wer roten Pfeffer liebt, kann ihn hier hinzunehmen. Weißer und schwarzer Pfeffer dagegen liefern nur ein schales Resultat. Mit dem Pfeffer ist schließlich nach Zitrone und Zwiebeln ein drittes Gewürz genannt, das bei Brassen den zarten Eigengeschmack heraushebt. Eingelegten grünen Pfeffer gut abtropfen, das Öl schmeckt hier nicht gut dazu. Der Sargo wird beim Garen übrigens überraschend fest.

8. Thunfisch und Hai

Es ist für Inländer immer wieder schwer zu verstehen, wie große Thunfischverbände oder Rudel von Haien sich ernähren können, ganz zu schweigen von Walen. Die Meere sind zwar weit, aber außer Plankton und millimetergroßen Larven ist mitunter wenig darin, die meisten Fischsorten leben küsten- oder bodennah auf relativ engem Raum. Anhand physikalischer Gesetze versteht man zwar, warum Fische unter den Sonderbedingungen des Wassers so groß werden können; der Wasserwiderstand setzt an die Skelette weichere Bedingungen. Das Staunen bleibt gleichwohl. Thune und Haie sind gewaltige Exemplare an Fett und Kraft und stellen die größten Fischarten. Wegen ihrer Größe also werden die Haie, zuweilen mitgefangen und auch auf dem Markt schwer unterzubringen, diesem Kapitel beigestellt. Biologisch gehören sie gemeinsam mit den Rochen zu den Knorpelfischen. Das Aussehen der Haie kennt jeder. Das Aussehen der Thunfische vermutlich auch, sie sind auf Dosen oft abgebildet: ellipsenförmiger Leib, blausilbern, mit stark glänzender, prall wirkender Lederhaut, mondförmiger, eher kleiner Schwanzflosse und - das sicherste Kennzeichen auch kleiner Vertreter der Familie - am hinteren Rücken einer Reihe von Borstenknoten, die aussehen wie beim Pferd, dem man die Mähne zierdehalber zu Knötchen gebunden hat. Die Thunfische, Scombriden, spielen im Fischfang eine beträchtliche Rolle. Ihr Fleisch ist dicht, kompakt, fett und sehr nahrhaft und hat eine nur den Thunen eigene breite Geschmacksnote. Die Haie dagegen sind stets nur Beifang; einige sind schmackhaft, andere schmecken schal oder kaum genießbar. Der Fang ist bei Thunfischen wie bei Haien eine anstrengende Arbeit. Die Tiere verfügen über große Kraft und Ausdauer.

Die Levantada de atún. Jedes Jahr Ende Januar, wenn sie fett und wohlgenährt sind, ziehen die Thunfische vom Atlantik her auf Parallelrouten zur Meerenge von Gibraltar, wo sie sich vereinigen, um dann auf immer gleichen Routen bis Messina weiterzuziehen. Erst dort trennen sie sich, um dann an verschiedenen Plätzen im Mittelmeer zu laichen. Danach schwimmen sie, erschöpft und weniger schmackhaft, zwischen Juni und Oktober die selbe Route wieder zurück, um in der Restzeit des Jahres ausgedehnte und lange Freßzüge zu unternehmen. Nur dann tauchen sie vielerorts im Mittelmeer und Atlantik auf, zuweilen auch in weit nördlichen Breiten. Während ihres Laichzugs nehmen Thunfische keine Nahrung auf und verbrauchen viel Fett, sind aber durch das angestrengte Schwimmen erst recht schmackhaft, sobald sie in Sizilien ankommen. Seit man im Altertum auf diese Züge aufmerksam wurde, hat man die Thune auf ihrem Weg vor allem entlang der spanischen Atlantikküste im Golf von Cádiz und in Nordsizilien abgefangen, früher nur mit Hilfe von Booten, in den letzten Jahrhunderten mit Hilfe kilometerlanger Reusen. Denn ein Thun macht auf seinem Zug nie für mehr als einige Meter kehrt (anders als Schwertfische, die zuweilen mit im Rudel sind), er ist stur auf vorwärts geeicht, verfängt sich in den Fallen und kann dann gestochen werden. Das ist nicht ungefährlich, große Thune haben enorme Kraft. Die 'levantadas' von Sanlúcar und Zahara de los atunes sind ebenso bekannt geworden wie das Thunstechen auf der sizilischen Egadeninsel Favignana dicht vor Trapani. Man kennt die Bilder aus Filmen, wie dann ein aufgeregter Schwarm von Thunfischen, in eine ausweglose Hafenbucht gedrängt, in dem sich immer blutiger färbenden Wasser einen ungleichen tödlichen Kampf beginnt und bis zum letzten Exemplar, einer nach dem anderen, abgeschlachtet wird. Die Sache nimmt sich im Film grausamer aus, als sie in Wirklichkeit ist oder war. Ein Film ist immer Momentaufnahme, und als solche spiegelt er Grausamkeit. Was er nicht einfangen kann, ist das monatelange ärmliche Leben dieser Fischerorte, die früher in diesen wenigen Tagen den Lebensunterhalt für das ganze Jahr sichern mußten. - Aber die Zeiten von Levantada und Matanza sind vorbei. Heute, wo man die Thune mit modernen Mitteln orten kann, sticht man sie schon draußen im Atlantik an den Treffpunkten zu ihrer Laichreise.

Atún, dt. Thun, Thunfisch, Roter Thun, *thunnus thynnus*, katalanisch *tonyina*, baskisch *egalabur*, *atun-gorri*, galicisch *zurdo*, frz. *thon rouge*, ital. *tonno rosso*, griech. *tonnos*, türk. *orkinos.*

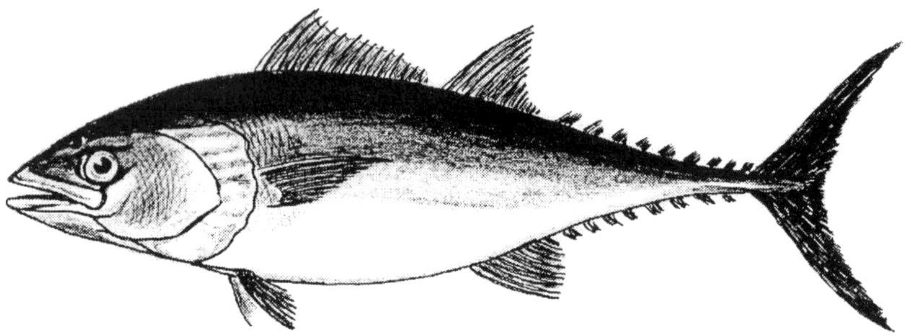

Die Leitart der Familie, ein stattlicher Fisch von 2 Metern und mehr Länge, dicklich, großschuppig, Rücken stahlblau, Seite grau, Bauch weiß. Saison November-März.

Der Thunfisch wirkt auf den ersten Blick etwas gedrungen, dicklich und plump. Das täuscht aber, Thunfische sind rasante Schwimmer, ihr kräftiges Skelett erlaubt den Aufbau beträchtlicher Muskelmasse, sie können Geschwindigkeiten bis knapp 100 km/Std. erreichen und haben dabei dieselbe Eleganz wie Delphine (die ihnen ein wenig ähneln; sie sind aber Säugetiere). Sie leben verbreitet in allen Weltmeeren, ziehen im allgemeinen aber wärmere Zonen vor, wo sie oberflächennah jagen. Eine besondere Vorliebe haben sie für das Mittelmeer. Ihre genaue Artenbestimmung ist oft nicht leicht, die Farbe kann stark wechseln, nur die Jungfische zeigen jeweils dasselbe Kleid. Fettreich, zeigt ihr Fleischaufbau charakteristische Dichte, er ist kompakt und fest, das Blut ist lebhaft rot. Eine nur ihnen typische Bakterienart führt allerdings auch zu relativ rascher Zersetzung, so daß Thunfisch viel als Konserve verarbeitet wird. Was am Fischstand als Thun angeboten wird, ist im allgemeinen der hier angeführte **Rote Thunfisch**, in Spanien überwiegend am Golf von Cádiz gefischt, mit rindfleischartig dunkelrotem Fleisch. Der **Weißthun**, etwas hellfleischiger und weicher, dient bevorzugt für Dosenthun. Beide Arten ziehen im Mittelmeer oft gemeinsam, trennen sich zum Laichen aber strikt, in Korsika und Sardinien gibt es nur den roten, in Sizilien nur den weißen Thun. Äußerlich sind beide schwer zu unterscheiden, falls sie nicht wie einige Arten des weißen Thuns charakteristische Längsstreifen haben. In Spanien haben Weiße Thunfische eine eigene Küche, sie werden daher später vorgestellt.

Eine Seitenart des Roten Thun ist:

Bacoreta, dt. Thonine, auch **Sarde**, *euthynnus alletteratus,* katalanisch *tonyina*, *bacoreta blanca*, baskisch *lanpo bularpikart*, *atún txikia*, galicisch *albácora*, andalusisch *sarda,* frz. *thonine*, ital. *tonnetto*, griech. *karvouni*, türk. *yazili orkinos*.

Sie hat nur am vorderen Körperteil Schuppen und ist etwas kleiner, sonst kein Unterschied. Sie zieht auch gern mit der Hauptgattung die Mittelmeerroute, geht aber nicht über Sizilien hinaus. Das Fleisch ist eine Spur heller als das des Roten Thun, von dem sie oft nicht unterschieden wird. In Katalonien heißt sie daher gern *tonyina* wie die Hauptart oder *bacoreta blanca* nach dem etwas helleren Fleisch.

Küche des Roten Thuns: Das Fleisch beider Thunfischarten ist rinder- oder kalbsartig, daher in Spanien auch 'Kartäuserfleisch' genannt, fein, gut zu behandeln, fett, gleichmäßig und von ausgewogenem intensivem Aroma, gut zum Grillen, Ausbraten und Abtönen in Marinade. Als Standardbeilage gelten Erbsen, sowohl beim Steak wie auch in marinierten Konserven, eine gute Idee, der leicht mehlige Ton beider paßt gut zueinander. - Als Besonderheit ist in Spanien **Mojama** zu nennen, Rückenfilet vom Rotthun, das salz- und luftgetrocknet wird wie Schinken. Es muß vom Rotthun sein und zwar vom

Fisch auf der Laichreise, wenn er am besten ist. Mojama wird sehr hoch quotiert, und entsprechend den schlecht kontrollierbaren Bedingungen seiner Herstellung gibt es viel Betrug dabei. Der Spanientourist begegnet ihm gewöhnlich auf den Karfreitagsprozessionen in Andalusien. Dort wird es seit uralten Zeiten angeboten, ein Christussymbol (der Fisch als Christussymbol findet sich schon in römischen Katakomben; beim Mojama kommt noch die blutrote Farbe dazu). Ansonsten sind die höchstquotierten Stücke das Bauchstück (*ventresca*) und der als Kaviar behandelte **Thunrogen**.

Rezepte:

Thunfisch gebraten. 4 Scheiben vom Thunfisch in Mehl wenden und in 8 EL Öl ausbraten (klassisch und einfach, bei gutem Fisch ein Gedicht, es wird dazu nur Brot und Wein gereicht). Will man weitermachen, nimmt man 5 EL vom Bratöl ab (etwa die Hälfte) und gibt sie in eine Kasserolle. Dann brät man darin wie folgt

Atún a la asturiana (Thunfisch, asturische Art). 1 Zwiebel, 2 Knoblauchzehen, etwas Petersilie, bis sie gut Farbe nehmen. Dann 1 EL Essig dazugeben, ½ EL Paprika, 50g Fischsud, den Thun wieder einlegen, mit Salz und Pfeffer würzen und 15 Min. auf sehr kleinem Feuer zugedeckt dünsten. - Sauce wegschütten.

Atún a la vasca (Thunfisch, baskische Art). 2 Zwiebeln in feinen Scheiben glasig. Dann 200g Wein zugeben, etwas einkochen, 4 enthäutete Tomaten dazugeben sowie 3 zerdrückte Knoblauchzehen, Petersilie und Lorbeer, 15 Min. weiterkochen. Dann gibt man 1 Döschen *morrones* dazu (zarte eingelegte, geräucherte rote Paprika) und den Fisch und dünstet alles 10 Min. lang fertig. Erst ganz am Ende mit Salz und Pfeffer abschmecken.

Tonno alla napoletana (Thunfisch, süditalienische Art). 2 Zwiebeln, 2 Knoblauchzehen, 3 Sardellenfilets, 6 Tomaten in etwas Öl gut anschmoren, dann ¼ Liter Fischfond angießen, 10 Min. garen und den Gemüsefond pürieren. 400g Thunfisch zugeben, 2 EL Minzeblätter daraufstreuen und noch 10 Min. schmoren (neapolitanisch ist, man sieht es erneut, wie alle süditalienische Küche eine Variante der spanischen).
Die drei Rezepte zeigen drei unterschiedliche Stile, die dem Thunfisch entsprechen; er braucht einen Widerpart, um gut zu sein. Das erste, asturische Rezept ist eher zart und verhalten. Das zweite, baskische kräftig und kernig, Thunfisch harmoniert im Gegensatz zu Brassen immer gut mit Paprika, vor allem mit den qualitätvollen, ein wenig geräucherten Morrones (in der Extremadura gibt es auch geräuchertes Paprikapulver, das man für Kartoffelgerichte nimmt; hier kann man es auch gern für Fisch nehmen). Das dritte, neapolitanische ist leicht und durch die Minze ausgesprochen pfiffig. Wichtig ist, daß alle drei es verstehen, den zuweilen etwas ranzigen Nebenton im Fleisch des rotes Thunfischs (der weiße hat ihn nicht) zu neutralisieren.

Atún con tomate (Thunfisch, gedünstet): 750g Thunfisch in 100g Butter anbraten. Dann 6 Tomaten und 4 kleine Zwiebeln, beides in Scheiben, sowie Petersilie dazugeben und 30 Min. sehr sanft dünsten (also die Pfanne decken).

Stuffato de tonno con piselli (Thunfisch gedünstet auf Erbsen). 750g frische Erbsen 15 Min. mit 1-2 Zwiebeln und 250 g Fischfond köcheln (bei Dosenerbsen: nur die Zwiebeln mit dem Fond köcheln, die Erbsen nach 12 Min. zugeben und ohne Hitze 5 Min. nachziehen lassen.) - 2 Scheiben Thunfisch zu je 200g in Mehl wenden, in Öl 3 Min./Seite anbraten und auf dem Erbsenbett 5 Min. sanft fertigdünsten.
Die klassische Verbindung von Thunfisch mit Erbsen, wie sie auch in Thunfischdosen einmal Mode war. Beide haben einen dunklen, etwas mehligen Geschmackston, der sich in Gerichten dieser Art problemlos und gut verbindet. Ursprungsland der Kombination mit Erbsen ist Italien.

Salade du thon (Thunfischsalat). 600g Thunfisch (3 Scheiben) ölbestrichen beiderseits je 10 Min. grillen. Dann in einer Marinade aus 2 Knoblauchzehen, etwas Basilikum, 2 EL Nußöl, 1 EL Essig, Salz, Pfeffer 1 Std. würzen. - 750g grüne Buschbohnen in 2 Etappen kochen, zuerst 5 Min. in Salzwasser, dann 10 Min. in Wasser mit einem Sträußchen aus Kräutern, Nelken, Knoblauch, Salz, Pfeffer, Öl. Zusammengeben und mit Zwiebeln garnieren.
Rezept aus der Provence. Den Pfiff macht das Nußöl, das dem Thunfisch gut bekommt. Auch das zweimalige Bohnenkochen ist pfiffig und sei zur Nachahmung empfohlen. Am besten ist es bei diesem Gericht, den Fisch schön kroß zu grillen, er paßt dann besser zu den anderen Zutaten.

Bonito, Sarde, dt. Bonito, Weißer Thun, *sarda sarda*, katalanisch *bonítol*, baskisch *haginzorrotz*, galicisch *alistado* (an der ganzen spanischen Nordküste wechseln die Namen der Weißthune stark durcheinander), frz. *bonite (au dos rayé)*, ital. *palamita*, griech. *pamadia*, türk. *palamut*, *çingene palamudu* (klein), *torik* (groß; in der Türkei fast nur in Dosen oder mariniert zubereitet).

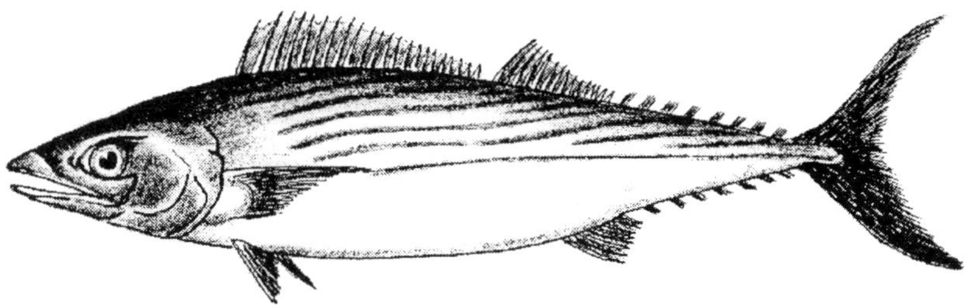

Nicht die Leitart (das ist die Albacora), aber der häufigste der weißen Thune. In der Form vom Roten Thun kaum zu unterscheiden, Farbe ebenfalls blaugrau bis stahlgrau, Bauch weiß; besonderes Merkmal ein dunkler, fast schwarzer Rücken mit 10 kurvigen Längsbändern. Mit 1 m Länge (am Markt meist Exemplare um 60 cm) wesentlich kleiner als der Rote Thun. Saison Juni-Oktober.

Außer an der spanischen Nordküste wenig genutzt und auch selten als eigene Art bekannt (meist gilt die größere Albacora als Bonito), ist der Fisch bei Basken, Kantabriern, Asturiern und Galiciern der am höchsten geschätzte und quotierte Thun, vor allem die regionale Unterart mit schwarzen (nicht nur blauschwarzen) Rückenstreifen, der '*bonito del Norte*', Anlaß zahlreicher besuchenswerter Fischmessen gerade in den sommerlichen Urlaubsmonaten. Der '*bonito del Norte*' ist ein sehr gefräßiger Räuber unter Sardinen und Sardellen mit sehr fettem, geschmackvollem Fleisch, das auch für Konserven verwendet wird. Obwohl gerade er Ursache schwerer Eiweißvergiftungen werden kann und darum ein wenig als Problemfisch gilt, übersteht der Fisch auch längere Transporte ganz gut, besser als der Rote Thun. Der Grund dafür ist, daß bei Fleisch stets mehrere Eiweißumwandlungen stattfinden. Setzt die beim Bonito gefürchtete einmal ein, ist sie unserem Organismus schädlicher als die bei anderem Fisch. Beim Kauf ist also auf Frische zu achten, kenntlich daran, daß das Fleisch gut an der Gräte sitzt! An der nordspanischen Küste hat man damit wenig Sorgen, dort kennt man das Problem. Die normale, allgemeine Eiweißumwandlung, erkennbar an raschem Zersetzen der Bauchhöhlenhäute wie bei anderen Fischen, ist harmloser, wenngleich auch nicht ohne Komplikation.

Küche: Man kann Weißthun mit gutem Erfolg auch mit Rezepten von Rotem Thun zubereiten. In Nordspanien hat sich aber eine umfassende eigene Bonitoküche herausgebildet. Der kräftige, aromatische tiefe Geschmackston verträgt viel und kann auf viele Arten gut herausgebracht werden. Berühmt ist das baskische Fischgericht Marmitako, ein echtes Fischergericht von Sommerthun mit Kartoffeln, heute noch oft am Fangschiff selbst zubereitet: ein ganz langsames Schmoren, sonst bei Thunfisch wenig üblich. Auch vom Bonito ist neben dem fettärmeren Rückenfilet das Bauchstück (*ventresca, chaleco*) ein besonderer Genuß: saftig, mild, einfach im Herd geschmort mit Salz, Petersilie und Semmelbröseln.

Rezepte:

Marmitako a la bermeana (Weißthuntopf nach Art von Bermeo, Baskenland). 1 kg Kartoffeln in Nußgröße dressiert 5 Min. kochen. - 1,2 kg Bonito oder Albacora in nußgroßen Stückchen abstechen (es geht leicht, Weißthunfleisch ist eher teigig als blättrig wie roter Thun), zu den Kartoffeln geben und 5 weitere Minuten garen. - 200g *morrones* (eingelegte geräucherte rote Paprika) und 6 kleine grüne Spitzpaprika in Streifen schneiden und mit 1 Knoblauchzehe 20 Min. in 2 EL Öl sanft schmoren. - 10 EL Öl, 1 Zwiebel, 10 Knoblauchzehen anschmoren, dann scharf aufheizen und 1 EL Mehl, 1 EL Paprika, 500g enthäutete Tomaten zugeben, 20 Min. kochen. Die Paprikamischung zugeben, noch 5 Min. weitergaren, dann zu Fisch und Kartoffeln geben, 1 scharfe grüne Peperoni dazu, 6 sehr dünne Brotscheiben obenauf legen und noch 15 Min köcheln.

Marmitako a la bermeana, Variante. 500g Zwiebeln und 1 Knoblauchzehe in Öl anschmoren, dann dazu 1 kg Kartoffeln in Nußgröße dressiert, 1 EL Öl, 1 EL sanften Paprika, 5 Min. halbgar kochen. Dann 500g gestückelte grüne kleine Spitzpaprika zugeben, nach Wahl mit Cognac flambieren, mit Wasser aufgießen und 5 Min. kochen. Am Ende 500g Bonito vom kopfnahen Stück in kleinen Teilen einlegen, 1 scharfe Peperoni dazu und 15 Min. fertigköcheln.
Ein Seemannsgericht, dessen Name einen der führenden Häfen für Bonito ehrt, Bermeo nordöstlich von Bilbao. Beide Rezepte sind gegenüber dem am Fischkutter bereiteten Fischtöpfen nur verfeinert. Für guten Marmitako gelten folgende Regeln: 1. die Kartoffeln müssen ganz vorgekocht werden, bevor der Fisch eingelegt wird, dürfen aber nicht zerfallen (festkochende Salatkartoffeln gibt es im Baskenland, ansonsten in Spanien selten). 2. Die Sauce soll suppig sein, nicht dicklich. 3. Der Bonito muß saftig, weich und weißmarmoriert gelingen, nie rein weiß. 4. Das Fett darf nie oben auf der Sauce-Suppe schwimmen. 5. Der Geschmack muß pikant und stark sein.

Bonito en escabeche (Weißer Thunfisch mariniert gedünstet). 1 kg Bonito in Scheiben geschnitten, am besten vom Bauchstück (*ventresca*) 1 Std. marinieren (siehe unten). Mit der Marinade im Bräter aufsetzen, 5 Min. im Herd bei 225° dünsten, dann mit 200g Fischfond aufgießen, später nochmals 100g Fischfond zugeben (Garzeit etwa 30 Min.). Der Fisch wird ohne Sauce serviert, Beilage fritierte grüne Paprikaschoten. - Marinade: 1 EL Essig, Salz, Pfeffer, 1 TL heller Senf, Thymian, Provencekräuter, 2 Zwiebeln, 1 EL Petersilie, 2 Knoblauchzehen, etwas Orangenschale, in Streifchen geschnitten, Saft von ½ Zitrone und ½ Orange, Öl.
Diese sanfte, aber ausgesprochen feinnervige Marinade eignet sich für alle Thunfische, auch für roten Thunfisch. Man nehme dafür milden Senf, schärfer stört die Komposition! Verwendet man die Marinade für Heringsfische, kann der Senf allerdings etwas schärfer sein, man kann auch ein wenig mehr davon nehmen.

Bonito con tomates (Weißer Thunfisch mit Tomate). 100g Öl, 4 große Tomaten in Scheiben, 4 Knoblauchzehen, 1 EL Petersilie, 2 Lorbeerblätter, Salz, Pfeffer zugedeckt 30 Min. dünsten (öfters umrühren). Den Lorbeer entnehmen, den Rest pürieren und auf 50% der Flüssigkeit einkochen (stets rühren) - 750g Bonito in Scheiben in 100g Öl bei mittlerer Hitze ausbraten, abtropfen, das Tomatenpüree darübergeben, noch 12 Min. dünsten.
Das Rezept bietet eine Variante zu denen mit Rotem Thunfisch, ist aber deutlich zarter und zurückhaltender, wie es auch den zarteren Weißthunen entspricht. Man sollte daher nur frische Tomaten nehmen, kein Fertigpüree. Noch feiner wird das Gericht, wenn man 12 ungeschälte, zerdrückte Knob-

lauchzehen zugibt, die vor dem Pürieren wieder entnommen werden. Das Gericht ist leicht, gut und gegenüber Rotem Thun ungemein saftig.

Albóndigas de bonito (Klößchen vom Weißen Thunfisch). 750g Fisch, gut enthäutet und entgrätet, möglichst klein hacken, dazu Salz, Pfeffer, 2 in Milch geweichte Brötchen, 4 Zwiebeln, 1 Knoblauchzehe, 2 EL Petersilie, 3 Eier geben, die Masse gut vermengen, Klößchen abstechen und in Mehl und Ei gewendet in Öl goldgelb ausbraten.
Im Grunde ist dieses Rezept nichts anderes als Buletten auf Thunfischart. Das Ergebnis ist allerdings überraschend duftig, viel leichter als mit jedem Fleisch, die Buletten schmecken wie aufgeschäumt. Man kann zu diesem Genuß nur lebhaft einladen. Wer die Klößchen in Sauce bevorzugt, läßt sie noch 15 Min. sanft in einer Fischveloutée ziehen.

Tortilla de bonito (Omelette vom Weißen Thunfisch). 150g Bonito, 1 Knoblauchzehe, 2 Stengel Petersilie, 6 Eigelb miteinander vermengen, 6 geschlagene Eiweiß unterheben und die Masse in Öl ausbraten.
Eine gute, harmonische Verbindung von Thunfisch mit Ei. Die spanische Vorliebe für Tortillas, Eierkuchen, hat unzählige Rezepte hervorgebracht, eigentlich hat man fast alles schon als Tortilla versucht. Tortilla mit Weißthun ist eines der wirklich guten.

Da auch die anderen Weißthunarten zur Sommerzeit an der Nordküste Spaniens häufig angeboten werden, ist es geraten, die wichtigsten zu zitieren. Größere liegen meist filetiert aus und sind nicht mehr zu erkennen, aber kleinere sieht man am Markt oft als ganze Exemplare.

Albacora, Atún blanco, dt. weißer Thun, kleiner Weißthun, *thunnus alalunga*, auch *germo alalunga,* katalanisch auch *bácora, bonito*, baskisch *atunzuri*, auch *egaluze* wie der Bonito, galicisch oft *bonito,* frz. *thon blanc*, ital. *tonno bianco, alalonga*, griech. *tonnos (macrópteros)*, ein türkischer Name fehlt; jenseits Griechenlands trifft man den Fisch nicht mehr an.

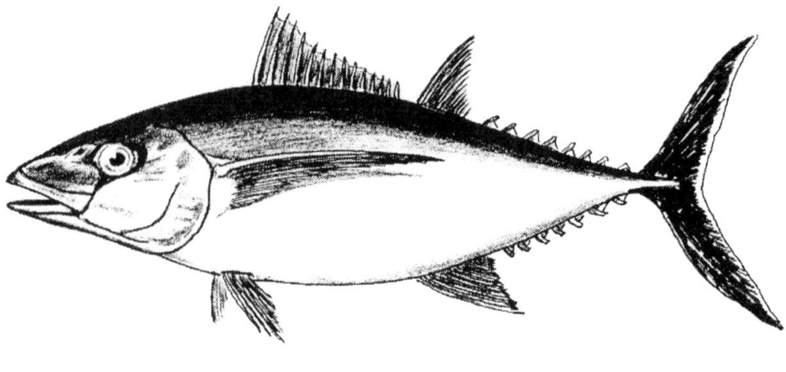

Die Leitart der weißen Thunfische, in Form und Farbe dem roten Thun sehr ähnlich, vor allem da er die charakteristischen Rückenstreifen des Bonito nicht hat. Hauptmerkmal sind lange Seitenflossen, die sonst keiner aus der Thunfischfamilie in dieser Art hat. In der Qualität dem Bonito gleichwertig. Länge wie der Bonito 60-100 cm. Saison Juni-Oktober

Listado, dt. Echter Bonito, *euthynnus pelamis,* katalanisch auch *palomida* oder *bacoreta ratllada* (d.h. gestreift), baskisch *lanpo*, klein *atún-txikia*, galicisch auch *bonito de altura*, frz. *bonite*, ital. *tonnetto listato, bonita*, türk. *palamut.*

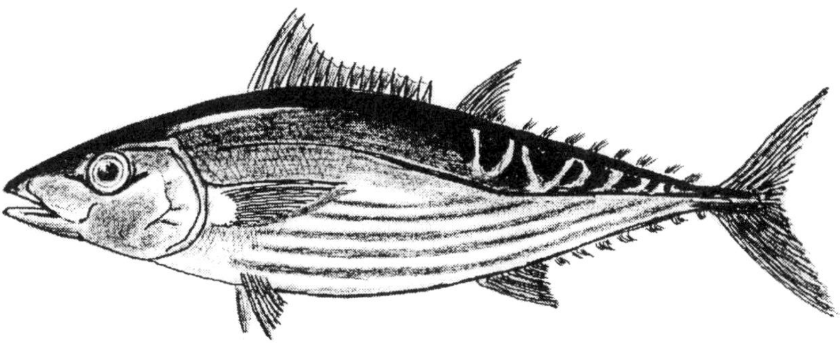

In Form und Größe den anderen gleich, besonderes Merkmal sind 6-7 dunklere Längsbänder am Körper. In guten Fällen bis 1 m Länge. Saison Juni-Oktober. An der spanischen Nordküste überall häufig, aber auch im Golf von Cádiz, dort häufiger als die anderen Weißthune, und im Mittelmeer. Der präzisere galicische Seitenname '*de altura*' mag wohl heißen, daß er weiter draußen auf Hochsee in größeren Schwärmen auftritt. Saison ist ganzjährig. Das Fleisch ist dunkler und im Aroma etwas schwächer als bei anderen Weißthunen, es ist gleichwohl geschmackvoll und wird darum gern für Konserven genutzt.

Rábil, dt. Gelbflossenthun, *germo albacora*, baskisch *hegats hori*, galicisch *surdo, bonito raiado*, andalusisch *janco, junco*, frz. *albacore*, ital. tonnetto striato. In Form und Farbe der Albacora gleich, aber mit 80-120 cm größer, ohne Rückenstreifen. Er ist ein heller, großer Atlantik-thun, der im Mittelmeer nicht vorkommt, von erheblicher Marktbedeutung und hoher Quotierung, sehr begehrt. Meist einfach als Weißthun geführt, nur hohe Preise auf dem sonst stabilen Thunmarkt weisen auf ihn hin. Sehr geschätzt ist auch der etwas kleinere **Patudo, dt. Großaugenthun**, *thunnus obesus*, frz. *thon obèse*, ital. *tonno obeso*, nur selten über 1,20 Meter groß, selten, häufig nur um die Sahara-Canaria-Bänke und daher fast nur auf den Kanarischen Inseln und in Andalusien bekannt.

Melva, Judío, dt. unechter Bonito, Fregattmakrele, *auxis rochei oder thazard*, balearisch *mèlvera*, *baldufa*, *bisol*, baskisch *makaela*, galicisch *zurdo*, frz. *auxide, melva*, ital. *tombarello*, griech. *kopani*, türk. *gobene*, *ton*. Rücken stahlblau, Flanke grau, Bauch silbern, am Rückenende mit dunklen Punkten, die beim Jungfisch besser sichtbar sind. Größe um 50 cm, selten mehr. Saison Juni-Oktober.

Man rechnet die Melva zu den Thunfischen, obwohl sie ihnen nur nahesteht (der äußeren Form nach kaum unterschieden von ihnen) und eine eigene Fischfamilie bildet, in der sie allerdings die einzige Vertreterin ist. Zwischen Roten und Weißen Thunen hält sie eine Mitte, das Fleisch ist dunkel, ölig und im Wert etwas geringer als Thun. Sie ist ein Fisch, der tiefere Gefilde und wärmere Meere klar bevorzugt, daher vor allem im Golf von Cádiz und, etwas seltener, auch im Mittelmeer anzutreffen ist. Der merkwürdige Name *judío*, Jude, mag mit ihrer Sonderstellung innerhalb der Thunfische zusammenhängen - auf den Symbolwert der Thune als Christusfisch wurde ja beim Roten Thun schon hingewiesen.

Küche der Melva: Rezepte wie Roter Thun oder Bonito. Auch bei der Melva muß auf absolute Frische geachtet werden, das Fleisch zersetzt sich rascher als das der anderen Arten. Obwohl geringer eingestuft, gewinnt es beträchtlich, wenn es als Konserve verarbeitet wird. Konserven von der Melva sind wirklich exzellent.

Pez espada, Emperador, dt. Schwertfisch, *xiphius gladius,* katalanisch *peix espasa*, baskisch *ezpatarrain*, *txi-txi ezpata*, galicisch *peixe espada*, auf den Kanaren wie in Portugal *espadarte*, frz. *espadon, empereur*, ital. *pesce spada*, griech. *xiphiós*, türk. *kiliç baligi.*

Dem Thunfisch nahestehend, kompakt, mit merkwürdigem, degenartigem Hornauswuchs am Kopf, nachtblau, an den Seiten heller, Bauch silbern. Gesamtlänge bis 4 Meter mit einem Gewicht von 400 kg. Saison Juli-November, nach anderen Angaben April-August.

Der Schwertfisch ist weltweit in allen wärmeren Meeren zuhause, in Europa vereinzelt bis Südnorwegen, wo er auf Nahrungssuche oberflächennah genug jagt, die Rückenflosse gern im Freien - die allermeisten Dreiecksflossen, die man aus dem Meer ragen sieht, gehören vermutlich Schwertfischen, nicht Haien! Er laicht auch oberflächennah im Sommer, bevorzugt in der Sargassosee und im südlichen Mittelmeer, denn sein Laich braucht 23-24° Wassertemperatur. Als emsigen Jäger auf kleine Thunfische und Makrelen findet man ihn regelmäßig, allerdings meist einzeln, im fischreichen Wasser des Stretto bei Messina. Mißtrauisch und temperamentvoll, gilt er als aggressiv, ist dies aber gewöhnlich nicht. Es kommt allerdings vor, daß er wütend im Wasser herumtobt, weil er von kleinen Schalentieren und Parasiten gequält wird. Dann kann es sogar vorkommen, daß er sich plötzlich auf einem Strand oder zwischen den Küstenfelsen wiederfindet, was ihn ebenso erschreckt wie die Menschen. Möglicherweise deswegen glaubte man früher, er sei auch in der Lage, Schiffe anzugreifen. Beim Fang allerdings wehrt er sich ziemlich heftig und ernsthaft, Schwertfischfang war früher eine gefährliche Sache. Sein Degen dient ihm dabei nicht als Spieß, sondern als Schlagwaffe. Früher verfing sich gelegentlich auch einmal ein Exemplar im Golf von Cádiz in Thunnetzen; denn anders als der Thun, der seinem Richtungsinstinkt nach nicht umkehren kann, kann der Schwertfisch beidrehen und schwimmt aus den Todeskammern einfach wieder hinaus. So ein Zufallsfang war dann immer ein Ereignis. Heute gibt es das nicht mehr, der Schwertfisch kommt, abgesehen von der Zone bei Messina, allein aus Hochseefang. Der Fang gilt wegen seines Mißtrauens aber auch heute noch als nicht eben leicht, trotz Radioortung und neuer Fangmethoden. Der Schwertfisch kann nämlich zudem enorm schnell sein: bis 130 km/Std. erreicht dieser exzellente Schwimmer!

Der Betrug mit dem Schwertfisch. Außer für roten Thunfisch hat man früher Haie auf Inlandsmärkten gern auch für Schwertfisch ausgegeben. Der Betrug war meist so plump, daß man ihn an der Küste nicht wagen konnte. Alle größeren Haie haben dunkle und reibeisenrauhe Haut, knorpeliges Skelett und schlaffes Fleisch mit Grauton, der Schwertfisch dagegen hat immer glatte, weiche graue Haut, Knochengräten und glänzend kompaktes, kalbfleischartig blaßrotes Fleisch. Die Leute fielen aber auf eben diesen typischen Rosaton des Schwertfischs herein: den kann man nämlich gut fälschen. Mit Hühnerblut eingerieben sieht auch Hai schön rosa und glänzend aus. Meist diente für diesen Betrug der Marrajo-Hai. Sein Fang erfolgte in den andalusischen Fischereigebieten gesondert und außerhalb der sonstigen Fangstunden, und auch der Verkauf erfolgte gesondert, nach Abschluß der Normalgeschäfte und als Zusatzeinkommen der Besatzung. Es gab sogar spezielle Schiffe, 'marrajeras', für den Haifang. Da war der Betrug noch leichter. Man hat das zurückgedrängt, aber nach wie vor wird in Spanien tonnenweise Marrajo unter irgendwelchem, jedenfalls falschem Namen verschoben. Noch 1990 kam der Verbraucherschutz zu einem bezeichnenden Ergebnis. Es erwies sich als betrüblich leicht, wochenlang Marrajostücke als Schwertfisch zu verkau-

fen, legte man sie nur neben einem Schwertfischkopf aus. Fragt sich, ob die Sorglosigkeit der Kunden in diesem Fall nicht Strafe genug bekam. Die oft bettelarmen Matrosen, die den Betrug inszenierten? So wie es in Deutschland das 'Kavaliersdelikt' gibt, gibt es in südlichen Ländern den 'pícaro', den schlauen Kleinbetrüger, der sich irgendwie durchschlägt. Wenn er es nicht gerade allzu bunt treibt, darf er betrügen, wie er will - der Spanier schaut in diesem Fall eher danach, ob der Betrogene nicht vollauf zu Recht betrogen wurde. Und steht dann gnadenlos auf der Seite des pícaro.

Küche: Der Schwertfisch wird in Spanien immer beliebter. Als Speisefisch ist er vorzüglich, besser als Thun, einer der besten Fische am Markt. Beim Preis hat man stets zu berücksichtigen, daß so gut wie kein Abfall auftritt. Nicht alles Fleisch vom Schwertfisch ist allerdings gleich gut. Der fettere Hinterteilansatz ist in Struktur und Aroma besser als das vom Hinterteilende. Vorzüglich ist auch die Leber, die aromatisches Öl enthält. Am besten ist Schwertfisch gegrillt, in Medaillons geschnitten, pur oder in Marinaden eingelegt. Ansonsten eignen sich auch alle Rezepte von Thun und Bonito.

Rezepte zum Schwertfisch:

Pez espada a la andaluza (Schwertfisch andalusische Art). 6 Filets zu je 200g in Petersilie und gehacktem Knoblauch wenden und in wenig Öl hell ausbraten. Am Ende 1 Glas Wein darangeben oder auch nur etwas Zitrone.
Das Rezept wird gleichlautend auch in Italien viel verwendet. Dort streut man zusätzlich ein wenig Oregano auf die Filets.

Emperador en vinagrillo (Schwertfisch im Essigsößchen). Den Boden eines großen Topfs mit Tomaten, grünen Paprikaschoten (siehe Kasten S. 121) und Zwiebeln decken, den Fisch daraufgeben, etwas Öl und eine Spur Essig, Salz, 1 EL Oregano und 10-12 Min. sanft schmoren, bis Saft aus dem Fisch austritt. Vor dem Servieren 5 Min. ruhen lassen!
Das Rezept gelingt besser, wenn man um 800g Fisch am Stück nimmt, das Fleisch wird dann nicht so sehr vom Geschmack der Sauce durchdrungen. Eben deshalb liegen die Mengenangaben auch nicht fest. Mit 4 Tomaten, 2 großen Paprikaschoten, 2 Zwiebeln, 1 EL Essig auf 800g Fisch am Stück kann man das Rezept einmal 'testen', dann sieht man weiter und wandelt es nach eigener Vorliebe ein wenig ab.

Emperador a la parrilla (Schwertfisch gegrillt). 4 Filets zu je 200g mit 40g Butter bestrichen auf dem Rost grillen. - Dazu Sardellenbutter: 125g Butter, 1 EL Sardellenpaste oder 3 Filets aus der Dose, 1 EL Petersilie, 1 TL Zitrone, Salz, Pfeffer.
Internationales Rezept. Der Genießer bevorzugt wohl den Fisch *solo* mit einem Glas Jerez, also ohne die Butter. Je nach Beilage oder Komposition des Menüs dient aber auch die Butter gut.

Pastís de peix espasa (Schwertfischpastete, katalanische Art). 500g Schwertfisch kleinhacken, dazu Salz, 12 entsteinte Oliven, 1 hartes Ei, 6 Sardellenfilets, 2 rohe Eier, 1 EL Kapern, Kräuter (alles gehackt) und weißen Pfeffer; falls die Mixtur zu naß ist, Brösel dazugeben. - Den Teig auf Alufolie mit warmer flüssiger Butter in einer Auflaufform 30 Min. garen bei 180°. Kalt oder warm servieren, mit Mayonnaise oder einfach mit grünem Salat.
Pasteten sind in Spanien eine Spezialität der katalanischen Küche, sowohl bei Fleisch wie bei Fisch. Möglicherweise spielen hier alte Verbindungen nach Frankreich eine Rolle. Die Schwertfischpastete ist reich, füllig und gediegen. Auch Brassen ergeben mit diesem Rezept feine Pasteten.

Caballa, dt. Makrele, *scomber scombrus,* katalanisch *verat* oder *barat*, baskisch *berdel*, *makela*, galicisch *xarda*, andalusisch kann auch *tonino, toniño* vorkommen, frz. *maquereau*, ital. *sgombro*, griech. *scoumbri*, türk. *uskumru.*
Estornino, dt. Kolias, Mittelmeermakrele, *scomber japonicus/colias,* katalanisch *bisso*, *verat*, baskisch *makaela*, *makarela*, *begi aundi*, galicisch *xarda, ruicho, pintada*, frz. *maquereau espagnol*, ital. *lanzardo*, griech. *koliós*, türk. *kolyoz*, auf Malta *kavall.*

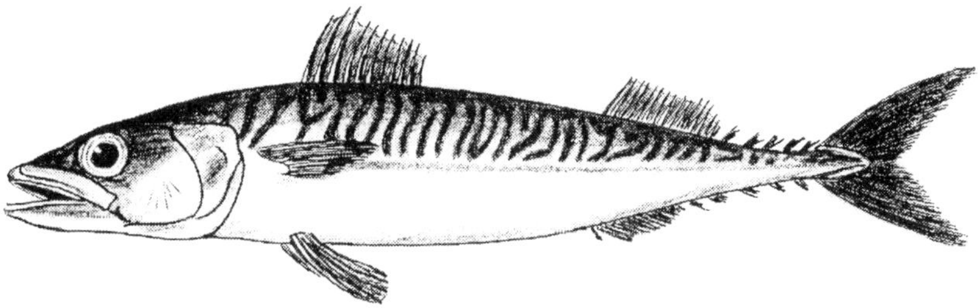

Langgezogen, schlank, etwas heringsartig; Bauch silberweiß, Rücken metallisch blau mit auffallenden dunklen Senkrechtstreifen, ledrige Haut, Länge 20-50 cm, je nach Alter. Saison April-September.

In der Form weicht die Makrele von den Thunfischen etwas ab, in den anderen Merkmalen weist sie sich aber durchaus als Vertreter der Gattung aus. In Deutschland ist sie seit langer Zeit gut bekannt, denn sie lebt gleichermaßen in südlichen wärmeren wie in nördlichen kalten Gewässern, zumeist küstennah und in beträchtlich großen Schwärmen. Die Seitenart **Estornino**, erkennbar an schwarzen Rückenpunkten in Längslinie und weit schwächer ausgeprägterer Streifung ist dagegen reiner Mittelmeerbewohner. Sie gilt im Wert als etwas geringer. Zusammen mit Sardine und Sardelle bilden Makrelen einen beträchtlichen Teil der Nahrungsgrundlage für die Großfischarten Thun und Hai. Makrelenfang ist wenig aufwendig, der Fisch ist darum immer billig. Wie alle Thune ist er ziemlich fett, dabei aber auch sehr saftig.

Küche: Auch die Makrele ist wenig haltbar, so daß sie viel zu Konserve verarbeitet oder, in nördlichen Ländern, geräuchert wird. Die Frische ist gut sichtbar, denn nur frisch sieht die Fischhaut straff und glänzend aus, sie bleibt dies aber nicht lange; erscheint die Makrele weich und glanzarm, muß man von ihr abraten. Dem gut sichtbaren Wechsel entspricht ein gleich auffälliger im Wert. Frische Makrele ist ein bei weitem mehr als mittelmäßiger Fisch. Ihr Geschmack ist dann dunkel, kräftig und nie penetrant. Am besten ist sie einige Stunden nach dem Fang, wenn der Körper noch fühlbare und sichtbare Spannung aufweist - in kleinen Küstenorten erhält man sie oft fangfrisch, in größeren kaum. - Vorbereitung: nur Kopf und Flossen abtrennen, säubern (vor allem gut waschen), abtrocknen und leicht salzen. Zubereitet wird die Makrele gegrillt, in Marinade (da sie doch recht fett ist), oder auch gekocht, da das Fleisch beim Kochen nicht aufweicht, sondern eher kompakter wird.

Garum, das römische Maggi. Seit der Antike wußte man, daß die Makrele, die sich als ausgesprochen gefräßiger Raub- und Schwarmfisch von Mollusken und Schalentieren ernährt, vorzüglich sein kann, und die Römer waren Genußexperten genug, immer die von Cádiz und Huelva und noch mehr die der spanischen Südküste am Mittelmeer zu bevorzugen. Von Römerzeiten her bis heute besaßen Almuñécar, Cádiz, Cartagena und Ibiza legendären Ruf für Einlegesaucen und Marinaden, und treffsicher haben die Römer gerade Cartagena zum Hauptsitz ihrer Fabrikation von Garum, einer Würzsauce, gemacht. Makrelen bildeten dabei den Hauptbestandteil. Ihre Eingeweide, dazu die von Muränen und Thun, salzvergoren und angereichert mit Kleinfischfleisch, wurden unterirdisch gelagert (die Cartagenaküste besitzt viele natürliche Felshöhlen) und dann in Salzblöcken ins ganze Römerreich exportiert. Die Sauce hieß 'escombrum' (sie gab später einem Hafen bei Cartagena den Namen Escombreras, der Makrele den Namen scomber und den Thunfischen die Bezeichnung Scombriden), regional angereichert hieß sie dann 'garum'. Aber nur 'escombrum' aus Escombreras war das echte - die erste DO-Bezeichnung (denominación de origen, Herkunftsbezeichnung), die wir aus der Geschichte kennen! Die Sauce verschwand in der Spätantike, ohne daß je ein römischer Autor uns das Rezept hinterlassen hätte. Wo immer Römerstädte ausgegraben wurden, Pompeji und Herculaneum und weiß Gott wo in Kappadozien, stets war auch einer dabei, der in alten Amphoren nach Spurenresten von Garum forschte. Man hat es nie ganz herausgebracht und auch beim Nachkomponieren nie ganz befriedigende Resultate erreicht. Spezialisten und Hobbyarchäologen sollte das nicht entmutigen. Auch Altphilologen kochen gern, und wer nicht gern gräbt, kann heute auch an Garum-Wettbewerben teilnehmen. Die Teilnahme ist Geschmackssache, Garum riecht und schmeckt für unseren Gaumen pestilentialisch übel, das zumindest weiß man.

Rezepte:

Caballa a la parrilla (Makrele gegrillt). Mit wenig Öl eingerieben 5-6 Min. grillen. Dazu Kräuterbutter.

Caballa asada (Makrele mariniert, gebraten). 4 kleinere Makrelen im Saft von 4 Limetten (grüne Zitronenart) 3 Std. marinieren, abtropfen, mit 4 Schalotten bestreuen und in gutem Öl ausbraten. Am Ende salzen und pfeffern.

Cocido de caballa (Makrelentopf mit Kartoffeln). 1 kg Makrele in dicke Scheiben geschnitten 1 Std. marinieren in 3 Knoblauchzehen, Salz, 1 EL Sojasauce, 2 EL Essig, 1 EL Öl. - Entnehmen, in Öl auf beiden Seiten 2 Min. anbraten, entnehmen, in den Rückstand 2 Knoblauchzehen, 1 TL Paprika, 1 Lorbeerblatt, 1 EL Essig, dazu 1 kg Kartoffelscheiben, 2 EL Petersilie geben und 2 Min. bei starker Flamme alles gut angehen lassen, dann mit Makrelensud aufgießen (Makrelenabfall mit 1 Zwiebel, 1 Lorbeer in wenig Wasser 15 Min. ausgekocht), den Fisch einlegen und bei guter Hitze 20 Min. kochen. Noch etwas nachziehen lassen.
Sojasauce paßt gut zu Makrelenmarinade. Sie gibt dem Fisch eine nelkenartige Note bei, die erfreulich abwechslungsreich schmeckt. Alle genannten Rezepte setzen frische Makrelen voraus, die saftig sind. Denn die Geschmacksstoffe entwickeln sich vorwiegend über den Fleischsaft.

Caballa con salsa de tomate (Makrelen in Tomatensauce). 4 kleinere Makrelen putzen, Köpfe und Schwänze abtrennen, in 3 EL Öl ausbraten, entnehmen und warmhalten. Im Rückstand 3 Zwiebeln glasig braten, dann 500g Tomatenpüree dazugeben. - Makrelenabfall mit 1 Zwiebel, 1 Lorbeerblatt in wenig Wasser 15 Min. auskochen. - 100g Öl, 1 Knoblauchzehe, 2 Petersiliestengel, ½ Lorbeerblatt, 100g geseihten Makrelensud, Salz, Pfeffer 15 Min. köcheln, dann pürieren und zur Tomatensauce geben. Den Fisch mit heißer Sauce benetzt servieren.

Maquereau boulonnais (Makrele nach Art von Boulogne). 8 Makrelen ohne Kopf und Schwänze 10 Min. in Makrelensud (siehe obige Rezepte) 10 Min. pochieren. 1 kg Miesmuscheln in Öl öffnen (siehe Kasten S. 235) und auslösen. Muscheln und Fisch 10 Min. im Wasserbad garen. - Sauce: 50g Butter und 2 El Mehl anbraten, Aufguß Pochiersud und Sud aus dem Wasserbad, mit Eigelb und Sahne binden. Darin 250g Garnelen 5 Min. bei 60°, also sehr geringer Hitze, ziehen lassen.
Das Rezept ist so vorzüglich, daß es angegeben wird, obwohl die Buttersauce ausgesprochen französisch ist. Die Makrele schmeckt hier deutlich in Richtung Geleehering oder Dosenhering in Sahnesauce, aber viel heller, luftiger, frischer und mit vielen Nebentönen, die gerade dieser Fisch mitbringt. Sie machen seine Qualität aus, und wer Makrelen einmal entdeckt hat, wird immer gern auf sie zurückgreifen.

Tiburones, Haifische

Haie, Familie Squalidae, werden heute nicht mehr eigens befischt, anders als früher, als man sie wie den Wal wegen des Fettes jagte, von dem verschiedene Wirtschaftszweige lebten. Die Form der Haie kennt jeder, die spitze Schnauze, eine Dreiecksflosse am Schwanz, ein rundgeschnittenes, weit auf der Unterseite zurückgezogenes Quermaul mit scharfen Zähnen. Diese nicht sehr attraktive Form mag zusätzlich dagegen sprechen, ein Steak vom Hai zu genießen. Es ist in Spanien keine Seltenheit, daß es im Angebot ist, Haie sind weltweit zuhause, bevorzugen allerdings wärmere Meere. Hai kann durchaus schmackhaft sein, nur Großhaie haben im allgemeinen schales Fleisch. Mit Haifleisch werden nicht selten Betrügereien unternommen, vor allem sollte man Hai am Frischmarkt vom exquisiten Schwertfisch unterscheiden können. Gegen Haiersatz beim Dosenfisch ist man natürlich wehrlos. Aus dem Gesagten geht hervor, daß auch die chinesische Haiflossensuppe nichts besonders Delikates sein kann, und sie ist es auch wirklich nicht. Ihr hoher Preis hat eher weltanschauliche Gründe. - Da man die großen Haie vom Verzehr ausschließen muß, bleiben nur kleinere. Am häufigsten auf dem Markt sind die Kleinhaie Cazón (Hundshai) und Pintarroja (Katzenhai).

Tintorera, dt. Blauhai, *prionace glauca*, auf den Kanaren *anequín, janiquín, tollo*, regional sonst auch alle Namen für Marrajo und Musola verwendet, frz. *requin bleu, peau bleu*, ital. *verdesca*, griech. *karcharias*, türk. *köpek baligi.*

Musola, dt. Glatthai, *mustelus mustelus*, katalanisch *mussola,* baskisch *katuarrain*, andalusisch *mozuela*, auf den Kanaren *tollo*, frz. *émissole*, ital. *palombo*, griech. *galéos*, türk. *köpek baligi.*

Marrajo, dt. Heringshai, Makrelenhai, *isurus oxyrhychus,* katalanisch *solreig,* baskisch *itxas, arrainzuri,* frz. *marrache, requin maquereau*, ital. *squalo maco.*

Von ihnen ist der Marrajo in Gewässern um die Kanarischen Inseln häufig und daher meist dort oder auf andalusischen Märkten zu finden, Musola und Tintorera sind eher im Mittelmeer zuhause und werden dort zuweilen für Thunfisch ausgegeben. Die beiden letzteren sind nicht viel wert, nur in den Mittelmeerländern schätzt man sie, doch kommen Fänge nicht allzu häufig vor, es bleibt also letztlich nur der Marrajo.

Küche der Großhaie: Steak vom Hai wird nach Thunfisch- und Schwertfischrezepten gebraten. Da der Hai meist nur filetiert ausliegt, muß man ein wenig Glück haben, man weiß nicht, von welcher Art es stammt. Haiflossen ergeben ihres Fettreichtums wegen eine anständige Würze für Suppen, wie Haie überhaupt als Suppenfisch recht gut sind.

Killerhaie. Es ist merkwürdig, daß wir die Haiform wie alle Formen urtümlicher Tiere, Kröten, Saurier, Blindschleichen, Fledermäuse spontan als abstoßend, ungeschlacht, fremd und unzugänglich empfinden. Kommt hinzu, daß die Kunde von ihrer Gefährlichkeit uns Angst macht. Von allen ihren vielen Arten, harmlos und unaggressiv, wenn man sie nicht gerade jagt, sind aber nur zwei dem Menschen wirklich gefährlich, die Tintorera (Blauhai, prionace glauca) und der Jaquetón (Menschenhai, Weißhai, carcharodon carcharias). Die meisten Fälle von Verletzungen durch Haie erfolgen durch Begegnung mit der an die 5 m langen Tintorera, einem kräftigen schönen Hai, der im Jagdeifer auf Makrelen und Sardinen sich zuweilen auch in Küstennähe verirrt. In der Meerenge von Messina, um die Kanaren und an der galicischen Atlantikküste ist ihr Erscheinen nichts Seltenes, Todesfälle durch sie sind aber kaum bekannt. Anders ist es mit dem 8 Meter langen, seltenen Weißhai (er ist graublau, nicht weiß, die Farbe kann zuweilen aber hell sein). Wie viele Haie folgt er oft tagelang den großen Fangfischen, denn dort fällt genug Abfall an, und schnappt dann nach allem, was ins Wasser fällt. Wenn sein Hunger geweckt ist, attackiert er bedenkenlos auch Menschen. Ob Blut im Wasser treibt oder nicht, ein hungriger Weißhai kann immer angreifen. Küstennah kommt er außerordentlich selten, und von schlimmen Unfällen mit Badegästen hört man nur alle zehn Jahre einmal. Hollywood kennt er nicht, er ist reiner Atlantikbewohner. Aber meist reicht es ja schon, daß man einige der typischen Dreiecksflossen über Wasser sieht, und die Panik ist perfekt. Dabei handelt es sich in den allermeisten Fällen um Marrajos, Makrelenhaie, die gern oberflächennah schwimmen und ziemlich lebhaft, aber harmlos sind. Vollends harmlos schließlich ist der größte Hai, der im Bestand gefährdete, bis 15 Meter lange Peregrino (Riesenhai, squalus maximus), der auch im Mittelmeer vorkommt. - Fischer mögen die Haie übrigens nicht besonders. Als Raubfische von meist beträchtlicher Größe stören sie den Fang von Schwarmfischen, und werden sie mitgefangen, richten sie unter diesen in ihrer Erregung regelmäßig ein Blutbad an.

Cazón, dt. Hundshai, *galeorhinus galeus, galeus canis,* katalanisch *caçó, mussola*, baskisch *kazoi, toil, tolla*, kleine getrocknete Stücke andalusisch *tollo*. frz. *émissole, chien de mer*, ital. *palombo, cagnesca*, griech. *galéos*, türk. *köpek baligi*. Der Musola (Glatthai) sehr nahe verwandt, so daß *mustelus mustelus* zuweilen auch in der Fachliteratur als Cazón auftaucht.

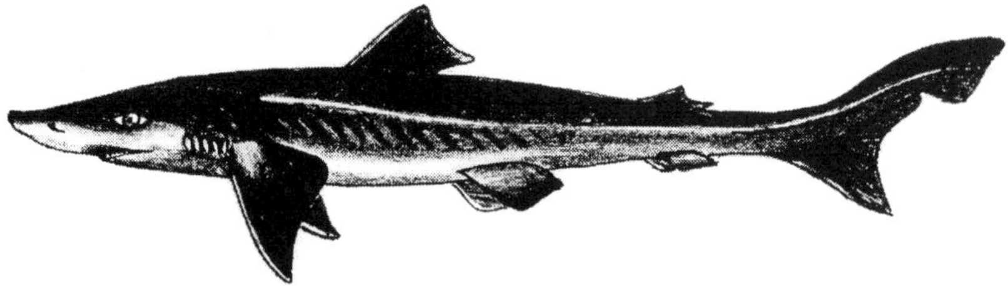

Mit 1,50 m Länge ein mittelgroßer, völlig ungefährlicher Hai, Farbe hellgrau, Haut nur sehr wenig rauh, typische Haiform, auffälligstes Merkmal eine klar u-förmige Maulpartie, die ihm einen eher freundlichen Ausdruck verleiht. Ein in Mittelmeer wie Atlantik häufiger Küstenfisch, zuweilen zum Leidwesen der Angler in großem Schwarm alles andere vertreibend - vermutlich kommt sein Name davon, Jagdhunde können auch etwas Lästiges sein - meist mit sehr hoher Fangquote und billig. Sein Fleisch ist sehr weiß und etwas fade.

Küche: Da der Cazón nie sehr geschätzt war, kam er oft noch am Fangschiff selbst in den Topf, so daß seine Küche umfangreich ist und einige exzellente Seemannsgerichte kennt: geschmort mit Knoblauch und Peperoni, mit Kartoffeln (gegen Mangel an Vitamin C führen Fangschiffe stets reichlich Kartoffeln mit), mit Tomate oder Kräutersauce. Am Markt liegt er oft gehäutet aus, da er schwer zu häuten ist. Ein lohnender Fisch, wenn man sich nicht zu viel von ihm erwartet. Zubereitung ansonsten wie Thunfisch.

Pintarroja, Gata, dt. (kleingefleckter) Katzenhai, *scyliorhinus caniculus,* katalanisch *gat,* baskisch *katuarrain,* galicisch *patarroxa, melgacho*, auf den Kanaren *gata.* frz. *petite roussette*, ital. *gattuccio*, griech. *klykáki*, türk. *kedi baligi.* Sehr ähnlich **Bocanegra, dt. Fleckhai, Schwarzmaul**, *galeus melastomus*, katalanisch *moixina*, baskisch *itxuguiyá, pimpino*, auf den Kanaren auch *boquidulce*, frz. *chien espagnol*, ital. *boccanegra* (Genova: *moiella*, Napoli: *mpiso*, Palermo: *pisci d'infernu*, Taranto: *vokke d'imfierne*).

Meist nur um 50 cm langer Kleinhai, schlank, langgezogen, rauhe Haut und spitze, scharfgezogene Schnauze. Der Name *gata* (Katze) wohl von der gelbrötlichen Farbe mit dunklen Flecken. Oft an der Angel, da er küstennah lebt und gut beißt. Saison ganzjährig. An allen spanischen Küsten häufig, vor allem im Golf von Cádiz, im Mittelmeer am häufigsten im Bereich Italiens. Der Katzenhai hat zwei Seitenarten, *stellaris* (größer, bis 150 cm, gilt als bester Katzenhai) und die oben erwähnte Abart, *galeus melastomus*, etwas grau-dunkler als die Hauptart. Beide können sich regional noch geringfügig weiter unterscheiden. Von Bedeutung wegen seiner Leber, die ein für Industriezwecke sehr wertvolles Öl enthält, ist ein weiterer Kleinhai, die **Mielga, dt. Dornhai**, *squalus acanthias*, frz. *aiguillat*, ital. *spinarolo*. Dem Katzenhai recht ähnlich, in der Farbe aber einheitlich grau-rosa. Aus seinen Bauchlappen, heißgeräuchert, werden Schillerlocken produziert, eine rein deutsche Spezialität.

Küche: Pintarroja sollte bald zubereitet werden, der Fisch fängt rasch zu stinken an, wenn er nicht frisch ist. Am Markt liegt sie oft wie der Cazón schon gehäutet aus, da ihre Haut lederartig zäh ist. Rezepte wie Cazón, gern mit Gemüse.

Rezepte zu Haien:

Cazón guisado (Topf vom Hundshai). 2 Zwiebeln, 2 rote Paprikaschoten, 2 Tomaten, 2 Lorbeerblatt in 5 EL Öl andünsten, dann 4 Kartoffeln gestückelt dazu, 3 Safranfäden, mit Wasser deckend aufgießen und alles 10 Min. köcheln. Dann 400g Cazón dazugeben, 200g geschälte Gambas und ein Picadillo aus: 125g gerösteten Mandeln, 4 Knoblauchzehen, 5 Schnitten getoastetem Baguettebrot, Petersilie, alles gemörsert. Weitere 5 Min. garen.
Ein lehrreiches Rezept dafür, wie man mit Hai in der Küche umgeht. Haie sind ein wenig die 'Kutteln des Meeres', sie haben sehr oft einen Ammoniakstich, den man zu bändigen hat. Hier geschieht dies in einem kraftvollen, ausgewogenen Fischtopf, ein echtes Volksrezept. Er eignet sich nicht nur für den Hundshai, auch Katzenhai (Pintarroja), Meeraal, Seehecht und Seeteufel gelingen mit ihm sehr gut.

Cazón en adobo (Hundshai in Würzsud). 1 Liter Wasser, mit 150g Weißwein mit 50g Jerez gemischt, dazu 2 Knoblauchzehen, aufkochen. Dann ein Majado (siehe Kasten S. 80) dazugeben aus 1 TL Paprika, 1 TL Oregano, 1 TL Kreuzkümmel, Salz. 750g Cazón darin in 4 cm-Würfeln 8-12 Std. marinieren. Dann in Mehl wenden und ausbraten.
Auch hier wird am Ende eine Würzpaste zugegeben, um den Geschmack breiter aufzufächern. Das erste Rezept erreichte den Effekt ganz ohne Alkohol, hier aromatisiert vor allem der Jerez den Fisch in Richtung von Kalbfleisch.

Estofado de Musola (Topf vom Glatthai). Einen Sofrito (siehe Kasten S. 187) bereiten aus 4 EL Öl, 1 Zwiebel, 1 Tomate, 3 Knoblauchzehen, Petersilie, Salz, Pfeffer, Paprikapulver. Darauf dann Scheiben vom Hai, enthäutet und mit Salz und Zitrone gewürzt, zugedeckt dünsten (nach Wahl auch Kartoffeln dabei). Am Ende ein Picadillo daran: 2 Knoblauchzehen, 120g geröstete Mandeln, Petersilie gemörsert und mit etwas Sud gelöst.
Eine dritte Methode, etwas zarter als die beiden vorangehenden. Die Würzung erhält durch die Zitrone ein reiches Aroma, gut für das etwas blaß schmeckende Fleisch des Glatthai. Es hat auch nicht so sehr den Ammoniakstich wie der Hundshai. Für Katzenhai (Pintarroja) kann es ebenfalls herangezogen werden.

9. Edelfische

Dienstag, 14. August, 7 Uhr morgens in Burela an der galicischen Nordküste. Es ist Fischauktion. In der großen Halle ist der Bonito schon fast versteigert. Etwa tausend Kisten Fisch, aufrecht die dicklichen Leiber im Eis, werden an Haken nach draußen gezogen, in der kleinen Halle beginnt soeben der zweite Durchgang. Handy in der einen Hand, Papierwust in der andern, balancieren die Aufkäufer über die vielen Merluzakisten, ohne Hektik, der Tag läuft normal. In einer kleinen Ecke läuft unterdes die Versteigerung des Beifangs, 30 Kisten unterschiedlichen Sortiments. Der Verkäufer rasselt sein Zahlenwerk herab, stoppt kurz und krakelt etwas auf seinen Notizblock. Er sieht nicht einmal auf, es hat auch keiner die Hand gehoben, fast gelangweilt stehen Restaurantinhaber und junge Fischhändlerinnen auf irgendwelchen Kisten. Die Sache ist klar und wurde vorher in der Bar abgesprochen. Interveniert niemand, geht die Zuteilung zum Tagesfixing an den Interessenten. Einmal wird interveniert. Der Versteigerer, ein dicker junger Kerl, schaut nur kurz auf, dreht sich weg und macht anderswo weiter, während eine Dame, der Kleidung nach Restaurantinhaberin, und ein Lieferant die Sache, 3 Kisten Fisch, unter sich ausmachen: sie die eine, er die andern zwei. In den Kisten liegen zwei Wolfsbarsche, ein Häufchen rotglitzernde Rubios, ein Paar Meerbarben, die recht gut aussehen, ein paar Brassen - der typische Beifang kleiner Küstenfischer.

Beifang ist, was nebenbei anfällt. Denn man richtet den Fang immer auf irgendein Objekt aus, nach ihm wählt man Zeit, Ort, Netz bzw. Fangmethode und Fangzeit. Hat man viel Erfahrung und auch Glück, ist der Fang ergiebig und der Beifang klein - oder auch umgekehrt. Dann ist bei kleinen Fischkuttern der Beifang manchmal sogar wertvoller als der Fang selber. Für die großen Fangschiffe stellt er immer ein Problem dar. Wer auf Sardinen oder Merluza fischt, wird mit ihnen genug Arbeit haben. Was sonst noch mitgefangen wird, Jungfische, Raubfische, Garnelen, aber auch größere Brocken, Thune, zuweilen auch Haie - was tun damit? Die Kühlboxen sind für den eigentlichen Fang vorgesehen, oft liegen Vorbestellungen an, der Markt rechnet zum Anlandetermin mit bestimmter Tonnage, er sucht Kontinuität. Beifang stört nur, braucht Sonderlagerung, Platz, andere Temperaturen. Oft genug wandert er einfach wieder über Bord, lebendig oder tot, zur Freude der Haie, minderwertiger Beifang schafft nur Arbeit und bringt Verlust. Eine Kiste Wolfsbarsch, das ja, die bringt einen ordentlichen Preis, den läßt man sich nicht entgehen. Also: Wolfsbarsch auf die Seite, Wertloses über Bord und den Rest bunt durcheinander angelandet, irgendwie sortiert, die örtliche Kundschaft wird ihn schon kaufen. Und natürlich kauft sie ihn! Oft genug warten die örtlichen Restaurantbesitzer gerade auf ihn, kommen später, wenn die Großschiffe durch sind, die besten Fische bringen die kleinen - es sind in der Tat vor allem kleine Küstenfischer, die Beifang liefern und auch Zeit haben, ihn sorgsam zu behandeln. Brassenfischer ziehen bis zu 40% Fisch ins Netz, auf den sie gar nicht aus waren, Wertvolles und weniger Wertvolles. Trifft es sich gut, entgeht eine Menge davon dem Preisdiktat der Großanlieferer an der Börse, wenn nicht gar der Börse überhaupt.

Das Wort Beifang klingt etwas negativ, so als sei er der Abfall der Fischerei. Leider ist er das oft auch. Große Hochseefangschiffe würden überquellen vor lauter buntem Sortiment, behielten sie allen Beifang bei sich, und auch die Vermarktung würde viel komplizierter, als sie es ohnehin schon ist. Andererseits resultiert ein nicht geringer Teil der Überfischung seltener Arten aus Beifang, der halbtot oder ganz tot wieder über Bord geht oder achtlos gestapelt wird für die Fischmehlindustrie. Man rechnet dabei mit über 20% allen gefangenen Fischs, eine gewaltige Menge! Lösungen des Problems sind nicht leicht zu finden. Am ehesten werden sie bei Fangmethoden und Netzgrößen zu suchen sein, wohl auch in sorgfältigerer Ortung der Fänge.

Andererseits hat das Wort Beifang natürlich auch angenehme Seiten. Nicht nur sind Beifangfische begehrt. Viele dieser Fische genießen sogar die besondere Zuneigung der Bevölkerung. Um die Merluza muß sich schließlich keiner kümmern, die fängt man, wie man Kartoffeln erntet. Aber nach einigen guten Gallinetas, Rotbarschen oder Corvinas (Seeraben), da schaut man sich am Markt um, das lockt die Käufer, ich kenne es zur Genüge. Gern hätte ich mich irgendwo als Stammkunden empfohlen, man wird dann schließlich mit Vorzug bedient, aber zuweilen hatte der Nachbar eben genau den Sargo oder die Lampuga, die ich brauchte. man nahm es mir nicht übel, wenn ich anderswo kaufte. Fischkauf ist Vertrauenssache, und die echte Stammkundschaft sind immer die älteren Damen, die treu wie ein Uhrwerk immer dasselbe kaufen. Für sie lohnt gleichbleibende Qualität. Ich bewunderte im Lauf der Zeit sogar die Geduld der Verkäufer - täglich zaudert die Kundin, und täglich weiß der Verkäufer im voraus, was sie am Ende nimmt. Aber das Zubrot, das ist auch am Markt der Beifang. Man sieht am Fischmarkt gern Vielfältiges, greift gern zu dem, was nicht alle Tage angeboten ist, freut sich am Besonderen. Je breiter das Angebot, umso größer wird ganz allgemein der Appetit auf Fisch. Es ist klar, viele Beifangfische sind regional. Sie sind möglicherweise echte Delikatessen, die man anderswo nicht bekommt oder für die man enorme Preise zahlen müßte. Da muß eine Bevölkerung schon so fischvernarrt sein wie die spanische, um für ein paar Kisten Wolfsbarsch, Felsengarnelen, Jakobsmuscheln, ein paar Angelmerluzas und einige Säcke Muscheln eigens ein Auto von Barcelona oder Zaragoza nach Burela in Galicien zu schicken. Aber dort in Burela stehen sie am 14. August wirklich an der Hafenmole, mit Firmenaufdruck, kleine Lieferautos von weit, weit her, halb Spanien ist vertreten! Manche fahren nach der Versteigerung hier in Burela noch hinüber nach Foz oder Viveiro, bis die Fracht sich für die weite Rückfahrt lohnt. Im Gepäck haben sie in der Hauptsache Beifang; aufgefüllt wird mit beliebigem Rest, ein paar Kisten Sardinen oder Makrelen, Thunfisch oder Miesmuscheln, keiner will halb leer heimfahren.

Die Bezeichnung '**Edelfisch**' (spanisch *de segunda categoria*), ist wie 'Beifang' kein Name, der einzelnen Arten von Fisch zukäme, sondern ein Sortimentsname, der nie genau festliegt. Es gehört zum Geschick des Versteigerers, sinnvolle Kleinsortimente auszuweisen. An diesem Tag in Burela sind besonders viele schöne Knurrhähne da. Zwei Kisten davon gehen pur weg, der Rest wird gemischt mit Brassen und Wolfsbarsch, an diesem Tag der Edelfisch, einige Schaufeln kleiner Knurrhähne geraten mit den wenigen Salmonetes, die da sind, und ein paar Palometas zusammen, das ist heute normaler Beifang und damit dritte Kategorie - der Knurrhahn ist an diesem Tag also teils Edelfisch, teils nicht. Ein wenig habe ich mich in den folgenden Kapiteln vom Verfahren der Börse anleiten lassen. Das Wort 'Edelfisch' meint weder, daß in diesem Kapitel nur Qualitätsfische und im nächsten minderwertige stehen, noch sagt es unbedingt etwas über die Preise aus. Der Preis kann bei allen Beifangfischen, ob Edelfisch oder Dritte Kategorie, ziemlich weit auspendeln, weiter jedenfalls als bei Anbauprodukten oder Schlachtvieh. Zuweilen bekommt man Edelfische am Markt zu Preisen, die man kaum glauben mag, an anderen Tagen scheinen sie maßlos überteuert. Einige sind regional immer reichlich im Angebot, wie der Rape (Seeteufel) in Katalonien oder der Mero (Zackenbarsch) in Madrid, fehlen dafür anderswo. Dem Leser sei versichert: Es hängt wirklich alles an der Börse! Fragt Madrid Wolfsbarsch stark nach, aber an diesem Tag wird wenig angelandet, weil die Wolfsbarsche durch Wetterumstände dort nicht waren, wo die Fangschiffe ihre Routen hatten, klettert der Preis. Für den Laien ist das oftmals sehr verwirrend.

Lubina, dt. Wolfsbarsch, Seebarsch, *dicentrarchus labrax*, auch *morone labrax,* katalanisch *llobarro*, *baileta*, baskisch *lupiniá*, *robaloa*, galicisch und castellano *róbalo*, *robaliza*, auf den Kanaren gelegentlich auch *salmón de altura,* frz. *bar, loup de mer*, ital. *spigola, branzino*, griech. *lavráki*, türk. *levrek* (klein: *ispendik*; ein zumal in der Türkei sehr begehrter Fisch).

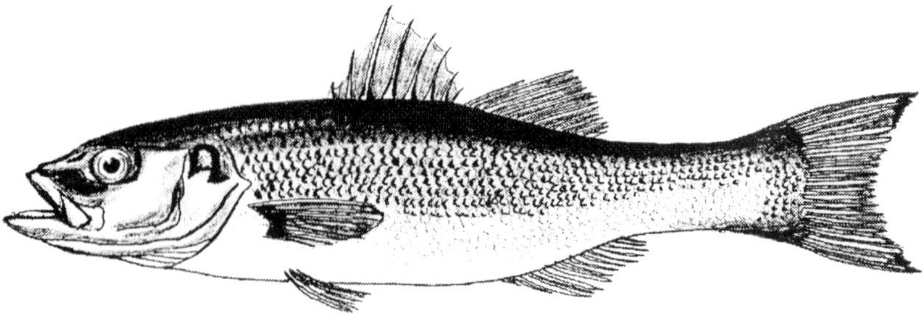

Der deutsche Name ist korrekt, der Wolfsbarsch ist naher Verwandter der Barsche, in Form und Farbe aber forellenähnlich, schlank, straff, Farbe silber-graublau, Bauch silbern, raubtierhaftes Schlitzmaul. Länge meist 60 cm, maximal bis 1 m und 12 kg Gewicht. Saison ganzjährig.

Der Wolfsbarsch ist ein vorsichtiger, mißtrauischer Beutejäger auf andere Fische und kleine Schalentiere, der sich seiner Beute nur nähert, wenn er sich überlegen weiß, und dieses Verhalten hat ihm auch den Namen eingetragen. Sein Ruhm in der Neuzeit (die Römer hatten ihn bereits sehr geschätzt) begann eigentlich erst im 18. Jhdt, als, warum auch immer, Wolfsbarsch in Fenchel als aphrodisisch galt. Heute gibt es nicht wenige, die ihm das Prädikat erteilen, zugleich schönster und bester Fisch am Markt zu sein. Das greift gewiß nicht ganz fehl, sein Silberglanz ist wirklich bezaubernd. In Spanien ist die Lubina überall relativ häufig, wobei die Küste Kantabriens und Finisterre, wo sie bis 1m Länge erreichen kann, die bekanntesten Fanggebiete sind. Die Wolfsbarsche im Mittelmeer und aus dem Golf von Cádiz erreichen diese Länge nicht, sind aber mit ihrem etwas fetteren Fleisch auch sehr begehrt, vor allem am Mar Menor - ein Umstand, der auch die Zucht lohnend macht. In Katalonien bestehen Zuchten am Ebrodelta und an der Costa Brava, an der spanischen Nordküste wohl auch. Da der Fang infolge des mißtrauischen Verhaltens der Lubina recht schwierig ist, stellt die Lubina unter Sportfischern eine viel geltende Jagdtrophäe dar, die nicht einmal selten ist, da die Lubina vor allem bei schlechtem Wetter gern küstennah kommt und in warmen Zeiten sogar in Flußmündungen eindringt - wie mehrere Barsche das tun, wenn auch nur eine Art unter ihnen den Aufstieg ins Küstenwasser definitiv vollzogen hat, der Süßwasserbarsch. Eine kleinere Varietät ist die **Baila, dt. Seebarsch, Fleckiger Wolfsbarsch**, *dicentrarchus punctatus*, baskisch auch *itxasperka,* galicisch *robaliza pinta*, frz. *bar tacheté*, ital. *spigola macchiata*, griech. *lavráki*, türk. *ispendik*. Sie ist etwas kleiner, die Schuppen sind etwas größer (60 Reihen statt 70), hauptsächlich aber an ihren Pigmenttupfen zu erkennen, die sie noch mehr einer Forelle ähneln läßt, so daß gelegentlich der Name 'Forellenlubina' (*lubina atruchada*) vorkommt, sogar *trucha de mar*, was nun in der Tat aber fehlleitet. Die Baila gibt es fast nur im Mittelmeer und andalusischen Atlantik, vor allem vor Huelva und Cádiz. Sie ist dort in Sommer und Herbst (Saison Juli-Oktober) zu finden und meist zu niedrig dotiert, da die Leute sie für geringerwertig halten - ein Irrtum, den man gern ausnutzen kann, denn sie ist der Lubina vollkommen gleichwertig.

Küche. Das sehr aromatische, feine Fleisch hat die Lubina in den letzten Jahren zum ausgesprochenen Restaurantfisch gemacht. Leider ist sie immer auch ein wenig teuer. Lubina in Grünpfeffer, in Blätterteig, in Orange erfreuen sich großer Beliebtheit, bei Köchen wie bei Gästen. Dabei macht das vorzüglich aromatische Fleisch aufwendige Rezepturen eigentlich überflüssig. Die einfache Küche ist vorzuziehen: im Herd gebraten, gern mit ein wenig Kräutern wie Fenchel, gegrillt, in Courtbouillon mit Gemüse, gedämpft, in Scheiben oder ganz, die Lubina ist immer eine Delikatesse. Der Frischezustand ist stets sichtbar, man irrt sich da kaum.

Rezepte

Lubina cocida (Wolfsbarsch gekocht). 1 kleine Lubina von 700g über die Kiemen ausnehmen, in 2 Liter Wasser mit 2 EL Meersalz (im Original Meerwasser) aufkochen und 15 Min. pochieren. Siehe auch S. 20 - Serviert mit Hollandaise.

Robalo cocido (Wolfsbarsch gekocht, galicisch). 1 Wolfsbarsch von 1,5 kg in 5cm hoch Wasser mit 2 Fenchelknollen und 2 Zwiebeln geviertelt aufkochen und 25 Min. pochieren. Nach 15 Min. Saft von ½ Zitrone und 3 EL Öl darangeben.

Lubina al hinojo (Wolfsbarsch mit Fenchel). 1 kleinere Lubina von 800g mit etwas Fenchel, Salz, Pfeffer füllen und im ausgebutterten Bräter 30 Min. im Herd bei 230° garen. In der Provence flambiert man am Ende mit 2 Schnapsgläschen Pastis. Die Fischhaut soll gegrillt aussehen.
Drei wundervolle Rezepte. Das zweite eignet sich besser für den größeren Fisch. Es stammt aus Galicien, wo die Lubina auch Robalo heißt. Das dritte ist provenzalisch; man sollte mit Pastis, wenn der Fisch etwas größer ist, nicht sparen. Fenchel ist für Wolfsbarsch das Standardgewürz, es bringt ihre überaus feinen Geschmackstöne voll zum Tragen.

Lubina a la sal (Wolfsbarsch, in Salz gegart). 1 Lubina von 1,2 kg durch die Kiemen ausnehmen und durch die Öffnung mit Zitrone und Petersilie füllen. Einen Bräter ganz mit Alufolie auslegen, den Fisch darin in 3 kg grobes Meersalz verpacken und 30 Min. bei 220° garen (ohne Deckel), dann 10 Min. ruhen lassen. Die Folie entnehmen und die Kruste vorsichtig mit dem Hammer zerschlagen. Den Fisch enthäuten und servieren, dazu Sauce Hollandaise oder mit Herbes de Provence, Salz und Pfeffer 3 Std. mariniertes Öl.
Ursprünglich ein Rezept für die Dorada (Goldbrasse), vgl. S.120. Auch beim Wolfsbarsch bringt es den gewünschten Effekt und wird, etwa am Mar Menor, aber auch an der spanischen Nordküste, in Restaurants oft angeboten. Auch hier ist das Ergebnis ein ganz zarter, delikater Fischgeschmack.

Loup en papillote (Täschchen vom Wolfsbarsch). ½ Zwiebel in 100g Butter goldgelb braten, dann 2 Schalotten und 200g Champignon dazugeben und anschwitzen, ½ Languste darin andünsten und mit 2 Gläschen Cognac flambieren, dann 100g Weißwein dazugeben, alles auf 50% einkochen (die Languste nach 5 Min. entnehmen und getrennt servieren), 2 EL Tomatenpüree und 10 EL guten Fischsud dazugeben, nochmals etwas einkochen, Salz, Pfeffer, Muskat und eine Spur Zitronensaft daran. - Scheiben vom Wolfsbarsch mit etwas Sauce in doppelt gefaltetes Fettpapier einschlagen und im Herd 20 Min. bei 220° ausbraten.
Das Rezept verdeutlicht, mit welchen Finessen die französische Küche bei Fischen wie dem Wolfsbarsch arbeitet. Das Ergebnis ist nicht zur zart und rund, es zeigt auch, daß der feinfleischige Wolfsbarsch durchaus einen großen Spielraum in der Zubereitung zuläßt. Einer der Vorzüge des Rezeptes

besteht darin, daß es die Sauce umfangreich ansetzt, dann aber nur zum Teil verwendet. So fällt das Abschmecken leichter, und im Rest der Sauce kann auch die Languste sehr dekorativ serviert werden.

Lubina a la asturiana (Wolfsbarsch auf asturische Art). Einen Wolfsbarsch von 2 kg ohne Haut und Flossen in 5 Scheiben schneiden, salzen, pfeffern, in Mehl wenden. - 1 Zwiebel in 100g Öl anbraten, darin 1 TL Paprika leicht einrühren, 3 EL Essig, 5 EL Sidra (Apfelwein aus Asturien) oder Weißwein, die Fischscheiben, 18 Gambas, 18 Herzmuscheln zugeben und 10 Min. bei 230° im Herd garen. Beim Servieren Sahne darangeben.
Ein Rezept mit Sidra, die mit viel Vorsicht eingesetzt wird. Sidra ist ein Produkt, das ganz Spanien kennt und gerne nutzt; und auch die normannische Küche gebraucht ihren Cidre bei Fischen häufig. Hier verbindet sich der herb-spritzige Fruchtton des Apfels sehr schön mit den Muscheln.

Wein zum Fisch

'Weißwein zum Fisch' heißt die alte Küchenregel, läßt aber offen, ob sie Wein zur Tafel oder Wein zum Kochen meint. Heute serviert man zu üppigem Fisch wie Steinbutt gern auch Rotwein, zu leichtem Rosé (in Spanien: Rosado). Spanien führt heute feine, spritzige Rosados oder Claretes von Qualität. In der Küche bleibt es aber beim Weißwein. Rotwein hat dunkles, breites, durch die Gerbsäure kräftig ausfallendes Bouquet, das zum Fisch nicht gut paßt. Weißweine werden heute auf fruchtige, leichte, angenehm säuerliche Bouquets ausgebaut, die mit Fisch und Schalentieren vorzüglich harmonieren.

Welcher Wein ist vorzuziehen? Jedenfalls trockener Wein mit nicht allzu viel Körper und Erde. Weine von Rhein, Mosel, Nahe und aus Baden sind gut. Sie dürfen nur nie süß sein, also keine Spätlesen, Muskateller oder sonstige Dessertweine. Halbtrocken ist das höchste, was Sie zugestehen können. Wein aus Franken und Elsaß nur, wenn Sie die Sorten genau kennen. Spanien bietet geeignete Weißweine aus Katalonien an, etwa Wein aus Alella, und vor allem aus Galicien, Albariño und Ribeiro. Neuerdings gibt es auch schöne Duero-Weißweine.

Jerez (Sherry) ist ein besonderer Wein. Seine Traube weist eine Bakterie auf, die beim Vergären des Mostes aufblüht und diesem Wein eine besondere Note verleiht. Außer im andalusischen Gebiet bei Jerez de la Frontera gibt es diese Traube nur im Anbaugebiet Moriles, weiter östlich. Jerez paßt nicht immer gut *in* Fischgerichte, aber immer gut *zu ihnen*. Nehmen Sie stets 'seco' oder 'amontillado', die trockenen Sorten.

Bar au poivre vert (Wolfsbarsch mit grünem Pfeffer). 6 Scheiben vom Wolfsbarsch mit 1 Schalotte in Öl und Butter anbraten, 2 Min./Seite. Dann mit Calvados flambieren, 200g Sahne daran, 2 TL grünen Pfeffer und im Herd 10 Min. bei 210° fertiggaren.
Das zum vorigen passende Pendant aus der Normandie mit Calvados und Sahne. Sehr fein rundet der weiche grüne Pfeffer hier das Gericht ab. Der Apfelgeschmack eines ausgewogenen Calvados ist milder und filigraner als der eines guten Cognac mit seiner Tiefe.

Filetes de lubina a la parrilla (Wolfsbarsch gegrillt). 4 Filets vom Wolfsbarsch salzen, pfeffern und grillen. - Sauce: Vinaigrette aus Öl, Balsamessig, Salz, Schnittlauch, gemahlenen Koriander, Petersilie, Kerbel, Basilikum und 100g Kresse; die Vinaigrette nach Belieben auch pürieren; ideal ist es, sie 3 Std. vorher zuzubereiten und durchziehen zu lassen.

Rape, dt. Seeteufel, *lophius lophius/piscatorius,* katalanisch *rap*, baskisch *zapo zuri*, *xapua*, *peixe sapo (*grüne Abart; diese galicisch *xuliana*), andalusisch zuweilen *rata*, Seeratte, auf den Kanaren auch *peje armao*. Die Seitenart *lophius budegassa* wird namentlich nur im Baskenland unterschieden als *zap beltz*. Frz. *lotte, auch baudroie*, ital. *rospo*, griech. *vatrachópsaro*, türk. *fener baligi.*

Sein Aussehen gilt als ausgesprochen häßlich. Form breitgedrückt, nach hinten schmal auslaufend, schuppenlos, aber mit hornigen Operkeln, überbreit gezogenes Maul, schleimig, Augenhöhlen eingesenkt, Farbe graubraun oder graurot mit dunklen Flecken. Bis 90 cm, im Ausnahmefall bis 2 m. Die Seitenart *budegassa*, die im Wert als geringer gilt, ist eher braunschwarz als rot und lebhaft gescheckt, ihr Kopf ist noch etwas breiter und gedrückter. Diese Art ist die im Mittelmeer häufigere.

Der Rape kommt an allen Küsten Europas und des Mittelmeers und auch im offenen Meer vor, es gibt ihn daher auch an allen spanischen Küsten und zwar noch häufig, vielleicht deshalb, weil er in Spanien bis vor kurzer Zeit weitgehend unbekannt und verachtet war. Und dies, obwohl er schon vor Jahrhunderten und in der Antike ein hohes Renommee genoß und Frankreich ihn immer hochgeschätzt hat. Sogar im Fischparadies Baskenland mochte man ihn nicht; erst katalanische Bürgerkriegsflüchtlinge haben ihn dort um 1940 bekannt gemacht und seinen Fang eingeführt. Von Fischsuppen mit Rape sprachen bis vor kurzem auch noch manche Kenner eher abwertend, sogar wenn sie ihn als Einzelgericht vorzüglich fanden. Heute ist das anders. Rape wird gern als Ersatz für teure Langusten in Suppen verwendet, das beste Kompliment, das man dem Fisch machen kann. Indes ist seine Quotierung in Spanien längst noch nicht so hoch wie in Frankreich oder Deutschland, wohl immer noch Folge der langen Verachtung, wenngleich immer in Betracht zu ziehen ist, daß er viel Abfall hat, um 50%. Der Abfall gibt aber wiederum vorzüglichen Sud, und in den letzten Jahren trennt man auch am Markt häufiger: *Cabeza de rape* (Kopf, ein wenig Abfall von anderen Teilen) liegt getrennt von *cola de rape* (katalanisch *cau de rap*) und *rape entero* (ganze Exemplare, katalanisch auch *rap sencill*, einfacher Rape). Das Fleisch ist delikat, hochwertig, grätenfrei (auch die Außengräten gehen gut ab) und festkochend weiß. Im Biß ähnelt es wirklich mehr einem Stück Kalbfleisch als einem Fisch. Die Nebenart *budegassa* ist nur im Aroma unterschieden. Sie lebt etwas weniger tief im Meer, meist über 400 m Wassertiefe, *piscatorius* eher darunter. Nicht ganz so exzellent wie die Hauptart, ist sie der Standardfisch der katalanischen Küche. Französische *lotte* ist meist Atlantikfisch und entsprechend teuer.

Küche: Der Seeteufel ist einer der Standardfische in der Gastronomie; auch in feinen deutschen Restaurants gibt es ihn zuweilen. Die köstlichen katalanischen Suppen mit Allioli, auch balearische Calderetas, Suppen und nordspanische Dünstrezepte mit grüner Sauce baskisch sind Beweis, wie flexibel der Fisch ist. - Vorbereitung: der Rape ist schwer zu häuten. Man muß am Rükken unter die Haut fahren und am Rückgrat entlang das Band ablösen, das dort die Haut hält. Dann sind die Sehnen zwischen Haut und Fleisch gut zu trennen. Er wird gern in der Haut filetiert, größere Filets werden auseinandergeklappt und halbiert. Gefrierware sollte man immer im Kühlschrank auftauen, sie wird sonst zäh. - Im übrigen ist Seeteufel ein magerer Fisch, der nicht viel Hitze verträgt und schnell trocken wird. Von seinem etwas kräftigen Geruch, auch frisch, darf man sich nicht abschrecken lassen, der Rape riecht immer so.

Ein Fisch, der selbst angelt. Es gibt wahrlich Wunderliches genug im Tierreich. Unter anderem einen Fisch, der selbst andere Fische angeln geht, eben den Rape. Plinius, Aristoteles, Ovid und andere Autoren erzählen von seiner Schläue und List, womöglich haben Schwammfischer ihn schon früh beobachtet, er hieß in der Antike auch 'Meerfuchs'. Wie angelt ein Fisch? Der

Seeteufel gräbt sich erst einmal in den Sand ein, bei seinem platten Körper keine Kunst, zumal er eine anormal langsame Atmung annehmen kann. Seine Verstellungskunst reicht aus, um seinen fleckigbrauen Körper auch als Stein oder Koralle auszugeben, und sicher ist schon mancher Hobbytaucher an einem Rape vorbeigeschwommen, ohne ihn zu gewahren. Dann läßt er einen fleischernen Tentakel, der ihm an der ersten Rückengräte hängt und an dessen Ende kugelartige, verschiedenfarbige Auswüchse baumeln, vor seinem versteckten Maul hin und her pendeln. Klein- und Jungfische, auch Garnelen schnappen gern danach, wie nach einem Köder, und sind dann eine leichte Beute für den enorm gefräßigen Fisch. Eigentlich widersinnig, daß er seinem Trick auch selbst zum Opfer fällt, denn so gern er angelt, so gern beißt er auch selbst an.

Rezepte:

Rape a la parrilla (Seeteufel gegrillt). 8 Scheiben vom Seeteufel, etwa 3 cm dick, 15 Min. im Saft von 1 Zitrone marinieren, dann in Öl wenden und grillen (es ist wichtig, daß scharf angegrillt wird und der Fisch dann 6-7 Min. bei nur leichter Grillhitze fertiggart). Mit etwas Petersilie bestreut servieren. Wer mag, kann die Scheiben am Ende auch mit Brandy oder Cognac flambieren.

Coda di rospo alla griglia (Seeteufel gegrillt, italienisch). Einen Seeteufel von 1,7 kg, aber ohne Kopf, längs der Gräte zweimal einschneiden und 1 Std. marinieren in Saft von 1 Zitrone, Pfeffer, Salz, Öl. - Danach in Bröseln wenden und auf Holzkohle grillen (20 Min.). Mit Petersilie überstreut und mit frischem Öl übergossen servieren.
Ein klassisches Rezept der spanischen Fischküche, auch in vielen Küstenrestaurants beliebt, da problemlos und bei Gästen stets beliebt, hier aber in der italienischer Zitierung gewählt. In Spanien gibt man zur Marinade gern scharfe Peperoni (guindilla). Es ist vielleicht besser, dies hier zu unterlassen - es wurde schon erwähnt, daß zum Seeteufel der grüne Pfeffer am besten paßt.

Mignons de lotte (Medaillons vom Seeteufel, gebraten). 10 Scheiben vom Seeteufel, 3 cm dick, gut mit grünem Pfeffer einreiben, scharf in Öl anbraten, dann die Hitze reduzieren und 10 Min. sanft zu Ende schmoren. - Sauce: Rückstand mit Fischfond anreichern, der zuvor auf 20% eingekocht wurde (Fischglacé), 100g Butter einschlagen.
Erneut wird für zarten, im Aroma feingliedrigen Seefisch hier grüner Pfeffer verwendet; schwarzer wäre zu robust, weißer zu oberflächlich. Der Geschmack zumal der Sauce ist sanft und anschmiegsam. Frankreich greift immer wieder einmal zur Glacé - man sollte dies öfters tun, die Mühe lohnt.

Rape con salsa de karramarros (Seeteufel mit Schwimmkrabben). 4 Knoblauchzehen, 1 Zwiebel, 1 Lauch, 1 Kräutersträußchen, 1 EL Fenchelsamen, 1 EL Schalotten, 2 Tomaten in Öl und Butter anschmoren. Dann 12 kleine Schwimmkrabben (es können auch 24 kleine Strandkrabben sein) dazugeben,

gut anbraten, mit Cognac flambieren, mit 1 Liter Fischsud (Ersatz: Gemüsesud) aufgießen und 15-20 Min. weiterköcheln. Alles abseihen (gut ausdrükken), den Sud auf 50% einkochen, 50g Sahne darangeben, noch 5 Min. kochen, dann salzen und pfeffern. - 1 Schalotte scharf in Öl anbraten, dann 1,4 kg Seeteufel, in Medaillons geschnitten, gesalzen und gepfeffert, dazugeben und beidseitig ausbraten, etwa 2 Min./Seite. Den Fisch entnehmen, die Sauce im Bratrückstand nochmals kurz aufkochen. Den Fisch mit Petersilie bestreut in der Sauce servieren.
Das Rezept klingt französisch, ist aber baskisch; auch dort flambiert man gern, und die beiden Landesküchen stehen auch in regem Austausch, in Bayonne und bis nach Bordeaux erhält man in Restaurants oft Fisch nach baskischen Rezepten serviert. Die kleinen Krabben dienen nur zum Würzen, und wenn es auch schade ist, daß man mit ihnen weiter nichts mehr anfangen kann, sie leisten hier ihren Dienst sehr gut. Der Meergeschmack ist deutlich und macht das Gericht ausgewogen.

Lotte gratinée (Seeteufel überbacken). 4 Filets vom Seeteufel in Ei und Bröseln wenden und in Öl ausbraten. - 200g Champignons in Butter anbraten, etwas Knoblauch und Petersilie daran, mit 1 EL Mehl bestäuben, gut verrühren, dann 3 EL Crème fraîche dazu. - Fisch und Sauce in eine Auflaufform geben, 50g Gruyère obenauf streuen und 5 Min. gratinieren.
Frankreichs vornehme Küche bettet Fisch oft ganz weich in Sahne und Käse ein, um nussige Töne im Fisch herauszuarbeiten (siehe auch die Rezepte 'Cabillaud Mornay' S. 72 oder 'Vieiras gratinadas' S. 241). Da dies gerade beim Seeteufel üblich ist, wird hier eines dieser ganz unspanischen Rezepte aufgenommen. Das Ergebnis ist sehr gehaltvoll, reich im Ton, aber nicht zu üppig, und mit dem festfleischigen Seeteufel auch im Biß angenehm.

Rape a la marinera (Seeteufel nach Seemannsart). Einen Fisch von 1,3 kg ausnehmen, die Filets auslösen, die Abfälle mit Zwiebeln, Lorbeerblatt in 750g Wasser 15 Min. zu Sud kochen, für 4 Min. auch 500g Herzmuscheln mitkochen; den Sud abseihen, die Muscheln auslösen. - In einer großen Pfanne Scheiben von 10 Knoblauchzehen in Öl angehen lassen, 1 kg geschälte Tomaten dazugeben, den Fisch in Scheiben und 10 rote Gambas. Alles 10 Min. köcheln. - Ein Majado aus 6 Knoblauchzehen, Petersilie, Salz, 2 EL Rohmandeln im Fischsud auflösen, die Muscheln dazu und die Brühe noch 15 Min. sanft garen, den Topf dabei gut bewegen. Den Fisch mit der Tomatensauce dazugeben.
Die Fülle an Knoblauch mag erstaunen. Die Schärfe verschwindet aber beim Kochen (ebenso wie in Knoblauchsuppen) und setzt sich in milde Geschmacksstoffe um. In diesem Rezept kommt dies auch den Herzmuscheln entgegen, deren Aroma ein wenig ähnlich ist.

Die **Skorpionfische** haben ihre Haut nicht zu Schuppen, sondern zu panzerartigen Platten und Auswüchsen umgeformt (interessanterweise häuten sich diese Tiere wie Krebse oder Schlangen) und bilden eine eigene Gattung, die allerdings der Hauptgattung der *Perciformae*, der fast alle hier vorgestellten Fische zugehören, sehr nahesteht. Abgesehen von der Haut und den Giftstacheln weisen sie ganz normale Fischform auf. Die Dorne sind ziemlich giftig und bleiben es auch nach dem Tod noch (das Gift ruft schmerzhafte Entzündungen hervor, mehr nicht). Erst der Kochvorgang baut das Gift durch Hitze zu unschädlichen Substanzen um. Tauchern und Hobbyfischern wird also zur Vorsicht geraten. Für den Marktverkauf müssen die Dorne entfernt werden. Man braucht da keine Sorge zu haben, die Verkäufer achten schon im eigenen Interesse darauf, daß es ordnungsgemäß erfolgt. Das Fleisch der Rascasse ist weiß, fest, faserig und hat intensiven Meergeschmack, der heute wieder sehr geschätzt wird, während er noch vor 25 Jahren als minderwertig galt. Ihre Eignung für die Bouillabaisse Marseilles kommt daher, daß sie der fetteste Speisefisch ist, den wir kennen (23,4 % Fettanteil; exakt ist es der Wert des *cabracho*, der aber von der Hauptart nicht unterschieden wird) und daß sie als grätenreich gilt, so daß man vom Braten abrät. Das scheint ein Vorurteil zu sein, sie ist keineswegs grätenreicher als andere Fische und eher weniger als der Congrio (Meeraal). Doch ist Tatsache, daß sie deswegen erstaunlich billig ist, gemessen an ihrem vorzüglichen Aroma.

Escórpena, dt. Rascasse, Roter Drachenkopf, *scorpaena scrofa*, katalanisch *escórpora*, *polla*, *rascassa*, balearisch *cap-roig*, baskisch *krabarroca*, *kabra*, *sakarallua*, galicisch meist *cabracho*, sonst *escarapote*, frz. *rascasse rouge*, ital. *scorfano rosso*, griech. *scórpena*, türk. *lipsos, kirmizi iskorpit.*

In der Fachliteratur unterschieden: **Cabracho, Rascacio, dt. Drachenkopf**, *scorpaena porcus* (etwas kleiner eher mit Brauntönen, frz. daher *rascasse brune*, ital. *scorfano nero*, *scorfanetto*).

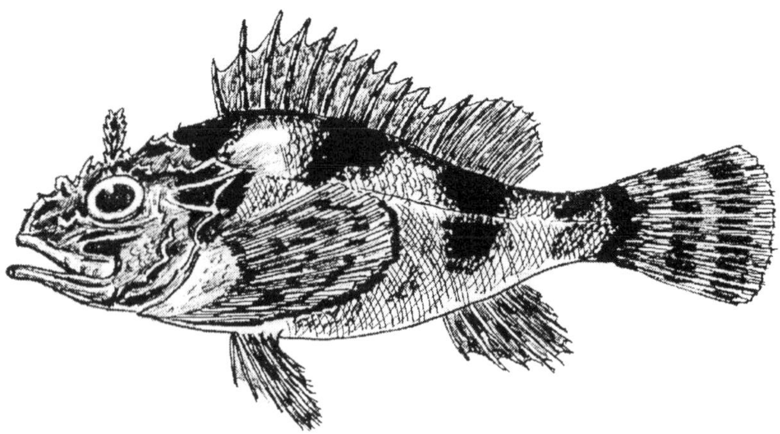

Warzig-dorniger, voluminöser Kopf, große vorspringende Augen, Haut von Schuppen, Pusteln und Dornen überzogen, darunter die den Skorpionfischen gemeinsamen Giftdorne, Farbe krebs- oder lachsrot, Länge um 30 cm. Im Aussehen unverkennbar, am Markt immer eine Augenweide. Saison Oktober-März. Im Mittelmeer findet man Rascassen vorzugsweise an den nördlichen Küsten, sie bevölkern aber grundsätzlich das gesamte Mittelmeer. Kleinere Rascassen finden sich oft im Sortiment Felsfische, *pescados de roca.*

Rezeptlabyrinth Bouillabaisse. Am Anfang stand eine ganz harmlose Alltagssuppe. Was bei Marseilles bescheidenen Fischhändlern mittags übrigblieb, ein wenig Filetfisch, einige Kleinfische, die restlichen Muscheln, wurde zusammengetan und daraus Suppe bereitet. Sonntags, wenn kein Markt war, war die Suppe reichlicher und besser, da gab man Safran und Fenchel dazu, und nach Möglichkeit auch eine Rascasse. Denn die war fett und das sorgte nicht nur für besseren Geschmack. Der Fisch garte besser durch. Aber darf man alle damit zubereiteten Suppen vor dem Gewissen der Grande Nation Bouillabaisse nennen? Nein, eigentlich nur, wenn sie aus Marseille stammen. Aber damit haben sich die Köche an der Cote d'Azur nie anfreunden mögen. Die Praxis entschied die Sache so, daß es eine gemischte Fischsuppe blieb, Fisch und Brühe getrennt serviert, und daß Safran, Fenchel und nach Möglichkeit eine Rascasse darin sein sollten. Wer immer so kocht, dem kann man nicht verwehren, seine Suppe Bouillabaisse zu nennen. Kann man nicht noch einen Schritt weiterkommen? Mit Frankreichs heiliger Küchentradition im Rücken durchaus. Es hat zwar die Rezepte 'Filet de boeuf Richelieu' oder 'Fraises Romanoff' festgelegt, aber da geht es auch um adelige Namen, große Historie und die Grande Nation. Bei der Bouillabaisse geht es, Rascasse hin, Marseille her, nur um eine plebejische Fischersuppe, da gibt es nichts zu adeln. Nein, diese Suppe war und ist rein demokratisch und wird das trotz aller Versuche der Nobelköche an der Côte d'Azur auch bleiben, ihr mit Hummern und Langusten aufzuhelfen. Sie ist immer so gut wie die Regierung, wie man in Frankreich sagt: Wer sie im Nobelrestaurant bestellt, erhält sie nach Nobelrezept. Wer sie im Touristenlokal bestellt, erhält sie nach Touristenart. Wer sie in einem kleinen guten Restaurant erhält, mit Safran und Fenchel, Rascasse und ein paar kleinen Sudfischen, etwas Filet und ohne allen Schnickschnack, der genießt und sagt es nicht weiter. Und wer Philosoph bleibt, sammelt Bouillabaisserezepte und freut sich an ihrer Lektüre. Wenn etwas aus der großen Meeresküche auch platonisch sättigen kann, ist es die Bouillabaisse. Es ist eben doch eine französische Suppe.

Gallineta, Pollo (Polla), dt. Blaumaul, kleiner Rotbarsch, *sebastes / helicolenus dactyloptera,* katalanisch *penegal* oder *panegal, serrà,* baskisch *kabrarroka,* galicisch *cabra de altura, escarapote*, auf den Kanaren *bocanegra*, frz. *rascasse de fond*, ital. *scorfano piccolo*, griech. *sevastós*, türk. *iskorpit.*

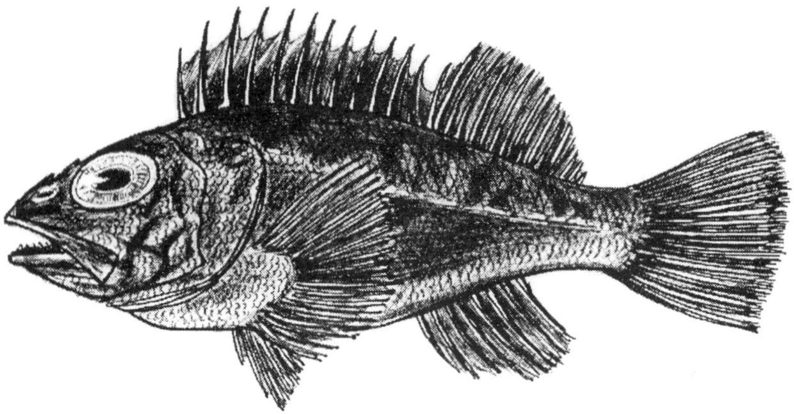

Der Rascasse ähnlich in Farbe und Form, zu deren Familie sie gehört, lebhafter Rotton mit Goldschimmer, Körper gedrungen, kompakt, große Augen, Schuppen- und Knorpelpanzer aber nur am Kopfteil ohne Giftstachel, prachtvolle Flossen und ein barscher, widerwilliger Ausdruck durch das sehr kräftige Maul, der ihr den Namen Rotbarsch gab, obwohl die Gallineta kein Barsch ist. Fleisch fest, aromatisch und fett. Um 35 cm groß, Saison Juni-November.

Sie kommt an allen spanischen Küsten häufig vor, im Mittelmeer aber nur bis Sizilien, anders als die Rascasse, und nie ganz küstennah, denn sie bevorzugt tiefere Gewässer von 300-500 Metern, wo sie sich von Schalentieren ernährt. Die nördliche Seitenart zu ihr, im Erscheinungsbild recht ähnlich, aber größer, **Gallineta nórdica, Rot- oder Goldbarsch**, *sebastes marinus*, frz. *perche rose, sébaste*, ital. *sabaste*, kommt in Spanien nicht vor, der Rotbarsch ist ein Bewohner arktischer Gewässer, bis 1m groß und 15 kg schwer, der südlich nur bis zur Bretagne vorkommt. Bei Schleppnetzfängen ist der Rotbarsch noch recht ergiebig, da er im Schwarm zieht, in Deutschland ist er noch häufig am Markt. Ein echter Barsch ist er nicht. - In Spanien galt die Gallineta lange als minderwertig, auch sie wegen des ausgesprochenen Meergeschmacks. Erst in der jüngsten Vergangenheit erlangte sie den ihr gebührenden guten Ruf. Am Markt ist sie oft noch recht billig, da sie wenig nachgefragt wird. In Deutschland scheint Rotbarsch gut akzeptiert, aber noch nicht genügend entdeckt; er kann sehr schmackhaft sein, wenn man ihn nicht als Kabeljau behandelt, sondern als zart nach Meeresfrüchten schmeckenden Fisch, der üppige Saucen nicht verträgt.

Mayonnaise und Allioli

Allioli ist spanischen Ursprungs. Kardinal Richelieu soll ein sanftes, mit Sahne verlängertes Allioli in Mahón auf Menorca kennengelernt, abgewandelt und danach 'mahonesa' genannt haben, wovon die Mayonnaise ihren Namen hat. Beide Pasten - es sind keine Saucen - werden in der spanischen Küche viel verwendet. Wie bereitet man sie frisch zu?

Mayonnaise: Für 250g Mayonnaise verschlägt man 2 Eigelb, 1 EL Zitrone oder Essig, ½ TL Salz mit dem Schneebesen zu einem dicklichen Mus. Dann werden teelöffelweise 6 EL Olivenöl eingeschlagen, wobei man die Sauce vor jedem neuen Teelöffel auf die Dicke von Joghurt aufschlägt. Der Rest des Öls (insgesamt 250g) wird unter ständigem Aufschlagen in dünnem Faden eingegeben. Mit dem Rührgerät wird die Mayonnaise etwas dicker, dafür weniger aromatisch. Wichtig ist, daß alle Zutaten dieselbe Temperatur haben. - Ein wenig Senf zu Beginn beigegeben, macht die Mayonnaise würziger. Ersetzt man am Ende einen Teil des Öls durch Sahne, wird sie leichter. Zur Verfeinerung wird ein wenig Tabasco, Cayennepfeffer oder Whisky eingerührt.

Allioli: 6 Knoblauchzehen in 1 TL Salz zerdrücken, 1 Eigelb darangeben und die Paste nach Art einer Mayonnaise bereiten. Die Katalanen sagen freilich, das sei kein echtes Allioli! Denn ihr Allioli besteht einzig aus Knoblauch und Öl und muß im Mörser gemacht werden, ein Rührgerät hilft nicht. Mit dem Stößel zerstampft die katalanische Hausfrau die Paste im großen Küchenmörser und schlägt sie dann nach Art einer Mayonnaise mit Öl zur gewünschten dicklichen Schaumigkeit auf. Es gelingt auch einer erfahrenen Köchin nicht immer, der Knoblauch muß ganz frisch sein. Sobald sie merkt, daß es nichts wird, setzt sie neues Allioli an - Knoblauch hat das Land ja genug.

Küche von Rascasse und Gallineta: Für eine Bouillabaisse braucht man eine Rascasse, für eine gute Fischsuppe ist sie immer wertvoll. Alle drei, Rascasse, Gallineta und Rotbarsch, gelingen auch gebraten gut. Im Baskenland bereitet man aus den Skorpionfischen auch exquisite Pasteten.

Rezepte zu Rascasse und Gallineta:

Caldeirada de cabracho (Suppe vom Drachenkopf). 1 kg Cabracho in Scheiben geschnitten in 750g Wasser, 1 Zwiebel, 3 Tomaten, 3 Stengel Sellerie, 1 Lauchstange, 1 vorgeweichte Trockenpaprika (*ñora*, als Ersatz 1 TL Paprika), 2 Knoblauchzehen 8 Min. kochen. Den Fisch entnehmen, enthäuten und entgräten. Den Restsud 15 Min. lebhaft weiterkochen, dann den Fisch wieder zugeben und noch 3 Min. sehr heiß garen. Serviert mit Toast.
Das Verfahren, die Suppe ohne den Fisch weiterzukochen, ist alt. Auch viele Rezepte der Bouillabaisse arbeiten mit ihm (vgl. S. 205). Fett und Wasser emulgieren besser bei sehr großer Hitze, die Geschmackstöne kommen schär-

fer heraus. Noch besser ist es, wenn man den Sud bei lebhaftem Sprudeln mit dem Besen aufschlägt. Das Verfahren ist bei vielen Suppen empfehlenswert.

Pastís de polla (katalanische Drachenkopf-, Rascassenpastete). 500g Escórpena in 300g Wasser heiß ankochen (1 Min.), dann erst säubern und entgräten. - Das Fleisch zerzupft in eine ausgebutterte, mit Bröseln bestreute Auflaufform mit hohem Rand legen. - 8 Eier schaumig schlagen, mit 250g Tomatenpüree und 250g Sahne versetzen, würzen (Pfeffer, Salz, Kräuter nach Wahl) und dazugeben. Im Wasserbad bei 225° 75 Min. lang ausbacken. Wird kalt oder warm serviert, dazu Mayonnaise oder Allioli (siehe Kasten S. 163).

Suquet de escórpena (Rascassensuppe). 2 Knoblauchzehen in Öl golden anbraten, dann auch 1 Zwiebel. 75g Tomatenpüree zugeben, 500g Escórpena in Scheiben, 500g Kartoffeln, 750g Wasser. Auf starker Flamme garen, nach 15 Min. die Picada zugeben und weitere 15 Min. garen. (Picada: Die Fischleber und etwas Brot in Öl anbraten, dann 1 Knoblauchzehe, 2 Stengel Petersilie, 30g Weißwein, alles gut vermengt). Am Ende nach Wahl etwas Allioli (siehe Kasten S. 163) einrühren.
Das Rezept arbeitet mit beliebigen Mengen, Rezepte für Suquets liegen nie fest. Kenner neigen dazu, beim Suquet wenig Tomaten zu nehmen. Mit den angegebenen Mengen erreicht man ein gutes Suquet, an Tomaten wurde eine mittlere Menge gewählt, man kann gern noch weniger nehmen. Das Suquet mit der Escórpora allein ist sicher eines der besten.

Cherna, dt. Wrackbarsch, *polyprion americanus*, katalanisch auch *rascàs, dot*, balearisch *pàmpol*, baskisch *mero beltza,* frz. *cernier*, ital. *cernia di fondale*, griech. *vláchis*, türk. *ískorpit hanisi.*

Mero, brauner Zackenbarsch, *epinephelus/serranus guaza*, katalanisch auch *nero*, balearisch *anfós*, *meru*, baskisch *mero zuri*, *alfonso*, auf den Kanaren *cachorro,* frz. *mérou*, ital. *cernia*, griech. *rophós*, türk. *sari hani, roufou, orfoz.*

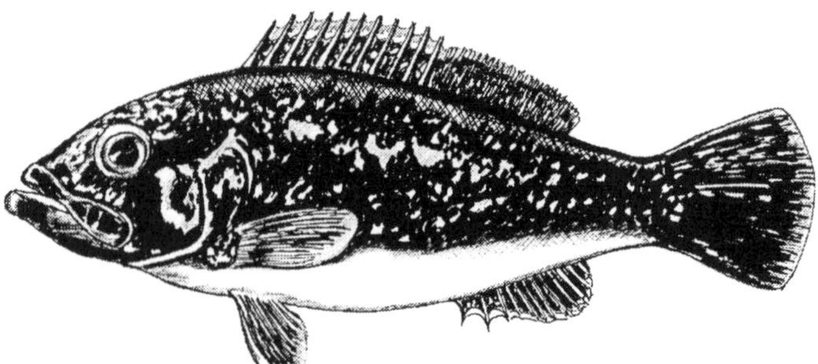

Der Mero ist nicht der Leitfisch der Barsche, aber am Markt der bedeutendste. Dunkelbrauner, etwas rötlicher massiver Leib, große Augen, oft weit aufgesperrtes hartes Fischmaul. Die Art *epinephelus* mit undeutlichen dunklen Flecken, *serranus* ohne diese. Um 1 Meter Länge mit 10 kg Gewicht, selten bis 1,5 Meter und 40 kg. Cherna in der Form ähnlich, aber mit noch größerem Maul, Farbe jung graubraun-violett, später braun. Länge um 1,50 Meter, 35 kg Gewicht. Saison bei beiden ganzjährig.

Die Barsche bilden eine sehr umfangreiche Familie mit 500 Hauptarten, sind aber Raubfische, deren Bestände jeweils nicht allzuviele Individuen aufweisen, so daß ihr Anteil am Markt stets klein bleibt. Sie leben alle küstennah, die meisten Species weltweit, und sind im allgemeinen in kleinen Gruppen anzutreffen. Nur große Barsche leben auch einzeln, gerade der Mero, der sich gern in Felsen versteckt (Atlantik und ganzes Mittelmeer, nie oberhalb der Biskaya) und oft von Unterwasserjägern mit Dynamitsprengungen hervorgelockt wurde. Diese Methode hat gottlob aufgehört. Alle sind sie, wie auch ihre sehr differenzierten Flossen zeigen, gute Schwimmer, dazu eminent gefräßig. Ihr tiefsitzendes, meist nach unten gezogenes, mit starkem Gebiß versehenes Maul läßt sie etwas mürrisch oder drohend aussehen. Der Körper ist meist robust, oft sind die Flossen mit spitzen Dornen bewehrt. Da sie sich mehr von Kleinfischen als von Schalentieren ernähren, fehlt ihren Kiefern die nußknackerhafte Festigkeit der Brassen - und natürlich auch das Aroma von Meeresfrüchten im Fleisch, obwohl sie nicht selten mit den Brassen das Milieu teilen. Dennoch ist ihr Geschmack vorzüglich. Als beste gelten die Barsche der Provinz Almería.

In Spanien stieg seit 1997 das Angebot an filetiertem Mero beträchtlich und schuf Verwirrung. Nach Klagen der Verbraucherverbände schuf eine Verordnung im Herbst 2001 Klarheit. In Zucht haltbar ist nur der große Süßwasserbarsch *percha aegypticus*, dt. Viktoriabarsch, (er benötigt sehr warmes Wasser, die Zuchtteiche sind daher in Afrika); er darf in Spanien weiter unter dem Namen *'filete de mero'* angeboten werden, während *'mero'* dem Zackenbarsch vorbehalten bleibt. Dem Mero nahe verwandt, leider in Europa selten, ist die **Cherna**, deren Hauptgebiete im westlichen Atlantik liegen (im Mittelmeer anzutreffen, dort jedoch weit seltener als der Mero). Oft kann man die beiden äußerlich kaum auseinanderhalten. Sie wird noch größer als der Mero, 1,50 Meter bei 35 kg Gewicht (maximal 2,70 m), lebt auch tiefer als der Mero und plündert vor allem in Atlantik und Karibik küstennah den Meeresboden leer. Wie der Mero ist sie ein Einzelgänger. Taucher, die sie in Korallenriffen aufstöberten, beschreiben die Begegnung als imposantes Ereignis; die wild und ungestüm dreinsehende große Cherna kann einem schon Angst einjagen - behandelt man sie mit Vorsicht, ist sie jedoch ein ausgesprochen neugieriger und verspielter Fisch. Es gibt zu ihr auch Seitenarten im Pazifik, in Peru und Kolumbien gilt sie als großer Festschmaus. Auffallend ist ihre Liebe für alte Wracks. An ihnen treffen sie kundige Taucher regelmäßig an.

Serrano, Vaca, dt. Schriftbarsch, *serrano/paracentropristis scriba*, katalanisch *vaca, cabra*, baskisch *kraba eskribau, kabra*, galicisch *cabuxa*, in Andalusien auch *merillo, romerete*, auf den Kanaren *cabrilla*. frz. *serran écriture*, ital. *sciarrano (scrittura)*, griech. *perka*, türk. *yazili hani*. Die spanischen Regionalnamen weisen auch auf 2 Seitenarten hin, die oft nicht unterschieden werden:

Cabrilla, dt. Sägebarsch, *serranus cabrilla*, katalanisch *serrà*, baskisch *itxas-kabra*, andalusisch *vaquito, romerito,* frz. *chevrette,* ital. *perchia.*

Merillo, dt. Beutelbarsch, *serranus hepatus*, baskisch *ahuntzarrain*, andalusisch *borracho*, frz. *tambour,* ital. *succhetto, sciarrano.*

In der Form eine Kleinausgabe des Mero, etwas gestaucht, am Kiementeil (Operkel) 3 Dornen, Bauch etwas durchhängend, große Augen, Farbe gelbrot, lebhaft fleckig mit blauen oder violetten Streifen, Zeichnung insgesamt wie Schrift aussehend, bis 25 cm und 700 g. Die Seitenart Cabrilla etwas rötlicher oder lachsfarben, Merillo blaßgrau mit dunkelgrauen Flecken, Zeichnung bei beiden weniger auffällig. Bis 25 cm und 700g.

Die kleineren Barsche sind in Spanien selten, sie bevorzugen südliche warme Meere, wo sie bodennah zwischen Steinen und Vegetation versteckt jagen. Etwas häufiger kommen sie vor den andalusischen Küsten und um die Kanaren vor. Im Mittelmeer gibt es alle 3 zitierten Arten, vorzugsweise aber in südlichen Zonen. Ihr Hauptgebiet sind allerdings die Küsten Afrikas und Südamerikas, wo sie an vielen Orten von der Bevölkerung mit Angeln gefangen werden, denn sie sind sehr gefräßige Fische (allerdings Einzelgänger), die gern an den Köder gehen. Wie viele Brassen sind auch sie Hermaphroditen.

Küche der Barsche: Mero, Cherna und Serrano sind von gleich guter Qualität, das weiße Fleisch ist aromatisch und fest. Meist wird es gegrillt oder gebraten, vorzugsweise im Herd, aber auch für Suppen und Reisgerichte kann man sie gern heranziehen. Rezepte finden sich leider nur spärlich. Man wird jedoch mit Rezepten für Brassen und Merluza vermutlich immer gut beraten sein.

Rezepte für Barsche:

Mero con almendras (Zackenbarsch mit Mandelpaste). 1 kg Filets vom Mero salzen, in Mehl wenden und in Öl 2 Min./Seite ausbraten. - 2 Knoblauchzehen, 100g geröstete Mandeln, 1 El Petersilie zu einem Brei stampfen und in 2

EL Öl, 1 EL Butter und etwas Zitronensaft in einer zweiten Pfanne kurz anschmoren. Als Paste auf die Filets geben und heiß servieren.
Ein einfaches und wirkungsvolles Rezept aus Ostandalusien (vermutlich aus Almería, wo der Mero recht oft gefangen wird). Das kernige Aroma des Mero harmoniert vorzüglich mit der Mandelpicada. Es wird sicher viele geben, die diese Geschmacksrichtung beim Mero als die beste bezeichnen.

Mero al estilo de Cangas (Zackenbarsch nach Art von Cangas bei Vigo am Atlantik). 2 Zwiebeln, 200g Pilze, ¼ TL Thymian, etwas Oregano in 50g Öl und 60g Butter anbraten, diesen Sofrito dann mit 1 EL Mehl, 2 EL Wasser, 1 Zweig Petersilie, 200g Wein erweitern und 10 Min. kochen. Danach 4 Filets vom Mero (etwa 800g) einlegen und 10 Min. bei sanfter Hitze dünsten. Die Filets entnehmen, die Sauce mit 30g Bitterschokolade und 1 Zitrone verfeinern. Sorgfältig abschmecken.
Schokolade für eine Fischsauce zu nehmen, klingt sicher ungewöhnlich. Das Verfahren ist aber in Spanien öfters gebräuchlich, so etwa im katalanischen Gericht 'Mar i Muntanya' (Meer und Berge), das Huhn mit Gambas gart und die Sauce mit Schokolade anreichert. Das Ergebnis ist ausgesprochen gut, der dunkle, feinaromatische Ton des Kakao gibt dem kernigen Mero eine pikante Note mit. Die Menge an Schokolade richtet sich hier nach dem verwendeten Wein, sie soll den fruchtigen Weingeschmack nicht zu sehr abflachen. Wem der Geschmack behagt, kann die Saucen vieler Fischgerichte (vor allem Brassen) mit Schokolade mit niedrigem Zuckeranteil verfeinern.

Mero canario (Zackenbarsch, kanarische Art). 1 Frühlingszwiebel und 1 Knoblauchzehe in 100g Öl anbraten. - 4 Scheiben oder Filets vom Mero zu je 200g in Mehl wenden und in 150g Öl 2 Min./Seite ausbraten. In den Topf mit der Zwiebel und dem Knoblauch geben. - Eine Picada (siehe Kasten S. 80) bereiten aus: 1 Knoblauchzehe, 12 geröstete Mandeln, 1 hartes Ei, 2 Stengel Petersilie, gelöst in 150g Jerez. Die Picada zum Fisch geben, 200g Fischsud oder Wasser zugießen und den Fisch 5-8 Min. fertiggaren. Am Ende mit Salz abschmecken.

Congrio, dt. Meeraal, *conger conger*, katalanisch *congre*, baskisch *itsas* (oder *itxar*) *aingira*, *mikela*, klein *anguiacho*, andalusisch *safío,* frz. *congre*, ital. *gongro*, griech. *mougrí*, türk. *migri*.

Aalartige Form, ziemlich dicklich, der Oberkiefer merklich vorspringend, Farbe grau, Länge an die 2 m, Gewicht dann 30 kg. Saison ganzjährig.

Die Aale sind eine ziemlich urtümlich gebliebene Gattung der Fische. Der Congrio ist dem Flußaal verwandt, aber ein reiner Meeresbewohner, der nie die Flüsse aufwärtsgeht. Wie die Flußaale lebt er bodennah, jagt nachts und unternimmt Laichzüge in die Sargassosee, wo er nach der Eiablage stirbt. Charakteristisch für den äußerst gefräßigen, aber nie auf Menschen aggressiven Congrio ist ein rasches Wachstum der Jungfische. Im Aquarium gehalten erreichen junge Meeraale in 5 Jahren bis zu 40 kg Gewicht. Im freien Meer wächst er nicht ganz so rasch. Aber wenn er im Gebiet seiner Vorzugsnahrung lebt, der Miesmuscheln, erreicht er doch stattliche Größen. In Galicien wird er mit Palangres gefischt, Schnüren mit oft hunderten von kleinen Haken. Im Unterschied zu anderen Fischarten ist der beste Teil des Congrio nicht der Rücken, sondern das Bauchfleisch (*abierta*). Rücken und Ende (*cerrada*) haben eine Unzahl von Gräten, die einen Verzehr recht mühsam machen. Sie sind aber, wie auch der Kopf, vorzüglich für Sud, vor allem, wenn Congrio zusammen mit einem Felsfisch (Brasse, Barsch oder Skorpionfisch) zubereitet wird. Der schwarze Congrio (dunkler, nur auf anderem Meeresgrund lebend, kein Artunterschied) ist am Markt immer rascher abgeräumt als der graue. Sein Fleisch ist in der Tat weicher, dazu sehr fein und aromatisch. Den Congrio gibt es an allen Küsten Spaniens, im Mittelmeer ist er überall zuhause.

Morena, dt. Muräne, *muraena helena*, baskisch *itsasuge*, galicisch *morea, moreia*, frz. *murène*, ital. *murena*, griech. *sm***é***rna*, türk. *izmirna.*

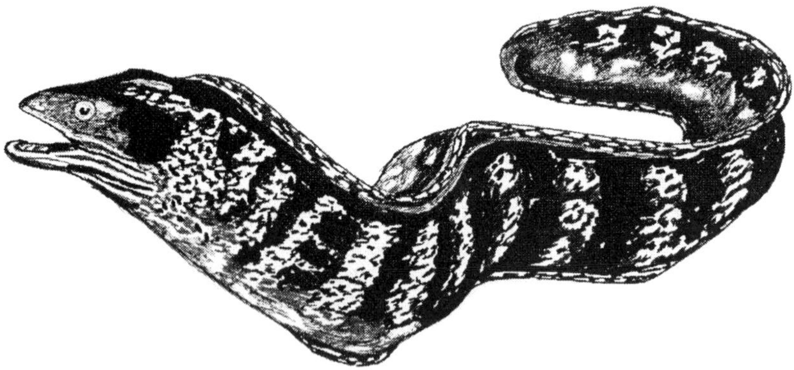

Aalartige Form, aber urtümlicher als Aal und Meeraal, ohne Schuppen und Kiemen (Atmungsschlitze wie die Haie). Dunkelbraun, ziemlich lebhaft gefleckt, Giftzähne. Heute einzig bedeutender Fisch der Familie Mureniden, deren Vertreter immer seltener werden. Saison ganzjährig, Länge bis 1 m.

Muränen leben nur in warmen Meeren, im afrikanischen Atlantik, zuweilen vor Portugal, besonders häufig im Mittelmeer. Der Fang ist schwer, sie leben gut versteckt in Felsen und können dort auch lange verborgen bleiben. Werden sie aufgestöbert oder gar gejagt, so werden sie allerdings aggressiv und wild und sind dann auch gefährlich. Die geschliffen scharfen Zähne können tödliche Wunden beibringen, da sie ein Muskelgift von beträchtlicher Wirkung ins Fleisch spritzen.

Küche von Congrio und Morena: Congrio und Morena werden meist nach Aalrezepten zubereitet. Das Fleisch wird besser, wenn man es 2-3 Tage im Kühlschrank lagert. Klassisch ist in Spanien die Kombination von Congrio und Erbsen, wie man überhaupt diesen Fisch gern als Fischtopf oder als Ragout zubereitet. Auch in Suppen kann man ihn jederzeit mit Gewinn mitkochen. - Für die Morena gilt dasselbe. Rezepte gibt es kaum, sie ist heute zu selten. Zuweilen findet man einmal ein Exemplar auf Märkten in Ceuta, Málaga, Almería oder auf den Balearen. Der Kauf lohnt sich fast immer; die Muräne ist den meisten Käufern unbekannt und deswegen im Preis erschwinglich.

Rezepte zu Congrio und Morena:

Congrio con guisantes (Meeraal mit Erbsen). 800g Congrio, am besten vom Kopfende, in 4 Stücke teilen, in Milch und Stärkemehl wenden und in 10 EL Öl anbraten. - 2 Zwiebeln und 2 Knoblauchzehen in 1 EL Butter sanft anschmoren und dann zum Fisch geben, kurz aufbraten, dann 500g Erbsen zugeben (5 Min. vorgekocht), Thymian, Petersilie, 250g Fischsud, Salz, Pfeffer, und 20 Min. sanft schmoren. Die Pfanne dabei öfters rütteln. Bei Bedarf Fischsud nachgießen.
Bei den Erbsen sollte man auf gute Ware achten, der Congrio ist meist besser als sein Ansehen, - vielen gilt er als durchschnittlicher Suppenfisch -, und kann auch gute Erbsen verlangen. Je besser sie sind, umso besser gelingt der Fisch. Wenn es keine frischen Erbsen gibt, kann zu Tiefkühlware geraten werden, sie ist immer gut, Erbsen frieren ohne großen Aromaverlust ein. Dagegen ist Dosenware ungeeignet, sie bringt zu viel mehlige Töne mit ein.

Congrio estilo Aranda (Meeraal Aranda). 1 Knoblauchzehe und ¼ Zwiebel in 75g Öl andünsten, dann 750g Congrio gestückelt und in Mehl gewendet zugeben, 4 Min. braten, dann 2 Stengel Petersilie, etwas Safran, 150g Wasser und 150g Wein dazugeben und 15 Min. garen. Beilage: Gemüse von roten Paprika.
Ein anspruchsloses Rezept wie viele andere aus Altkastilien, schmeckt aber bei Sorgfalt ganz zart und duftig. Die Landesküche des spanischen Inlands ehrt damit die Stadt Aranda de Duero, die am Schnittpunkt der Fischwege Galicien-Katalonien und Baskenland-Madrid lange Zeit Umschlagsort für Trockenfisch war. Congrio gibt es auch getrocknet, in der Art des Kabeljau; er dörrt dann zu netzartigen gelben Gebilden und wird wie *bacalao* gewässert. Die Beilage von roten Paprika gibt dem Rezept Farbe und schöne Abrundung.

Caldera menorquina de morena (Muränensuppe aus Menorca). 1 Muräne enthäutet und gestückelt, 250g Zwiebeln, 250g enthäutete Tomaten, 3 zerquetschte Knoblauchzehen, 3 EL Petersilie, 2 EL Paprika, 250g Öl mit Meerwasser aufgießen, bis der Fisch bedeckt ist. Im Topf auf offenem Holzfeuer sehr heiß 20 Min. garen. - Als Beilage gegrilltes Brot reichen.
Ein altes Rezept der Balearen. Die meisten spanischen Muränenrezepte, die man heute findet, sind balearischer Herkunft, genauer aus Menorca. Von Menorcas sauberen Stränden kann man auch heute noch bedenkenlos Meerwasser nehmen, es muß nur gefiltert werden, Kleinorganismen sterben beim Kochen ab. Gerade beim Muränentopf empfiehlt sich Meerwasser, es schmeckt reicher und nachhaltiger.

'Den Sklaven vor die Muränen!' Die Stelle beim römischen Autor Plinius dem Älteren ist umstritten. Eindeutig steht da, er selbst wisse von einem Fall, wo ein Gutsbesitzer einen Sklaven gefesselt in den Muränenteich geworfen habe, ihn davor sogar mit Essig eingerieben habe, damit die Fische auch richtig zubeißen sollten. Ist die Nachricht verläßlich? Ist jene andere von König Heinrich I. von England im 12. Jahrhundert verläßlich, der sich so an Muränen überfressen haben soll, daß er daran zugrundeging? Die Mönche des Mittelalters kannten die Pliniusstelle sehr gut; sie hat immer wieder als Paradebeispiel für römische Dekadenz herhalten müssen, ja von der Muräne wußte man zeitweise überhaupt nichts anderes mehr als dies. Unbestrittene Tatsache ist, daß der römische Gourmet und Stenz Lukullus sich eigens einen Kanal vom Meer aus durch schwieriges Bergland graben ließ, um auf seinem Landgut Muränenteiche halten zu können. Das Landgut des Lucius Livius, der zu einem politischen Festbankett Cäsars einmal 6000 Muränen beisteuerte, konnte nach seinem Tod von den Erben um 4 Mio. Sesterzen verkauft werden wegen der wertvollen Muränenteiche, obwohl es eher klein war. Und hochgestellte Römerinnen gefielen sich darin, ihren Lieblingsmuränen Goldringe anzustecken. Da trieb es der Congrio schon bescheidener. Poseidon soll, so wußten die Griechen, sein Meer verlassend und einige Tage zu Gast im Olymp weilend, seinem Bruder Zeus Meeraal mitgebracht haben, ein schönes Zeugnis seines Ansehens. Auch das Mittelalter zitiert den Meeraal immer wieder bei besonders feinen Festmählern. Erst später verlor sich sein Ansehen. Zwischen 1900 und 1950 haben die Lastwagen, die den regulären Fischtransport Vigo-Barcelona besorgten, ihn immer als Fisch nur zweiter Güte unterwegs in Aranda de Duero ausgeladen. Dort war er dann am Landmarkt relativ häufig angeboten und wurde schließlich von den Madrilenen in seinem eigentlichen Wert wiederentdeckt.

Knurrhähne (korrekt: Rötlinge), Familie Triglia, werden am Markt nicht immer getrennt. Sie ähneln einander sehr und unterscheiden sich mit ihrem schildartigen steilen Stirnaufwurf von anderen Fischen deutlich. Zu nennen sind vor allem drei:

Rubio, dt. Roter oder Gestreifter Knurrhahn, *triglio/trigla lastoviza,* katalanisch *lluerna*, *peona*, baskisch *perloi*, galicisch *pirlón*. Auf den Kanaren *arete*, *bejel,* frz. *grondin*, *camard*, ital. *capone*, griech. *kaponi*, türk. *mazak.*

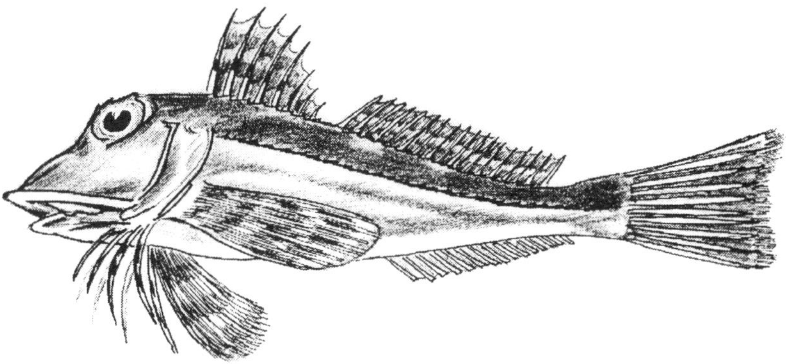

Arete, Cuco, dt. Seekuckuck, *trigla pinis,* katalanisch *lluerna roja, gallineta, rafet*, balearisch *peix de san Rafel*, baskisch *perloi kuku, arraigorri*, galicisch *escacho bravo*. frz. *grondin rouget*, ital. *capone coccio*, griech. *kaponi*, türk. *kirlangiç baligi.*

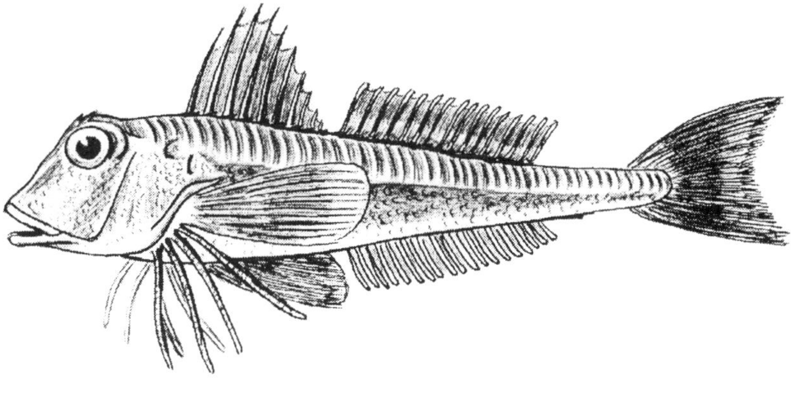

Lucerna, Perlón, Bejel, dt. brauner Knurrhahn, Seehahn, *trigla lucerna*, katalanisch *lluerna rossa, juliola*, baskisch *perloi handi*, galicisch *alfóndiga*, frz. *grondin galinette*, ital. *capone gallinella*, griech. *kaponi*, türk. *kirlangiç baligi*.

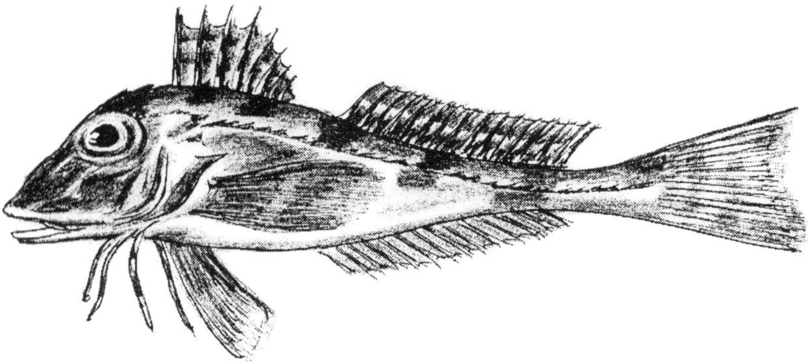

Der Rubio als Leitfisch der Gruppe ist in der Form unverkennbar: großer, steil aufgeworfener knochiger Kopf, Leib torpedoförmig nach hinten gestreckt mit kleinen, streifenartig längsgerichteten Schuppen. Auffällig große Brustflossen, deren Sensorenstacheln wie Finger unabhängig voneinander bewegt werden. Farbe beim Rubio lebhaft rot, an den Flanken etwas weiß oder gelblich, beim Cuco lebhaft rosa, bei der Lucerna eher braungrau mit Blautönen auf granatrotem Unterton; in Form und anderen Merkmalen kaum Unterschiede. Maximale Länge 40 cm, am Markt in allen Größen von 10-30 cm, selten größer. Saison ganzjährig, große Exemplare findet man vorzugsweise im Winter.

Die Knurrhähne bilden eine eigene, nicht sehr umfangreiche Familie Triglia, dt. Rötlinge. Sie bewohnen den Atlantik von Mauretanien bis Großbritannien und das Mittelmeer (*trigla lucerna* auch das Schwarzmeer) und bevorzugen sandigen, schlammigen Grund, sehr gern den Sand oberflächen- und küstennaher Sandbänke, auf dem sie mit Hilfe der Brustflossen etwas unbeholfen kriechen. Bei der Jagd auf kleine Schwarmfische wie Sardinen und Sardellen sind sie indes auch sehr wendige Schwimmer. Knurrhähne besitzen eine Membranschwimmblase, die knurrende Laute erzeugt, ein Phänomen, dessen Bedeutung noch nicht recht entschlüsselt werden konnte; vermutlich handelt es sich um Orientierungssensoren zum Aufspüren von Beute. Die lebhaft rote, zuweilen karminrote Farbe unterscheidet den Rubio von den zitierten beiden Verwandten. Von ihnen ist der Cuco vor allem im Mittelmeer häufig, die Lucerna gilt als selten. Am Markt sind größere Exemplare immer rasch zu erkennen, da man sie mit ausgespreizten Brustflossen dressiert. Man trifft sie dort regelmäßig an, allerdings nicht in so großer Menge wie in Italien, dessen charakteristischer Fisch sie sind.

Salmonete, dt. Meerbarbe: 1. Salmonete de roca, dt. Streifen- oder Felsenbarbe, *mullus surmulentus,* katalanisch *moll* oder *mollet*, baskisch *barbarin, haizetako barbarina, izokinseme,* galicisch *salmonete de roca*, frz. *rouget de roche*, ital. *triglia di scoglio*, griech. *barbouni*, türk. *tekir*. **2. Salmonete de fango, (Rote) Meerbarbe**, *mullus barbatus*, katalanisch *moll de fang*, baskisch *lohitako barbarina, arraingorri*, frz. *rouget barbet*, ital. *triglia di fango*, griech. *koutsomoura*, türk. *barbunya.*

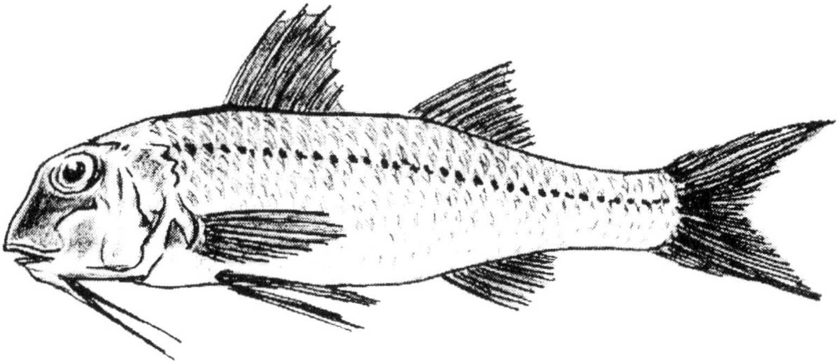

In der Kopfform stark den Doraden ähnelnd, gestauchter Kopf, aber der Leib langgestreckt, das Maul ziemlich tief angesetzt, große Augen. Kennzeichnend ein doppelter Bartfaden. Farbe blaßrot, bei Erregung karmin-rosa, ansonsten deutlich grüne und gelbe Tönungen, ziemlich bunt. Die Felsenbarbe eher einfarbig dunkelrot. (Fischgeschäfte schuppen beide gern vor dem Auslegen, da sie dann röter erscheinen, als sie sonst sind). Länge bis 25 cm, am Markt ab 10 cm. Saison Mai-August, bei der Roten Meerbarbe ganzjährig.

Auch die Barben bilden eine eigene kleine Familie, die den Brassen nahesteht. Mit der Süßwasserbarbe, *barbus barbus*, haben sie biologisch nichts zu tun, obwohl die Ähnlichkeit in der Form groß ist - der Begriff 'Barbe' ist ein allgemeiner Volksname, Bartfäden (es sind stets Sinnesorgane) kommen bei vielen Fischen vor, bei den Salmoneten sind sie allerdings recht groß ausgebildet. Eine Unklarheit in der Namensgebung kommt von dem großen Biologen Carl v. Linné her, der im 18. Jahrhundert mit der binären Namensgebung die Grundlagen sauberer Artenunterscheidung legte. Er benannte Salmoneten (mulli) und Knurrhähne (trigla) genau umgekehrt zur herrschenden Tradition, die ihm dann auch nicht immer folgte. So sind in Frankreich und Italien '*rouget*' bzw. '*triglia*' Namen, die oft für beide Fischfamilien gebraucht werden, obwohl sie nichts miteinander zu tun haben. - Die Salmoneten genossen in der Geschichte recht verschiedene Achtung. Manchen galten sie als minderwertige 'Meerschweine', da sie so gerne wie Schweine gründeln und Abfälle durchstöbern, andere hielten sie hoch in Ehren wie die Griechen, die sie der Athene weihten, oder die Römer, die zeitweise einen absurden kulinarischen Kult mit ihnen hielten, wieder anderen galten sie, da im Schlamm versteckt lebend, als geheimnisvoll und esoterisch, ein Fisch, den Hexen in ihre düsteren Gebräue mixten. Ein Teil der so auseinanderklaffenden Urteile geht darauf zurück, daß es zwei Arten gibt, die schwer zu unterscheiden sind: die Felsensalmonete, stärker karminrot, am Bauch 4 etwas dunkle, aber oft undeutliche Längsstreifen, und die Schlammsalmonete, eher rosa und nie mit Gelbton. Erstere ist vorzüglich und hat festes straffes Fleisch, die zweite hat weicheres, blättriges Fleisch und zuweilen leichten Faulgeschmack. Aber eben nur zuweilen; gute Schlammsalmoneten stehen den Felsensalmoneten kaum nach, man muß bei ihrem Kauf einfach Glück haben. Vorkommen: wärmere Zonen des Atlantik; im gesamten Mittelmeer sind sie häufig und werden durch Küstenfischerei viel befischt.

Küche von Knurrhähnen und Meerbarben: Beide haben weißes, straffes, geschmackvolles, zuweilen im Aroma etwas verhaltenes Fleisch. Beide werden auch in so unterschiedlichen Größen angeboten, daß man zuweilen zweifelt, ob sie auch wirklich zusammengehören: zuweilen messen sie 10 cm, zuweilen auch 40 cm. Gut geeignet sind sie für das Kochen in Courtbouillon, ansonsten fritiert oder gegrillt, auch als Suppenfische sehr zu empfehlen (Vorsicht mit der Garzeit! Kleine Fische zerfallen rasch). - Wegen des unproportionierten Kopfs, der ihn unansehnlich macht, und seines Geruchs meiden viele den Rubio, er ist deswegen meist recht preiswert. Ältere Rubios stinken in der Tat. Die Frische ist am Geruch jedenfalls gut erkennbar; ist der Geruch auch mit Zitrone nicht wegzubringen, sollte man den Fisch nicht essen. Bei Salmoneten erkennt man die Frische an der Festigkeit der Schuppen (sie gehen gut mit Küchenpapier ab, man braucht nicht immer das Messer dazu, gerade bei kleineren!). Tiefgekühlt sind Knurrhähne wie Salmoneten akzeptabel, halten aber nicht lange. - Zubereitung am besten einfach, fritiert oder gegrillt, Sauce mit der Fischleber gebunden. Rosmarin bekommt den Salmoneten immer gut, sie haben einen würzigen Eigengeschmack, der mit diesem Kraut gut harmoniert.

Rezepte zu Knurrhähnen und Meerbarben:

Rubio a la catalana (Knurrhahn katalanisch). 1 Rubio von 600g in Mehl wenden und in Öl 4 Min./Seite ausbraten. Entnehmen. - Im Bratrückstand 500g Tomaten, 3 Knoblauchzehen, 2 EL Petersilie anbraten. Diese Tomatenmischung und den Fisch in einen Bräter schichten, mit 250g vorgekochtem Reis umgeben, obenauf Fenchelkraut und Brösel streuen und kurz gratinieren (4 Min. bei 250° Oberhitze).
Wildfenchel wächst in Katalonien überall auf Brachwiesen. Ersatz ist Dill, der feiner ist. Das Gericht schmeckt ausgesprochen mediterran.

Cuco asado (Knurrhahn gebraten). 2 Cucos von 15 cm Länge filetieren (die Abfälle ergeben einen guten Sud). Die Filets salzen, pfeffern, mit Butter bestreichen und mit der Haut nach unten kurz in Öl anbraten, etwa 1 Min. Dann auf die Filets 200g Stangensellerie in kleinen Stücken legen und den Fisch so 5 Min. bei 250° im Herd ausbraten. - Sauce: Fische und Sellerie entnehmen, den Rückstand mit 30g Butter und 2 EL Kapern versetzen. Auch Kapernsauce (siehe unter: Rochen, S. 99) paßt gut.

Rouget en escabèche (Knurrhahn mariniert). Mehrere kleinere Knurrhähne von je 400 g in 150g aromatisiertem Öl 2 Min./Seite fritieren, dann mit dem Öl in einem Bräter 15 Min. bei 220° im Herd nachgaren. Aromaöl: 100g Öl, 100g Essig, 100g frische, zerkleinerte Minze mit dem Schneebesen verschlagen.
Ein Rezept aus der Provence, sehr fein komponiert; es gelingt nur mit frischer Minze so zart, wie es sein soll. Das Ergebnis zeigt, warum der Knurrhahn im ganzen Mittelmeerbogen von Neapel bis Barcelona ein sehr begehrter Fisch ist.

Triglie alla calabrese (Meerbarben nach Art von Kalabrien). 8 kleine Meerbarben von je 100g in eine mit Öl ausgeschwenkte Auflaufform geben, 1 EL Oregano, etwas Salz, Saft von 1 Zitrone darangeben, 3 EL Öl langsam darüberträufeln. 10 Min. bei 200° im Herd garen und rasch servieren.
Italienische Kochbücher sind eine reichhaltige Fundgrube für Rezepte zur Triglia. Sie ist in Italien überall sehr beliebt, auch in Restaurants. Schade, daß sie in Spanien nicht dieselbe Rolle spielt, vielleicht ist sie dort überfischt. Oft findet man kleine Rubios im Sortiment ‘Suppenfische’.

Salmonetes a la parrilla (Meerbarbe gegrillt). 2 größere Fische von je 750g durch die Kiemen ausnehmen, salzen. Den Grillrost mit Alufolie bedecken, diese mit Öl bestreichen und die Fische darauf 4 Min./Seite grillen. - Sauce: Paste aus 5 gewässerten Sardellenfilets, 1 Knoblauchzehe, 15 EL Öl, etwas Essig, Pfeffer.
Ein Rezept der Levante. Man grillt Fisch und Fleisch dort gern zum Picknick im freien Feld am Waldrand auf einem improvisierten Steingrill und würzt das Fleisch mit vorher bereiteten, mitgeführten Saucen. Eine solche Sauce ist auch die hier angegebene.

Salmonetes al romero (Meerbarbe mit Rosmarin). 4 kleine Fische zu je 100g reinigen, Kopf und Schwanz abtrennen, entgräten, pfeffern, salzen, gut einmehlen, auch innen, und in wenig Öl 1 Min./Seite ausbraten. Die Fische entnehmen, etwas Rosmarin darüberstreuen und in eine Auflaufform legen. - Im Bratrückstand ½ kleine Zwiebel feingehackt anbraten, dann 150g Jerez, etwas köcheln. An die Fische gießen und im heißen Herd noch 5 Min. nachgaren lassen. Mit Zitronenschnitzen servieren.

10. Seltene und kleine Fische

Noch ein Begriff vom Markt ist entgegen seinem Klang kein Qualitätsbegriff, der Ausdruck 'Dritte Kategorie', bzw. *tercera categoría*. Er ist eine reine Markteinteilung. Danach bilden die umfangreich angebotenen Fangfische der bekannten Sorten, die am Markt die Großkontingente stellen, die Fische Erster Kategorie. Zu ihnen gehören vor allem die auf Hochsee gefangenen Gadidenfische Kabeljau und Merluza, dazu wechselnd nach Saison und Tagesangebot Thunfisch, Makrelen und Heringsfische. Fische Zweiter Kategorie sind qualitätvolle Arten, die in geringerem Umfang, aber doch regelmäßig angelandet werden und keine ausgesprochenen Kleinfische sind. Fische Dritter Kategorie schließlich sind seltene Fische, Einzelexemplare und Kleinfische ohne größere Marktbedeutung. Wichtig ist ihre Unterscheidung, weil sie nicht dem Börsenvorgang unterliegen. Die Fischsorten aller genannten Kategorien liegen nicht fest, sie wechseln nach Saison und Gegend, der jeweilige Umschlagsmarkt legt das nach seinen Zahlen von Fall zu Fall fest.

Was in diesem Kapitel vorgestellt wird, ist also ein buntes Sortiment. Mit Ausnahme der seltenen Muräne waren die bisher genannten Fische nicht nur meist stattlich groß, man trifft sie auch mit gewisser Regelmäßigkeit auf Märkten an. Dabei sind nicht einmal die großen Stadtmärkte allein gemeint, viele auch der schon vorgestellten Arten sind ausgesprochen lokale Spezialitäten aus der Küstenfischerei. Bei den folgenden handelt es sich um seltenere Arten oder um kleinere. Wir fassen sie hier in Art eines Anhangs zusammen, ähnlich wie es auf den Märkten Praxis ist. Mit Salmoneten z.B. kann man, zumindest zur Saisonzeit, einigermaßen sicher rechnen. Auf eine Corvina oder einen Petersfisch muß man warten. Es gibt einige ausgesprochene Lekkerbissen unter diesen Fischen, erfreulich ist auch, daß sie oft beträchtlich unter ihrem Wert gehandelt werden. Denn auch vor Ort kennen viele Leute sie nicht, sie bleiben liegen und werden billig abgegeben. Anders ist es mit den Kleinfischen. Abgesehen von den umstrittenen *chanquetes*, führen sie am Markt ein bescheidenes Schattendasein am Rand der Stände. Teuer sind sie nie, allerdings im Geschmack oft ebenso bescheiden. Man sollte sie jedoch kennen. Sie in der Kühltruhe einzugefrieren, macht keine Mühe, und für ein paar Tapas oder für eine Fischsuppe hat man oft noch Bedarf. Ich selbst habe mit der *araña* (Meerspinne, Petermännchen) die besten Erfahrungen gemacht. Daß ich ihren Geschmack schätze, mag eine persönliche Vorliebe sein, sie hat mir jedenfalls schon öfters hilfreich zur Seite gestanden für ein bißchen zusätzliche 'Farbe' im Fischtopf oder ein wenig Capriccio beim Grillen, und mehr als 3 Euro das Kilo hat sie noch nie gekostet. Zumal dem Ferienurlauber am Mittelmeer seien diese Sortimentfische 'Dritter Kategorie' ans Herz gelegt. In kleinen Küstenläden findet man sie oft, zuweilen als Beute von älteren Fischern, die vom Beruf nicht lassen mögen und halb zum

Zeitvertreib, halb fürs Taschengeld nachts mit ihrer winzigen Schaluppe hinausfahren. Bringen sie zwei Kisten Fisch heim, ist das schon viel, und ihr Sortiment ist bunt gemischt. Zuweilen bekommt man die Ware von ihnen auch direkt am Hafen. Es lohnt sich immer.

Anjova, auch Anchoba, Anjora, dt. Blaufisch, *pomatomus saltator*, katalanisch auch *tallahams, lliri*, galicisch *lorcho,* auf den Kanaren *peje rey*, frz. *tassergal*, ital. *pesce serra*, griech. *gofari*, türk. *lüfer.*

Elegante Form, am Rücken blaugrün, am Bauch goldweiß, mit auffallendem Goldschimmer auf der robusten Rückenhaut. Zur Familie der Pomatomiden gehörig, die Brassen und Barschen nahesteht und zu denen auch die Weiße Palometa gehört. Bis 70 cm Größe und 4-5 kg Gewicht.

Die Anjova ist ein ausnehmend gefräßiger Raubfisch, der den Schwärmen kleiner Doraden und Lisas folgt, zudem ein Alptraum der Küstenfischer an der Levante und im Golf von Cádiz. Wo sie auftaucht, verscheucht sie alles andere. Gottlob ist sie nicht immer küstennah zugange, man trifft sie auch hunderte von Kilometern weit draußen im Atlantik an, wo auch die Jungfische leben. Vorkommen: wärmere Bereiche des Atlantik, gesamtes Mittelmeer, im östlichen Teil allerdings seltener.

Küche: Das Fleisch ist dunkel und faserig, dazu fett, aber geschmackvoll. Vor allem die Filets, gebraten mit etwas Knoblauch und Petersilie, sind schmackhaft. Unter den Rezepten greift man gern zu denen der Palometa, die gern nach andalusischer Art mit Marinade angesetzt und dann ausgebraten wird. Man kann auch zu Rezepten von Rotem Thun und Bonito greifen. - Die Abfälle sind für Sud vorzüglich.

Pez de San Pedro, dt. Petersfisch, Heringskönig, *zeus faber*, katalanisch *peix de Sant Pere, gall*, baskisch *muxumartin*, auch *ollarra*, galicisch *samartiño*, auch *peixe galla*, auf den Kanaren *gallo,* frz. *Saint-Pierre, poule de mer*, ital. *pesce San Piero*, griech. *christópsaro*, türk. *dülger.*

Fast kreisrunder Fisch mit mächtigem Kopf, am Rücken lange spitze Dorne mit mähnenartigen Fäden, großes, vorspringendes Maul, deutlicher schwarzer Fleck in Kiemennähe, Farbe grausilbern mit grün-gelblichem Schein darauf. Familie Zeidenfische. Zuweilen bis 50 cm, meist um 30 cm mit 1-2 kg Gewicht. Saison Mai-Oktober.

Obwohl der Petersfisch im Atlantik wie im Mittelmeer zuhause ist (von Norwegen bis Südafrika), trifft man ihn eher im Mittelmeer an, vor allem im Sommer, wo er näher an Felsengebiete wechselt, sonst lebt er auf schlammig-tonigem Grund, wo er sich gern eingräbt. Er war schon immer selten, heute gilt er als bestandsbedroht, womöglich ist er besonders anfällig für Wasserverschmutzung, denn er scheint die Nähe von Flußmündungen zu lieben. Sein klassischer Fangort ist denn auch die Rhônemündung - er ist einer jener Fische, die die Bouillabaisse berühmt gemacht haben. Plinius der Ältere erwähnt um 70 nach Christus den Golf von Cádiz mit seinen Flußmündungen als voll von Petersfisch. Aber just dort ist sein Fang heute ein völlig ungewohntes Ereignis.

Küche: man filetiert den Petersfisch meist. Viele Exemplare wiegen um die 1,5 kg, aber das Gewicht reduziert sich sehr, das meiste an ihm sind Kopf, Panzer und Gräten. Beim Filetieren ist besondere Vorsicht angeraten, der Fisch ist an allen Teilen dornig und sticht gehörig. Die Filets kommen gut mit Rezepten der Lubina zur Geltung. Aber auch einfach paniert in Mehl und Ei, wie kantabrische Rezepte es vorschlagen, ist er gut. - Noch besser als die feinen weißen Filets ist der Abfall. Er ergibt einen vorzüglichen Sud, der den Fisch für manche Rezepte schwer ersetzbar macht, wie es heißt. - Die Frische am Markt ist immer gut erkennbar. Der Silberton des Körpers verliert schon nach Stunden und dann immer mehr an Glanz.

Der Steuergroschen Petri. Die Legende, die dem Fisch den Namen gab, ist uralt und vermutlich fränkischen Ursprungs. Nach ihr habe Sankt Peter, noch zu seiner Zeit in Jerusalem, diesen Fisch einmal gefangen. Petrus befand sich damals in akuter Steuernot, und umso mehr war er überrascht, daß der Fisch im Maul eine 2-Drachmenmünze trug, die den Apostel seiner Steuerschuld ledig machte. Aus Dankbarkeit habe er den Fisch wieder ins Meer entlassen, und seitdem trage er seinen Drachmenfleck. Eine andere Version erwähnt eigens, Sankt Peter habe dem Kaiser gegeben, was des Kaisers sei. Diese zweite Version ist interessanter, denn sie zeigt den Hintergrund der Legende. Nicht nur sollte dargetan sein, daß dem Kaiser zu geben sei, was seiner Würde zukomme, sondern daß vor allem Sankt Peter, das Papsttum also selbst dem Kaiser zu geben habe, was ihm not tue, immer das schlagkräftigste Argument im langen Streit zwischen Kaisermacht und Papstmacht. So ist denn auch der Name des fränkisch so hochgeachteten Heiligen Martin in den Fischnamen hineingerutscht: unaufgefordert freigebig und offen für die Nöte des Weltlichen zu sein, das lehrten selbst die Fische! Ob die Legende dem Kaiser viel helfen konnte, ist zu bezweifeln. Dem Petersfisch jedenfalls hat sie geholfen. Obwohl eher markant als schön, genießt er überall bei den Völkern eine besondere Zuneigung, ja eine gewisse Ehrfurcht.

Rezepte zum Petersfisch:

Saint-Pierre à la provençale (Petersfisch nach Art der Provence). 3 Schalotten und 200g Champignons sehr fein hacken, dazu Saft von 1 Zitrone als Bett für den Fisch, der darauf gestellt wird. Vorsichtig mit ½ Liter heißem Fischsud übergießen, 3 Min. kochen, dann 15 Min. im Herd bei 220° garen. Den Fisch vorsichtig entnehmen und warmhalten. - Sauce: Den Sud auf 50 % einkochen, mit 60g Sahne erweitern und 50g kalte Butter einschlagen, salzen und pfeffern. Etwas Zitrone darangeben.

Peix de Sant Pere (Petersfisch katalanisch). Einen Fisch von 1,5 kg filetieren. Die Filets mit Butter bestreichen und in den Bräter geben, 125g Fond vom selben Fisch, 125g Orangensaft dazugeben, 7 Min. bei 250° (also sehr heiß) im Herd garen. - Sauce: die Filets entnehmen, den Fond mit 100g Butter cremig schlagen, Petersilie darangeben.

Pez San Pedro a la gallega (Petersfisch galicisch). Einen Fisch von 2 kg enthäuten, in 6 Stücke teilen, die Gräten entnehmen, die Stücke mit 1 Schalotte und 100g Sud vom selben Fisch in den Topf geben und 10 Min. pochieren. - Sauce: den Fisch entnehmen, den Sud auf 50% einkochen, dann 200g kalte Butter einschlagen, Petersilie dazugeben und erwärmen. Sobald die Sauce bei 70° bindet, die mit etwas Zitronensaft beträufelten Fischstücke wieder zugeben und mit 18 Austern garniert servieren.
Eigentlich wird hier dasselbe Rezept in 3 Varianten vorgestellt: Bett, Fond, Saucenerweiterung mit Butter und Fruchtsäure. Garsud einzukochen und mit Butter aufzuschlagen, hat die spanische Küche von Frankreich übernommen, die katalanische Variante ist originaler. Es fehlt dann allerdings ein wenig an Pfiff, die Sauce ist gut, aber sie würzt zu wenig. Ein Vergleich mit Rezepten zum Besugo zeigt, daß auch der Petersfisch immer eine Spur Säure benötigt.

Palometa. Der Name Palometa, Seetäubchen, ist heute ein Sammelname für drei ganz verschiedene Fische. Unter ihnen treten in Spanien fast nur Weiße und Rote Palometa am Markt unter diesem Namen auf, die Schwarze Palometa trägt Regionalnamen.

Palometa blanca, dt. Bläuel, Gabelmakrele, *trachynotus ovatus/glaucus*, katalanisch auch *palomida xica*, baskisch *itsas potxua*, galicisch *castañeta branca,* frz. *liche, palomine*, ital. *leccia stella*, griech. *litsa*, türk. *yaladerma.*

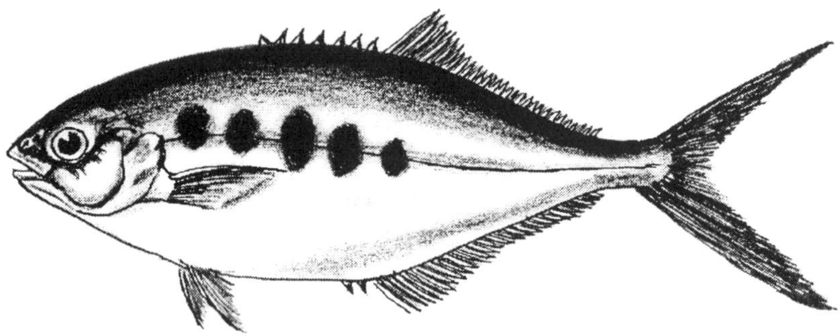

Fisch der barschnahen Gruppe der Carangiden, barschähnlich, kleines Schlitzmaul, Schwanzflosse fast thunfischartig stark eingekerbt, aber auffallend schlank geformt, in der Farbgebung (blau mit metallischem Schimmer, Flanke und Bauch sehr weiß) ebenfalls ein wenig thunfischartig. Meist um 25 cm Länge und 1 kg Gewicht, in seltenen Fällen aber bis 2 Meter groß. Saison Juli-November.

Wie die Anjova ist der Bläuel ein gefräßiger Raubfisch, der unermüdlich und elegant schwimmend die Bänke von Sardinen, Sardellen, Makrelen und kleinen Meeräschen abwandert. Sein Lebensraum sind eher tropische Gewässer, im Atlantik gibt es ihn hoch bis zur Biskaya, im Mittelmeer nur vereinzelt, aber überall stets weit draußen, ein reiner Hochseefisch. Es ist ein Erlebnis, heißt es, diesen ungemein schön schillernden Fisch aus dem Wasser zu ziehen. Den Strahlglanz verliert er dann aber bald. Der Fisch ist leider selten.

Küche: Das Fleisch ist fett und schmackhaft. Die Filets gelingen am besten mariniert und dann fritiert. Ansonsten passen Schmorfonds mit Tomaten und Paprika gut zu ihm. Im allgemeinen greift man zu Rezepten von Rotem Thun und Bonito.

Palometa negra, Japuta, Castañola, dt. Brachsenmakrele, *brama raji*, katalanisch *castanyola*, baskisch *zapatero, xaputa, papardo*, galicisch *castañeta, castañola*, auf den Kanaren auch *pex tostón*, frz. *brème de mer*, im Süden *castagnole*, ital. *pesce castagna*, in Sizilien *pisci luna*; fehlt im östlichen Mittelmeer.

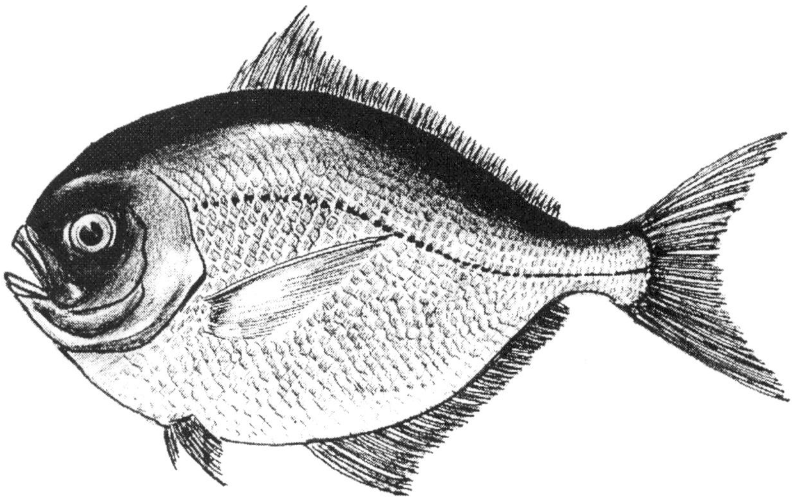

Familie der Bramiden, den Meerbarben nahe. Mit der recht dicklichen Form und vor allem dem stahlgrau dunklen, oft fast schwarzen Körper mit starren, enggedrängten Schuppen unverwechselbar. Meist mit 40 cm Länge und 1,5 kg Gewicht am Markt, maximal 65 cm. Saison November-April.

Der Fisch ist im Westmittelmeer häufig, im Osten gibt es ihn kaum. An der spanischen Nordküste und vor Portugal gibt es ihn, vor allem wenn er zur Laichzeit im Sommer küstennah kommt.

Ein Raubfisch, der tagsüber auf 400 m Tiefe geht und lieber nachts jagt, wozu er das Revier wechselt, er ist dann oberflächennah und zieht den Planktonströmen nach. Am Markt ist er unverkennbar: schwarz wie eine Merluza, aber in der Form doradenhaft, dazu meist stattlich groß. Die Haut wirkt so ledrig zäh, als sei der Fisch bereits einmal gegrillt worden. Sein Fleisch ist ausgesprochen geschmackvoll und nahrhaft, es ähnelt dem des Bonito (einer der weißen Thunfische), wird aber doch nie sehr hoch dotiert, womöglich wegen weißer, nudelförmiger Parasiten im dunkelrosa Muskelfleisch des Rückens, die ihn unappetitlich erscheinen lassen. Sie sind aber völlig harmlos. Das Fleisch wird sehr gern als Ersatz für Thunfisch in Konserven genommen, die Strafen dafür sind gering. - Nicht zu verwechseln ist der allgemein gebräuchliche Name Castañola mit **Castañuela**, dt. Mönchs- oder Rabenfisch, *chromis chromis*, einem kleinen braunschimmernden brassenartigen Fisch mittlerer Güte, der im Atlantik von Angola bis Portugal häufig ist, aber auch im Mittelmeer auftritt.

Küche: Schmackhaft als Ragout, in Scheiben geschnitten und mariniert gebraten (die Haut ist dann abzuziehen). Am besten gelingt er im Herd gebakken, dann aufrechtgestellt wie eine Dorada. Die Schwarze Palometa verträgt schon einiges an Nebengeschmack, vor allem Tomaten. Auch mit Schmorrezepten für Bonito und Roten Thun erreicht man gute Ergebnisse. Das Fleisch hat stets kernigen, angenehmen Biß.

Palometa roja, dt. Kaiserbarsch, *beryx decadactylus,* baskisch *bishigu, bixigu errege*, galicisch *besugo rey*, andalusisch *japuta*, auf den Kanaren *alfonsiño*, frz. *beryx, bérix rouge*, ital. *berice rosso*. Fehlt im östlichen Mittelmeer.

Dem Besugo in Form und Farbe recht ähnlich, wie auch ihre Nebennamen sagen, aber keine Brasse, rundlich, eher flach, Unterkiefer vorspringend, Farbe ausgeprägt rot-rosa (Orchideenrosa), auch im Mundinneren. Eindeutig an dieser Mundfarbe und an überproportioniert großen Augen erkennbar und von den beiden roten Brassen Besugo und Pagel (vgl. S. 115, S. 122) unterscheidbar. Größe gut 40 cm. Saison Oktober-Mai.

Der sehr schöne Fisch bleibt am Markt oft unbeachtet liegen, vielleicht mißtraut man ihm, weil er fast allzu schön ist und dabei dem Besugo gleicht, aber doch keiner ist. In Kantabrien und Galicien ist der Fang häufiger, die Rote Palometa ist ein Atlantikfisch (im westlichen Mittelmeer vorkommend, aber selten), der in einer Seitenart *splendens* Ausflüge bis Island hinauf unternimmt, und dort schätzt man ihn auch mehr. In Galicien wird er auch gern *besugo de America* genannt, was Deutsche meist mit den USA verbinden, Spanier aber stets mit Südamerika, und dort ist der Fisch auch häufig. Gewitzte Kantabrier loben ihn nicht allzu sehr: man sehe ja, er bleibe am Markt gern liegen. Sie nehmen die Rote Palometa nämlich als Ersatz für den traditionellen Weihnachtsbesugo, und man muß zugeben, daß sie ihn mit besten Noten vertritt. Man macht mit der Roten Palometa regelmäßig einen ganz exzellenten Kauf und wird, tut man dies in San Vicente de la Barquera, von den Kantabriern dann auch achtungsvoll angesehen.

Küche: Man fährt am besten mit Rezepten für Besugo, Dorada oder Breca.

Der Fang des Cordobeyu. Es geht gegen Mitternacht. Herr Miguel Sánchez aus Valladolid klettert mit Mühe und der Hilfe einer kleinen Taschenlampe über die Felsen von Cobreces an der kantabrischen Küste. Der Mond bescheint fahl das wilde Felsgezacke, am Horizont droht schon eine dunkle Wolkenwand, Wind kommt auf, die Gischt schäumt unten, es ist ungemütlich. Bald verschlucken die Wolken den Vollmond, es nieselt. Doch Miguel Sánchez ist unverdrossen. Dort draußen, wo er jetzt ist und langsam friert, gebe es den Cordobeyu noch, hat man ihm versichert. Immer schon hat er einen haben wollen, die Verse des Dichters Celso Amieva von den Mondnächten am Meer, in denen er durchs Wasser huscht, fallen ihm ein: y en los remansos colea todas las noches luneras... Im Morgengrauen sieht man dann einen erschöpften, halb erfrorenen, durchnäßten Herrn Miguel Sánchez über die Felsen zurück nach Cobreces krauchen. Hat er seinen Cordobeyu endlich? Ja, er hat ihn! Das ist das Merkwürdige an der kleinen Geschichte: es gibt zum Cordobeyu alles, Zeichnungen, Namen, Fotos, Eduardo Riestra in seinem Kochbuch 'Comer en Asturias' empfiehlt sogar Rezepte - nur den Fisch gibt es nicht. Den haben die Asturier erfunden, um die gutgläubigen Inländer aufs Kreuz zu legen. Aber Herr Miguel Sánchez hat ihn doch gefangen, hörten wir! Ja, aber es war eine Lubina. Eine schöne, stattliche, aber eben doch nur eine Lubina - für die anderen zumindest. Für ihn ist sie etwas Besonderes. Wer einmal eine Regennacht draußen in den Felsen fischend verbracht hat, denkt anders über die Fische, das ist gewiß; und darin genau liegt der Hintersinn der ganzen Sache, um dieser Erkenntnis willen gibt es die Legende vom Cordobeyu. Ist an unserer Geschichte dann aber überhaupt etwas wahr? Nein. Nur den Herrn Miguel Sánchez, den gibt es wirklich. Wer es nicht glaubt, sehe im Telefonbuch von Valladolid nach.

Rezepte zu Palometas:

Palometa roja guisada (Kaiserbarsch gedünstet). 1 Kaiserbarsch von 1 kg eine Stunde mit 6 Knoblauchzehen und Salz eingerieben marinieren. Dann mehlgewendet in Öl anbraten (2 Min./Seite), danach Tomatensauce zugeben und noch 10 weitere Min. in der Sauce garen. Tomatensauce: 1 Tomate, etwas Oregano, etwas Basilikum in 50g Wasser 15 Min. auskochen.

Nehmen Sie eine ganz leichte Tomatensauce dieser Art für den Kaiserbarsch, kein Fertigpüree, es ist zu scharf. Der Kaiserbarsch hat zwar nicht ganz das Spektrum an Geschmack wie der Besugo, mit dem er oft verwechselt wird, aber seine feinen Töne sollte man nicht überdecken. Man kann ihn nach vielen Brassenrezepten zubereiten, etwa nach dem Rezept von 'Pagel en salsa fría' (S. 129).

Palometa blanca al moriles (Gabelmakrele im Herd gegart). 1 kg Palometa, ganz oder in Teilen, 1 Zwiebel, 250g Moriles-Weißwein, 250g Wasser in einem ausgebutterten Bräter 12 Min. bei 220° im Herd garen. Den Fisch entnehmen, die Sauce abschmecken, etwas Pilze darangeben (ideal sind Morcheln) und leicht einkochen (auf etwa 80%). Den Fisch wieder zugeben und noch 5 Min. fertiggaren.
Moriles ist ein kleines Anbaugebiet in Andalusien, das Weine mit ähnlichen Eigenschaften wie Jerez produziert. Das Rezept kann auch für Barsche und Brassen herangezogen werden.

Filetes de castañola al horno (Filets von der Brachsenmakrele im Herd gegart). Einen Fisch von 1 kg Gewicht filetieren, enthäuten (wie Seezunge), salzen und stehend (mit Kartoffel in der Öffnung) in den Bräter geben. 200g Öl erster Pressung darüber geben, 1 Zwiebel dazu und 3 Zweige Petersilie. 25 Min. im Herd bei 230° garen. (Ist der Fisch kleiner, reduziert man die Zeit, beim Fisch von 700g auf etwa 18 Min.).
Die Brachsenmakrele mit ihrem breiten, reichen Aroma sollte nicht unterschätzt werden. Gerade in einem einfachen Rezept wie diesem entwickelt sie ihre ganze stämmige, durch einen Sahneton aber auch elegante Kraft. Das Rezept kann ansonsten für Barsche und Brassen von etwa 1,5 kg Gewicht ebenso gut genommen werden.

Corvina, dt. Adlerfisch, Seerabe, *sciaena aquila,* katalanisch *reig* oder *corb*, *corball*, baskisch *arrano-berrugeta, berrugate*, galicisch *corbina, berrugata* (in castellano kann auch der Name *pejerrey* auftreten, ansonsten Name einer Kleinfischart), frz. *maigre, corbeau*, ital. *bocca d'oro*, *corvina*, griech. *mayático aetós*, türk. *sariagiz*.

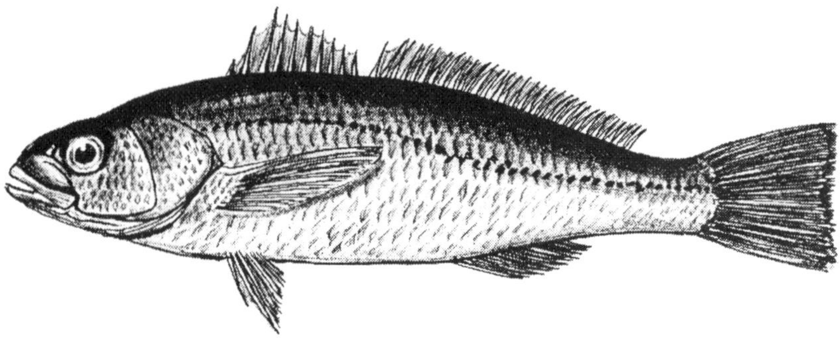

Kräftiger, silbergrauer, hartschuppiger Fisch aus der den Barschen nahestehenden Familie der Scieniden, deren Kennzeichen vor allem eine recht kleine Analflosse ist. Länge im Extremfall bis 2 m und 130 kg Gewicht, die meisten Exemplare aber nur 40-45 cm lang mit 1-2 kg. Saison ganzjährig.

Der schöne, stattliche Fisch gilt im Mittelmeer als fast ausgestorben. Er bevorzugt warme Gewässer, im Golf von Cádiz werden zuweilen noch schöne Exemplare gefangen. Er kann wie die Knurrhähne und auch der Petersfisch mit einer Schwimmblase Töne erzeugen, die ihm zur Ortung der Fischbänke von Heringsfischen und Makrelen dienen. Merkwürdig ist eine Knochenverformung am Gehirnboden, die fast porzellanförmig aussieht und seit alters als Schmucknadel oder für Broschen benutzt wird. Der Sage nach soll Zeus den im Übermut sich zu einem Meergott aufschwingenden Fischer Glaukos durch Einsetzen dieses Knochens zum Wahnsinn getrieben haben; seither irre er unstet und wahnsinnig als Fisch klagend durch die Meere - eine höchst interessante Ätiologie, die den Fisch exakt beschreibt, die Corvina ist in der Tat ein Einzelgänger. Dazu ist sie, wie der Name sagt, ein ausgesprochen scharfer Räuber. In der Qualität gilt sie der Lubina als gleichwertig. Mit ihr wird sie zuweilen auch verwechselt, zumal sie in der Farbe ähnlich sein kann (in der Form allerdings nicht). Das schlüssigste Unterscheidungsmerkmal ist die gerundete Schwanzflosse, die auch die in Katalonien häufigere, etwas dunklere Seitenart *sciaena umbra* hat; die der Lubina ist deutlich eingekerbt.

Küche: wie die Lubina. Recht gut in Folie gewickelt im Herd gebraten oder auch in Salz gegart (vgl. S. 154). Da sie etwas festeres, kernigeres Fleisch hat als die Lubina, kann man auch nach Rezepten von Thun oder frischem Bonito greifen.

Rezept zur Corvina:

Corvina a la marinera (Adlerfisch nach Seemannsart). Zwiebeln, Knoblauch, Petersilie und etwas Brot in Öl anrösten, dann mörsern und etwas Safran, Weißwein und Salz zugeben. Den Fisch mit dieser Mischung in einer Kasserole übergießen und im Herd etwa 20 Min. bei 220° garen. In den letzten 5 Min. kann man den Sud durch Gambas, Venusmuscheln und Erbsen nach Wahl erweitern. (Bei einer Corvina von 40 cm Länge wird man mit 1 Zwiebel, 2 Knoblauchzehen, 1-2 EL Petersilie, ½ Schnitte Brot, 200g Wein sicher gut hinkommen).

Lisa, dt. Meeräsche, *chelon labrosus*, katalanisch *llisa*, baskisch *hondoetako korrokoi*, auch *korkón*, galicisch *muxo, munxe, mújol*, frz. *mulet, muge*, ital. *cefalo, bosega.*

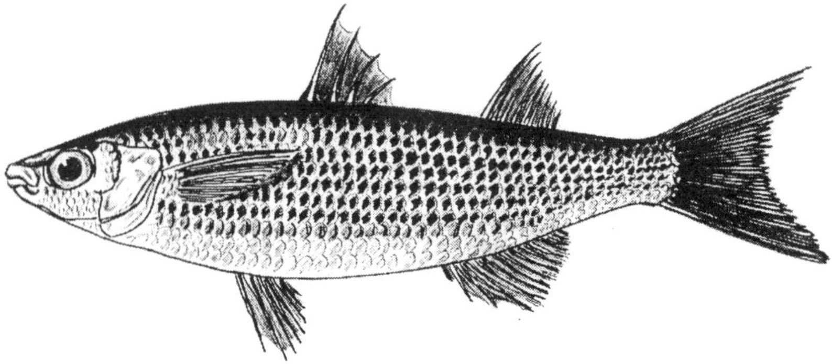

Schöner, etwas vorwitzig und heiter dreinsehender Fisch, in der Form etwas breit geraten und mit wenig hohem Rücken, große Rundschuppen, Farbe graublau mit silbernem Glanz, dazu grüne und gelbe Tönungen. Meist um 60 cm lang, maximal 90 cm. Saison ganzjährig.

Bei Kennern ist die Lisa (der Name Múgil verweist eher auf ihre Rolle als Leitfisch der Mugiliden, er wird selten gebraucht) sehr geschätzt, zumal sie meist billig angeboten wird. Eine krasse Ausnahme bilden die Märkte am Mar Menor bei Cartagena, wo ihre Quotierung zuweilen abenteuerlich hoch ist. Die Lisa findet dort ideale Bedingungen, denn sie lebt gerne schwarmbildend in seichten Küstengewässern des gesamten Mittelmeerraumes und am Atlantik, auch in Flußmündungen und mit Vorliebe in Nähe von Schmutzwasser, Kloaken, Bächen, Bewässerungskanälen und auch Häfen, da ihre Nahrung Oberflächenplankton ist. Ihrem Geschmack bekommt das freilich sehr unterschiedlich. Das ist altbekannt; schon Pythagoras und seine Schüler mieden den Fisch, eben weil er häufig im Kloakenwasser zu finden war. Wo sie aber in Flußmündungen oder Lagunen eindringen kann, die ihr wie am Mar Menor und in den Lagunen und Kanälen von Cádiz oder auch in der Lagune von Venezia besonders behagen und ihr bodennah lebende Schalen- und Weichtiere anbieten, schmeckt sie unvergleichlich besser. Kein Wunder, daß es am Mittelmeer Zuchtgebiete gibt - bei guten Bedingungen züchtet sie sich geradezu von selbst. Bemerkenswert ist auch, daß sie bei Gefahr einige Meter weit aus dem Wasser springen kann. Im übrigen sind Lisas ängstliche, scheue Fische ohne jede Aggressivität, sich brav von ihren Algen ernährend, ihrerseits aber Opfer anderer gefräßiger Fische wie des Aals, der in sie durch den Mund eindringt und ihre Eingeweidehöhle ausfrißt. Solche toten Fische mit einem Aal daran hängend sieht man in der Albufera von Valencia oder am Mar Menor nicht selten.

Es gibt unter den Lisas mehrere Arten, die in der Farbgebung voneinander etwas abweichen. Von der Qualität her gilt die Galupe als besser, die anderen Arten sind gleichwertig:

Küche: je nach Fang stellt die freilebende Meeräsche einen Leckerbissen dar oder ein ungenießbares Gericht. In Levante und Katalonien wird meist die Galupe verkauft, sie dürfte die häufigste Seitenart sein. Das Fleisch ist recht fett. Am besten gelingt die Zubereitung mit Ausbraten, ansonsten wird zu Rezepten für Lubina geraten. - Zu erwähnen ist auch der **Rogen**.

Rezepte zu Meeräschen:

Lisa en amarillo (Meeräsche in Safran). 2 Meeräschen von je 500g in Mehl wenden und in Öl 2 Min./Seite ausbraten. - 1 Zwiebel, 2 Knoblauchzehen, 2 Brotscheiben anrösten zerkleinern, mörsern, 4 Fäden Safran dazugeben, mit etwas Wasser lösen und über die Fische gießen, salzen, etwas Zitronensaft darangeben und 15 Min. in der Pfanne sanft fertiggaren.
Es wird hier vorsichtiger zu Werke gegangen als bei dem ähnlichen Rezept zur Corvina. Meeräschen sind zarte, etwas empfindliche Fische, bei denen man nicht zu starke Aromen verwenden darf. So eignet sich dieses Rezept auch gut für zarte Fische wie die kleineren Gadiden, z.B. Faneca, oder für den Sábalo. Auch Salmonetes (Meerbarben) kann man gut so zubereiten.

Sofrito

Sofrito ist ein vorweg angesetztes Schmorgemüse. Im alten ländlichen Spanien hat ihn die Hausfrau morgens aufgesetzt und dann am Haken über dem kleinen Herdfeuer stundenlang vor sich hingaren lassen. Mittags oder abends diente er ihr als aromatisierender Ausgangssud für Fleisch- und Gemüsetöpfe. Eine Zwiebel und eine Knoblauchzehe in Öl anzubraten, ist also noch kein Sofrito, wohl aber drei Zwiebeln, eine Stunde ganz langsam in Öl gegart. Meist kommt noch mehr hinzu, Tomate, Paprika, Petersilie, Gewürze. Aber niemals Salz!

Wie erhalten wir heute guten Sofrito? Wir erhitzen Öl, lassen Zwiebeln und Knoblauch darin Farbe nehmen, geben dann etwas Gemüse zu und garen 15 Min. lang bei sehr kleiner Flamme. Je länger der Sofrito gart, desto besser. Bei Bedarf gießen wir etwas Wasser nach. Dieses Schmorgemüse leistet viel, denn es hat alle Eigenschaften, um Fisch geschmacklich zu begleiten. Gute Beispiele für Sofrito finden Sie z.B. bei den Rezepten 'Calamarcitos en Jerez', 'Calamares rellenos' oder 'Estofado de mussola'.

Besonders schlau machen es die Italiener. Sie rösten einen Braten scharf in Öl an, wie auch wir das kennen, entnehmen ihn dann aber und setzen in diesem aromatisierten Bratöl ihren *soffritto* an. Später kommt dann der Braten wieder hinzu.

Muggine alla melagrana (Meeräsche mit Granatapfelsaft). 8-10 kleine Meeräschen von 200g gut waschen, aber nicht ausnehmen, und 5-6 Min. schön braun grillen, dabei öfters mit einem Gemisch aus Öl, Salz und Pfeffer bepinseln. Die Fische danach in einer heißen Servierform, mit einem heißen Teller bedeckt, nachgaren lassen. - Von 2 Granatäpfeln die Kerne ausdrücken und die Fische vor dem Servieren damit beträufeln.
Ein schönes italienisches Rezept. Granatäpfel sind frisch, im Geschmack etwas an Wassermelonen erinnernd, und bringen eben den Hauch Säure mit, der nicht zu viel ist für die sanften Meeräschen.

Vieja, Papageifisch, *sparisoma cretense,* kein spanischer Regionalname, frz. *perroquet de mer*, ital. *scaro, perce, pappagallo.*

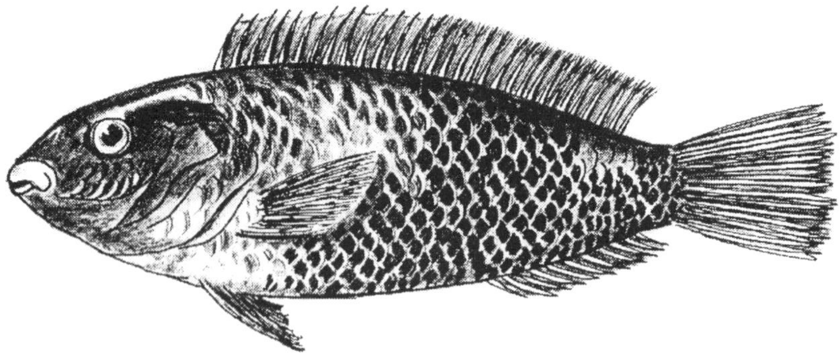

Dicklicher Fisch mit eigenartigem, nach Luft schnappendem Mund, wie er den Labriden (Lippfischen) im allgemeinen eigen ist. Die Scaridenfamilie, der er angehört, zählt auch zu ihnen. Die Farbe kennzeichnet ihn ganz gut: am Rücken purpur-violett, am Bauch weißlich, mit weißen oder gelben Flossen. Länge um 40 cm, Saison ganzjährig.

Die Lippfische, Labriden, stellen eine ziemlich umfangreiche Familie von Fleischfressern, vor allem Muschelfressern dar, die auf algenbedeckten Felsgründen leben. Die charakteristischen fleischigen Lippen und die starken Mahlzähne dieser Fische dienen zum Knacken der Muscheln. In der Regel sind sie aquarienhaft bunt und mit etwa 30 cm auch nicht allzu groß. Kleine Labriden wandern bei den Fischern fast unbesehen in den Kochtopf, sie sind alle schmackhaft, manche mehr, manche weniger. Auch die Hausfrau auf den Kanarischen Inseln, wo sie am häufigsten sind, sieht nicht allzu genau auf die Färbung. Egal, welche Farbe der Fisch hat - Labriden können in der Farbe stark variieren - man kann bei den Namen Maragota, Gallito, Merlo, Griva (gefleckter, bunter, brauner, Amsel-Lippfisch) oder Raó (dt. Schermesserfisch, *novacula lineata*, frz. *rason*, ital. *pesce pettine*, einer der besten Arten, auch auf den Balearen häufig) stets zugreifen.

Lippfische sind ein wenig die Spezialität der Kanarischen Inseln. Ihre Fischfauna zeigt innerhalb der spanischen manche Besonderheiten, die Inseln liegen ja doch rund 700 km südlicher. Es gibt vor allem eine Anzahl von Fischarten, die als Bewohner wärmerer Meere oder tropischer Gewässer eher zur afrikanischen als zur spanischen Fauna gehören, zwar meist auch in geringen Populationen im Mittelmeer anzutreffen sind, aber ihren hauptsächlichen Lebensort im Gebiet um die Kanarischen Inseln haben. Die Gruppe der Lippfische gehört zu ihnen, darunter eben die Vieja als einer der schmackhaftesten. Ihr Revier sind die Klippen und Küstenfelsen der Kanaren. Eine gewisse Ausnahme bildet sie insofern, als sie den Sprung ins Mittelmeer nicht nur in kleinen Populationen geschafft hat; sie ist, wie ihr Name *cretense* sagt, auch im östlichen Mittelmeer zuhause (die Benennung erfolgte aufgrund einer antiken Beschreibung dieses Fisches in Kreta). Von Kennern wird sie hoch geschätzt, der feine Geschmack erinnert ebenso an Besugo wie Merluza. Man macht mit ihr regelmäßig einen sehr guten Kauf, zumal man sie an ihrer bunten Farbenpracht sofort erkennt. Andere Lippfische, die gerade auf den Kanaren häufig sind und dort sehr geschätzt werden (sie weisen alle die etwas gedrungene, leicht gestauchte Form der Vieja auf, ein glänzendes Schuppenkleid und die betonte Lippenpartie, so daß sie einander ziemlich ähneln):

Tordo, dt. Bunter Lippfisch, Goldmaid, *crenilabrus melops*, frz. *labre tourd, parrouquet*, ital. *tordo pavone*, die Männchen blaugrün, die Weibchen dunkler und mit goldgelben Farbtönen, kein allzu guter Speisefisch. Um 25 cm groß.

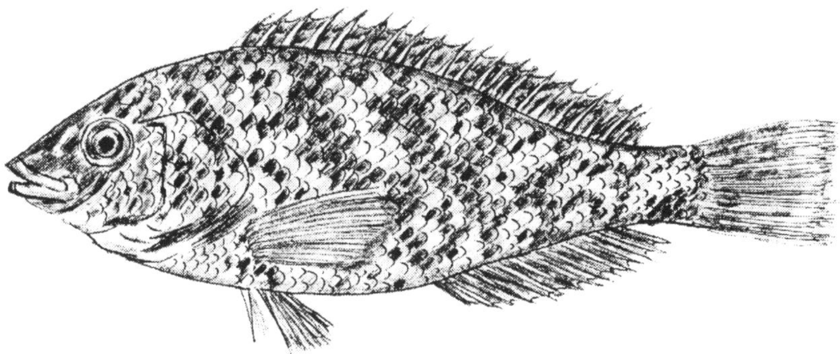

Julia, Doncella, dt. Meerjunker, *coris julis*, baskisch *parabeltza*, galicisch *rubiaca*, frz. *girelle*, ital. *donzella*, mit auffällig dorniger Rückenflosse, kupferrötlich, in der Jugend weiblich und mit weißen Bauchstreifen, später männlich, mit blaugrünem Rücken und orangefarbiger Zickzacklinie auf den Seiten. Sie sind, unter den Fischen selten, eifrige Revierverteidiger in ihrem Lebensraum, Felsküsten oder Felsnischen in sandigeren Küsten. Relativ häufig, auch im ganzen Mittelmeer, bis 25 cm groß.

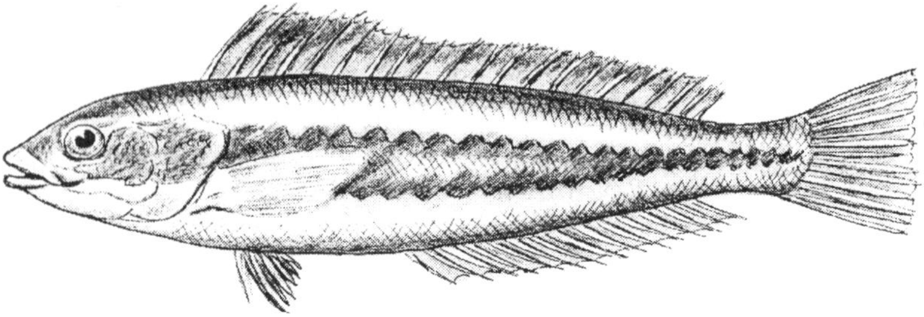

Maragota, dt. Gefleckter Lippfisch, *labrus berggylta*, katalanisch *tord, grivia*, baskisch *durdo*, galicisch *pinto*, auf den Kanaren *romerillo*, frz. *vieille*, ital. *tordo marvizzo*, vorwiegend grün, aber mit bräunlichen Tönen darin und am Kopf schriftartiger Zeichnung ähnlich dem Schreiberbarsch, nur im westlichen Mittelmeer, um 30 cm.

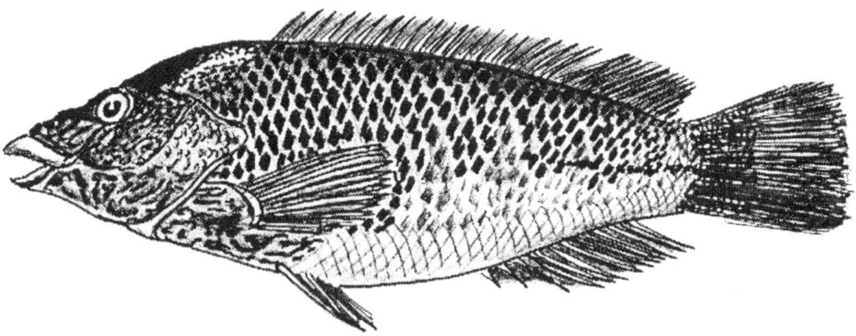

Küche: die echte Vieja braucht exakte, sorgfältige Zubereitung, ihr Fleisch ist sehr zerbrechlich. Am besten in zarter Courtbouillon gekocht, mit sanften Saucen oder paniert gebraten. Vorzüglich ist sie nach kanarischer Art gesotten mit Kartoffeln und der kanarischen Mojo-Sauce. - Auch die anderen zitierten bunten Lippfische sind Felsbewohner (auf Sand könnten sie mangels Verstecken mit ihren Farben nicht überleben) und haben weißes Fleisch von oft beachtlicher Qualität. Vorzüglich sind sie allesamt als Suppenfische. Ansonsten werden sie am besten ausgebraten, möglichst ohne viel große Zutaten, die ihr zartes Aroma überdecken. Größere Exemplare gelingen gut mit Rezepten von Besugo, Pagel oder Sargo.

Lampuga, dt. Goldmakrele, *coryphaena hippurus*, katalanisch *llampuga*, balearisch *dorada, daurat*, baskisch *lemorratz*, frz. *coriphène*, ital. *lampuga* (sizilianisch *capuni*, auf Malta *lampuka*), griech. *kynigós*.

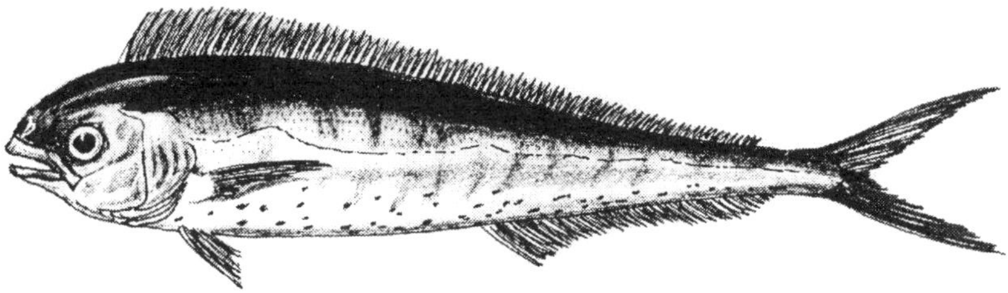

Pez piloto, dt. Lotsenfisch, *naucrates ductor*, katalanisch *vairó, peix pilot*, balearisch *pàmpol*, baskisch *arrain pilotu*, frz *pilote*, ital. *pesce pilota*, *fanfano*, griech. *kolaouzos*, auf Malta *palamudu*, *fan fru*.

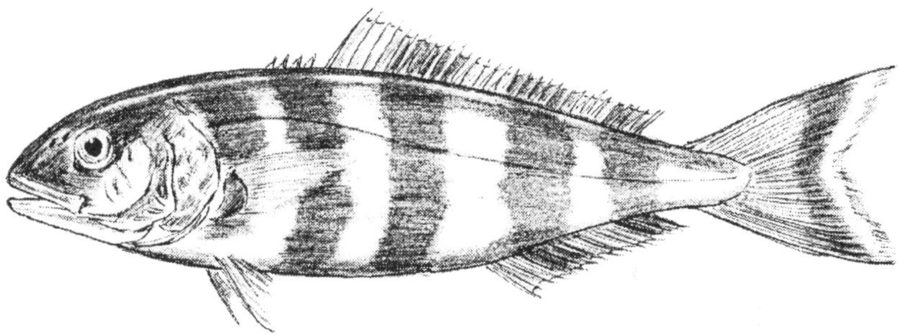

Kompakt, gestaucht wirkend und in der Form den Lippfischen ähnlich, aber mit schräg abwärts gezogenem Maul und tiefsitzendem, sehr kleinem Auge im Umriß ein wenig an einen Wal erinnernd, durchgehende Rückenflosse, Farbe am Bauch silbern, nach dem Tod rasch grausilbern werdend, sonst bei der Lampuga türkis mit gelben Flecken, der *pez piloto* graublau mit 5 deutlich dunkleren Senkrechtstreifen, vor allem am Körperende. Um 75 cm Länge (maximal auch 2,50 m erreichend; eine kleinere Seitenart *coryphaena equiselis* ist eher grau als gelb, maximal 1 m).

Die beiden sehr hübschen, stattlichen Fische sind mit ihrer perlmuttern schimmernden Haut am Markt eine echte Schönheit, umso mehr im Wasser, wo die Lampuga vollständig golden wirkt. Sie sind im gesamten Mittelmeergebiet anzutreffen, allerdings nie festlandsnah, sie scheinen sich am wohlsten weiter draußen in Inselnähe zu fühlen, am häufigsten kommen sie um die

Küsten von Sizilien, Griechenland, Malta (vor allem westlich von Malta) und der Baleareninsel Ibiza vor, wo die Lampuga der Farbe wegen auch Daurat oder Dorada heißt, selbst wenn sie neben der echten Dorada liegt, die dann einfach denselben Namen trägt. Obwohl die Lampuga als nicht häufig gilt, sieht man sie auf Hochsee immer wieder vom Schiff aus, denn die vorzügliche Schwimmerin lebt gern in Gruppen und begleitet wie der Lotsenfisch die Schiffe oft tagelang. Die Fischer sind den beiden sehr gewogen. Die um die Balearen häufigen scharfen Wetterwechsel vorausfühlend, springen sie vor Sturm (und auch im Sturm) zuweilen hoch aus dem Wasser.

Küche: in Ibiza wird der Fisch in Scheiben geschnitten gegrillt oder auch als ganzer Fisch gebraten, begleitet von einer Würzmischung, oder auch mit Paprikaschoten und Öl geschmort, ein altes balearisches Fischerrezept. Ansonsten eignen sich für das fette dunkle Fleisch Rezepte für Thunfisch, Bonito oder Makrele.

Rezept zur Lampuga:

Llampuga a la ibicenca (Goldmakrele nach Art von Ibiza). Den Fisch in dikke Scheiben von 5 cm schneiden, mit Salz und Zitrone einreiben und 2 Std. ruhen lassen, die Scheiben dann gut abwaschen, abtupfen und ausgrillen. - Entweder nur ein Picadillo aus Petersilie, Knoblauch, Paprikapulver, viel Öl und Zitrone (miteinander vermengt und im Mörser gestampft) als Paste über die fertigen Scheiben geben; oder den Fisch mit einer Masse aus Öl, Paprikapulver, Knoblauch und Salz bestreichen und im Gemüserand (Kartoffeln) servieren. (Das Originalrezept ist das letztere).

Araña, dt. Petermännchen, *trachinus araneus/draco*, katalanisch *aranya, dragó*, baskisch *xabirón, xabiroi*, frz. *grande vive*, auch *vive araignée*, ital. *tracina drago, ragno*, griech. *drákena*, türk. *trakonya.*

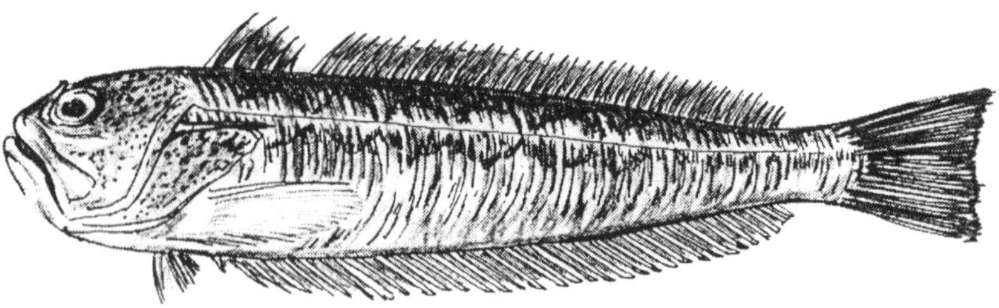

Rata, dt. Sterngucker, *uranoscopus scaber*, balearisch *saltabardisa*, baskisch *xabiroi arratoi,* frz. *rat, boeuf,* ital. *pesce prete, cocciu*, griech. *lychnos*, türk. *kurbag baligi.*

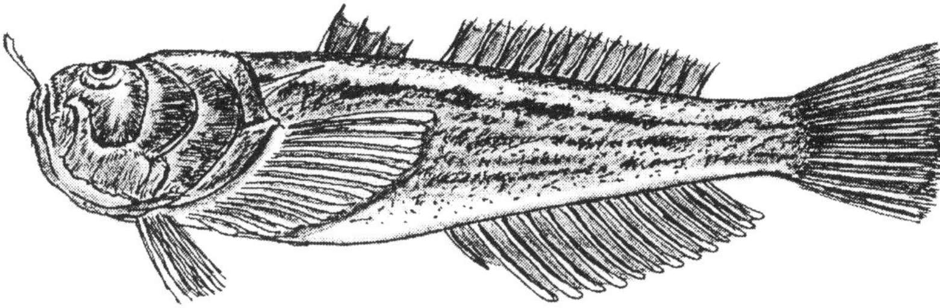

Zwei recht ähnliche Arten, in der Form unauffällig, beide aber mit relativ großen Flossen an Rücken, Seite und Bauch, bei der Araña durchgehend. Auffallend das rigoros und scharf nach unten gezogene Maul, beide auch mit Bartfaden, die Rata allerdings mit breiterem Kopf. Farbe bei der Araña gelbweiß mit auffälliger erdiger und schwarzer Schrägstreifung, die Rata einheitlicher rotbraun. Länge Araña 15-25 cm (selten bis 40 cm), Rata bis 30 cm, Gewicht 300-800g.

Die Namen der beiden, Rata (Ratte) und Araña (Spinne) klingen nicht sehr vertrauenerweckend, und kommen noch die selteneren Seitenarten *vipera*, **Víbora** (Viper, **dt. Zwergpetermännchen**, frz. *petite vive*, ital. *tracina vipera, raggiata*) und *draco*, **Escorpión (dt. Petermann)** frz. *grande vive*, ital. *tracina drago*, hinzu, ist die Sammlung komplett. Wie aus den Namen zu entnehmen ist, haben sie mit Ausnahme der Rata Giftstacheln, die sie an Kopf und Rücken tragen. Sie sind Bodenbewohner, die sich zur Jagd auf Mollusken in den Sand eingraben. Es gibt sie in Spanien überall an den Küsten, die Araña in einigen Unterarten allerdings nur im Westmittelmeer, die Rata häufig und im gesamten Mittelmeer und Schwarzmeer. Am Markt ist zumindest in Spanien nur die Araña regelmäßig vertreten, die Rata wenig. Ihnen sind dann auch die giftigen Stacheln entnommen. Alle vier sind ausgesprochen schmackhaft. Die Rata wird vom Aroma her gern mit Seezungen verglichen, die kleine Araña schmeckt eher kernig und erinnert an Barsche.

Küche: Rata und Araña sind feine, aromatische Suppenfische, die gern für die verschiedenen Fischsuppen, Calderetas oder Bouillabaisses des spanisch-französischen Küstenbogens am Mittelmeer verwendet werden. Es dürfte also die Rata früher auch im Mittelmeer häufiger gegeben haben. Noch besser als Suppenfisch ist die Araña, und nur wegen ihres schlechten Rufes fristet sie am Markt ein eher bescheidenes Dasein. Rezepte für beide allein gibt es ganz selten, was schade ist, denn erstens sind sie gut und zweitens wird ihr Fleisch bei der Zubereitung fest und konsistent; auch kleine Exemplare lassen sich mühelos genießen. Die Zubereitung kann einfach sein: in Mehl gewendet und in etwas Öl sanft ausgebraten sind sie immer gut. Das Öl kann man mit etwas Knoblauch und, wenn man will, mit etwas Pfeffer oder Pfefferschote aromatisieren.- Beim Erhitzen löst sich das Gift übrigens restlos auf, man hat noch nie von Zwischenfällen gehört.

Jurel, dt. Stöcker, *trachurus trachurus*, katalanisch *sorell*, seltener *surell*, baskisch *txitxarro*, galicisch *chicharro*, *xurelo*, kleine Exemplare auch *chincho*, frz. *saurel, chinchard*, ital. *suro*, griech. *savridi*, türk. *istavrit*.

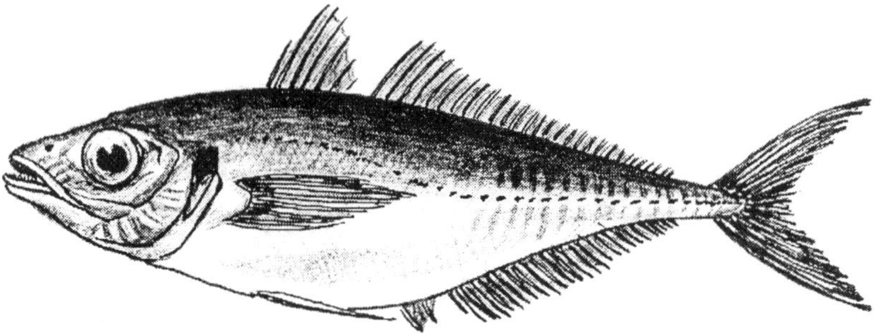

Silberblauer bis silbergrüner, zuweilen auch dunkler und dann etwas bräunlicher Fisch, der ein wenig wie eine verfärbte Makrele aussieht. Kennzeichnend ist eine Reihe schildförmiger starker Schuppen beiderseits an der Seitenlinie entlang, die silbern-golden-türkis glänzen. Es sieht aus, als sei der Fisch dort vernäht worden. Länge um die 20 cm bei 200g Gewicht. Saison Dezember-April

Der Jurel ist ziemlich fett und von gutem bis mäßigem Geschmack. Gegen Winteranfang gewinnt er deutlich an Qualität, er wird dann ähnlich saftig wie frische Makrelen und die Aromen lösen sich auch besser. Als Schwarmfisch im Atlantik und im ganzen Mittelmeer zuhause, massenweise auch in den Gewässern Brasiliens und Argentiniens, ist er an allen spanischen Küsten häufig und daher auch regelmäßig am Markt, wo kleine Exemplare zuweilen mit Sardinen verwechselt werden können. Beliebt ist er nirgends, ein wenig zu Unrecht. Andalusische Seeleute versichern, die Qualität zumal weißer, d.h. hellerer Jureles sei durchaus beachtlich, vor allem wenn man sie fangfrisch, am besten noch am Schiff, ausnimmt. Jureles gehören zu den Fischen, die sich am raschesten zersetzen. Obwohl Jurel in der Qualität niedriger angesetzt wird als die Sardine, lohnt er als Konservenfisch.

Der Jurel und die Quallen. Kleine Jureles zeigen ein merkwürdiges Verhalten. Um sich vor Gefahren zu schützen, verstecken sie sich zuweilen im Innern von großen Quallen, deren Genitalorgane sie dann auch fressen, ohne daß ihnen die elektrischen Entladungen, mit denen sich die Quallen wehren, viel anhaben können. Von Lebensgemeinschaft zu sprechen, wäre also zuviel. Das Geschehen findet häufig in der Mündung des Guadiana statt, dem an-

dalusischen Grenzfluß zu Portugal, in dessen Unterlauf ganze Schwärme von Quallen abwärtstreiben. Die Jureles spielen damit die Rolle eines biologischen Regulativs, denn Quallenplage entsteht durch Algenpest, also ein zu starkes Algenwachstum, und Quallen reduzieren die Algen. Ihrerseits werden sie dann wieder durch die Jureles reduziert und diese durch Großfische. Am Ende herrscht wieder Gleichgewicht. Im Wasser des Guadiana aber meist nicht, er ist mit seinem schwachen Gefälle schon immer ein Problemfluß gewesen. Es wäre zu überlegen, ob man Jureles nicht züchten sollte. An manchen belasteten Küstenstrichen des Mittelmeers könnten sie gute Dienste leisten.

Küche: Beim Kauf soll der Fisch schön kräftig und glänzend aussehen und sollte dann rasch verarbeitet werden. Offenbar hat sich das Ausnehmen am Schiff (meist Küstenfischerei, der Jurel lebt gern küstennah) durchgesetzt, mit der Frische hatte ich niemals Probleme. - Mit Sorgfalt zubereitet gelingt der Jurel ziemlich gut; am besten gebraten oder gegrillt. Man überschreite die Garzeit nicht zu sehr, sonst wird der Fisch rasch trocken und geschmacklos.

Rezepte zu Jurel (Stöcker). Die für Jurel zitierten Rezepte sind für verschiedenste Kleinfische geeignet. Sie sind gestaffelt vom einfachen zum etwas aufwendigeren Rezept.

Jureles asados (Stöcker gebraten). 400g kleine Jureles 30 Min. in Milch marinieren, abtropfen, in Mehl wenden und dicht in der Pfanne liegend 4-5 Min. ausbraten. Zitrone darübergeben.

Jureles guisados (Stöcker gedünstet). 2 Stöcker von je 400g in ½ Liter Wasser, 1 Lorbeerblatt, 5 EL Essig, grobem Meersalz kurz aufkochen, dann 4 Min. pochieren. Vom Feuer nehmen und die Fische im Sud abkühlen lassen. 500g Zwiebeln grobgehackt in 6 EL Öl andünsten, dann 125g vom Fischsud angießen, salzen, pfeffern und 20 Min. köcheln. Die Fische filetieren, die Filets auf die Zwiebeln legen, obenauf eine Paste aus 2 Oliven, 2 Knoblauchzehen, 3 Zweigen Petersilie, 3 Sardellenfilets, 50g Öl (alles dies püriert) geben. 15 Min. bei 180° im Herd garen.

Jureles en adobo (Stöcker mariniert). 2 Stöcker von je 400g 1 Stunde marinieren in: 3 EL Orangensaft, 1 EL Zitronensaft, 1 Lorbeerblatt, ½ TL Senf, 20 Korianderkörnern, Zimt, Salz, Pfeffer. - 4 Zwiebeln in Ringen in 125g Öl glasig braten. Die Fische darauflegen, die Oberseite eingeschnitten und mit Orangenspalten gespickt. Den Rest der Orange darumlegen, etwas Öl und Brösel darübergeben und im Herd bei 180° 15 Min. garen. Ab und zu mit Fischfond oder Jerez übergießen.
Der als nicht besonders fein geltende Stöcker gewinnt immer dann beträchtlich an Aroma, wenn er frisch und saftig ist. Auch bei ihm ist der Fleischsaft als Träger der Geschmacksstoffe das wichtigste Kriterium. Ist er frisch, so schmeckt er zart nach frischem Hering und das so einfache erste Rezept wird plötzlich zur Delikatesse. Mit den anderen beiden kann man ihn aber immer-

hin aufwerten. Beim dritten wird man, ist der Stöcker sehr frisch, die Marinade nicht mitkochen; ist er weniger frisch, tut ihm das Mitkochen der Marinade gut.

Aguja, dt. Horn- oder Makrelenhecht, Seenadel, *belone belone,* katalanisch *agulla,* baskisch *akula, lantzoi,* galicisch *agulla, alcrique*, frz. *aiguille, orphie*, ital. *aguglia*, griech. und türk. *zargana.*

Paparda, dt. Makrelenhecht, große Seenadel, *scomberesox saurus*, katalanisch *trumfau*, baskisch *potakarra*, galicisch *alcrique, xendarme.* In castellano kann auch *relanzón, aguijón* auftreten. Frz. *balaou*, ital. *costardella, gastaurello*, griech. *zargana*, türk. *zurna.*

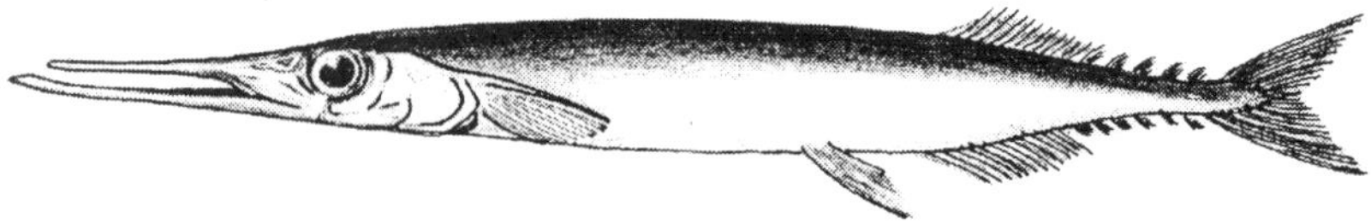

Die nadelartig vorstehenden, aus verhärtendem Horn bestehenden Kiefer der beiden nahe verwandten Fische kennzeichnen beide genug. In der Farbe sind sie grüngrau, an den Seiten auch silbrig und mit gelbem Hauch. Größe meist um die 15 cm; große Exemplare erreichen 40-50 cm, kommen aber nicht in den Handel, ihr Fleisch ist zäh.

Die Makrelenhechte, gern auch nach ihrem spanischen Namen Seenadeln genannt, sind Sommerfische, da sie dann küstennäher leben und etwas mehr Fett ansetzen, im Winter sind sie arg trocken. In ertragreichen Jahrgängen wird die Aguja als Sardinenersatz in der Konservenindustrie zugezogen, sie ist aber in der Qualität deutlich geringer. Agujas und Papardas werden ihrer geringen Qualität wegen in Spanien am Markt nirgends reichlich angeboten, obwohl sie als Massenfisch spottbillig sind; im östlichen Mittelmeer und Schwarzmeer sind sie beide oft auf den Märkten. Leider schreckt bei der Aguja ein giftgrüner Farbstoff viele Käufer ab, der im Skelett sitzt und oft nicht nur Gräten und Flossen, sondern auch das Fleisch färbt. Er ist indes vollkommen harmlos.

Küche der Seenadeln: Aguja und Paparda werden am besten gebraten, fritiert oder in Marinade eingelegt und dann gedünstet zubereitet. Die Fische dazu ausnehmen, den Kopf abtrennen, dann am besten in drei Teile stückeln und salzen.

Rezepte zu Makrelenhechten:

Agujas en escabeche (Makrelenhecht mariniert). 6 Fische von je 200g mit Pfeffer einreiben, in Mehl wenden und in 250g Öl auf beiden Seiten 3 Min. sanft anbraten. Aus der Pfanne nehmen und abtropfen lassen. Das Öl abseihen und neu aufsetzen mit 1 Möhre in Scheiben, 2 Zwiebeln in Ringen, 4 Knoblauchzehen, ½ grünen Paprikaschote, 3 Lorbeerblättern, Thymian, 2 Nelken, 3 Stengeln Petersilie ohne Kraut, Salz, Pfeffer. Erhitzen und 5 Min. sanft ziehen lassen, dann ½ Liter Wasser und ¼ Liter Essig angießen, 15 Min. köcheln, über die Fische gießen und sie darin 3 Tage marinieren.
Die spanische Volksküche liebt scharfe Marinaden - vielleicht, weil man sie früher zur Konservierung von Fisch auch mehr benötigte. Will man sie sanfter, so verdünnt man das Essigwasser von 2:1 auf 4:1, aber am besten erst nach acht Stunden, damit die Fische nicht verderben.

Agujas asadas con tocino (Makrelenhecht-Spießchen). 1,2 kg kleine Makrelenhechte ausnehmen, filetieren, die Filets auf Spießchen mit je 1 kleinen Zwiebelscheibe in 6 El Öl sanft anbraten, salzen, dann je 1 Speckscheibchen daranstecken, mit Specköl tränken und 5 Min. bei 230° auf der Speckseite im Herd ausbraten. Man nimmt dazu fetten Speck; er ist dezenter als durchwachsener, dessen Salz beim Braten oft zu scharf wirkt!

Chanquete, dt. Glas- oder Weißgrundel, *aphia minuta,* katalanisch *xanguet*. frz. *nonnat*, ital. *rossetto*, griech. *goviodaki*.

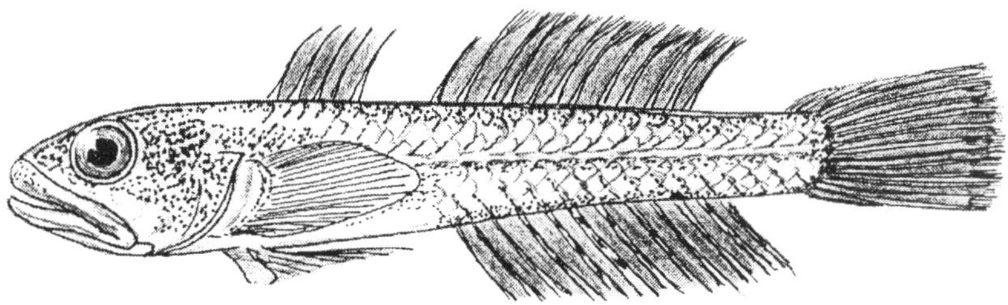

Kleinfisch von langgezogener Form und relativ zur Körpergröße beträchtlichen Flossen, Schwanzflosse gerundet. Sehr große Kopfpartie. Farbe blausilbern, der Fisch ist fast durchsichtig. Nur 6 cm lang, Saison November-März.

Unter den Gobiden, zu denen die Chanquete gehört, gibt es weltweit viele Vertreter, die auseinanderzuhalten nicht recht lohnt, auch am Markt werden sie nicht unterschieden, die einzelnen Arten wandern alle ins selbe Kistchen. Sämtliche Vertreter sind Kleinfische von 10-16 cm Länge und haben den großen gedrückten Kopf der Chanquete, fast alle auch diskusförmig runde Brustflossen. Ihre Farbe ist silberbräunlich bis silberbläulich, meist etwas dunkel - wenn der Fisch nur nicht durchscheinend ist! Denn die halb durchsichtige Chanquete gilt als etwas Besonderes und wird von den anderen **Go-**

bios, wie sie am Markt heißen, strikt entfernt gehalten. Es gibt unter ihnen in Spanien auch einen Süßwasservertreter, *gobius gobius*, am häufigsten im Guadalquivir ober- und unterhalb von Sevilla. Der deutsche Name für die Gobios ist **Grundel** - es handelt sich aber vermutlich nicht um die Fische, die im Deutschen Gründlinge genannt werden; möglicherweise sind die Familien verwandt (frz. *gobie, goujon*, ital. *ghiozzo*, griech. *goviós*, türk. *kaya, kurmurcun kayasi, saz kayasi*; namentlich in der Türkei sind Grundeln sehr geschätzt). Gobios haben gelatinöses, grätenreiches Fleisch, das man für Suppen schätzt. Als bester unter ihnen gilt der **Chaparrudo, dt. Schwarzgrundel**, *gobius niger*, katalanisch *burro*, *burret*, frz. *golue*, ital. *ghiozzo nero,* dort auch sehr beliebt, schwärzlich, die Weibchen gelblich, auffallend durch die Art, die Brustflossen saugnapfartig falten zu können, wodurch sich die Fische an Felswänden und Felszacken festhalten. Sie sind exzellente Suppenfische und schmecken auch ausgebraten gut.

Die Chanquete schließlich ist ein kurzlebiger Kleinfisch von ausschließlich regionaler Bedeutung. Vor Málaga tritt er oft in riesigen Schwärmen auf. Wie Sardelle und Makrele gehörte die Chanquete zu den Vergärungsfischen, die für die Bereitung des römischen Garum nötig waren. Heute wird sie vorzugsweise im Winter in der Küstenmündung des Guadalhorce gefangen, in dessen Sandeinschwemmungen sie ihre Nahrung findet. Zuweilen wurde sie früher zum Auffüllen unergiebiger Sardinen- und Sardellenfänge benutzt. Heute ist sie in ihrem Bestand beinahe gefährdet. Ihre Befischung ist umstritten, teils aus Überfischung, teils deswegen, weil der Fang dieser kleinen Fische sehr engmaschige Netze erfordert, die dann auch Fischbrut mit einfängt. Zeitweise wurde der Fang verboten, heute ist er streng reguliert, aber was heißt das in Málaga und Marbella schon! Zubereitet wird die Chanquete stets fritiert.

Rezepte zu Chanquete und Gobio:

Chanquetes (Glasgrundeln, fritiert). 500g Chanquetes gut abtropfen, in kleinen Mengen in leicht gesalzenem Mehl (100g) wenden, in einem Sieb das überschüssige Mehl abschütteln und in 100g sehr gutem, heißem Olivenöl gelb oder goldbraun fritieren, nicht zu viele auf einmal. Heiß mit Zitronenspalten servieren. - Auch die beiden zu Angula, Glasaal, angegebenen Rezepte (S. 44) können für Chanquetes herangezogen werden.

Gobios tipo angulas (Grundeln nach Glasaalrezept). 800g Gobios waschen, die Köpfe und Innereien entfernen, mit Küchenpapier trockentupfen. - 4 Knoblauchzehen, 1½ grüne Pfefferschoten (guindillas) in 4 Teilen in 120g Öl anbraten; die Pfefferschoten dann entnehmen und die Fische 5 Min. ausbraten. Dabei am Anfang die Fische 1 Min. lang mit einer Gabel gut wenden, danach den Topf ständig rütteln. - Variante: nach 3 Min. Garzeit 2 EL Sidra (Apfelwein) oder Weißwein darübergießen, den Topf abdecken und 2 Min. weitergaren; am Ende 4 Eier darüberschlagen. - In beiden Varianten werden die Fische mit 4 Stengeln Petersilie überstreut serviert.

Cinta, dt. Bandfisch, *cepola rubescens oder macrophthalma*, katalanisch auch *veta, pixota*, andalus. auch *pez llama*, frz. *cepole, jarretiere, ital. cepola.*

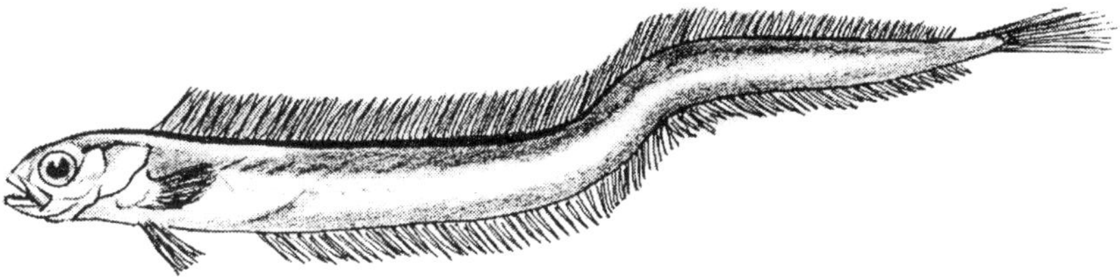

Pez cinto, Sable, dt. Degenfisch, *lepidopus caudatus,* katalanisch *sabre,* baskisch *sable-arrain*, frz. *coutelas, sabre*, ital. *pesce sciabola*, griech. *spathópsaro*, türk. *çatal kuyruk.*

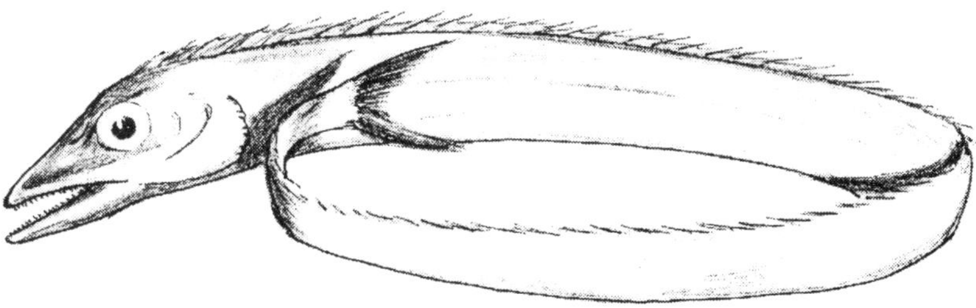

Beide Arten sind im Umriß aalartig, aber sehr dünn und seitlich flachgedrückt, so daß sie bandartig aussehen. Farbe bei Cinta rot, bei Pez cinto silbern, Länge bei Cinta um 40 cm, Pez cinto bis 2 m, am Markt meist um 1,50m. Saison ganzjährig.

Die beiden Bandfische sind auf dem Eis der Marktstände ausliegend immer eine Zierde, der eine mit seinem schönen Rosarot, der andere derart silbern, daß er aussieht wie aus einem Aluminiumbad gezogen (kommt hinzu, daß sie auch noch abgeht - man hat, wenn man ihn behandelt, hinterher regelrecht versilberte Finger. Der Farbstoff ist harmlos). Die Cinta ist ein Mittelmeerfisch, der in Küstennähe im Grundschlamm lebt, am Markt vor allem in der Provinz Castellón. Nur fritiert kann man ihr etwas abgewinnen, ihr Fleisch schmeckt schal. Meist wandert sie in den Suppentopf, wo sie rasch zerfällt und dann die Brühe mitwürzen hilft - mit unterschiedlichem Erfolg: zusammen mit Krebsen und Rascassen würzt sie hervorragend, mit Seeteufel oder Plattfischen ist das Ergebnis recht mäßig. Der Pez Cinto hingegen, mit 2 m Länge ein ergiebiger Fisch, gilt als sehr schmackhaft, im Mittelmeer trifft man ihn nicht so häufig an, außer im äußersten Norden der Costa Brava, wo der Fisch sehr geschätzt wird.

11. Fischsuppen und Reisgerichte

Fischsuppen und Fischtöpfe entstehen namenlos in kleinen Restaurantküchen am Hafen und richten sich nach Tagesfang und lokalem Angebot. Zuweilen erreichen Würzungen, Zubereitungsarten, bewährte Zutaten größere Bekanntheit, nicht zuletzt durch den Tourismus, und Namen werden zu Standards. So war es bei der Bouillabaisse mit der Mischung Fenchel, Anis und Safran, so war es bei der Sopa Genovese mit Walnuß und Sardellen, bei der Sopa Siciliana mit Kapern und Oliven, bei der Caldera Menorquina mit Muräne und Tomate usw.

Allein, was erreicht man mit Benennungen! Das Wesentliche bleibt stets das Milieu, der lange Prozeß, in dem Restaurants und Hausfrauen gemeinsam sich langsam auf ein Bündel ähnlicher Rezepte hin näherkochten. Die Bouillabaisse ist so ein Bündel, die Zarzuela und das Tioro sind eines, auch die Paella valenciana. Gewiß verstehen es die raffinierten Restaurantküchen feiner Hotels in Nice oder Roses weit besser als die Hafenlokale, alles genau und fein aufeinander abzustimmen. Aber erreichen sie auch die andere Ebene? Feine reine Fischsuppen waren nie Armeleutegerichte, es waren stets Festtagssuppen, und Rascasse oder Seeteufel waren noch nie Billigfische. Doch sie waren den kleinen Hafenleuten am Sonntag erschwinglich, und es oblag dann der Hausfrau, sich je nach dem Geldbeutel auch einmal ein besonders schönes, günstiges oder seltenes Stück Fisch oder Schalentier zu leisten, um die eingeladenen Tanten und Freunde damit zu erfreuen. Dann wurde geschmaust und in der Suppe lag Leben, war die Familie bei sich ('damals, als José noch...'). Das kann keine Hotelküche leisten.

Im Prinzip ist es mit allen Fischsuppen so. Sie haben einen 'Sitz im Leben', ein Milieu, eine Tradition, einen Anlaß; was genau es ist, erfährt der Fremde oft erst nach langer Zeit. So gut wie alle sind in einfacheren und aufwendigeren Versionen anzutreffen, sie erlauben Abwandlungen nach Angebot, Portemonnaie, Lust und Kochstil. Überhaupt besteht der kulinarische Wert der Fischsuppen nicht zum wenigsten darin, daß man am Wählen und Kaufen, am Abwägen und Komponieren, am Brodeln und Aromageben Freude hat und Befriedigung findet. Man stellt sich damit kulturell an einen Ort. Auch wenn man ins Restaurant geht, ist das so. Eine leichte aromatische Fischsuppe wählt man in Spanien jederzeit. Aber einen reichen Fischeintopf? Den bestellt man nicht einfach so dahin, den nimmt man sich vor, auf den stellt man sich mental ein. Es ist wichtiger, daß bei einer Caldereta oder einem Arroz a la banda eine Tradition, eine Erinnerung, eine Sehnsucht in einem aufwachen, Bilder aus Menorca und Castellón lebendig werden, als daß die Grammangaben genau stimmen. Fischsuppen und Fischreis, das sei klar gesagt, sind eine Gemütssache.

Was von den Suppen gilt, gilt ebenso vom Reis. Es waren einmal mehr die Mauren, die als erste Reisanbau im Valenciano versuchten. Die Lagunenlandschaft südlich Valencias lud dazu ein. Es scheint aber doch, als habe sich der durchschlagende Erfolg des Reisanbau erst im Spätmittelalter und über einwandernde Italiener eingestellt. Heute wird an der Mittelmeerküste Spaniens viel Reis angebaut, vor allem in der Albúfera von Valencia und im Ebrodelta. Es gibt dort auch nicht nur die Paella, viele Einheimische ziehen andere Gerichte vor. Aber die Paella aus Valencia ist nun einmal für viele Ausländer aus ganz Europa zu einem Nationalgericht Spaniens geworden und dazu steht man selbstverständlich, mag sie einem besser oder weniger gut munden.

Reisgerichte mit Fisch

Gute Reisgerichte sind nicht leicht zuzubereiten. Wird bei einem Fischgericht alles auf die Vorgaben des Fisches abgestellt, so hat man hier sowohl den Fisch wie den Reis zu beachten. Es sind schon viele Paellas zu klebrigem Brei geworden und gelangen nicht, obwohl es am Geschmack nicht fehlte. Man widme sich also mit ebensoviel Sorgfalt dem Reis wie den Einlagen! Spanischer Reis gart etwas kürzer und saugt etwas mehr Flüssigkeit, als wir es gewohnt sind. Wenn wir 15 Min. und 2 Tassen Flüssigkeit auf 200g Reis anzusetzen pflegen, kommt man mit spanischem Reis bei 12 Min. und 2½ Tassen Wasser besser zum Ziel. - Zum Safran: er muß in jedem Fall gerieben werden (auf der Handfläche z.B.), bevor er an Gerichte gegeben wird. Sonst löst sich der getrocknete Stempelfaden nicht auf und das Aroma wird nicht frei.

Arroz al estilo murciano (Reis nach Art von Murcia). 4 rote Dosenpaprika (morrones) in 100g Öl anbraten, entnehmen, zerquetschen und mit 3 Knoblauchzehen und 2 Stengeln Petersilie zu Paste stampfen. - Im selben Öl 1 kg Fisch und Mariscos anbraten, dann 300g Tomaten und die Paste dazugeben. - 400g Reis mit 3 Fäden Safran kochen (5 Min. lebhaft, 15 Min. sanft; eher mehr Wasser nehmen als zu wenig). Am Ende die Fischpfanne dazugeben. (Vorschlag: 300g Kabeljaufilet, 300g festkochenden Fisch: Seeteufel, Mero, Congrio oder Scholle, 200g Sepia, 200g Miesmuscheln)

Arroz con congrio (Reis mit Meeraal). ¼ Huhn ausgebeint in 100g Öl anbraten, dann 250g Congrio vom Mittelteil und 2 kleine Tintenfische zugeben und 5 Min. garen. Dann 400g Reis zugeben, 800g Wasser, Salz, Pfeffer, 3 Knoblauchzehen, 3 Safranfäden, 20 Min. kochen und 5 Min. nachziehen lassen. Am Ende nachwürzen. - Madrilenisches Rezept, kernig und geradlinig. Huhn und Meeraal schmecken überraschend ähnlich.

Arroz a banda (Valencianischer Fischreis). 500g Seeteufel am Stück, ein Knurrhahn von 750g oder 2 kleine, 8 Kaisergranat oder Langostinos, 500g Herzmuscheln, 1 Zwiebel, Lorbeerblatt, 150g Wein, 1½ Liter Wasser 25 Min. kochen. Dann abseihen, die Muscheln auslösen und mit den Fischen

warmhalten. - 2 Zwiebeln in 120g Öl andünsten, dann dazugeben: 2 EL Petersilie, 2 Knoblauchzehen, Pfeffer, 250g Tomaten. Noch 300g Reis darauf geben, 1 Liter vom geseihten Fischsud angießen, 4 Safranfäden zugeben und den Topf 20 Min. garen. Am Ende die Muscheln zugeben. Der Muschelreis wird als 1. Gang serviert, die entgräteten Fische und Cigalas mit Allioli als 2. Gang.
Ein in Spanien gut bekanntes, festliegendes Rezept. Merkwürdigerweise ist die Reihenfolge der Gänge umgekehrt wie bei großen Fischsuppen, sie hält sich an den 'Cocido', den mit seinen Varianten überall in Spanien üblichen Eintopf mit Fleisch und Gemüse. Wie beim 'Pot au feu' serviert man da erst die Suppe (mit Kichererbsen), dann das Gemüse, am Ende das Fleisch.

Paella valenciana (Reispfanne Valencia). 1 kleines Huhn in 8 Teilen, 150g Schweinefleisch, 50g roher Schinken in Würfeln, 4 derbe Mettwürste in 6 EL Öl in einer großen Paellapfanne gut Farbe nehmen lassen und wieder entnehmen. Im Rückstand 1 rote Paprika in Streifen, 1 Knoblauchzehe, 2 vorgekochte Artischocken, 100g vorgekochte Bohnenkerne andünsten, dann 3-4 geschälte Tomaten dazu und 25 Vaquetes (Rosmarinschnecken). Alles vereinigen, dazu 400g Reis, 4 EL Erbsen, 4 Scheiben vom Seeteufel (oder anderen Fisch), 1½ Liter Wasser zugeben und aufkochen. Die Hitze so reduzieren, daß das Wasser leicht perlt. Wenn alles gut brodelt, 3 Safranfäden, Pfeffer, 20 geöffnete Miesmuscheln (siehe Kasten S. 235), 4 Langustinos zugeben und noch 15 Min. garen. Am Ende mit Petersilie und Zitrone abschmecken.
Die Schnecken sind nicht obligat. Ich zitiere sie, weil die 'originale' Paella ein Schneckenreis war, der mit Fisch lediglich erweitert wurde. - Das wichtigste bei der Paella ist zum einen die große Pfanne, paellera. Es soll alles gleichmäßig vom Feuer erfaßt sein, dazu kann es aber nicht zu hoch aufgestapelt werden. Es ist zum zweiten das sorgfältige Schmurgeln. Man kann gern alle 2-3 Min. etwas Wasser nachgeben, beim Garen darf der Inhalt der Pfanne weder zu suppig noch zu trocken werden. Zum dritten wird in der Paellera möglichst wenig gerührt. Der Koch hat sie so über dem Herdfeuer zu schwenken, daß trotzdem nichts anbrennt (die Pfanne hängt dabei in einem Holzgestell). Das soll aber nicht davon abhalten, die Paella auch in normaler Pfanne zu machen. Besser in zwei Pfannen als in nur einem Topf! Wer so verfährt, erhält immer ein ganz gutes Resultat.

Fischsuppen

Caldereta (Fischsuppe spanisch). 1kg Fisch (eher kleine Fische, dazu Teil einer Rascasse oder eines Seeteufels) in 3 EL Öl 5 Min. braten, dann mit 1 Liter Wasser aufgießen, dazu 1 gehackte Zwiebel, 3 ganze Knoblauchzehen, 1 Zweig Sellerie gestückelt. 5 Min. kochen, dann ½ Lorbeerblatt, 1 EL Tomatenmark, 2 EL Reis, Salz, Pfeffer zugeben und 20 Min. nicht zu heiß garen. Alles abseihen und die Rückstände gut ausdrücken, der Fisch soll zerfallen sein. - Beilage: Knoblauchbrot mit Safranmayonnaise.

Calderetas sind stets leichte Suppen, im Unterschied zu der mit Brot erweiterten, sämigen 'Sopa de pescado'. Diese hier wird ohne Einlage serviert. Wer mag, kann auch Schalentiere dazunehmen. Der Pfiff ist der Reis; er gibt der Suppe kernigen, gehaltvollen Geschmack, ohne daß er im Ergebnis selbst erscheint. Man kann diesen kleinen Kniff öfters anwenden, er hilft stets, das Aroma gleichmäßig zu machen.

Caldereta, Suquet, Sopa de pescado

Wenn es ein spanisches Gericht gibt, das seit Jahrhunderten alle Landesteile kannten, so ist es der *Cocido*, der Eintopf, gipfelnd in dem Madrid gewidmeten *Cocido madrileño*. In einen großen Topf, die *Caldera*, kamen da Wasser, Trockenfrüchte (Bohnen oder Kichererbsen), Fleisch, Gemüse und Gewürz und wurden am Haken über dem Herdfeuer geköchelt. Auch der Ritter Don Quijote de la Mancha hat solchen Cocido gegessen. Dasselbe mit Fisch bereitet, heißt eine *Caldera*. Ist sie leichter und gart kürzer, heißt sie *Caldereta*. Spanische Fischsuppe ist also ein suppiger Eintopf vom Fisch.

Was Restaurants als *Sopa de pescado* anbieten, ist Fischbrühe, ein Kind der Caldereta, ausgekochte Fischreste mit Gemüse, abgeseiht und mit Brot versetzt. Abfälle vom Filetieren, Lachs- und Seeteufelköpfe, kleine Gambas, Langustenpanzer, die ganze Palette des Meeres wandert in die Sopa. Sie schmeckt deswegen niemals gleich.

Das katalanische *Suquet*, ein Fischtopf von überregionaler Bedeutung, ist eine dicke Caldereta aus Kartoffeln, Tintenfisch, örtlichen Kleinfischen und einem besonders fetten großen Fisch, oft einem Drachenkopf (Rascasse). Suquet soll leicht suppig sein. Wird ein besonders guter Fisch als Ragout darin kurzgegart, heißt das Suquet nach ihm. Schalentiere sieht das Original nicht vor. Heute fügt man jedoch am Ende meist noch Garnelen hinzu.

Caldera menorquina (Fischtopf aus Menorca). Wasser, Öl, Zwiebel, Tomatensauce, Knoblauch, Petersilie und Paprikapulver (kein Salz!) lebhaft kochen. Dann darin Fische verschiedener Art kochen. - Fische und Suppe getrennt servieren. Die Suppe erst jetzt salzen, auch die Fische mit Salz und etwas Zitrone nachwürzen. Zu beiden Gängen Brot reichen.
Salz bindet, salzloses Garen kocht den Geschmack besser aus. Danach richtet sich bei allen Fischsuppen der Zeitpunkt des Salzens. Die Rezeptangaben dieser Suppe liegen nicht fest. Sie ist eine Suppe zur Resteverwertung bei Fischern gewesen, aus ihr wurde dann eine Armeleutesuppe. Das spricht nicht gegen sie. Mit gutem Fisch kann sie ganz exzellent werden!

Caldeirada de congrio y rape (Fischtopf mit Meeraal und Seeteufel). 500g Congrio von Mittelteil, 500g Rape, beide in Scheiben geschnitten, 250g Tintenfisch in Ringen, 500g Herzmuscheln, 500g Miesmuscheln, 2 Zwiebeln, 1

kg geschälte Tomaten, 250g rote Paprika gehackt, 2 Knoblauchzehen, 1 Lorbeerblatt, 1 EL Paprika, 200g Wein, 100g Öl, Pfeffer 45 Min. kochen, dann für weitere 15 Min. 8 Cigalas (Kaisergranat) zugeben.
Die anspruchslos benannte Suppe ist ein vorzügliches Studienrezept. 1. Sie hat eine ideale Verhältnisangabe von Fisch, Muscheln und Tintenfisch von 2:2:1 in einer Suppe. 2. Das Öl gehört direkt in die Suppe. Öl bindet Geschmack. Da Congrio und Rape magere Fische sind, wird mit 100g viel Öl vorgeschlagen. Wer die Suppe mager will, läßt sie am Ende 2 Min. stehen und schöpft dann das Öl ab; das ist weit besser, als von Anfang an wenig zu nehmen. 3. Der Geschmack ist harmonisch - der Congrio 'schluckt' herbe Töne. Eine nur mit Congrio bereitete Suppe ist ein wenig blaß und zu neutral.

Caldeirada de sardina (Sardinentopf). 2 kg Sardinen ohne Kopf, 1 kg Kartoffelscheiben, 1 Zwiebel in Scheiben, 250g geschälte Tomaten, 2 Lorbeerblätter, 2 Stengel Petersilie in dieser Reihenfolge in 4 Schichten übereinander in einen großen Topf stapeln. Obenauf 2 TL Salz, Pfeffer, 4 Teile Wasser auf 1 Teil Wein (die Flüssigkeit soll alles gut bedecken), 30 Min. garen.
Ein galicisches Rezept, herzhaft und kräftig, sehr gut und billig. Auffallend ist, daß die reichliche Zugabe von Lorbeer in Fischsuppen zimtartige Töne ergibt.

Suquet de peix (Fischsuppe nach Art der Costa Brava). 10 Knoblauchzehen geschält, aber nicht zerkleinert in 2 EL Öl goldgelb anbraten, dann 2 kleine Sepia oder Calamares dazu (ausgenommen und in Ringe oder Flecken geschnitten), 2 EL Petersilie. 750g Wasser angießen, etwas köcheln, dann 4 Tomaten dazugeben und 6 Min. weiterköcheln, 1kg Kartoffelscheiben dazu und weiterhin köcheln, salzen, 3 Safranfäden darangeben und 10 Min. etwas heißer garen. - Danach werden Fische eingelegt: 750g Seeteufel in 4 Teilen, 1 Escórpora, 1 Knurrhahn (beide von mittlerer Größe). Die Suppe wird bei leichter Hitze 15-18 Min. geköchelt, sie soll stets gleich aussehen. Am Ende 10 Min. nachziehen lassen. Suquet wird mit Allioli serviert.
Das Suquet, Fischsuppe der Costa Brava, ist eigentlich noch kein Rezept, nur eine Machart. Die mittlere Costa Brava z.B. bevorzugt Brassen und weniger Muscheln, die obere zieht mehr Gambas hinzu, unterhalb Barcelonas wird mehr Tintenfisch genommen. Wer das bessere und originellere Suquet bereitet, wird wohl nie entschieden werden. Ohne Escórpora ist es aber kaum zu machen, das Gericht braucht deren Fett, um richtig durchzuziehen.

Zarzuela (Fischsuppe von Barcelona). 24 Miesmuscheln in Dampf öffnen (siehe Kasten S. 235).- 4 Tintenfische stückeln, zusammen mit 1 Zwiebel in 8 EL Öl anbraten, dann 4 Scheiben Fisch (Seeteufel, Seehecht oder Wolfsbarsch) dazugeben, 3 Min./Seite braten, dann 3 Tomaten dazugeben, Salz, Pfeffer, Lorbeerblatt, etwas Cognac, 3 Safranfäden, 500g Fischbrühe, einmal aufkochen. Fische und Calamares entnehmen, den Rest abseihen. - In neuem Öl werden angebraten 4 Garnelen, 4 Langostinos, nach Wahl auch weiterer

Fisch. Die Miesmuscheln werden dazugegeben, alles wird in einer Auflaufform 15-20 Min. bei 200° im Herd gratiniert. - Eine Picada bereiten aus 2 Knoblauchzehen, 2 nicht süßen Keksen, 1 Bund Petersilie, 3 Safranfäden, 8 gerösteten Mandeln, weißem Pfeffer, Salz, in etwas Sud aufgerührt. - Alles miteinander vereinigen und mit Zitrone abschmecken.
Zarzuela, zu deutsch Operette, ist die Fischsuppe Barcelonas. Ihr Pfiff besteht in den zwei parallelen Garvorgängen. Serviert wird Zarzuela halb suppig, halb als Eintopf. Wird eine große Languste dazugenommen, darf das Gericht auch Opera heißen.

Tioro (baskische Fischsuppe). 2 große Zwiebeln und ein Sträußchen aus Thymian, Lorbeer, Petersilie und Fenchelkraut in 300g Öl anbraten, dann 100g Tomatenpüree und 600g festkochende Fische dazugeben (Seeteufel, Mero, Seehecht, Felsfische), Salz, Pfeffer; 250g Wein angießen und 3 Min. gedeckt kochen. Dann mit 1 Liter kochendem Wasser aufgießen und die Suppe 30 Min. durchkochen. - Die Kräuter entnehmen und die Suppe über geröstete Brotscheiben gegossen servieren.
Die Gewässer der Biskaya sind reich an fettarmen, bekömmlichen Fischen. Die Angabe von 300g Öl ist daher richtig, das erst gibt die richtige Bindung. Gutes Olivenöl ist leicht verträglich, im Unterschied zu vielen anderen Fetten. Die Fische werden hier sehr lange gegart. Man kann sie gern nach 15 Min. entnehmen und erst zum Servieren wieder zugeben.

Bouillabaisse, französische feine Art (Fischsuppe aus Marseille). An Fisch und Schalentieren wird genommen: 2 kg Frischfisch (Meeraal, Salmonete, Rascasse, Knurrhahn, Seehecht in größeren Stücken), 6 rote Gambas oder Langostinos, 6 Cigalas (Kaisergranat), 500g kleine Herzmuscheln. - Es wird eine Marinade bereitet aus 750g Öl (!), 2 milden Zwiebeln, 2 Lorbeerblättern, 5 Knoblauchzehen, 3 EL Petersilie, Thymian, 4 Safranfäden, Meersalz, Cayennepfeffer, 5 Tomaten, ein paar Streifen Orangenschale, Fenchelsamen, weißem Pfeffer. Darin werden alle Fische 2 Std. mariniert. - Die Marinade wird abgegossen und zusammen mit 1,2 Liter Wasser sehr heiß 10 Min. lang verkocht. Dann kommt 1 Glas kaltes Wasser dazu, die marinierten Fische und die Schalentiere, die Brühe wird 3 Min. heiß gekocht, nochmals 1 Glas kaltes Wasser dazu, 3 Min. kochen, nochmals 1 Glas kaltes Wasser dazu und nochmals 5-7 Min. kochen. - Fische und Meeresfrüchte werden entnommen und als erster Gang serviert. - Die Suppe wird noch 5 Min. weitergekocht, dann passiert, nachgesalzen und in eine Terrine mit Brot gegossen, das mit Knoblauch eingerieben wurde. Die Suppe wird sehr heiß als zweiter Gang mit Allioli und geröstetem Brot serviert.
Die Kochunterbrechung durch kaltes Wasser ist wichtig! Sie ermöglicht die ideale Emulsion des Öls in der Suppe. Es gibt darum Köche, die die Minutenangaben, jeder nach seiner Kunst, ganz genau nehmen. Es gibt zur Bouillabaisse viele Rezepte, die mit dieser Emulsionstechnik oder auch ohne sie arbeiten. Die wichtigste Variante: man kocht die Fische 10 Min., die Scha-

lentiere 4 Min. im Wasser und der Hälfte der Marinade, entnimmt die Einlagen, fügt die andere Hälfte der Marinade dazu und kocht nach dem Verfahren wie oben angegeben. Nach jeder Kaltwasserzugabe wird die Suppe mit dem Schneebesen kräftig aufgeschlagen, die Einlagen sind ja entnommen. Das macht die Emulsion noch feiner.
Manche Köche geben am Ende zum Parfümieren etwas Ricard zu, einen Anisschnaps. - Im französischen Original ist eine Rascasse (Drachenkopf) Pflicht; dazu kommen Petersfisch, Knurrhahn und eine Reihe örtlicher Kleinfische, Muscheln und Schnecken aus den Gewässern vor der Rhônemündung.

Cacciucco alla Livornese (Fischtopf Livorno). 2 Hummer von 500g in Krebssud (siehe Kasten S. 212) garen, danach stückeln in: Schwanzteil, Scheren, Rumpf halbiert und ausgenommen. - 150g Zwiebeln in 250g Öl erhitzen und 8-10 Min. bräunen, dann 2 Knoblauchzehen und 4 gehackte Salbeiblätter zugeben, etwas angehen lassen, mit 125g Wein aufgießen und bis auf 6-7 EL Flüssigkeit einkochen. Dann 2 EL Tomatenmark, den Hummersud und 2 Lorbeerblätter zugeben und 10 Min. leicht sieden. - Ist der Sud fertig, kommen 250g Tintenfisch in Ringen dazu, nach 15 Min. der Fisch (je 250g von 2 Sorten, am besten Filet von einem Kabeljaufisch und Filet vom Seeteufel, Congrio oder einem Plattfisch), nach weiteren 5 Min. 6 Jakobsmuscheln. Nach nochmals 5 Min. werden Fische und Schalentiere entnommen und angerichtet. Hummerleber und -rogen werden in die Suppe püriert, etwas Suppe, 2 EL Petersilie und 1 EL geriebene Zitronenschale wird über Fische und Schalentiere gegossen. Serviert wird wie bei Bouillabaisse: die Einlagen als erster Gang, die Suppe als zweiter Gang. Dazu wird mit Knoblauch eingeriebenes, getoastetes Brot gereicht.
Ein schönes, gehaltvolles Rezept. Italienisch ist daran neben dem Salbei das lange Garen der Tintenfische. Während Fische und Schalentiere gute Garzeiten haben, dient der Tintenfisch in Italien gern nur zum Aromatisieren. Er ist am Ende zwar wieder weich, aber schal, er hat allen Geschmack abgegeben. Viele Fischsuppen Italiens haben diesen 'Stich'. Wer ihn liebt, kann ihn auch in spanische Rezepte einführen.

Sopa de rape (Seeteufelsuppe). Der Kopf eines Seeteufels von 1,2 kg wird mit 1 Selleriestange, Lorbeerblatt, Thymian und Oregano 15 Min. ausgekocht. - Den Fischleib in 6-8 Scheiben schneiden, in Öl anbraten, dann 2 Tomaten, 1 Zwiebel, 2 Knoblauchzehen dazugeben und 5 Min. weiterschmoren. Dann 125g Röstbrot zerbröckelt dazugeben, den Fischsud angießen und aufkochen. Sobald der Sud kocht, vom Herd nehmen und eine Picada zugeben: 6 Mandeln, 6 Haselnüsse und Zimt 3 Min. ohne Öl in einer Pfanne anrösten; die Pfanne vom Feuer nehmen, 2 Safranfäden, Salz, Muskat, Pfeffer dazugeben, alles mörsern und mit etwas Suppe anrühren.
Ein katalanisches Rezept. Der Rape ist als ganzer Fisch gekauft weit billiger als nur der Fischleib. Das Verhältnis von Sud und Fleisch ist ideal, die Zubereitung schlicht, kurz und effektiv, die Picada öffnet wirkungsvoll die Aromen. Genau so sollen Fischsuppen sein.

12. Krebstiere

Mariscos. Wenn in Comillas an der kantabrischen Küste bei Ebbe der Strand leerfällt und das Meer algenüberwucherte Felsen und rippige Sandwellen freigibt, wandern sommers wie winters Leute mit Eimerchen und Schaufel über den Sand, graben hier, wühlen dort, plantschen drüben, stochern herüben. Es sieht aus, als würden sie eine Ernte einsammeln und verlesen - und richtig, es ist eine Ernte, die tägliche Ernte des Meeres, Muscheln, Krebse, Gliedertiere, Seeschnecken - Mariscos, das spanische Wort für die Meeresfrüchte.

Mariscos sind Vorzugsfrüchte, nicht kleines Beiwerk der Meere. Sie sind zugleich nährstoffreich und von vorzüglichem Geschmack. Mit vielen, vielen Gattungen und unvorstellbar hohen Zahlen an Individuen ermöglichen sie erst das Leben der großen Fische, Zwischenstufe zwischen diesen und dem mikrobiologischen Plankton. Biologisch gehören sie den Tierstämmen der Weichtiere (Mollusken) und der Gliederfüßler an, ein Grund, warum wir oft instinktiv Vorbehalte ihnen gegenüber haben. Weichtiere, zumal rohe, schauen oft nicht eben schön aus, sie sind glitschig, wabbelig und schleimig; Gliederfüßler befremden uns mit Spinnenbeinen und merkwürdigen Tentakeln. Muscheln sind die einzigen Tiere, die wir zuweilen noch lebend verzehren. Manche lassen auch die Finger von ihnen, weil sie als leicht verderbliche Kost und chemisch belastet gelten. Es wäre töricht, solche Bedenken mit dem überlegenen Lächeln echter Genießer abzutun. Viele Menschen haben hier Hemmungen, die sie ihr Leben lang nicht überwinden können. Welchen Gewinn verspräche es, ihnen als kulinarische Pflicht etwas aufzunötigen, was ihnen wenig Freude macht! Denn gerade dies ist es doch: auch für jene, die sie so gern mögen, waren sie immer schon ein Festessen, Augen- und Gaumenfreude zugleich, etwas, das man nicht nur des Geschmacks wegen ißt, sondern aus Freude am Genuß, an der Zelebration - und es ist gewiß wahr, Frankreich benannte sie nicht nur mit seinem Wort 'fruits de mer' am schönsten, es versteht sie auch am besten zu zelebrieren. Meeresfrüchte sind immer der glanzvolle Mittelpunkt des Abends. Es mischt sich da etwas Atavistisches in den Genuß mit ein, das lange überwundene Urreflexe wachruft. Bei Mariscos kehrt man zurück zu den Anfängen der Eßkultur, man tranchiert mit den Händen, saugt und bricht, schmatzt und ißt Rohes. Es ist ein Festakt, eine Feier des Meeres, ein Hymnus auf die Natur, ein Kult der Lebensart, der auch die Seele erhebt. Bei keinem anderen Gericht glänzen so die Gesichter, schweben Zufriedenheit und Feierlichkeit so über den Tischen, verraucht der Alltag so ins Nichts - Mariscos sind ein besonderes Essen, sie sind der Glanz des Meeres.

Versuchen wir also, nach den Fischen auch die Mariscos näher kennenzulernen. In Spanien und den anderen Mittelmeerländern werden sie mit Begeisterung gegessen, wenngleich nirgends mit derselben Freude an der Zelebration wie in Frankreich, der Aufwand bleibt geringer. Die Einteilung ist rasch gegeben. Der Marktstand gibt sie vor und die Biologie hat keine andere. Am meisten fallen zunächst die gepanzerten krebsartigen Gliederfüßler auf, Langusten, Krebse, Krabben, die die größten Mariscos stellen und gern den ersten Rang besetzen dürfen. Im Tierreich bilden die Gliederfüßler einen riesigen Stamm, zu dem unter anderem auch alle Insekten gehören, und stellen an Biomasse alle anderen Tierstämme weit in den Schatten. Unter den Mariscos finden wir jedoch nur eine Abteilung von ihnen, nämlich solche mit zehn Beinen: Dekapoden, **Zehnfußkrebse**. Andere eßbare gibt es nicht, sie wären alle nur millimetergroß. Sämtliche weiteren Mariscos gehören dem anderen Stamm an, den Weichtieren oder Mollusken. Nach ihren Schalen teilt man sie ein in **Schnecken** (einschalig), **Muscheln** (zweischalig) und **Tintenfische** (schalenlos). Danach bleiben nur drei Ausnahmen: ein in Deutschland unbekannter Gliederfüßler mit merkwürdigem, einem Elefantenfuß ähnlichem Aussehen, der in Spanien Percebe genannt wird und dort ausgerechnet als bester unter den Mariscos gilt, und als Restvertreter der in früheren Erdepochen zahlreichen urtümlichen Stachelhäuter Seeigel und Seegurke, für nicht wenige die zweitbesten Mariscos. Ein merkwürdiges Zusammentreffen, gegen das die Liebhaber von Hummern und Garnelen sicher auch einiges einzuwenden haben. Es sei ihnen gern erlaubt, es geht hier nur darum, den Grund anzuführen, warum diese Einzelvertreter, die zudem selten am Markt sind, nicht einfach übergangen werden können. Man reiht sie gewöhnlich als Anhang zu den Muscheln ein. Da kein Grund vorliegt, es anders zu machen, folgt auch dieses Buch der Tradition.

Crustáceos, Zehnfußkrebse

Es gibt im Deutschen kein Wort, das *crustáceos*, frz. *crustacées* recht übersetzen könnte. Der Name Zehnfußkrebse für Krebse, Hummern, Langusten und Krabben klingt mehr nach Biologie als nach Küche, und vor allem fehlt ihm eines, die Lautmalerei. Unser Vorstellungsbild von ihnen ist unklar vielfältig: gepanzerter Leib und eine wechselnde Anzahl von Spinnenbeinen, Tentakeln und Scheren. Die Beinzahl scheint dem Namen zunächst zu widersprechen. Wer bei Garnelen, Krebsen und Krabben die Beine zählt, wird auf alle erdenklichen Zahlen, aber nie auf 10 kommen. Alle Körperanhängsel mitgerechnet, haben Kopf, Rumpf und Schwanz jeweils um die 6 Gliederpaare, das sind dann etwa 30-40. Der Biologe zählt indes anders. Er zählt bei der Riesenmasse der etwa 70.000 Gliederfüßlerarten einfach die reinen Laufbeine, und das Verwunderliche ist, daß dieses simple Mittel tatsächlich die riesigen Verbände dieses Tierstammes verläßlich trennen hilft. Wieviel 'Beine' ein Krebstier auch immer haben mag, es hat verläßlich nur 5 echte Laufbeinpaare und ist damit ein Zehnfußkrebs (Dekapode). Der Rest ist umgebildet zu Tentakeln, zu Eßbesteck, zu Kauwerkzeugen, zu Flossen, Rudern, Steuerfahnen oder zu Trägern von Sinnesorganen, da weichen die Arten erheblich untereinander ab. Für die Belange der Küche sind zu unterscheiden:

- **Garnele, Gamba, Crevette, Shrimp** sind **Langschwanzkrebse ohne Scheren**. Ihr biologisch auffälligstes Merkmal sind die Beine. Sie taugen zum Gehen am Meeresboden kaum mehr und sind eher Ruderfüße als Beine, diese Krebse sind nämlich Schwimmtiere. Schon darum gehört der Hummer nicht zu ihnen. Mit seinen mächtigen Scheren könnte er auch nicht mehr gut schwimmen. Doch ist auch die Languste ein besserer Läufer denn Schwimmer, obwohl sie nur kleine Scheren besitzt. Untereinander sind die vielen Arten der scherenlosen Langschwanzkrebse oft schwer zu unterscheiden. Biologisch gibt am verläßlichsten ein Blick auf das *rostrum* Auskunft, einen kleinen gezackten Stirnstachel, in der Praxis hilft am raschesten eine Behelfseinteilung in Kleingarnelen bis 4 cm, seitlich flache mittelgroße um 10 cm und große dicke bis 20 cm Länge.

- **Krebs, Languste, Hummer** sind **Langschwanzkrebse mit Scheren**. Langusten haben Scheren, wenngleich verkümmerte, sie haben auch ein *rostrum* und wirken garnelenhaft, optisch verläßlicher ist also eher der Blick auf die Beine. Alle hier aufgeführten Zehnfußkrebse haben gut entwickelte Laufbeine. Schwimmen können sie wohl, aber nicht besonders gut, ihr Lebensraum ist der Meeresboden.

- **Krabben** sind **Kurzschwanzkrebse mit Scheren**. Da ihr kleiner Schwanz zudem unter den Körper eingeschlagen ist, erscheinen sie optisch sogar schwanzlos, ja mit den stakenden Beinen dazu im allgemeinen spinnenhaft. Scheren haben sie alle, wenngleich unterschiedliche große, und es gibt unter ihnen reine Schwimmer, reine Läufer und Tiere, die wie die Wollkrabbe das Laufen und Schwimmen gleich gut beherrschen.

Sex brieflagernd: die Zehnfußkrebse. Man hält es sich meist nur nicht vor Augen: einfach kann die Befruchtung solcher rundum stark gepanzerter Tiere ganz gewiß nicht sein! Eigentlich ist es ein Wunder, daß sie überhaupt funktioniert. Sie ist höchst erfindungsreich. Die Männchen verpacken ihren Samen nämlich in Gelatinepakete, entnehmen diese kunstvoll aus einer Öffnung am Rumpf und deponieren sie ebenso kunstvoll in eine Rumpföffnung der Weibchen, es muß nicht immer die Eileiteröffnung sein. Dort verbleiben die Samenpakete oft wochen- und monatelang, ja die Weibchen sammeln davon sogar ein gutes Quantum ein, so viel ihnen eben gut scheint. Ist ihre Zeit da, werden die Pakete dann nach innen gesaugt, zuweilen sogar noch umgeschichtet von einer Körperöffnung in eine andere, und befruchten die Eier. Einmal ausgestoßen, trägt das Weibchen die Eier oft weitere Monate lang zwischen den Beinen oder in Falten der Panzerunterseite.
Auch Muscheln und Schnecken verfahren übrigens so, nur ist das nicht ganz so aufregend, außerdem gibt es Hermaphroditen und ähnliche 'Abkürzungsverfahren'. Wie, warum und wozu konnte es zu einer so komplizierten Mechanik der Fortpflanzung eigentlich kommen? Die Biologen haben lange gebraucht, bis sie diese Fragen richtig zu formulieren lernten; wir können der Evolution nämlich nicht unterstellen, sie habe zielgerichtet auf solche Ver-

fahren hingearbeitet oder sie aus Not erfunden. Die Antwort beginnt anderswo: beim Zusammenhang zwischen Fortpflanzung und Bestandszahl. Anders als bei Fischen wird der Laich nicht nur möglichst gut gesichert, wozu auch die Panzerung dient, die Anzahl der Eier ist dazu auch enorm hoch, Dekapoden legen je nach Art 2.000 - 4.000.000 Eier. Ein Großteil dieses Nachwuchses dient der Ernährung anderer Arten von Meeresbewohnern, der durchkommende Rest hingegen wird durch den Panzer möglichst gut abgesichert. Krebstiere und Muscheln müssen zugleich ein bestimmtes Minimalalter erreichen, im mittleren Alter eine stabile und niedrige natürliche Fangquote aufweisen und im Altersbestand noch gute Werte aufweisen, um effektiv zu sein. Für alles ist bestens gesorgt: der Laich erhält Befruchtungsgarantie und wird danach am Mutterkörper geschützt; die Panzerung verhindert unmäßiges Gefressenwerden ab bestimmter Größe; erwachsene Krebse erreichen ein relativ hohes Alter und erzeugen riesige Nachwuchsheere. Und wozu das alles? Nicht 'um ihre Rolle als Nahrungsreservoir zu erfüllen'; es gibt, wie gesagt, keine Absicht in der Natur. Man muß genau umgekehrt formulieren: 'überall, wo sich solche Regelkreise einpegeln, erhalten sie auch Schlüsselwert'. Erst ***wir*** *dürfen nun mit Absichten eingreifen, und eben deswegen war dieser kleine biologische Exkurs auch angeraten. Die Garnelen- und Muschelzucht mag ja gut für unseren Magen sein. Es fragt sich, ob sie nicht noch weit wertvoller für die Meere selber sein kann und ob wir mit ihr nicht einen Glücksgriff taten, dessen Tragweite uns noch Überraschungen bereiten wird. Er ermöglicht es uns nämlich, heute das Überleben der Meeres- und damit auch Festlandsfauna zu sichern. Man redet in diesem Zusammenhang öfter vom Plankton als von Gliederfüßlern und Mollusken, in der Sache sind beide Ebenen aber gleichwertig. Man traut Krebsen, Muscheln und Schnecken, den Mariscos also, diese mögliche Rolle im Naturhaushalt gar nicht zu, und wenn eingangs gesagt wurde, sie seien Vorzugsfrüchte, nicht Beiwerk der Meere, gewinnt dies wohl jetzt erst seinen richtigen Stellenwert. Daß wir sie genießen dürfen, dem steht darum nichts entgegen. Eher gilt das Gegenteil: wir sollten alles dafür tun, diese Tiere zu züchten, sie werden uns noch viel helfen. Fällt dabei auch für uns ein Gewinn ab, um so besser.*

Küche: Krebstiere kommen oft noch lebend in die Küche. Man sollte sie dann rasch töten. An Rezepten haben eigentlich nur große Krebsarten einiges hervorgebracht. Nur sie haben reichlich Fleisch. Bei kleinen hält man sich bei Rezepten mit Recht zurück. Denn erstens ist das Fleisch von sich aus vorzüglich, zweitens ist ihr Aroma rasch übertönt und dann unnütz (bei 'Krabbensalaten' ist vieles Unfug) und drittens gilt prinzipiell: nicht die Küche aromatisiert den Krebs, der Krebs aromatisiert die Küche! Zehn Garnelen würzen eine Fischsuppe für vier Personen vorzüglich, als Einzelgericht verhelfen sie kaum einem allein zu etwas Gaumenfreude. Außer *gambas al ajillo* mit Knoblauch, Petersilie und Öl (für Spanien das, was für Deutschland Bratwurst mit Senf ist) findet man wenige Rezepte, dafür wimmelt es von Krebstieren in Fischsuppen und -töpfen, und so ist es richtig. Man nehme die

Mariscoangaben der Fischsuppen im übrigen ernst und genau! Spanien freut sich nicht einfach daran, seinen Fischsuppen noch ein wenig Allerlei aus dem Meer beizufügen, sozusagen als Zierde. Es weiß sehr genau, daß Krebstiere vorzüglich, aber auch ganz verschieden würzen. Mögen ein kleiner Kronhummer und ein weißer Gamba allein gegessen fast gleich schmecken, in einer Suppe beigegeben ist die Sache plötzlich anders. Gewiß kann man sie auch dort auswechseln, oft liegen bei einer Suppe ja nicht einmal die Fischsorten fest. Aber erfahrene Köche und Esser bevorzugen doch immer wieder bestimmte Kombinationen. Zum Beispiel zieht man im allgemeinen zu Seeteufel und Seeaal den Kronhummer zu, zur Rascasse die Gamba, weißer Thun ergibt mit Wollkrabben ein feines Aroma. Des Rätsels einfache Lösung liegt in dem, was man beim Einzelgericht nicht ißt. Das Muskelfleisch der Krebstiere ist in etwa vergleichbar, nicht aber Schale und Kopfteil. Chitin ist nicht gleich Chitin, und auch die Innereien würzen besser, als man es glauben mag.

Töten in heißem Wasser ist die einzig angemessene Art, um den Tieren Qual zu ersparen. Es unterbricht rasch ihr zwar gut verzweigtes, aber doch einfaches Nervensystem (nur Könner vermögen es, Großkrebse auch mit speziellen Nadeln zu töten. An ganz bestimmten Stellen zwischen Panzerteilen der Unterseite eingeführt, durchbohrt die Nadel dann den zentralen Nervenknoten). Das langsame Erschlaffen der Muskeltension, das größere Krebstiere danach im brodelnden Wasser oft noch minutenlang zeigen und das nicht sehr schön aussieht, ist kein Zeichen von Leben mehr. In Frankreich ist für Hummer gesetzlich ein Eintauchen von 20 Sekunden in kochendes Wasser vorgeschrieben, so lange, bis die Tiere den Schwanz unter den Bauch einschlagen. Damit liegt auch eine Zeitangabe vor, an die wir uns halten können; bei großen Dekapoden kann man 20 Sekunden ansetzen, bei kleinen 5 Sekunden. Das Töten mit dem Messer ist in Frankreich ebenso verboten worden wie ein Töten durch Ansetzen in lauwarmem Essigwasser. In Spanien war beides noch nie üblich. Wenn uns die Fischgeschäfte das Töten abnehmen, sind wir gewiß dankbar. Es hat für alle Seiten Vorteile, denn länger als 2 Tage sollten Krebse nicht außer Wasser sein (sie leiden übrigens kaum dabei, anders als Fische; sie gehen in eine Art Ruhezustand über, wie sie ihn sonst untertags pflegen). Es ist auch nicht so ganz angenehm, mit knarzenden, sich bewegenden Tüten in der Stadt unterwegs zu sein. Man halte sich indes vor Augen, daß kaum ein Krebs im Meer den Alterstod stirbt. Wenn nicht eben eine Riesenbrasse oder ein ausgewachsener Thunfisch am Werk ist, der sie auf einen Sitz knackt, sterben sie immer einen langsamen Tod.

Garen: Bei stark gepanzerten Tieren ist kurzes lebhaftes Kochen am besten. Sie nur zu pochieren reicht bei der dicken Kruste nicht aus. Nur Kleingarnelen werden pochiert. Im Regelfall röten grüngraue, braune oder blaue Schalentierpanzer lebhaft, denn alle Krebstierschalen, gleich ob aus Kalk oder aus Chitin, enthalten Karotin in verschiedener Bindung. Bei manchen ist es von Natur aus frei, die Tiere sind dann stets rotgefärbt, bei manchen wird es erst durch Kochen frei. - Gekocht wird im Idealfall mit Meerwasser. Sofern es nicht vom aufgewühlten Sandstrand, aus der Nähe von Flußmündungen oder von Häfen stammt, ist es sauber genug. Man muß da den Augenschein überwinden lernen. Ganz klare, zum Schwimmen so herrliche Gewässer, wie sie zumal das östliche Mittelmeer aufweist, sind oft nicht die besten. Sie können tot oder von Schwermetallen belastet sein, da setzt sich nichts um und nichts ab. Vorzuziehen sind lebhaft bewegte Gewässer von felsigen Küsten, mögen sie auch etwas trüb sein. Um Meerwasser zu sterilisieren, rechne man 10 Min. Vorkochzeit, in der das Wasser sprudeln soll. Als Ersatz nehme man Salzwasser mit etwas Kräutern.

Courtbouillon für Schalentiere

Für *große Schalentiere* (Hummer, Languste, Krabben): Man setzt 3 Liter Wasser auf, gibt 100g Wein oder Jerez fino, 100g Salz, ½ Zwiebel, 5 Pfefferkörner, 1 Lorbeerblatt und 3 Stengel Petersilie dazu und kocht den Sud 10 Min. lebhaft sprudelnd vor. Zum Kochen gibt man die Tiere mit dem Kopf voran ins Wasser. Nach dem Kochen werden sie in sehr kaltem Wasser abgeschreckt, größere mit Zugabe von Eiswürfeln, um ein Nachgaren im Panzer zu verhindern. - 100g Salz auf 3 Liter Wasser bzw. 3 EL Salz auf 1 Liter entspricht annäherend dem natürlichen Salzgehalt von Meerwasser.

Für *Garnelen* und *Kronhummer*: 3 Liter Wasser, 30g Meersalz, etwas Sellerie, je 1 TL Kümmel, Dill, Petersilie, 10 Min. kochen; etwas aufwendiger: 3 Liter Wasser, 4 Karotten, 2 Zwiebeln, 2 Lauchstangen, 2 Knoblauchzehen, 10 Petersilienstengel, 3 Lorbeerblätter, 2 Thymianzweige, 2 EL Meersalz, 1 EL Pfeffer. 10 Min. vorkochen, die Krebstiere (etwa 750g) darin 10-15 Min. garen.

Garnelen und Kronhummer haben dünnere Chitinpanzer, die anders würzen als die kalkhaltigeren Panzer der Großkrebse; deswegen erhöht sich bei ihnen die Beigabe von Gemüse und Gewürzen. Die angegebene Wassermenge ist für 750g Einlage gerechnet, genug für 4 Personen als Vorgericht. Die Sude gelingen aber auch mit einem Viertel der Mengen ebenso gut.

Garzeiten:

Große Schalentiere	15 Min. pro Kilo. Für jeweils weitere 500g je + 5 Min.
Schalentiere ausgelöst	2-4 Min. (je nach Größe)
Gambas	1 Min.
Cigalas	1-5 Min. (je nach Größe)
Langostinos	1-3 Min. (je nach Größe)
Muscheln	3 Min.
Percebes	abschalten, sobald das Wasser neu aufkocht.
Tintenfische	3 Min. (als Einzelgericht) oder 30 Min. (in Suppen)

Auslösen. Es erfolgt verschieden und hat zuweilen Tücken. Bei den fleischigen Teilen, Schwanz und Beinen, geht es recht gut. Sie werden gebrochen oder mit Zangen geknackt und ausgepellt. Zum Auskratzen der Beine legt man in Restaurants dem Besteck hakenartige Gabeln bei. Sehr ergiebig ist der Vorgang oft nicht, aber das Fleisch ist auch in kleinen Happen ungemein schmackhaft. Der Kopfthorax wird bei kleinen Tieren nie gegessen, bei großen schafft er Probleme. Krebs, Hummer und Languste halbiert man längs und sieht dann zu, was zu machen ist. Bei Krabben, wo der Schwanz ja wenig hergibt, muß man viel mit den Hakengabeln arbeiten, denn der Thorax ist ein wirres Gemisch von Fasern, Platten und Knorpeln. Der Mageninhalt dieser Tiere kann gegessen werden und ist schmackhaft; er schaut freilich nicht sehr appetitlich aus, daher wird die bräunlichgelbe Masse gern ausgelöst und zu leichten Füllungen verarbeitet oder in Fischsuppen verkocht. Von Genießern wird sie gern mit Brot ausgetunkt. - Ein Wort noch zum **Rogen**: aufmerksame Verkäuferinnen fragen, ob man eiertragende Weibchen akzeptiert. Bei roten Krebstieren bemerkt man den Rogen, den die Weibchen zwischen den Beinen tragen, oft gar nicht, aber bei manchen Arten schaut er schwarz, schmierig und unappetitlich filzig aus (bei manchen Arten scheiden die Weibchen filzartige Eiweißfäden aus, damit die Eier besser haften). Man kann diese Tiere bedenkenlos akzeptieren, man kann auch ablehnen; es ist eine rein ästhetische Frage.

Langschwanzkrebse mit Scheren

Bogavante, dt. Hummer, *homarus gammarus*, katalanisch *llobregant, llamàntol*, balearisch auch *grimalt*, baskisch *abakando* oder *mixera*, galicisch *lumbri(g)ante*, frz. *homard*, ital. *astice*, griech. *astakós*, *karavida megáli*, türk. *istakoz.*

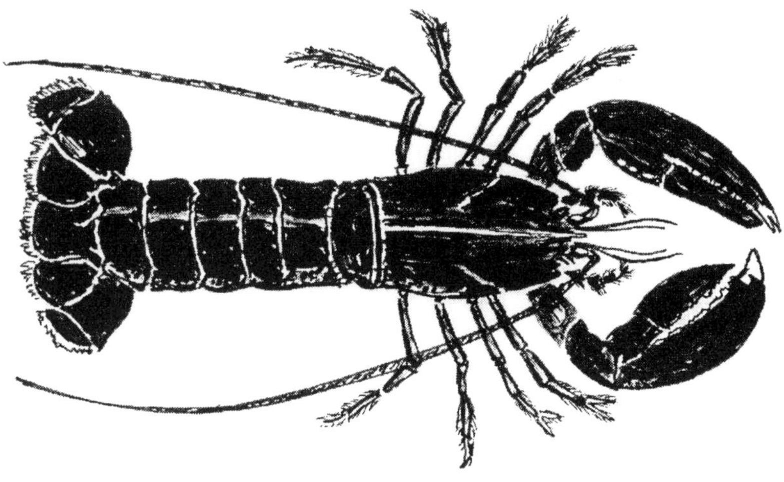

Stattlicher Dekapode mit mächtigen Scheren, Farbe graublau, oft grauschwarz oder grün, aber immer dunkel gefleckt, Unterseite gelblich. Abdomen (Schwanzteil) mit 7 übereinander gestaffelten Ringen, davon 6 glatt und hart gepanzert. Länge bis 40 cm. Vorkommen in Atlantik und Mittelmeer, dort seltener. Saison Sommer, Schonzeit Oktober bis April. Marktexemplare kommen in diesen Monaten aus Bassinhaltung von Tieren, die im Sommer gefangen wurden.

Hummer sind etwas temperaturempfindlich, nur zwischen 5° und 20° können sie leben, zur Fortpflanzung im Sommer brauchen sie über 15°. Ihren Lebensraum wählen sie nach der Temperatur, auf Felsgrund und nicht sehr tief in Atlantik und Mittelmeer, eher küstennah. Sie verlassen ihn dann auch nicht mehr, man fand markierte Exemplare nie weiter als im Umkreis von 5 km wieder. Das Wachstum ist kontinuierlich. Im Alter von 4 Jahren messen Hummer 20 cm Länge, danach nehmen sie pro Jahr 3 cm zu bis zum Alter von 12-13 Jahren mit 45 cm - man kann also am Markt das Alter eines Hummers leicht bestimmen. Die Hummerscheren sind wie bei anderen Scherenkrebsen ungleich, eine ist breit und dickzahnig, eine zart und länger (meist ist es die rechte, das variiert erstaunlicherweise, 15% der Hummer sind 'Linkshänder'). Entgegen dem Anschein ist diese zweite, schlankere auch die gefährlichere, mit ihr kann das Tier enorm schnell umgehen. Die Scheren werden im übrigen unabhängig voneinander bedient.

Küche: Der Hummer wird, am Schwanz gehalten, abgebürstet und dann kopfüber in den kochenden Sud gesteckt, die Scheren werden verbunden, falls dies nicht schon im Geschäft erfolgte. Beim Kochen färbt sich der Hummer lebhaft rot. - Zum Ausbrechen den Hummer auf den Bauch legen und das Messer dort ansetzen, wo am Panzer 2 Rillen ein Kreuz bilden. Den Kopfrumpf erst zum Schwanz hin spalten, diesen aber ganz lassen, dann zum Kopf hin (ein Hammer ist zweckmäßig). Die Scheren abdrehen, Scheren und Panzer mit dem Hammer öffnen, die beide Kopfrumpfteile nochmals halbieren. Den Gelatinesack am Kopf wegwerfen, er ist Abfall; dagegen sind der schwarze Rogen (Corail, Schwarzmark) und die Leber delikat; man püriert sie und gibt sie am Ende bei. Der Schwanz wird ungeschält quer in Scheiben von 2,5 cm Dicke geschnitten, der Darm, ein schwarzer Faden, entfernt. - Restaurants machen den glatten Panzer zum Servieren gern mit Butter glänzend. Da der Hummer etwas Besonderes ist, kann man es gern empfehlen, es sieht schön aus.

Rezepte zum Hummer:

Bogavante (Hummer nach spanischer Art). 3 Liter Wasser, 3 EL Meersalz, 1 kleinen Bund Wildfenchel oder Dill 10 Min. sprudelnd kochen, dann 10 Min. nachziehen lassen. 2 Hummer darin 30 Min. kochen. - Die Hummer auslösen und mit Allioli servieren.

Homard (Hummer nach französischer Art). 2 Liter Wasser, 1 Liter Wein, 3 EL Salz, 3 Möhren, 3 Selleriestengel, 2 Knoblauchzehen, 30 grüne Pfefferkörner, ½ Zitronenschale, 2 Nelken, Thymian, 2 Stengel Petersilie, Lorbeerblatt 15 Min. kochen. Dann 2 Hummer darin 30 Min. kochen. - 300g Fenchel dünn hobeln, 2 Min. in Zitronenwasser kochen (blanchieren), 300g Fischfond angießen, die Hummerteile einlegen, in eine Auflaufform geben und im Herd 20 Min. bei 175° gedeckt dünsten. - Sauce: Die Hummerteile entnehmen, den Rest pürieren und mit Sahne versetzen.
Auch bei Schalentieren würzt Fenchel zart und unaufdringlich, vor allem zusammen mit einem guten Wein. Man kann das feine französische Rezept nicht schlichtweg als das bessere bezeichnen. Es ist eine Stilfrage. Das spanische ist genauso gut, dafür sorgt der Hummer selbst. Man kann beide Rezepte auch kreuzen und Allioli durch eine Knoblauchmayonnaise ersetzen. In beiden Fällen möglichst wenig Zitrone nehmen! Alle Meeresküchen haben zum Hummer darüberhinaus viele feine Restaurantrezepte, die alles aufbieten, was gut, schön und exquisit ist.

Bogavante a la marinera (Hummer nach Seemannsart). 2 Hummer kochen wie im Rezept nach spanischer Art. - Die Hummer entnehmen u. halbieren, den Saft auffangen. - 2 Zwiebeln in 100g Öl andünsten, dann 5 Knoblauchzehen, ½ TL süßen Paprika, 1 TL Essig, Hummersaft und -leber zugeben, 5 Min. garen und über die Hummer geben.
Entspricht dem französischen Rezept, ist aber kräftiger und schlichter in der Würze. Für festliche Anlässe wählt man wohl besser das französische, elegantere Rezept.

Salpicón de mariscos con bogavante (Meeresfrüchtetopf mit Hummer). 1 Zwiebel, 1 TL Öl, 1 Lorbeerblatt, 1 EL Meersalz, 2 Liter Wasser 10 Min. kochen; dann 750g Langostinos einlegen und 3-4 Min. rosa kochen, entnehmen, den Sud neu aufkochen, 1 Hummer eingeben und 10-15 Min. kochen, bis er leuchtend rot ist. - Die Langostinos auslösen, den Hummer zerteilen, das Fleisch auslösen, Leber und Rogen beiseitelegen, alles Fleisch 1 Std. in den Kühlschrank geben. - Mayonnaise aus 2 Eigelb, ½ EL Zitrone, ½ TL Salz, ¼ TL weißem Pfeffer, ¼ Liter Öl bereiten und mit 1½ EL Essig, 2 EL Zitronensaft, 1 EL Petersilie, Rogen und Leber verfeinern. Als Salat anrichten: Hummerfleisch, 1 gehackte Tomate, 1 Kopfsalat, 4 harte Eigelbe, 4 harte Eiweiße gehackt, die Mayonnaise halb darüber, halb in der Sauciere. Verwendet man Leber und Rogen nicht, so gibt man nur 1 EL Essig und 1 EL Zitrone zu. Nur sie mit ihrem herben Aroma führen zu etwas schärferer Sauce.

Langosta, dt. Languste, *palinurus elephas/vulgaris,* katalanisch *llagosta*, baskisch *otarrain,* frz. *langouste*, ital. *aragosta*, griech. *astakós*, türk. *böcek.*

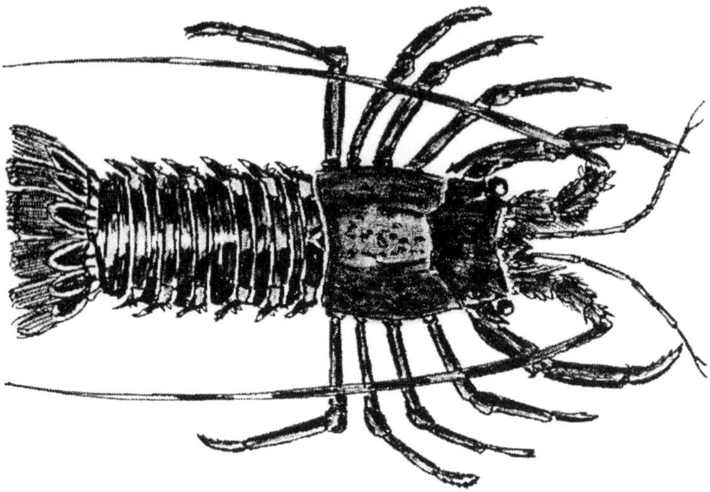

Scheren klein und unauffällig, so daß sie oft für scherenlos gehalten wird. Panzer mit vielen Stacheln und Kalkschuppen bewehrt, auffallend die körperlangen, nach hinten über den Körper weg gewendeten Tentakel. Laufbeine mit Dornen, Schwanz zu Platten geformt. Farbe violett mit gelben Flecken, Seitenarten auch lebhaft orangerot. Größer als der Hummer, um 35 cm, oft aber auch bis 50 cm lang; Mindestfanggröße 20 cm. Saison Juni-November, sonst Schonzeit (Markttiere kommen in dieser Zeit wie Hummer aus Bassinhaltung).

Langusten besitzen unter den Dekapoden die größte Panzerfülle. Verständlich, daß sie nur langsam wachsen, geschlechtsreif sind sie mit 4-5 Jahren bei 20 cm Länge, Vollgröße erreichen sie erst mit 20 Jahren. Gegenüber Hummern scheinen sie, wenn man sie in den Bassins der Geschäfte und Restaurants sieht, eher träge, aber sie sind Nachtjäger; ist das Licht weg, können sie erstaunlich schnell werden. Ihre Nahrung sind alle Arten von Mollusken, Schnecken, Kleintiere und Fische, mit großer Vorliebe Seeigel, ihre größten Feinde der Krake und der Meeraal (congrio), beide wie sie bodennah und auf Felsgrund in 20-70 Meter Tiefe lebende Tiere, gegen die sich die Languste mit Schwanzschlägen zur Wehr setzt und das oft erfolgreich. Vorkommen Irland bis Azoren, im Mittelmeer bis Griechenland, meist in Tiefen zwischen 40-70 m. In Spanien liegen die ergiebigsten Fänge bei Menorca. Außer der Hauptart werden zwei weitere Seitenarten angeboten: die **Mauretanien**- oder **Diamantenlanguste**, *palinurus mauritanicus*, mit 40 cm Länge noch größer, Vollgröße bis 75 cm, kräftig rot mit weißen Flecken, am Markt häufig, und die **Langosta real, dt. Königs-** oder **Grüne Languste**, *palinurus regius*, frz. *langouste royale*, ital. *aragosta verde*, grün bis blaugrau und am Bauch gelbgestreift, auch an den Beinen Gelbtöne, eher kleiner mit höchstens 35cm, anzutreffen an Küsten Afrikas und der Kanaren. Beide Seitenarten gelten als etwas geringer im Wert. Eine kleinere Sorte ist in Frankreich als **langustine** öfters am Markt, sie stammt dann aus Kamerun, Togo oder der Elfenbeinküste und gilt als schmackhaft und gut.

Küche: Man sollte Langusten nur lebend kaufen (nur, wer hat so große Töpfe! Der Bräter hilft aus) oder zuverlässig kurzgetötet. Tiefgefrorener Import aus Südafrika ist gut, weniger die Langusten aus Cuba und Chile. Was man an gekochter oder gekocht eingefrorener Languste findet, ist dagegen fast immer übergart und faserig, sogar in Frankreich, es lohnt nicht. - Kochen und Ausbrechen sind gleich wie beim Hummer, siehe dort. - Langusten und Hummer sind in schönen Fischlokalen und Läden oft zusammen im Bassin, dann kann man sie gut studieren. Die meisten Kenner, heißt es, geben der Languste den Vorzug. Hummer- und Langustenrezepte sind austauschbar, der Geschmack ist ähnlich.

Rezepte zur Langosta:

Langosta a la ampurdanesa (Languste nach Art des Empordà). Eine große Languste in einfachem Sud (siehe bei Hummer) 10 Min. kochen. - Dann 1 Zwiebel in 200g Öl goldgelb braten, die Languste längshalbiert dazugeben und gut rüttelnd anbraten, aufgießen mit 200g Wein, dazu 3 Tomaten, Salz, Pfeffer, Muskat, 18 Meeresschnecken (in Salzwasser vorgekocht), ein Sträußchen aus Thymian, Lorbeer, Rosmarin. 30 Min. sanft kochen, eventuell Wasser nachgeben. - 5 Min. vor Ende eine Picada zugeben: 1 Knoblauchzehe, 25g Haselnüsse, 25g geröstete Mandeln, 1 Scheibe Brot, Petersilie, Safran gemörsert und in etwas Wasser gelöst.
Die Langusten von den Felsküsten des Cap Creus an der nördlichen Costa Brava gelten als besonders fein, daher die Widmung an die Landschaft Empordà. Über die Schnecken ist mit Katalanen nicht zu reden, sie sind obligat. Läßt man sie weg, heißt das Rezept ‘rossellana’, nach Art des Roussillon - etwas widersinnig, denn auch sie sind Katalanen. Aber eben französische.

Langosta a la bilbaína (Languste nach Art von Bilbao). 4 rote Dosenpaprika (*morrones*) enthäuten und in Öl anbraten. - 1 Knoblauchzehe in feinen Stiften in 100g Öl goldgelb braten, die Morrones dazugeben, etwas salzen, sanft einkochen. - 4 kleine Langostas, 1 kg Almejas, Oregano, Lorbeerblatt in 250g Sidra (asturischer Apfelwein) 15 Min. kochen. Langusten und Almejas entnehmen, die Almejas ausnehmen. Dem Sud 4 EL Tomatenpüree (nicht mehr!) und 1 Salzsardelle zugeben und den Sud auf 50% einkochen. - 2 Knoblauchzehen in 100g Öl rösten, entnehmen, eine Zwiebel zugeben, goldgelb ausbraten, Langostas und Almejas zugeben, salzen, pfeffern, eine Spur Rum dazu, Petersilie und den Sidra-Sud. Die Brühe 10 Min. scharf kochen. Langusten und Muscheln im Ring der gebratenen Morrones servieren.

Das Geheimnis des Rezepts liegt in der Süße: Sidra, Rum und Morrones bringen verschiedene Zuckertöne mit ein. Fehlt Sidra, behilft man sich mit einem halbtrockenen Wein, dem man eine Spur Süßwein, z.B. Muscadet, zufügen kann; auch ein süßer Apfel ist gut - nur nicht zu Zucker greifen, er ist schal! Beim Essen darf man gern philosophieren, warum dieses Rezept schmeckt. Keiner weiß es genau. Aber die Basken sind in derlei Dingen Meister. - Die Almejas spielen hier nur eine Hilfsrolle. Man wird sie gern mitessen, aber ihren Dienst haben sie beim Auskochen bereits getan.

Aragosta alla brace (Languste gegrillt, italienisch). 1 Languste 5 Min. in Salzwasser rot kochen. Dann halbieren und mit einer Mixtur aus Zitrone, Salz, Pfeffer, Öl einpinseln. - Die Langustenteile auf Holzkohle grillen, ständig gut mit der Mixtur bestreichen. - Einfaches, vorzügliches Rezept aus Italien. Das Grillen muß mit aller Sorgfalt geschehen, der Panzer darf nicht rösten, die Languste soll aber durch sein. Im Wechsel von 10 Sek. volle Hitze, 1 Min. am Grill seitab liegend gelingt es einigermaßen.

Alle weiteren Langschwanzkrebse kann man für Küchenbelange zusammenfassen, zumal sie erstens im Geschmack nicht weit von Hummer und Languste abweichen und zweitens am Markt selten sind, ausgenommen der relativ kleine **Kaisergranat (Cigala)**. Seine geringe Größe führt oft dazu, daß man ihn falsch behandelt, nämlich wie eine Garnele. Sein Aroma ist zart und eher weicher als das von Hummer und Languste, und wo nicht diese Feinheit gesucht wird, ist er für Fischtöpfe, -reis und -suppen verschwendet: einer der wenigen Fehler, die sich Spaniens sonst so aromabewußte Küche zuweilen leistet. In der Paella - nun gut, er ist an den Küsten des Valenciano häufig, Gerichte wie die Paella haben auch eine ästhetische Seite (der Kaisergranat schaut wirklich sehr schön aus) und wenn sie perfekt gelingt... - dennoch, man erlöse ihn von seiner unpassenden Rolle dort! Er gehört nun einmal zu den Scherenkrebsen, teilt mit ihnen das sehr zarte Fleisch und verdient die Würdigung als Einzelgericht. Bei den übrigen, größeren tut man das ja auch.

Küche: Die Rezeptepalette ist klein. Der zarte Langustengeschmack, den sie alle haben, lädt zu Langusten- und Hummerrezepten ein. Ansonsten werden sie gern kalt nach Art der 'fruits de mer' serviert; der Küche bleibt dann nur die Arbeit, einen guten Sud zu bereiten und brauchbare Stippsaucen zu servieren. Nochmals: Vorsicht mit Dressings! Das so zarte Krebsaroma hält durchaus einem kräftigen Allioli aus Knoblauch und Öl stand; dagegen verpufft es merkwürdigerweise vor der leichtesten Mayonnaise, wenn sie mit Essig bereitet ist. Wer will, kaufe einige Kaisergranate und probiere sie mit verschiedenen Dressings, es ist lehrreich. Katalanen und Basken haben absolut recht: Allioli, die rote Paprikasauce Romescu oder die baskische grüne Kräutersauce sind weit besser als alles andere. Und Brot gehört dazu.

Santiaguiño und **Cigarra de mar, dt. Bärenkrebs,** *scullarus arctus* und *scyllarides latus*, katalanisch auch *cigala*, balearisch *xigara*, baskisch *santio handi*, galicisch *aratoño*, auch *roquete*, andalusisch *cigarra*, frz. *petite cigale*, ital. *magnosa*, *cicala*, griech. *lyra*, türk. *ayi istakozu*.

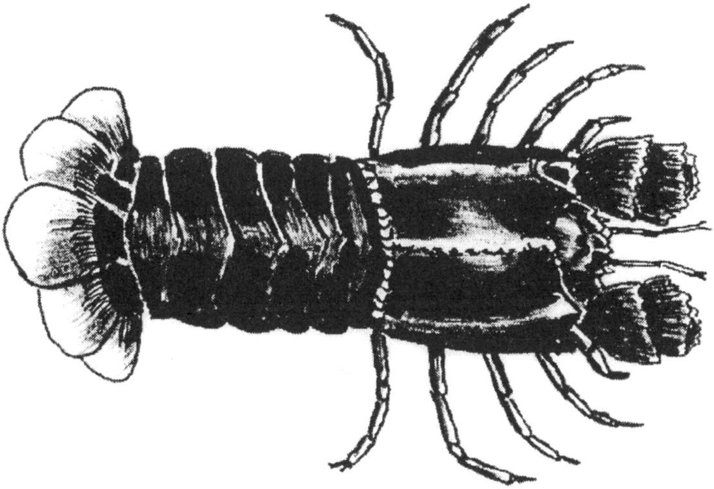

Den Hummern und Bachkrebsen nahe verwandte Arten, merkwürdig plump und urtümlich, recht kleine Beinglieder, sehr kleine Scheren. Gut entwickelter Schwanzteil mit schuppig zusammenhängenden Platten. Auffälligstes Merkmal die an Bärentatzen erinnernden Vorderschaufeln, aus Tentakeln, nicht aus Scheren entstanden. Farbe stets dunkel, zuweilen eher braun, zuweilen eher blau, Abdomensegmente rotgebändert, Schuppen und Dornen oft mit weißgelber Zeichnung, Gliederfüße oft mit rotem Ton. Größe beim Santiaguiño bis 11 cm, bei der Cigarra bis 40 cm. Keine Saison; beide sind selten.

Daß diese beiden nahe verwandten Arten echte Scherenkrebse sind, gewahrt man erst bei näherem Hinsehen. Trotz ihres absonderlichen Aussehens wirken sie durch ihre Farbgebung ausgesprochen hübsch. Der Santiaguiño kommt im Atlantik von Großbritannien bis zu den Azoren und (selten) im Mittelmeer vor und gilt als vorzüglich, in der Qualität dem Hummer nahe. Als nicht ganz so gut wird die Cigarra aus dem Mittelmeer betrachtet (seltene Seitenarten finden sich vereinzelt vor Portugal und um die Azoren). Ihr Panzer ist runzlig gezeichnet, die Farbe eher schwarzbraun, auf der Bauchseite etwas heller. Obwohl es sie an der Costa Brava noch geben soll, trifft man sie nur gelegentlich einmal am Markt an. Merkwürdig ist, daß die beiden Tiere kaum laufen können, sie springen nur mit Hilfe von Schwanzschlägen. - Beide sind auch enge Verwandte des Bachkrebses, der eine Zeitlang fast ausgestorben war und heute in Zuchtbecken gehalten wird.

Galera, dt. Heuschreckenkrebs, *squilla mantis*, galicisch auch *araña*, frz. *squille*, ital. *pannocchia*.

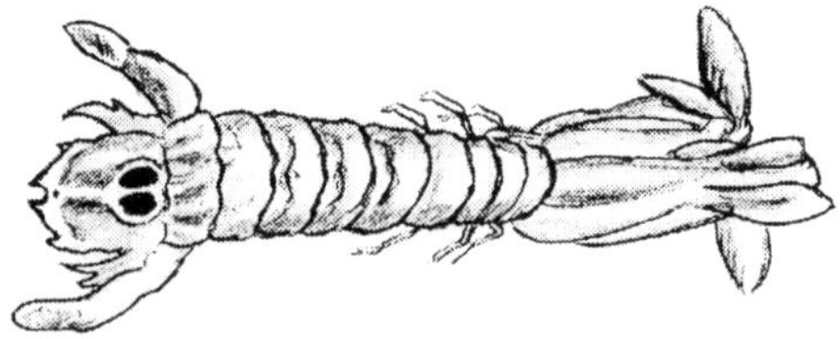

Ebenfalls wenig bekannte, im Mittelmeer aber recht häufige Art, auch am Atlantik und in afrikanischen Meeren vertretene kleinere Krebsart, die ausgesprochen torpedoförmig aussieht, dazu fast durchsichtig und mit zwei großen, dunklen Ringen auf den Schwanzplatten, die ihr ein wenig das Aussehen eines ICE-Kopfteils verleihen. Dieser kleine Krebs (er sieht eher nach einer Garnele aus, ist aber ein Krebs) erreicht etwa 20 cm und gilt als vorzüglich.

Cigala, auch maganto, dt. Kaisergranat, auch Kronhummer, *nephrops norvegicus*, katalanisch *escamarlà*, *garagan*, baskisch *zigala*, *cigata*, frz. *langoustine*, ital. *scampo*, griech. *karavida*.

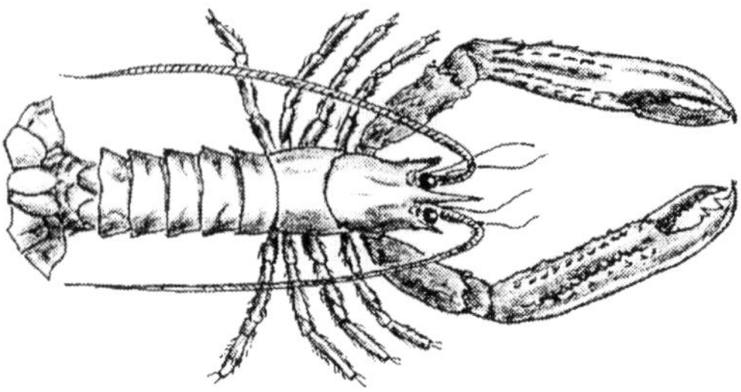

Langgezogener Körper, Schwanz auffallend gut gepanzert, an der Unterseite mit nach innen gerichteten Dornen, auffällig lange, ja überlange knorpelbesetzte Scheren, in der Tat an einen kleinen Hummer erinnernd. Der deutsche Namenszusatz kommt von dornig-kronigen Zackenreihen am Augenteil. Gesamtlänge mit 18-24 cm stattlich, doch ist der Kronhummer wenig ergiebig. Farbe rosa-blaßrosa. Saison ganzjährig.

Die Cigala ist auf Spaniens Märkten immer reichlich vertreten. Von Island bis Marokko, im Mittelmeer bis Griechenland ist sie an den Küsten überall häufig, recht strandnah lebend, aber stets auf Felsenrevier. Wie viele Scherenlangschwanzkrebse mag sie ein wenig Süßwasserzusatz (Krebse findet man oft in Flußmündungen, der Bachkrebs stammt ja ebenfalls von ihnen ab), und so ist denn auch eines ihrer Lieblingsreviere die italienischen Adria. Von den Lebensgewohnheiten her dem Hummer sehr ähnlich, ist sie nachtaktiv und lebt von Kleinfischen und Mollusken. Sie zu berühren, kostet etwas Überwindung, man hat stets den Eindruck, sie zerbreche unter der Hand, so fein sind die Scheren mit dem Leib verbunden.

Küche: Der Kaisergranat ist ein sehr feiner, oft nicht genug gewürdigter Leckerbissen. Schade, daß er meist zu klein ist, als daß das Knacken und Ausnehmen der Scheren viel ergäbe - es lohnt nur bei größeren Exemplaren, und so ergibt sich viel Abfall. Beim Aufbrechen des Schwanzes muß man zudem etwas vorsichtig zu Werke gehen, die Dorne sind spitz. Bezeichnend für die Qualität ist jedoch, daß Spanier, wenn sie Garnelen und Kaisergranate gemeinsam aus der Suppe fischen, beim letzteren den Kopfrumpf sorgfältig aussaugen, bei Garnelen nie. Man sollte es nachmachen, auch wenn es nicht sehr schön aussieht - dieser Bissen, der eigentlich gar keiner ist, ist das beste an ihm. Das Aroma bleibt auch ein Weilchen auf der Zunge und lohnt eine kleine Pause. Spanische Gourmets horchen ihm mit einem Schlückchen Jerez fino nach... es ist manchmal erstaunlich leicht, Gourmet zu sein!

Rezepte zu Krebstieren außer Hummer und Garnele:

Krebstiere gesotten. Garnelen oder Kronhummer in Sud garen (siehe 'Court-bouillon für Schalentiere' S. 212). Mit Allioli servieren.

Scampi ai ferri (Kaisergranate am Spieß). 500g Scampi in einem der vorher genannten Sude für Krebstiere 6 Min. garen; dann entnehmen, mit Öl bestreichen und grillen. Die Scampi auslösen und mit einer Paste aus Öl, Knoblauch, Petersilie bestreichen oder in solch einer Paste servieren.
Name und Alioli (in der Schreibweise Südfrankreichs) verraten, es ist ein Rezept der italienischen Riviera. Man kann es nicht oft genug wiederholen: Knoblauch schadet dem Krebsfleisch nie, Säure so gut wie immer. Vorzuziehen ist französisches Alioli mit Eigelb (vgl. S. 163), es ist sanfter.

Scampi al forno (Kaisergranate im Herd gebraten). Rohe Scampi mit einem Gemisch aus Öl und Oregano bestreichen. In einem kleinen Bräter mit etwas zusätzlichem Öl 10-12 Min. bei 250° garen.
Die italienische Küche der Meeresfrüchte ist zuweilen noch einfacher als die spanische. Dieses Rezept ist ebenso schlicht wie befriedigend, die kleine aromatische Spitze des Oregano paßt ideal. Man nehme nicht zuviel davon, eine Spur reicht bereits!

Cigalas en jamón (Kaisergranate in Schinken). 12 kleine Cigalas roh schälen, salzen, in 12 kleine Scheiben rohen Schinken wickeln, zustecken und in 1 EL Öl nicht zu heiß ausbraten.
Ein galicisches Rezept. Ganz sanft braten, es dürfen gern 10 Min. vergehen. Das Ergebnis überrascht sehr, es ist vorzüglich. Man darf nur den Schinken nicht mitessen, er ist zu salzig! Also erst die Cigalas, dann den von ihnen gewürzten Schinken mit etwas Gemüse oder Kartoffeln servieren.

Krebsbutter. Fleischreste von Krebsen oder Krabben mit warmer Butter aufschlagen. Ebenso wird Garnelenbutter mit gehacktem Garnelenfleisch gefertigt. Die Butter dient für feine Fischsaucen, z.B. bei Brassen.

Langschwanzkrebse ohne Scheren: Garnelen

Garnele ist ein Sammelname für die vielgestaltige Abteilung der Zehnfußkrebse, die keine Scheren haben und deren Laufbeine zwar gut ausgebildet sind, aber zum Laufen nicht recht taugen, so daß die Tiere eher schwimmen. Betrachtet man ihre Beinspitzen, so sieht man, daß sie entweder Hakendorne tragen oder kleine Scheren. Außerdem sieht man es den Tieren an ihrem überproportionierten Abdomen an: sie haben beim Laufen Mühe. Der Lebensraum der Garnelen ist breiter ausgelegt als jener der Scherenkrebse: Beindorne und -scheren lassen Haftung auf grobem Steingrund zu, im allgemeinen leben Garnelen aber eher schwimmend-laufend über Sandgrund. In Spanien sind sie überall noch recht häufig, so daß die kleine Küstenfischerei an Atlantik wie Mittelmeer einen Teil ihrer Einkünfte aus ihrer Fischerei bestreiten kann. Die Nachfrage nach diesen Garnelen *de playa* (katalanisch *de platja*, galicisch: *de praia*) ist allerdings viel zu hoch, so daß gerade bei den kleinen Arten auf Zuchtgarnelen zurückgegriffen wird, die in der Qualität geringer einzustufen, allerdings auch im Preis weitaus billiger sind. Die Qualität ihres Geschmacks geht ziemlich genau mit der Größe und dem Preis einher und läßt sich in 3 Klassen angeben: große, teure von 15-25 cm Länge, mittlere von 10-15 cm Länge und kleine, im Wert geringere von 4-7 cm Länge (man mißt stets von Rostrumspitze bis Schwanzende). Viele Einzelarten erkennt man an der Färbung.

Große Garnelen

Langostino, seltener **camarote, dt. Furchenkrebs**, *penaeus kerathurus*, katalanisch *llagostí*, baskisch *otarrainska*, galicisch *langostino*, frz. *caramote*, ital. *massancolla*, *spanocchio*, griech. *garida*, türk. *karides*.

Gamba, dt. Garnele, frz. *crevette*, ital. *gambero*, mit den Unterarten:

Gamba (blanca), dt. (Weiße) Garnele, *parapenaeus langisrostris*, baskisch *gamba zuria*, frz. *crevette rose*, ital. *gambero rosa*, griech *garidaki*, türk. *denit tekiri*.

Gamba rosada, dt. (Rosa) Garnele, *aristeus antennatus*, auch *carabinero*, andalusisch auch *alistado*, frz. *crevette rose*, ital. *gambero rosso chiaro*.

Gamba roja, dt. Rote Garnele, *aristaeomorpha / penaeus foliacea*, auch *carabinero* oder *chorizo* genannt, galicisch *chourizo*; frz. *crevette rouge*, ital. *gambero rosso;* zwei Seitenarten, im Namen nicht unterschieden: *plesionika edwardsii*, katalanisch auch *gamba panxuda, frz. crevette rouge*, fast nur an spanischen Küsten, und *pandalus borealis* (beide **dt. Tiefseegarnele)**, katalanisch *gamba vermella,* frz. *crevette océanique,* ital. *gambero (boreale).*

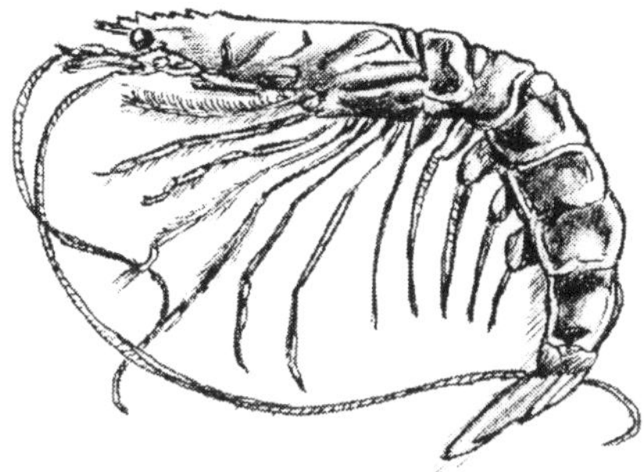

Kopf und Rumpf in einem zusammenhängenden Panzer, der Längsfurchen aufweist, mit kräftigem Rostrum an der Stirn, über die Augen hinausragend, seitlich flachgedrückter Körper, alle Beine wenig kräftig entwickelt. Schwanzende am 6. Bauchelement umgeformt zu kleinen, schrägsitzenden Ruderplatten. Farbe bei Garnelen wechselnd, nicht immer rot.

Der echte Langostino ist grüngelb oder violettgrüngelb mit dunklen Querringen am nach hinten gedornten Schwanz und schon daran gut erkennbar. Länge 12-20 cm, die größeren sind meist Weibchen. Biologisch ist das markanteste Kennzeichen aller Garnelen die Formung des *rostrums*, des zwischen bzw. über den Augen liegenden Stachels - leider für den Laien untauglich, denn nur bei Weibchen und jungen Männchen ist es voll entwickelt, bei älteren Männchen bildet es sich zurück. Gegenüber den Gambas ist immerhin ein Behelfsmerkmal festzustellen: alle Thorax- und Abdomenbeine der Langostinos sind länger, die Antennen kürzer. Der Name 'Furchenkrebs' kommt von Längsrillen am Kopfpanzer, die die Gambas ebenfalls nicht haben. Der Fang von Langostinos ist in Europa selten und wenig ergiebig, sie sind Bewohner wärmerer Meere. In Spanien findet man sie häufiger nur an der Levanteküste vom Ebro bis Cartagena, vorzugsweise in der Nähe von Flußmündungen. Marktlangostinos kommen zumeist aus Südatlantik, Indischem oder Pazifischem Ozean, wo sie häufiger sind und auch gezüchtet werden. Japan, Philippinen, Mexico, Brasilien und Korea sind heute die Hauptexportländer. - Eine ebenfalls im freien Meer nicht sehr häufige Seitenart ist der echte **Carabinero, dt. Rote Riesengarnele,** *plesiopenaeus edwardsianus*, frz. *crevette impériale*, ital. *gambero rosso*, kräftig weinrot, bis 30 cm Länge, Tentakel mit bis zu 80 cm riesig. In Spanien selten, da ebenfalls eher ein Bewohner südlicher Meere (zuweilen aber im Mittelmeer anzutreffen) und, wie sein Name 'Gendarmerist' andeutet, mit ausgesprochen kräftigem, gewehrartigem *rostrum* bewehrt. Nicht zu verwechseln mit dem roten Gamba, obwohl das folgenlos wäre: beide dunkelroten Gambas sind mit dem weißen Langostino zusammen die schmackhaftesten Garnelen.

Gambas, dt. Garnelen, frz. *crevettes*, ital. *gamberetti*, (im Spanischen feminin, im Deutschen vom italienischen Gambero her oft auch männlich) stehen den Langostinos sehr nahe; die Beine sind aber kürzer und die Antennen länger. Als beste gilt die sehr schöne **Rote Garnele**, kräftig weinrot mit violettem Glanz, Größe bis 22 cm, und ihre 'Schwester', die **Rote Tiefseegarnele**. Die auf Spaniens Märkten angebotenen stammen zumeist aus Marokko und sind als Import überteuert, die beiden Fischnationen haben komplizierte Abkommen, die bei Garnelen den Preis künstlich hochhalten. Immerhin sind auch die Seitenarten zu ihr sehr schmackhaft, die **Weiße Garnele**, rosa mit grünen Flecken, auch elfenbeinfarben, 12-14 cm lang, heute an spanischen Küsten selten, vor Jahren noch häufig, und die **Rosa Garnele**, hellrosaviolett, zuweilen auch kräftig rot, ebenfalls 12-14 cm lang, auffallend durch Dornen an allen Abdomensegmente, in Spanien mit merkwürdig schwankendem Ertrag, in manchen Jahren häufig, in manchen selten. Auch mit ihrer Züchtung war Japan Vorreiter. Heute ist Mittelamerika ein großer Exporteur, vor allem die Länder Venezuela und Nicaragua.

Mittelgroße Garnelen

Camarón, dt. Sägegarnele, Felsengarnele, Ostseegarnele, *palaemon serratus*, katalanisch *gambot(e)*, *gamba vermella*, baskisch *izkira gorri, kiskilla*, frz. *crevette rose, bouquetin*, ital. *gamberetto*, griech *garidaki*, türk. *kücük karider*.

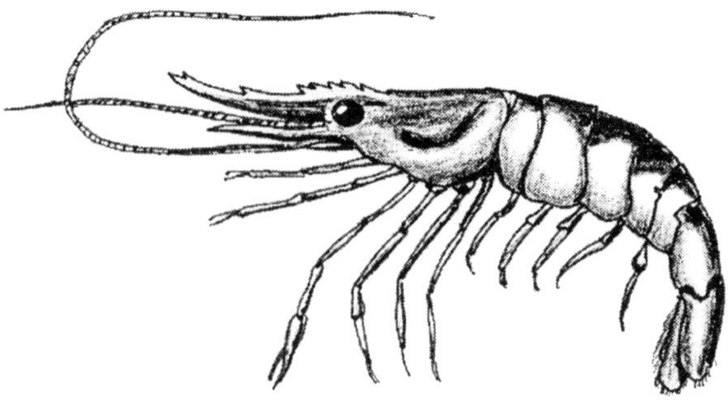

Allgemeine Merkmale wie oben beim Langostino. Die Form etwas gestaucht, vor allem aber seitlich abgeflacht. Auffallendstes Kennzeichen ist, daß am Schwanzteil das 2. Segment über dem 1. und 3. liegt. Farbe hellbronce, Länge bis 10 cm. Saison ganzjährig, Vorkommen Atlantik und Mittelmeer, auch Ostsee, im Sommer etwas weiter nördlich und tiefer als im Winter.

Bei den Garnelen mittlerer Größe übertrifft der **Camarón** (auch er in Deutschland oft einfach Gamba genannt) alle anderen an Bedeutung weit. Leider gelang es bisher noch nicht, seine Zucht rentabel zu machen; ab einer bestimmten Setzdichte tritt nämlich Kannibalismus auf. Derzeit experimentiert man mit Wassererwärmung durch Solarzellenenergie, denn die Felsengarnele hängt im Wachstum stark von der Temperatur ab. Im übrigen wäre die Aufzucht mit Miesmuscheln, Fischresten und Algen nicht allzu teuer. Seitenarten sind küstennah lebende kleinere Garnelen von 5-7 cm Länge, äußerlich ansonsten kaum zu unterscheiden und auch biologisch nicht von der Hauptart unterschieden. Obwohl am Markt als *de playa* angeboten, sind sie aufgrund ihrer geringeren Größe oft nicht genug geschätzt und daher billig. Dabei sind sie spürbar feiner im Geschmack als die aus Zucht stammende größere Hauptart, zum Beispiel die Patagoniengarnele, **Langostino patagonico, dt. kein eigener Name**, *munida (sub)rugosa*, katalanisch *xinxa*, frz. *galatée patagonienne*, ital. *gambero patagonico*, etwa 5 cm groß, als Vertreterin der in etwa 10 Unterarten existierenden Garnelenart *munidae*.

Kleingarnelen

Quisquilla gris, dt. graue Sandgarnele, *crangon crangon*, katalanisch *gamba d'esquer*, baskisch *izkira zuir*, galicisch *camarón bravo,* frz. *crevette grise*, ital. *gamberetto grigio, della sabbia*, griech. *psilí garida*, türk. *tekke, çali karides.*

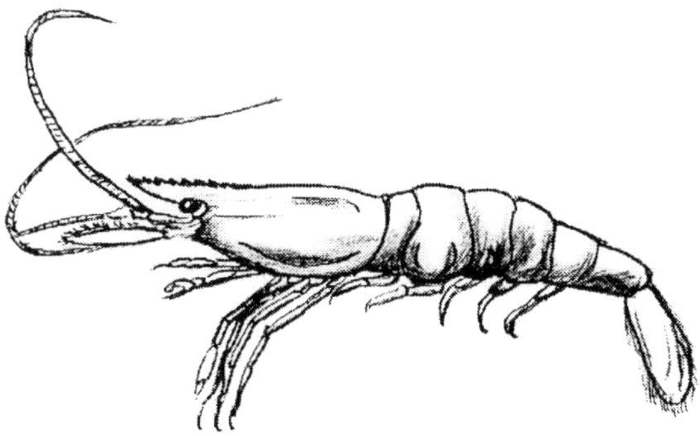

Von der allgemeinen Garnelenform abweichend: ein Paar der Kopfglieder ist zu (an der Körpergröße gemessen) kräftigen Scheinscheren ausgebildet; der Kopfpanzer hat zwei Längsrillen, die Schwanzsegmente keine Dornspitzen. Länge 4-7 cm, Farbe undeutlich graubraun, durchsichtig. Es handelt sich bei dieser Garnele um die bekannte deutsche 'Nordseekrabbe', eine der wenigen Garnelenarten, die reichlich auch in Nord- und Ostsee vorkommt, also niedrigere Temperaturen mag. Sie lebt von Algen und Kleintieren, vorzugsweise in salzigen Lagunen auf Algenwiesen - möglicherweise sind tiefere Temperatur und Vorziehen höheren Salzgehalts im Wasser Hinweise darauf, daß das Chitin des Panzers etwas anders aufgebaut ist und diese Garnelen etwas anders schmecken, kräftiger, auch etwas herb. Eine Varietät zu ihr, in der Form quasi identisch, nur in der Farbe deutlich unterschieden, ist die etwas seltenere **Kleine Sandgarnele,** *palaeomonetes varians,* span. auch *quisquilla de prados*, *frz. bouquet des marais, bouquet rose*, rosafarben, etwa 3 cm Länge. In Spanien und Deutschland werden sie kaum unterschieden, Franzosen ziehen diese kleine rosa Garnele deutlich vor. Es wird seine Gründe haben; vermutlich liegen ihr kleine in Fels eingelagerte Sandplätze mit lebhaftem Wasseraustausch besonders gut, wie sie in der Bretagne vorherrschen, ihrem Lieblingsrevier. Denn die Quisquillas bevorzugen eindeutig Feinkornsand als Lebensraum.

Küche der Garnelen: Das Aroma differiert zwischen den Arten nicht allzu sehr, nur die Feinheit des Fleisches. So kann man alles, was Gamba, Garnele, Langostino, Quisquilla usw. heißt, für Küchenbelange zusammenfassen. Anders ist es jedoch, wie bereits erwähnt wurde, mit ihrer Rolle in Fischtöpfen. Hier obliegt dem Küchenchef die Kunst der richtigen Auswahl, denn hier variiert das Aroma erheblich: sowohl Schale wie auch der ganze, ansonsten nicht mitgegessene Kopfthorax mit den Innereien aromatisieren Gerichte unterschiedlich. Je stärker der Eigengeschmack eines Gerichtes ist, umso mehr empfehlen sich kleinere Garnelen. Man unterschätze sie also nicht! Der gut gemeinte 'Krabbensalat' mit grünem Salat, Nüssen, Radieschen, Sahne und Garnelen mißlingt mit den wertvollen Rotgarnelen zu 25 Euro das Kilo aufs erbärmlichste und schmeckt nur nach Watte, während er mit den kleinen Quisquillas zu 5 Euro sehr fein und im Geschmack nachhaltig gelingt.

Einzelgerichte: Betreiben Sie möglichst wenig Aufwand! Zum Braten oder Grillen reichen ein gutes Öl (bei Großgarnelen darf es Öl erster Pressung sein) und Knoblauch vollständig aus; wer mag, kann etwas Petersilie und eine Spur Cayennepfeffer zufügen. Wenn es geht, auf Salz ganz verzichten; am Knoblauch hingegen braucht man nicht zu sparen. Wichtig: Nie zu scharf braten, der Chitinpanzer schmeckt dann nach Horn! Und vor allem jede Säure vermeiden! Sogar Zitrone ist nicht gut, Tomate vollends Unfug, und Sojasauce mag Asiaten liegen, wir finden sie bei Garnelen nicht gewinnbringend. Gute Ergebnisse erreicht man auch, wenn man Garnelen kurz in Kräuter-Courtbouillon gart, das Aroma ist dann besonders fein. Bei Kleingarnelen gelten die grauen gegrillt als besser, die rosaroten gekocht. - Schließlich: wenn mittelgroße Felsgarnelen am Markt verdächtig lebhaft orange sind, ist Vorsicht geboten: es können *gambas saladas* sein, gegarte **gesalzene Gambas** *(camarones)*. Und wenn Spanier salzen, langen sie kräftig hin - solche Garnelen versalzen restlos alle Gerichte. Man serviert sie nur als Tapas.

Bei Tisch: Kopf abknicken, die Garnelen mit beiden Händen vom Bauch her aufbrechen und den Panzer entfernen. Bei großen mit dem Messer dann am Rücken entlangschneiden und den Darm entfernen, einen schwarzen Faden.

Bei kleineren ist es nicht nötig. Kleingarnelen von 3 cm ißt man gern, wie sie sind. Garnelen mit Messer und Gabel zu essen, ist vielerorts unüblich - indes legen besonders feine Restaurants zumindest in Barcelona Wert darauf. Man schneidet am Bauch entlang auf, nicht in der Mitte, sondern etwas seitlich, hält dann die Panzerungsglieder mit dem Messer nieder und rollt mit der Gabel den Körper aus. Das will jedoch gelernt sein. Gegessen wird auch bei Garnelen nur der Schwanz.

Rezepte zu Garnelen:

Langostinos oder gambas en ajillo (Garnelen gebraten). 4 Knoblauchzehen in Scheiben schneiden und in 4 EL Öl anbraten, 1 Stückchen Pfefferschote (Guindilla) dazugeben, angehen lassen und 400g geschälte Gambas darin 1-2 Min. rösten.

Langostinos oder gambas al ajillo (Garnelen in Knoblauchöl). 8 Garnelen 3 Min. in Courtbouillon (siehe Rezept für Krebssud S. 212) aufkochen, abtropfen und schälen (nur die Schwanzflosse belassen). Dann in eine Tonschale legen, dazu 4 Knoblauchzehen, ein Stückchen Pfefferschote (guindilla), 8 EL siedendes Öl darübergeben und im Herd bei 250° gratinieren, bis der Knoblauch bräunt.
Die beiden genannten Rezepte 'en ajillo' und 'al ajillo' sind die häufigsten Verfahren, um das Rösten der Panzer in der Pfanne zu umgehen. Bei größeren Tieren lohnt es sich, bei den kleineren Camarones ist es nicht nötig und klappt auch nicht. Ihre Panzer sind zu dünn, Fleisch verklebt in ihnen, das Auslösen macht Schwierigkeiten und der Geschmack ist ausgelaugt. Mit kürzeren Garzeiten käme man hin, es lohnt aber nicht, man brät Camarones einfach in der Pfanne.

Camarones al ajillo = gambas al ajillo (Kleingarnelen in Knoblauchöl). 20 Camarones 6 Min. sanft in 40g Öl und 2 Knoblauchzehen in Scheiben braten. Dies ist besser, als 3 Min. scharf zu braten.
Einfache spanische Bars kennen weder 'camarones' noch 'en ajillo', die Tapas heißen einheitlich 'gambas al ajillo', obwohl es fast immer Camarones sind. Umgekehrt gibt es in guten Restaurants nie Camarones, es sind immer Gambas.

Crevettes poivre vert (Kleingarnelen in grünem Pfeffer). 50g Butter, 1 Schalotte, 400g geschälte Kleingarnelen (*crevettes roses*, 3 cm groß), 50g Fischsud 8 Min. köcheln. Dann 2 EL grünen Pfeffer, 100g Crème fraîche, Petersilie und Schnittlauch darangeben und noch 2 Min. erwärmen.
Eine französische Variante. Spanien grillt oder brät Kleingarnelen meist. Jedenfalls nur köcheln, nie kochen! Die Kleingarnelen werden nicht geschält. Viele essen sie ganz, andere trennen den Kopf ab. Wird das Rezept mit größeren Garnelen gemacht, köchelt man sie 5 Min.

Kurzschwanzkrebse: Krabben

Krabben sehen nach einiger Gewöhnung ausgesprochen apart aus, zum Verzehr sind sie auch hinlänglich groß. Nur einen großen Mangel haben sie: ihr Genuß ist eine Geduldsprobe! Was man an Hummern und Garnelen so genießt, den fleischigen Hinterleib, entfällt bei ihnen, der unter den Leib eingeschlagene verkümmerte Abdomenteil gibt nichts her. Es bleiben die Scheren, bei größeren Tieren auch die Beine, und das Gemisch von Fleisch und Innereien im Körper selbst. Mag das Gepiekse und Gestochere bei *centolla* (Seespinne) und *buey* (Taschenkrebs) noch angehen, die an der Nordküste Spaniens beliebten kleinen *nécoras* (Wollkrabben) sind ein Geduldsspiel im Quadrat! Man erhält als geübter Esser in einer halben Stunde davon so viel Menge wie mit zwei Gabelbissen eines Schnitzels. Andere Regionen Spaniens verzichten daher lieber auf sie, auch weil Spanier die Krebstiere gern warm essen, was bei *nécoras* schlichtweg nicht möglich ist.

Centollo, dt. große Seespinne, *maja squinado*, katalanisch auch *cabra*, baskisch *txangurro*, galicisch *centola*, in castellano auch *araña*, *cabra*, frz. *araignée*, ital. *grance(v)ola*, griech. *kavouromána*, türk. *ayna, deniz orumcegi.* Im Mittelmeer häufiger die Seitenart *paromola cuvieri*, katalanisch *cabrot.*

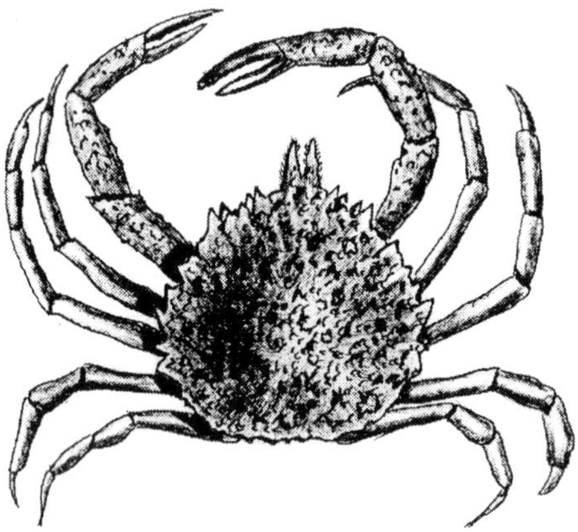

Etwas kleiner, kalottenförmiger Körper, dick, birnenartig gerundet, pockenübersät; je größer das Tier, desto breiter wuchern die vielen Tuberkel darauf und desto runder ist die Spinnenform (ein Behelfsmittel, um das Alter zu schätzen). Vorderfront mit zwei kräftigen Zähnen, fast Hörnern, auch die Beinpaare sind kräftig, die Scheren dagegen auffallend schwach, allerdings mit festen Spitzen. Abdomen klein und völlig eingeschlagen, beim Weibchen etwas größer und ovaler, auch dicker. Abdomenbeinpaare klein und eingeschlagen, sie dienen nur zum Eiertragen. Farbe lebhaft rot, rosa oder rosaweiß. Körpergröße 18-20 cm, Gesamtgröße mit Beinen kreisartig mit 50 cm

Durchmesser. Die im Mittelmeer häufigere Seitenart noch spinnenhafter, Körper etwas länglicher und kleiner, dafür Beine allein bereits 40 cm lang. Der Centollo ist von Großbritannien bis zu den Azoren noch häufig, im Mittelmeer leider nicht mehr, obwohl er überall noch anzutreffen ist. In Frankreich unterscheidet man zahlreiche Seitenarten der Seespinne, meist runder, mit dickerem Panzer und kürzeren Beinen, und vor allem in der Farbe blasser. Sie gelten in Spanien als etwas geringer im Wert, so wie auch die männlichen *centollos* weniger gut sind als die *centollas* (Weibchen), worauf man im Restaurant achten sollte. Nach Hummer und Languste gelten Centolla und Bärenkrebs als beste unter den Dekapoden; das weibliche Tier ist zudem ergiebig. Es scheint wie bei einigen wenigen Fischen ohne Belang zu sein, daß dieses spinnenhafte Tier ausgerechnet Pflanzenfresser ist. Es lebt ortsfest und weidet mit viel Geduld flache Felshänge ab.

Buey, paguro, dt. Taschenkrebs, *cancer pagurus,* katalanisch *bou*, baskisch *petaka*, *buia*, galicisch *boi,* frz. *crabe tourteau*, ital. *granchio, granciporro*, griech. *siderokávuras*, türk. *pavurya.*

Rundlich-platt, mit 20 x 30 cm recht groß, dicker Kurzschwanzkrebs von gemütlichem, etwas unbeholfenem Aussehen mit äußerst robustem Panzer, vorne lappig. Stirn und Rücken sind fein granuliert. Beine relativ dünn, haarig, etwas kürzer als die dicken glatten Scherenglieder mit starker Zähnung. Abdomen flach und unter den Thorax eingeschlagen. Weibchen haben 7 Abdomenglieder, Männchen nur 5. Farbe rosa bis braun je nach Alter des Panzers, der jährlich gewechselt wird, Bauchseite weißlich-gelb. Saison Juli-Oktober, sonst Schonzeit.

Zwar ist die Kopulation bei Taschenkrebsen nur zweijährlich, das Wachstum bei dieser Panzerdicke langsam und die Tiere sind erst mit 5-6 Jahren geschlechtsreif. Doch macht das die Eierzahl wieder wett; sie liegt mit 1-2 Millionen um vieles höher als bei den anderen großen Dekapoden. Taschenkrebse leben von Muscheln, Kleinkrebsen, Kleinfischen und Bodentieren, denen sie ihrerseits mit ihren großen Larvenschwärmen wieder als Nahrung dienen. Vorkommen Lofoten bis Afrika, im Mittelmeer allerdings selten, oft küstennah, so daß Hobbytaucher ihnen öfters begegnen, denn der Taschenkrebs ist häufig. Er wird in Spanien sehr geschätzt, merkwürdigerweise begegnet man ihm in Restaurants selten. Wie bei den Seespinnen gelten die Weibchen als delikater und sind ergiebiger.

Nécora, dt. Schwimmkrabbe, *necora/macropipus puber*, katalanisch *cranc vermell*, baskisch *txamar*, *nekora, karramarro*. Im Mittelmeer vorkommend, häufiger dort aber die Seitenart *liocarcinus depurator*, katalanisch *cranc,* frz. *étrille*, ital. *necora, grancia d'arena*, griech. *kavouraki*, türk. *çalpara*.

Rundliche, kissenförmige Kleinkrabbe, Stirn breit, beidseits 5 spitz nach vorn zeigende Panzerzähne, Augen auffallend weit auseinanderstehend. Scheren kräftig, beim Männchen noch mehr als beim Weibchen. Sicheres Kennzeichen der wollartige Bewuchs auf Panzer und Beinen. Auffällig auch das letzte, kurze Beinpaar, das flossenartig und platt ausgebildet ist. Eingeschlagenes Abdomen mit verschmolzenem 3.-5. Segment, Kennzeichen aller Kleinkrabben, bei Männchen dreieckig geformt, bei Weibchen rund. Farbe dunkelbraun, die Mittelmeerart blaß lachsfarben, Größe etwa 8 cm, die Seitenart etwa 5 cm.
Das flossenartig umgebildete Beinpaar ist ein sicheres Kennzeichen aller Schwimmkrabben, wenngleich die Wollkrabbe ebensogut läuft wie sie schwimmt. Seitenarten von Bedeutung sind die **französische Wollkrabbe** (*étrille*, lat. *macropipus corrugatus*), die statt der Wolle nur kurze Stoppelhaare auf den Panzerrippen hat, und verschiedene Arten von **Pateixos, dt. Winkerkrabbe**, *polybios henslowi*, frz. *crabe nageur*) mit ungleichem Scherenpaar, 4,5 x 5,5 cm groß. Im Mittelmeer weiter von Bedeutung ist die Art *geryon longipes*, in Spanien teils *nécora*, teils *cranc*, teils auch *cranc de gamba* genannt, weil sie im Sommer oft von Gambafischern mitgefangen wird. Sie ist das am tiefsten lebende Krebstier, bis in 1800 m Tiefe trifft man

sie an. Zu erwähnen ist außerdem der **Cangrejo real, dt. Königskrabbe**, *calappa granulata*, katalanisch *pessic*, baskisch *karramarro lotxatia*, galicisch *brixa, boi*, frz. *crabe honteux*, ital. *gallo, grancia reale*, dem Taschenkrebs ähnlich, aber mit pfannkuchenartig genarbtem Panzer, orangerot, um 10 cm groß. Alle Schwimmkrabben sind weltweit verbreitet, aber außer den echten Wollkrabben wenig schmackhaft. Sie werden meist als Suppeneinlage verwendet.

Cangrejo de mar, dt. Strandkrabbe, *carcinus mediterraneus* bzw. *maenas*, katalanisch *cranc verd*, baskisch *karramarro verde*, galicisch *cangrexo,* frz. *crabe vert*, ital *granchio commune*, griech. *kávouras*, türk. *yengeç çingene*.

Größter Unterschied zu den Wollkrabben ist ein klar 6-eckig geformten Thoraxpanzer. Die Zangen sind etwas ungleich. Auch bei ihnen ist das letzte Beinpaar am Thorax zum Schwimmen umgestaltet. Farbe braunschwarz, oliv oder dunkelgrün, auf der Unterseite gelblich; Größe 2-3 cm, manche auch 6 cm.

Strandkrabben, daher ihr Name, sind Meister im Überleben außer Wasser. Wenn sie auch nicht eben weit gehen, so ist man doch erstaunt, gelegentlich irgendwo im Ufergebüsch so eine kleine Krabbe zu finden, die sich da scheinbar verirrt hat. Keine Sorge, sie findet schon wieder ins Wasser, sie ist nur auf Ausflug! Es lohnt sich, sie mit einem Halm zu attackieren, um zu sehen, wie heftig sie sich verteidigt (wegen ihres wilden Gefuchtels heißt sie in Spanien auch *cangrejo rabioso*. Auf Sand gräbt sie sich allerdings lieber ein). Wie es öfters geht, ist das, was dem Naturfreund ein lieber Weggenosse werden kann, den Fischern eine arge Plage. Obwohl Allesfresser und sich von Kleinfischen und Mollusken ernährend, ist die Strandkrabbe ein gefürchteter Austernräuber, der besonders gern Jungaustern von den Zuchtleinen abfrißt und selber nicht viel wert ist.

Es gibt unter den Strandkrabben viele Nebenformen, einige kleiner, manche braungelb, manche nur 5-eckig oder quadratisch. Die weitaus häufigste der **Cangrejo de roca, auch Mulata, dt. Rennkrabbe,** *pachygrapsus mormoratus*, katalanisch *cranc de roca*, galicisch *queimacasas* (in anderen Sprachen von der Strandkrabbe nicht unterschieden). Körper trapezförmig, nur gute 2 cm groß und massenhaft in seichten Strandprielen anzutreffen. Viel wert sind die Strandkrabben nicht, aber als Beifang kommen sie billig auf den Markt und können in Fischsuppen mitwürzen. Die größte unter ihnen ist der 6 cm lange **Dormilón**, auch *cangrejo peloso*, *atelecyclus undecimodentatus*, katalanisch *cranc felput*, galicisch *zapateiro peludo*, frz. *crabe dormeur*, ital. *grancho facchino*.

Küche: Es gibt kaum Rezepte. Der zarte, den Langusten und Hummern nahe Geschmack läßt auch zu deren Sud raten, in denen man die Krabben gart. Gegessen werden Krabben fast immer kalt, nach Art der französischen 'fruits de mer', begleitet von ein wenig Stippsauce und Brot. Scheren und Beine sind nach dem Garen leicht abzudrehen, die Glieder werden mit Nußknakkern gebrochen. - Eine Sonderküche widmet sich dem **Körperinhalt** der Krabben. Der Körperpanzer wird an der Bauchseite, etwa in der Mitte am Rillenansatz, aufgestemmt. Man greife lieber zu Hammer und Meißel, als daß man seine Messer damit ruiniert. Einmal geknackt, kann den Rest die Geflügelschere besorgen. Entfernt man die federartigen grauen Bronchienteile, wird ein gepanzerter Innenteil frei, der leicht herauszubrechen ist. Er wird vorsichtig mit dem Nußknacker geöffnet, um möglichst wenig Splitter zu bekommen; bei weiblichen Tieren ist das Fleisch dieser Gliederkammern reichlich, bei männlichen etwas spärlich; jedenfalls ist es gut. Was dann noch bleibt, ist eine gelblich-braune, leicht suppige Masse im Panzer. Man löst sie aus, entfernt die Hautreste und tunkt sie aus. Oder man vermengt die Masse mit Brot und Kräutern, gibt sie als Füllung wieder ein und bäckt die Krabbe aus. Das Ergebnis ist allerdings nicht so gut wie die Masse selbst. - Eine interessante Fleischaufbereitung für den Vorspeisenbedarf ist **Surimi**, von Asiaten in Paris erfunden. Es ist ausgelöstes, gepreßtes und mit Gelatine neu verbundenes Fleisch von Krabbenarten, gewöhnlich tiefgefroren im Angebot. Etwas schal im Geschmack, kann es für kalte Vorspeisen dienen, jedenfalls ist es besser als Dosenware von Krabben.

Rezepte zur Seespinne:

Centollas al horno (gefüllte Meerspinnen). 2 Centollas (besser als männliche centollos!) 15 Min. in Salzwasser kochen. Das Fleisch auslösen und zerpflücken. - 1 Zwiebel in 1 EL Öl und 1 EL Butter anbraten, 2 Tomaten dazugeben, Salz, etwas einkochen, dann ½ Gläschen Brandy dazu, 3 Min. weitergaren, abseihen, zum Fleisch geben und alles 15 Min. köcheln. Damit dann die umgedrehten Panzer füllen, alles mit Bröseln überstreuen und im Herd 5 Min. bei 210° gratinieren.

Sopa de centolla (Meerspinne mit Muschelsuppe). 2 Centollas in Courtbouillon aus 1 Zwiebel, 1 Lorbeerblatt, 8 Pfefferkörnern, Salz, 1 Liter Wasser nacheinander je 20 Min. kochen. Entnehmen, kalt abschrecken, ausnehmen und das Fleisch grob zerstampfen (es muß nicht püriert sein). - Im Sud 150g Venus-, 150g Herz-, 250g Mies-, 150g Schwertmuscheln 3 Min. kochen, entnehmen, die Muscheln ausnehmen und beiseitestellen. Im verbleibenden Sud die beiden Krabbenpanzer 15 Min. auskochen, den Sud dann durch ein Tuch abseihen, etwas Jerez zugeben (1-2 EL), nochmals 15 Min. weiterkochen und über das Krabbenfleisch und die Muscheln gießen. Als Suppe heiß servieren.
Das Auskochen des Panzers verfeinert den Sud in der Tat. Das Rezept kann auch vorzüglich für 'gefüllte Meerspinne' dienen. Fleisch und Muscheln werden dann mit etwas Sud genäßt, in die Panzer gefüllt, etwas Parmesan darübergestreut, die Panzer 5 Min. im Herd überbacken. Man kann auch eine Meerspinne als Suppe, die andere überbacken auftragen.

13. Muscheln

Muscheln und Schnecken gehören zu den Mollusken, den Weichtieren, deren Organe im Unterschied zu den Krebstieren nicht in chitinausgekleideten Häuten liegen, sondern von Muskelgewebe oder Schleimschichten umgeben sind. Biologisch stammen alle von einem allerdings nur als Zeichnung existierenden Urtier ab, dessen Errungenschaft die Erfindung von Kalkabsonderung zu Schalen war. Diese Schalen finden wir als fossile Belemniten noch häufig in frühen Erdschichten, und es ist merkwürdig, daß die Entwicklung der Weichtiere dahin gegangen ist, ihre dicken Panzer langsam wieder abzubauen. Sie sind dabei schon tüchtig vorangeschritten. Neben den zweischaligen Muscheln gibt es die einschaligen Schnecken (auch solche ohne Haus!) und die ganz schalenlosen Tintenfische und Polypen, zusammen heute 20.000 Arten. Biologisch faszinierender als die Muscheln sind die Schnecken wegen ihrer eigenartigen Drehung.

Muscheln kennen wir von Strandspaziergängen so gut, daß wir uns meist gar nicht bewußt sind, daß wir für Schale und Tier dasselbe Wort gebrauchen. Eine genaue Artenbeschreibung wird dadurch erschwert, daß feine Unterschiede oft lediglich in der Art auftreten, wie die beiden Muschelhälften verbunden sind. Das ist ja der Problempunkt aller Muscheln: sie müssen sich öffnen, um Nahrung zu filtrieren, und sich hermetisch schließen können gegen jeden Feind. Die Palette der Lösungen, mit einem oder zwei ledrig-zähen Bändern ein Scharnier herzustellen, dazu eine Art von Druckknopfsystem mit Zähnen und Rillen an den Schalenrändern, um das Öffnen und Schließen zu bewerkstelligen, stellt eine beachtliche evolutionäre Leistung dar. Jeder Techniker wird voller Bewunderung sein, wenn er Muscheln studiert. Die biologische Einteilung der Muscheln erfolgt oft nach dieser Schließtechnik. Eßbar sind fast alle Muscheln. Nur bei sehr großen tropischen Arten gibt es einige Ausnahmen, die leicht giftig, aber vor allem aufgrund ihres Geschmacks ungenießbar sind. Das Thema braucht uns weiter nicht zu interessieren, sie werden niemals angeboten. Alle Muscheln, die wir normalerweise am Strand finden, sind eßbar. So bleibt die folgende Einteilung:

a) **Austern**, darunter glatt- und krausschalige
b) **Jakobsmuscheln** und andere Kammuscheln
c) **Miesmuscheln,** schwarz, 4 Zuchtsorten
d) **Sandbankmuscheln,** darunter die verbreitete Herzmuschel

Der Schadstoffgehalt von Muscheln ist nicht größer als bei anderen Seetieren, kann aber periodenweise stark ansteigen. Vor allem Miesmuscheln und Austern filtern in Sommermonaten verstärkt Nahrung, einfache Einzeller, aus dem Wasser. In kleiner Menge harmlos, kann sich ein in diesen Einzellern enthaltener Stoff, der das Gift Saxitoxin bildet, bei erhöhter Planktondichte auf einmal rapide in den Muscheln anreichern und schädigend sein. Die in diesem Belang auch in südlichen Ländern strenge Lebensmittelüberwachung nimmt solche Muscheln, Miesmuscheln vor allem, dann vom Markt. Man hat darum offenbar immer schon gewußt, denn die Muscheln stellen in allen Ländern der Welt ein typisches Wintergericht dar. - Den möglichen Vergiftungen steht andererseits ein hoher Nährwert gegenüber. Muscheln, zumal rohe, sind das leichtestverdauliche Fleischgericht, das wir kennen, und enthalten neben Proteinen auch wertvolle Glukide, Lipide, Minerale, dazu Vitamin A, B1, B2, C und D. Die weltanschaulichen Bedenken gegen den Verzehr noch lebender Tiere werden allerdings bestehen bleiben. Das Vergären lebender Tiere im menschlichen Magen ist eine Tötungsweise, die unserer Vorstellung nicht behagt. In freier Natur stirbt allerdings höchstens ein hundertstel aller erwachsenen Austern an Altersschwäche - der Rest wird gefressen, also ebenfalls lebend verdaut. Die Bedenken können demnach nur lauten, ob und inwieweit es *auch* dem Menschen ansteht, sie roh zu essen.

Muscheln öffnen

Muscheln öffnen sich beim Garen. Geben Sie die Muscheln (vor allem Almejas, Venusmuscheln) zunächst 2-3 Stunden in leicht gesalzenes Wasser, um sie zu entsanden, und spülen Sie sie dann nochmals in fließendem Wasser ab. Das Abbürsten der Schalen ist unnötig, der Sud wird am Ende geseiht. Bei Miesmuscheln entfernen Sie den 'Bart', ein filziges Geflecht, das aus der Öffnung ragt, indem Sie ihn im Spalt ans spitze Muschelende ziehen und mit einem Ruck ablösen.

Scheiden Sie alle Muscheln aus, die mehr als 2 mm aufklaffen, auf Druck nicht reagieren, auf dem Wasser schwimmen oder deren Schalen beschädigt sind. Scheiden Sie ebenso alle Muscheln aus, die nach dem Garen verschlossen geblieben oder im Fleisch verfärbt sind. Alle diese Muscheln sind vermutlich schon einige Zeit tot, jedenfalls verdächtig.

Muscheln werden nach drei Verfahren geöffnet (Angaben für 1 kg Muscheln):

1. Öffnen in Wasser: die Muscheln in 100g Wasser mit ½ TL Salz aufsetzen, aufkochen und 2-3 Min. sprudelnd im verschlossenen Topf kochen. Oder erst ins kochende Wasser geben, denn die Muscheln leben ja noch.
2. Öffnen im Dampf; selbes Verfahren im Topfeinsatz, so daß die Muscheln nicht im Wasser liegen und nur im Dampf garen.
3. Öffnen in Öl: 1 gehackte Zwiebel, 2 gehackte Knoblauchzehen, 2 EL Petersilie in 50g Öl andünsten, die Muscheln dazugeben, den Topf abdecken und ebenfalls 2-3 Min. garen.

Wenn Sie den Sud weiterverwerten, lassen Sie ihn nach dem Garen 5 Min. stehen. Gießen Sie ihn durch ein feines Sieb ab. Nach diesem Verfahren werden alle Muscheln außer Austern und Jakobsmuscheln geöffnet. Diese werden mit scharfen Messern aufgeschnitten.

Mengenangaben für die Küche: Pro Person sind beim Einkauf für ein reines Muschelgericht 500g Rohgewicht zu rechnen, die Verluste schon eingerechnet. Nach allgemeiner Regel enthalten Muscheln an Gewicht 50% Fleisch, 25% Schale und 25% Meerwasser. Die gesamt zu rechnende **Garzeit** bei Muscheln beträgt 5 Min., bei kleinen 3 Min. Einige Muscheln sind nicht brauchbar, es macht meist um die 10% aus.

Muscheln zubereiten. Es gibt für Muschelrezepte zwei Leitlinien. Die eine betont den sanften, erdig ausgewogenen, ganz zart salzigen Geschmack der Muschel; das tun die Rezepte '*marinera*' mit Zwiebel, Tomate und Wein. Oder man kombiniert den Muschelgeschmack mit anderem Kochgut: Gemüse, Käse und Fleisch, indem man sie auslöst, mit Fülle mischt und überbäckt. Ganz im Unterschied zu Krebstieren vertragen Muscheln Säure ausgesprochen gut, ja ihr charakteristisch spitzer Eigengeschmack wird dadurch erst recht wirksam. Auch das einfachste Rezept '*marinera*' mit Zwiebeln, etwas Knoblauch und Wein hebt den Geschmack bereits deutlich - man vergleiche das Ergebnis, indem man den Wein durch Fischsud ersetzt. Fischsuppen stellen eine Art Ausgleich zwischen den beiden Leitlinien her. Da man in ihnen Muscheln und Krebstiere oft mischt, nimmt man als Säureträger gern die Tomate. Es sollte jedoch frische Tomate sein; Dosentomaten und Tomatenpürees bringen bereits zu viel Säure mit. Spanien bietet eine stattliche Anzahl von Speisemuscheln an. Die meisten sind nach allgemeinen Rezepten zuzubereiten, für die gewöhnlich die Miesmuschel herangezogen wird. Nur einige haben wie die Herzmuschel einen ausgeprägten Eigengeschmack. Nach Rezepten für sie kann man auch andere zubereiten, aber umgekehrt geht es nicht: Herzmuscheln gelingen nach Rezepten für andere Muscheln meist nicht gut, sie brauchen eigene Rezepte. Zwei Arten sind von den allgemeinen Muschelrezepten stets ausgenommen: Austern und Jakobsmuscheln.

Austern und Jakobsmuscheln

Austern und **Jakobsmuscheln** bringen ihre eigene Küche mit. Austern sind im Geschmack zu zart zum Verkochen. Es gibt einige ganz sanfte Rezepte für gekochte Austern, die Liebhaber essen sie jedoch roh - je nach Wahl mit einer Spur Zitrone (Säure!) oder nicht. Jakobsmuscheln dagegen haben eher krebsähnliches, anders aufgebautes, festfaseriges Fleisch, das dazu mancherlei Kalbfleischtöne im Aroma hat. Die Rezepte für sie erinnern teils an Fischrezepte, teils an leichte Kalbsfrikassee. Rezepte siehe bei den jeweiligen Arten.

Ostra, dt. Auster, *ostrea edulis,* frz. *huître (plate)*, ital. *ostrica*, griech. *streidi*, türk. *istiridye.*

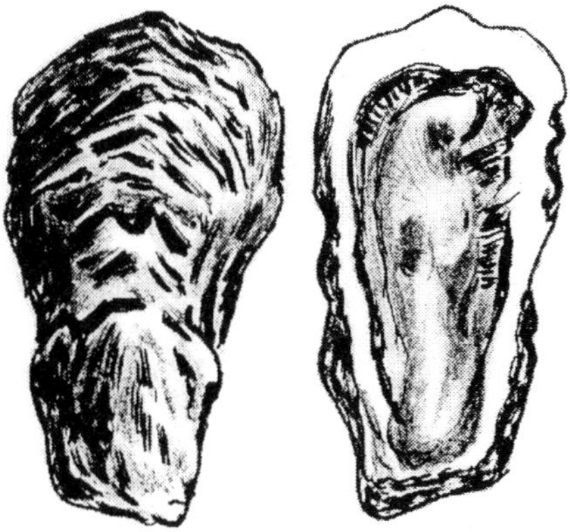

Ostión, Ostra portuguesa, dt. Portugalauster, *crassostrea angulata*, baskisch *ostratzarra*, galicisch auch *morruncho, lostrego*, in allen anderen Ländern der Austernname mit dem Portugal-Adjektiv.

Unregelmäßig ohrige Form, Schale mit steinigen, unregelmäßig geschuppten Kalkschichten, die verbergen, daß die Hälften ungleich sind: eine gehöhlt, die andere flach, Farbe grau-weißlich mit gelben Tönen. Innen perlmuttweiß. Das Tier weißlich, kapuzenartig überdeckt von doppeltgefaltetem Hautmantel. Größe etwa 10 cm. - Abweichend mit irregulärer Form die Portugalauster, oval, oft verdreht, Farbe schmutzigbraun, creme oder hellbraun, kenntlich an purpurnen Flecken außen und auch innen, Größe 15-17 cm.

Austern filtern, abhängig vom Nährstoffgehalt und der Temperatur des Wassers, die erstaunliche Menge von 200-250 Litern Wasser pro Tag durch ihre Schalenspalte. Zuchtaustern in den galicischen Rias erreichen so in 1½-2 Jahren das Marktminimum von 6-7 cm, anderswo brauchen sie dafür bis zu 4 Jahre. Insgesamt werden Austern bis zu 30 Jahre alt. Bekannt und geschätzt sind sie im Mittelmeer seit der Römerzeit, wurden allerdings im Mittelalter kaum mehr genossen, die antiken Zuchtanlagen verfielen. In der neuzeitlichen Austernzucht hat sich vor allem Frankreich hervorgetan. Austern werden bevorzugt in Mischwasser mit hohem Austausch gezogen, so daß ihr Anbau überall dort lohnt, wo starker Gezeitenwechsel herrscht oder Strömungsgrenzen verlaufen: so im nordbretonischen Fluß Bélon, im Kanalstädtchen Cancal, in Arcachon bei Bordeaux und in den galicischen Buchten (rías). Die Erfolge in Spanien sind jedoch noch bescheiden, man ist weiterhin abhängig vom Import französischer oder italienischer Zuchtsamungen, auch wenn man heute schon mit Kollektoren Eier absaugt, um sie zu kultivieren. Aber Austernzucht braucht viel Erfahrung. Einzige Mittelmeersorte von Belang ist die etwas salzige Bouziguesauster aus dem Etang de Thau bei Sète. Die begehrteste Auster ist heute, nachdem es die hochgeschätzte Marennes-Auster kaum mehr gibt, die Bélon-Auster der Größe 00-000. Austern werden eingestuft nach Qualität in Imperial, 1. Sorte und 2. Sorte oder nach Größe von 6 bis 0, dann weiter 00, 000 usw. Die wertvolle Bélon-Auster ist demnach eine sehr große.

Spanische Austern sind gewiß nicht schlecht, reichen aber an die französischen Zuchtaustern nicht heran. Neben der Hauptart ist in Spanien zunächst die **Portugalauster** erwähnenswert. In der Form stark abweichend, ist der größte biologische Unterschied kaum sichtbar: sie hat verdrehte Schalen bzw. ihr Körper liegt rücklings. Diese Auster ist ein Meister im Ertragen von Extremtemperaturen. Gern in Flußmündungen lebend, liegt sie bei Ebbe winters und sommers oft frei und erträgt dann Temperaturspannen von -5° bis +35° ! In der Qualität ist sie der Normalauster gleich. Vor grünen **Japanaustern**, **Ostra japonesa**, *crassostrea gigas*, frz. *gigas*, Schale dreieckig und grauviolett, Fleisch grünlich, sollte man sich nicht scheuen, sie sind hochwertig. Weniger qualitätvoll dagegen sind die in Spanien angebotenen folgenden:

Morruncho, dt. Lopha-Auster, *ostreola/lopha stentina*, 4-6 cm, flach; **Lucero, dt. Sattelmuschel, Zwiebelschale**, *anomia ephippium*, galicisch *ostra de perro*, frz. *anomie pelure*, 2-4 cm groß; keine echte Auster!

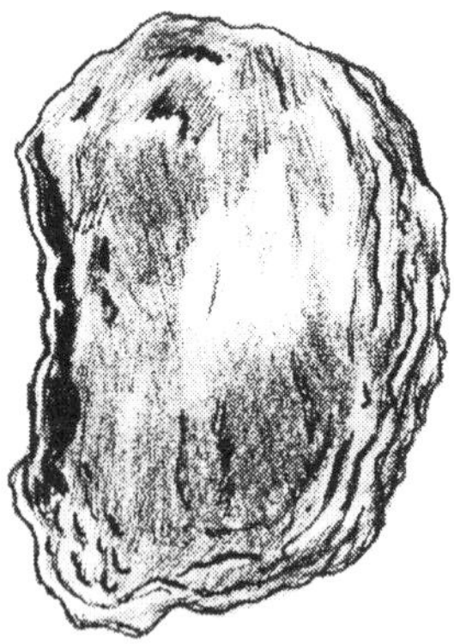

Ostion americano, dt. Amerikaauster, *crassostrea virginica*, frz. *huître creuse americaine*, ital. *ostrica della Virginia*, weißlich mit violetten und grauen Flecken, kurvig, gewöhnlich um 7cm, weniger wert, aber resistenter gegen Krankheiten.

Küche: Beim Kauf müssen Austern gut geschlossen sein. Man wäscht sie, öffnet sie, entnimmt sie und reinigt die Schale gut mit Meerwasser oder Zitrone, da beim Öffnen Schalenreste abbröckeln. Serviert werden sie mit Zitronenscheiben auf gestoßenem Eis. - **Öffnen von Austern**: Flachseite nach unten, Schloß nach vorn halten; mit einem Messer eine Öffnung suchen, dann

- die Muschel stets in der andern Hand - die Muschel entzweischneiden. Sobald die zentrale Haltesehne durchtrennt ist, öffnet sich die Auster. Den Bart abtrennen. - Es gibt zum Austernessen spezielle Messer. Im Privatgebrauch tut es auch ein kräftiges kurzes Küchenmesser.

Rezepte zur Auster:

Huîtres marinières (rohe Austern). Pro Person als Vorspeise 6, als Hauptgericht 12 Austern in Meersalz eingebettet reichen, dazu Zitrone. Man träufelt einige Tropfen Zitrone auf die Auster und schlürft sie aus. Dazu wird gern Champagne brut oder ein feiner, spritziger Weißwein gereicht.

Ostras en ensalada (Austernsalat). 2 Schalotten 5 Min. in etwas Butter dünsten, dann auf einen kleinen Teller häufen, 4 ausgenommene Austern roh darauf legen. - 2 harte Eigelb, ½ TL Essig, 1 TL Zitrone, ½ TL Paprika, etwas Estragon gut vermengen und 2 harte gehackte Eiweiß dazumischen. Daraus einen Ring um die Schalotten legen. Auf die Austern etwas Oregano und Petersilie geben.
Die Paarung von Säure und Salz ist immerhin interessant. Ob das Rezept gut ist, darüber werden die Meinungen sicher auseinandergehen.

Ostras gratinadas (Austern gratiniert). 12 Austern ausnehmen und wieder zurücksetzen. Auf sie eine Masse aus 30g Butter, 75g Gruyère, 3 EL Bröseln *oder* 30g Butter, 60g Gruyère oder Emmentaler, 50g gehackten Mandeln und 3 EL Sahne setzen; die Austern im Herd 5 Min. gratinieren.
Interessant ist vor allem die zweite Variante mit Mandeln und Sahne. Die Sahne schiebt sich dabei neutralisierend zwischen die Geschmackstöne, das Rezept kann deswegen wohl als geglückt gelten.

Vieira, pelegrina, concha de pelegrino, dt. Jakobsmuschel, *pecten maximus*, katalanisch *pelegrí, petxina rallá*, baskisch *pelegrina*, galicisch auch *xacobea, cuncha, cascarrón*, frz. *coquille Saint-Jacques*, ital. *ventaglio* (Venezia: *cappa santa*), griech. *kteni*, türk. *tarak.*

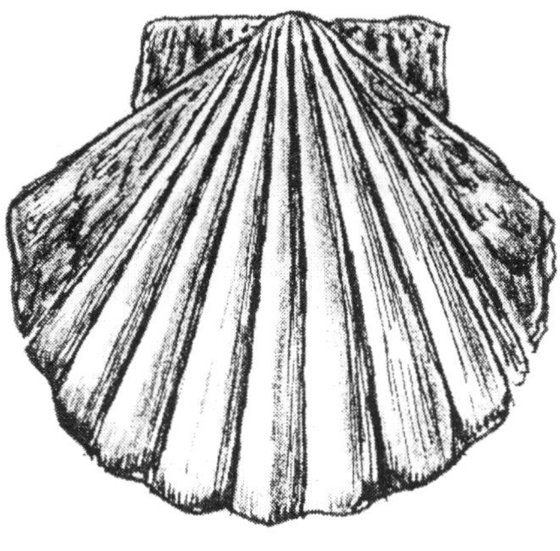

Eine Kammuschel (Familie *chlamys*), Schalen symmetrisch, die obere flach, die untere konvex (eingedellt), beide Hälften mit 15-17 strahlenartig ausfächernden Rillen. Im Umfang fast rund. Der 'Kamm', die verstärkte Schließzone, an beiden Seiten mit charakteristischen 'Ohren' (Kalksegeln). Farbe gelbbraun, auch creme, hellbraun, rosa. Das Fleisch fester als bei anderen Muscheln. Größe etwa 15 cm.

Die Vieira kommt von Norwegen bis zu den Kanarischen Inseln und auch im Mittelmeer häufig vor. Besonders Frankreichs Kanalküste ist ein reiches Reservoir von Beständen. Die Muscheln dort sind meist blasser als in Spanien, fast weißlich, im Gewichtsverhältnis von Schale und Inhalt gelten sie jedoch als günstiger. Derzeit laufen in Spanien auch für die Vieira Zuchtexperimente, bisher werden jedoch nur gefischte kleine Jakobsmuscheln in Zuchtbecken nachkultiviert. Zudem ist die Vieira langsamwachsend. Mit 4 Jahren mißt sie erst 8 cm. Die Vieira ist darum in Spanien am Markt selten, am meisten trifft man sie noch in Galicien an, bisher relativ teuer. Oft übersieht man sie an den Ständen, denn traditionell wird sie von Galicien aus in mehrlagigen kleinen Bastkästchen versandt, die neben den Bergen anderer Muscheln wenig auffallen. Der Kauf lohnt sich, sie sind sehr gut. Wer sie am Markt vermißt, findet sie in Tiefkühlwarenläden, allerdings oft schon zubereitet. Es gibt zur Hauptart der Jakobsmuschel mehrere Seitenarten, die alle auf den Markt gelangen und ebenfalls als gut gelten. Die beiden bedeutendsten (alle übrigen sind recht klein) sind:

Volandeira, dt. Kammuschel, *chlamys opercularis*, katalanisch *xel*, *xelet*, galicisch auch *anduriña*, *samburiña*, frz. *vanneau*, ital. *canastrello, pettine*. Etwas ungleiche Ohren, etwa 9 cm klein, Farbe rot oder rosa bis braun, lachs oder purpurn, Größe etwa 9 cm; in der Qualität nicht ganz so gut, meist die Art, die sich in Konserven findet.

Zamburiña, dt. Kammuschel, *chlamys varia*, katalanisch *petxina variada, xelet*, galicisch *sanduriña*, *samoriña*, frz. *pétoncle*, ital. *canestrello*, mit 25-35 Rippen und auffallend verschiedenen 'Ohren', in der Farbe sehr variabel, braunrot, lachsrosa, gelb, dunkelgrün, braun, purpurn. Eher klein mit 7-8 cm. Sie gilt als noch besser als die normale Vieira und man tut mit ihr einen vorzüglichen Griff, da sie sich wegen der schmutzigen Farbe oft schlechter verkauft.

Die Muschel der Pilger. Seit dem frühen 9. Jh. existiert die Jakobswallfahrt nach Santiago de Compostela, die bedeutendste der Christenheit neben der nach Rom und Jerusalem. Anlaß war die wunderumgebene Auffindung eines Leichnams im hinteren Galicien bei Padrón, der durch Wunder zu verstehen gab, daß es sich um Jakobus den Älteren handle. Den Wundern folgend, erreichte man mit ihm den Ort, an dem dann die Stadt Santiago de Compostela entstand. Da Santiago in den folgenden Jahrhunderten neben Rom das einzige Apostelgrab war, das ohne größere Schwierigkeiten zugänglich war, machten sich bald viele, viele Tausende auf den Weg, anfangs unter un-

menschlichen Mühen. Im 11. Jhdt. stattete man dann bestimmte Routen mit Pilgerhäusern, Kapellen und Kirchen aus. Bis zu 3 Jahren waren Pilger auf dieser gefährlichen Fußreise unterwegs. Abzeichen der Pilger waren der große Rundhut, der Stock und der Reisesack, dazu eine dunkle Pelerine - und die Vieira! Gerade die Muschel wurde später so sehr zum Inbild des Pilgerns, daß der Erdölkonzern Shell sie zum weltweit bekannten Firmenzeichen erhoben hat. Doch auch die Fußwallfahrt hat seit 1990 eine enorme Wiederbelebung erfahren. Zu Fuß, per Rad, zu Pferd und im Bus machen jedes Jahr Tausende den langen Weg nach Galicien, stets die Jakobsmuschel am Revers. Was allerdings die wenigsten wissen: die Muschel wurde während des ganzen Mittelalters nur auf dem Rückweg getragen! Nicht nur, weil man sie ja erst in Galicien fand. Sie galt als Zeichen für jemanden, der schon in Santiago am Apostelgrab gewesen und seiner Gnade also bereits teilhaft geworden war. Später wurde sie im selben Sinn auch von Jerusalempilgern getragen. Und noch heute erscheinen Prominente, wenn sie die Wallfahrt zu Ende gebracht haben, mit Foto und Artikel im örtlichen Bulletin und erhalten in Santiago auch feierlich die Muschel überreicht. Ob Shell-Manager jemals unter ihnen waren, war nicht zu erfahren. Sie hätten wahrlich Anlaß dazu gehabt. Denn so große Gnade wie sie hat wohl selten einer von St. Jakob erfahren.

Küche: Jakobsmuscheln vorzugsweise im Winter nehmen! Im Sommer sind sie weniger gut und wegen des Restaurantbedarfs überteuert. Tiefgefrorene im Kühlschrank langsam auftauen, sonst bleiben sie zäh (wegen ihres fischartigen festen Fleisches kann sie als einzige Muschel tiefgefroren werden). - Die Muschel wird zunächst mit dem Messer geöffnet. Die braunweißen, lappigen Branquien werden entfernt (sie gehen leicht ab; manche essen sie auch mit), der grüne Endmagen und der schwarze Darmfaden werden entfernt. Das orangerote Rogennüßchen (der 'Corail') wird entnommen, gut gewaschen und wieder dazugegeben. Er ist wie der Rest eßbar. Die Muschel wird fast immer ausgelöst, dann mit Krepp etwas abgetupft und zubereitet.

Rezepte zur Jakobsmuschel:

Vieiras gratinadas (Jakobsmuscheln gratiniert). 1 Tomate, 50g Champignon, ½ Zwiebel pürieren, dazu 1 Knoblauchzehe, 1 EL Petersilie, etwas Korianderpulver, 2 EL Butter mengen. - 6 Vieiras auslösen, auf 6 Muschelhälften zurücksetzen, das Püree darauf verteilen und 10 Min. bei mittlerer Oberhitze im Herd gratinieren.
Ein gutes, abgerundetes Rezept, das man für kleinere Jakobsmuscheln vorziehen wird. Im Geschmack kommt es dem nächsten ziemlich nahe, aber das Aroma ist hier etwas intensiver.

Vieiras gratinadas (Jakobsmuscheln gratiniert). 200g Pilze und 2 EL Petersilie in 25g Butter 5 Min. andünsten. - 6 Vieiras auslösen, in 25g Butter anschmoren, etwas Sahne zugeben. - Pilze und Muscheln in 6 Muschelschalen zurückfüllen und mit 90g Reibkäse 10 Min. bei 220° im Herd überbacken. Sehr gut fügt sich der Käsegeschmack zu dem der Muscheln, vor allem mit Unterstützung durch Sahne. Dieses internationale Rezept, dessen Ursprung Frankreich ist, erweist sich immer wieder als die beste Art, Jakobsmuscheln zur vollen Entfaltung zu bringen. In Spanien erhält man die Muscheln in Restaurants meist nach ähnlichen Rezepten, aber mit Emmentaler - der Unterschied ist spürbar, Gruyère ist besser.

Vieiras al estilo de Vigo (Jakobsmuscheln nach Art von Vigo). 1 Knoblauchzehe und 2 Schalotten in etwas Öl anbraten. Sobald sie goldgelb sind, 6 ausgenommene Vieiras dazugeben. 5 Min. sanft durchbraten, dann zurück in die Muscheln füllen, 2 EL Brösel darüber, Muskat, etwas Öl und Pfeffer. Im Herd etwa 5 Min. bei 200° gratinieren.

Vieiras al ajillo (Jakobsmuscheln in Knoblauchöl). 6 Vieiras ausnehmen und in Streifen schneiden. - 3 Knoblauchzehen in 3 EL Öl anbraten, dann 1 kleine Pfefferschote (Guindilla) in 6 Teilen dazugeben. Sobald der Knoblauch goldgelb wird, die Vieiras dazugeben, 20 Sekunden braten und sofort servieren. Manchmal erstaunt es, wie Spaniens Fischküche alles und jedes mit Knoblauch, Pfefferschote und Olivenöl zuzubereiten versteht. Es schmeckt auch hier. Dem Eigengeschmack der Jakobsmuscheln dürften aber andere Rezepte mehr entgegenkommen.

Miesmuscheln

Mejillón, dt. Miesmuschel, *mytilus edulis/galloprovencalis*, katalanisch *musclo,* baskisch *muskullo, muskuilua*, galicisch *mexillón*, auf den Kanaren *morcillón*, frz. *moule*, ital. *cozza*, *muscolo*, griech. *midia*, türk. *midye.*

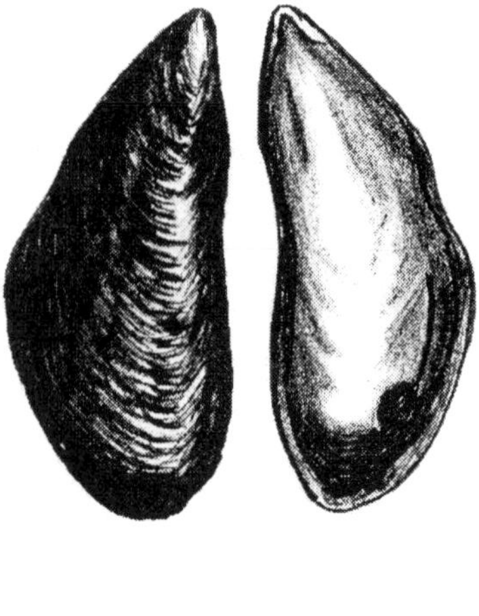

Form gegenüber anderen Muscheln sehr langgezogen, feste Schale, Vorderteil mit spitzem Nabel, Hinterteil gerundet, Gesamtform länglich-dreieckig. Farbe schwarz mit Purpur-, Blau- und Brauntönen, zuweilen radiäre Flecken auf dunklem Grund. Innen perlweiß, zum Rand hin purpurn oder dunkelblau. Gut erkennbar der offenliegende Mantel, der sich beim Kochen schließt und die Muschel nußartig kompakt erscheinen läßt; bei Männchen weiß bis cremefarben, bei Weibchen ziegel- bis lachsrot. Gekocht färben sich beide ziegelrot. Größe je nach Sorte 5-15 cm.

Zwar ist die Miesmuschel die verbreitetste, doch leider auch die am besten in schadstoffreichen Küstengewässern gedeihende Muschel. Sie ist Küstenbewohnerin und mag wie die Austern besonders Gegenden mit starkem Gezeitenwechsel. Stundenlange Trockenheit bei Ebbe und größere Temperaturunterschiede übersteht auch sie gut. - Die Gefahr der Schadstoffaufnahme durch belastete Muscheln wird zuweilen übertrieben. Ißt man nicht häufig große Mengen, wird sie nie zu hoch. Lediglich Dosenmuscheln sollte man nicht regelmäßig verzehren. Ganz anderer Natur ist eine zweite Belastung, die im Sommer mancherorts zum Ausschluß der Miesmuschel vom Markt führt. Der im Sommer stark ansteigende Planktonreichtum führt zu großer Algenmenge und die Miesmuschel reichert sich von dieser Nahrung exponentiell, also im Quadrat steigend, mit saxitoxinerzeugenden Stoffen an. Normalerweise schleust unser Körper diese Stoffe unbemerkt durch, im Sommer wird der Wert aber zu hoch und es entstehen beim Verzehr ernstliche Verdauungsbeschwerden. Erst wenn die Algendichte ab Ende August wieder absinkt, sinkt auch die Belastung. Marktmuscheln sind in jedem Fall unbedenklich. Es gibt genügend Küsten, die nicht durch Algenwachstum belastet sind, so das Hauptzuchtgebiet in Spanien, die galicischen Rias. Im übrigen kontrolliert die Gesundheitsbehörde die Muscheln im Sommer täglich.

Auf dem europäischen Markt gibt es vier Sorten Miesmuscheln, frei oder aus Zucht, die von der Hauptart biologisch nicht unterschieden werden und nur für Marktbelange von Wichtigkeit sind:

Bouchot oder Pfahlmuschel, klein, sehr verbreitet. Der deutsche Name kommt von den großen Eichenpfählen, an denen sie im Bereich der französischen Atlantikküste und im Ärmelkanal gezüchtet wird. Beliebt als Dosenware.

Hollandmuschel. Ziemlich groß, weniger würzig.

Spanienmuschel aus Galicien, ebenfalls sehr groß, gilt als vorzüglich.

Bouziguesmuschel aus den Lagunen des Languedoc, gilt den Franzosen als die beste. Die Kleinstadt Bouzigues, nicht weit von der Autobahn bei Montpellier am Etang de Thau, gab mithin sowohl einer Austern- wie einer Miesmuschelart den Namen. Die Bouzigues ist die einzig echte biologische Seitenart, ein Nachfahre der früheren Mittelmeerart *galloprovincialis* mit nach innen gedrehtem Nabel. In Spanien wird sie am Ebrodelta in Zucht gehalten.

Ihr nahe verwandt ist auch der kleine **Mejillón barbado** (auch barbudo), *modiolus barbatus*, frz. *moule barbue* (in Toulon: *moule rouge*), ital. *cozza pelosa*, bis 5 cm groß.

Dátil de mar, dt. Meerdattel, *lithophaga lithophaga*, galicisch auch *aguillolo negro*, frz. *datte der mer*, ital. *dattero di mare*, griech. *solina*, türk. *hurma*. Eine entfernte Verwandte der Miesmuscheln, aber zu ihrer Familie gehörend, in der Form ähnlich, etwas schlanker, Farbe dattelartig dunkelbraun. Sie gilt als vorzüglich. In Spanien ziemlich selten, Hauptgebiet ist das italienische Ligurien.

Die feine Schwarze aus Galicien. Miesmuscheln wachsen und vermehren sich unter guten Bedingungen sehr rasch - kein Wunder, auch sie sind Grundlage für ganze Ernährungsketten im Meer. Spanien besitzt große Zuchten seit 1946 in Galicien, etwa 3500 sogenannte 'Zuchtflöße' mit einem Ertrag von 150.000 Tonnen im Jahr, das sind 50% der Weltproduktion (aus Zucht). Daneben werden weitere 60.000 Tonnen frei gefischt. Die Zucht erfolgt an Leinen von bateas aus, Holzflößen, die auf Metallrahmen oder unter einer Schicht Zement liegen. Die Eilage wird von Kollektoren abgesaugt, die Larven werden dann in Bassins vorgezogen und im späten Larvenstadium in feinmaschige Plastiknetze verpackt an die Leinen "aufgeschnürt". Das Netz zersetzt sich nach 2-3 Tagen, wenn die Mehrzahl der Muscheln schon festhängt, von selbst. Zweimal muß danach allerdings von Hand umgesetzt werden, da die Muscheln im Lauf der Zeit zu dicht sitzen. Geerntet werden sie mit 7-8 cm Größe, pro Leine rechnet man dann mit 90-100 kg Gewicht. Die Leinenzahl an einer batea wird jedoch, um den Wasserhaushalt nicht übermäßig zu belasten, je nach Setzdichte gestaffelt, so daß das Floß in etwa stets dieselbe Muschelmasse aufweist. Zahlen, die die Fachleute nennen, klingen phantastisch. Eine einzige batea mit 1000 Leinen zu je 70 kg Muscheln, die alle jeweils 4 Liter Wasser pro Stunde durch ihre Schalen pumpen, filtert demnach die unglaubliche Menge von 192.000 Kubikmetern Wasser pro Tag aus und säubert sie. In stark belasteten Gewässern kann da keine chemische Behandlung auch nur annähernd mithalten. Dazu fallen pro batea jährlich allein an Ausscheidungen 100 Tonnen Biomasse an mit reicher organischer Bodenfauna. Über ihre Weiterverwendung wird heute viel überlegt, Bergung, Transport und Aufbereitung zu Dünger sind technisch noch zu aufwendig, um rentabel zu sein. Dennoch, welche Aussichten ergeben sich nicht allein aus diesen Daten! Und den Zuchtbetrieben käme Zusatzarbeit durchaus entgegen, denn nicht ganz so phantastisch wie die genannten Zahlen ist leider die Rendite. Miesmuscheln sind billig. Im allgemeinen darf ein Muschelzüchter mit dem Einkommen eines Schweinezüchters rechnen, und der lebt in Spanien so schlecht nicht.

Sandbankmuscheln

Der Name Sandbankmuscheln ist ein Behelfsname, doch gut gewählt. Die meisten übrigen Eßmuscheln, deren Schalen wir am Spülsaum der Strände finden, leben frei auf sandigem oder sandig-kieseligem Meeresgrund, oberflächennah und oft in Nähe von Untiefen mit guter Strömung und reichem Kleinbiotop. Viele fühlen sich auch an Stränden wohl. Da sie frei schweben, fehlt ihnen der 'Bart', mit dem ortsfeste Muscheln sich an ihren Untergrund klammern. Sandbankmuscheln sind vorzugsweise Algenfresser, ernähren sich daneben aber auch von toten Fischen oder Kleintieren, kurz, sie helfen bei der Verrottung organischen Materials im Meer. Ihrerseits sind sie Beute von Fischen und größeren Tintenfischen. Ihre Hinterlassenschaft, die Schalen, spült das Meer zuweilen in großer Menge auf die Strände. Nicht alle diese Muscheln sind zum Verzehr geeignet, manche schmecken etwas schal, bitter oder holzig. Doch sind sie im Unterschied zu den Schnecken alle ungiftig, und es lohnt wohl, sie ein wenig vorzustellen, nicht zuletzt für Strandspaziergänge. Es gibt unter ihnen zwei größere Familien, die auch am Markt das Gros stellen, die Herz- und die Venusmuscheln, ansonsten sind es Einzelvertreter biologischer Gruppen.

Berberecho, dt. Herzmuschel, *cerastoderma glaucum/edule*, katalanisch *escupinya*, in castellano auch *croque*, andalusisch auch *verdigón*, *perillo*, frz. *coque*, ital. *cuore, cociola*, griech. *methystra*, *kydoni*, türk. *açivades*.

Längsgerillt, kräftige Schale, Nabel zentriert (also symmetrische Schale), Form oval, Stammform 22-28 radiale Rippen, die in sich kanneliert sind. Farbe schmutzig-weiß, blaßgelb, zuweilen auch dunkelbraun. Größe 2½-5 cm.

Es gibt Leute, die auch nach Jahren noch die längsgerillte Berberecho mit der quergerillten Almeja verwechseln und nur mit einer Eselsbrücke sicher sind. Die gibt der deutsche Name: Muscheln werden in der Frontalansicht abbildet, die Berberecho dagegen in der Queransicht, in der sich deutlich die Herzform abzeichnet. Alle Berberechos haben sie. In Speisen erkennt man sie an ihrer Farbe, den weißlichen Körper umgibt ein schön gelber Mantel. Herzmuscheln sind überall häufig, wo Flüsse ins Meer münden, denn sie mögen wechselnde Salzgrade und Temperaturen und sind robust genug, um auch harte Bedingungen gut durchzustehen und an der Gefriergrenze zu leben. - In Geschmack und Größe sind die Seitenarten der Herzmuscheln nicht sehr von der Stammform abweichend. Unter ihnen sind die letzten beiden zitierten in Spanien als Konserve auch unter dem Namen *langostillo* am Markt, nicht zu verwechseln mit *langostino*. Bekannte Seitenarten sind:

Birollo, dt. Blaue Herzmuschel, *cerastoderma glaucum*, frz. *bucarde*, ital. *cuore*, schärfer gezähnt, innen bis zum Nabel durchgehende Rillen, teilweise maulbeerblau. Etwas schlammig schmeckend, um 6 cm.

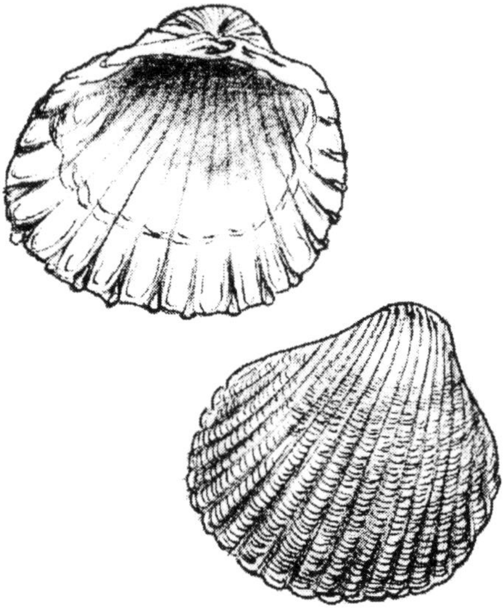

Berberecho liso, dt. Glatte Herzmuschel, *laevicardium norvegicum* oder *elatum*, frz. *bucarde géante*, ital. *cuore grande*, etwas schrägverzogene Form, 40-50 recht flache Rippen, um 7 cm groß, Farbe creme bis blaß-gelb, innen glänzend weiß mit rosa-lachsroten Nuancen.

Berberecho verrucoso, Marolo, dt. Warzenherzmuschel, *acanthocardia tuberculata*, galicisch auch *pixa, carneirolo*, frz. *bucarde tuberculée*, ital. *cuore tuberculato*, 21-22 Rippen, Form ebenfalls schrägverzogen, am Rand dornig, gebuckelter als die andern, 5-6 cm groß, Farbe braun-fleischrot, im Atlantik eher selten, aber begehrt, im Mittelmeer ungemein häufig und darum noch nicht teuer, im Wert der Hauptart fast gleich. Da sie dort die überwiegende Herzmuschel ist, werden viele Herzmuschelnamen auf sie bezogen, in Katalonien überwiegt *ou ratllat, petxina ratllada, ratllada* (d.h. gerippt).

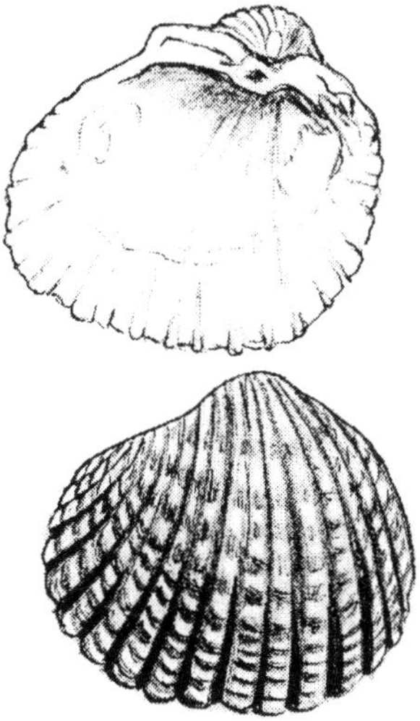

Berberecho espinoso oder macho, dt. Dornige Herzmuschel, *acanthocardia echinata*, katalanisch *escupinya gran*, galicisch auch *arola, berberecho de altura, burro*, frz. *coque rouge*, ital. *cardido*, mit 8 cm die größte, der katalanische Name sagt es, 18-22 Rippen, jede mit scharfem Zahn am Ende, innen rinnig kanneliert, Farbe weiß, gelb, braun, innen weiß. In Mündungen der galicischen Rias häufig.

Küche: Herzmuscheln haben einen ganz eigenen, bitter-würzigen Geschmack, der ein wenig an Pilze erinnert. Nicht jeder mag sie. Bei Fischtöpfen und -suppen kann man gerne Venus- und Miesmuscheln gegeneinander austauschen, Herzmuscheln aber nicht. Man achte hier also auf die Rezeptangabe. Die Nuance ist allerdings nicht groß. - Bereitet man sie einzeln zu, geht man wie bei anderen Muscheln vor, gart sie jedoch gerne nur 2 Min. vor und dann in aromatischen Sahnesaucen nochmals 2 Min. nach. Auch '*marinera*' zubereitet ist die Herzmuschel schmackhaft.

Chirla, dt. Echte Venusmuschel, *venus/chamelea gallina*, katalanisch *rossellona*, baskisch *txirla*, galicisch auch *carneiro*, andalusisch auch *mechillón*, frz. *petite praire*, *poule,* ital. *vóngola.*

Almeja lisa, dt. Trogmuschel, *mactra corallina*, katalanisch *ou*, galicisch *ameixola*, frz. *grand tambour*, ital. *madia lisa.*

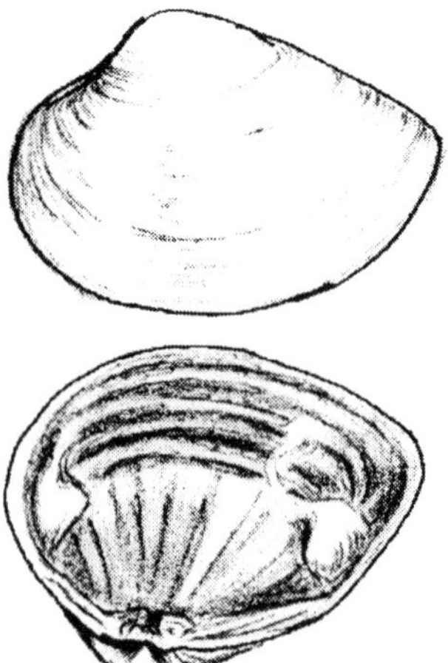

Quergerillt und am Schließrand mit kompliziertem Furchen- und Strebenwerk deutlich verdickt. Zentrales Element dieser Verdickung ist eine mondförmige Bogengrube mit herzförmiger Verstrebung, die sog. *lunula.* Ein drittes Kennzeichen sind Siphons, kleine Schläuche, die die Muschel zum Filtern braucht, da sie im Sand lebt. Form stets ein wenig unsymmetrisch. Die Trogmuschel glatt, leicht dreieckförmig, Farbe weißgelb, Nabelzone mit Purpurschatten, innen weiß und purpurn, bis 7 cm; die Venusmuschel mit kräftiger Schale und kräftigen Rillen (11-14 pro cm), dicklich, Farbe weißgrau, mit 4 cm recht klein.

Bezeichnend für den Namenswirrwarr ist, daß Spanien ausgerechnet seine häufigste Venusmuschel (auch die mit der deutlichsten Merkmalausprägung) nicht *almeja* nennt, sondern stets *chirla*, und daß das Deutsche die zweite 'Leitmuschel', die *almeja lisa*, nicht Venus-, sondern Trogmuschel nennt. Es macht nicht so viel aus, denn Venusmuscheln sind an ihrem Schließrand immer gut zu erkennen. Das Zusammentreffen von Mond- und Herzform an ihm legte schon in der Antike den Namen eindeutig fest: als Mond- und Liebesgöttin zugleich ist Venus notwendig ihre Patin. Die Schließrandverdikkung hat mit der Lebensweise dieser Muscheln zu tun. Im Sand der Strände lebend brauchen sie ein ziemlich kräftiges Verschlußsystem, um den Sand draußen zu halten. Wie die Berberechos lieben auch die Venusmuscheln Strände oder Sandbänke in Flußmündungen; sie gelten als guter Anzeiger für die Wasserqualität, denn gegen Verschmutzung sind sie alle empfindlich, man trifft sie nur in sauberem Wasser an. Im allgemeinen sind Venusmuscheln an allen europäischen Küsten verbreitet, auch am Schwarzen Meer, nur nördlich der Britischen Inseln werden sie seltener. In der Qualität gilt vor allem die *chirla* als hochwertig, sie wird sehr geschätzt. Weitere am Markt auftretende Seitenarten sind (im Deutschen stets Venusmuschel, außer der *almeja fina)*:

Chirla pequeña, *venus fasciata*, in anderen Sprachen nicht unterschieden, noch kleiner als die Hauptart, bis 2,5 cm, Farbe weiß, gelb oder rosa, innen weiß oder purpurn. Selber Lebensraum. Vor allem in Nordkatalonien häufig, daher *rossellona* genannt. Zwar heißt auch die normale Chirla (*chamelea gallina*) dort so, sind aber beide am Markt, heißt die größere stets *chirla*, die kleinere *rossellona*.

Almeja verrugata, verrigueto, verigüeto, dt. auch Ranche, *venus verrucosa*, katalanisch *escopinya gravada*, baskisch *txirla garatxodun*, galicisch *carneiro, moelo,* frz. *praire*, südfrz. auch *rigadelle*, ital. *tartufo di mare, caparozzolo*, griech. *kydoni.* Der Chirla sehr ähnlich, oft auch unter diesem Namen auftretend. Form fast kreisrund, noch festere Schale, innen leicht gedornt. Die Verdickungszone (daher der Name verrucosa, Verschlußmuschel) ungemein kräftig entwickelt. Farbe graugelb bis schwärzlich, innen weiß mit blaßpurpurnem Muskelansatz. Größe 3-6 cm.

Almeja blanca, dt. Riesentrogmuschel, *spisula/mactra solida*, katalanisch auch *escupinya*, galicisch *cornicha*, frz. *palourde de dune*, ital. *spisula*.

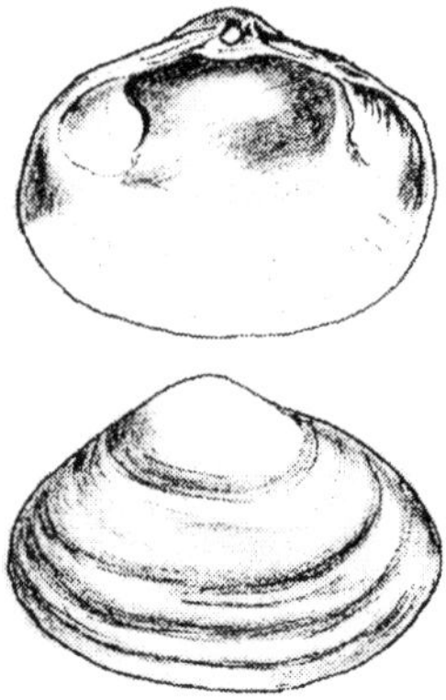

Gleichen die beiden eben genannten eher der Chirla, so die folgenden eher der als 'Leitmuschel' zitierten Almeja lisa. Die Almeja blanca ist fest, dick, Nabel ebenso nach außen verzogen, Oberfläche gerieft, Farbe schmutzigweiß, innen weiß. Kleiner als Almeja lisa, maximal 4,5 cm. Auf Sand und Kies lebend, oft in Massen. Eßbar, aber weniger gut. Am Markt meist mit dem richtigen Namen angegeben.

Almeja fina, dt. Teppichmuschel, *venerupis decussata*, im Mittelmeer häufiger die fast gleiche Seitenart *tapes decussatus*, katalanisch *cloïssa*, balearisch *escupinya llisa*, baskisch *txirla handi,* frz. *palourde*, ital. *vóngola verace*, griech. *chávaro*.

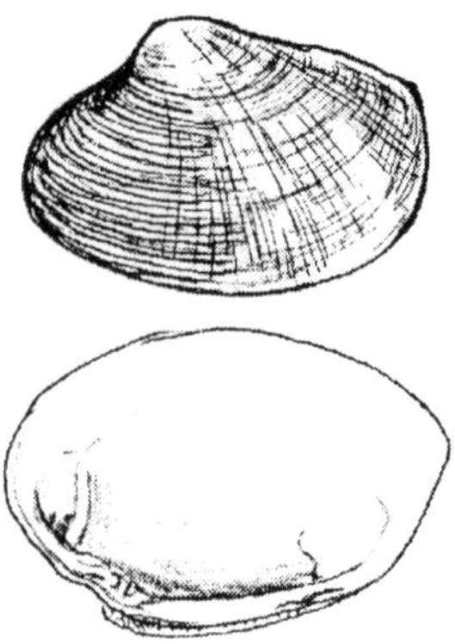

Oberfläche glatt, Rippen nur ganz fein, am Vorder- und Hinterende fast quadratische Muster bildend. Farbe weiß, gelb, hellbraun, zuweilen Flecken oder Zickzackzeichnungen, innen weiß und glatt mit lachsroten oder purpurnen Flecken. Liebt sandige, schlammige oder tonige Böden und ist die am höchsten dotierte Almeja. Bis 7 cm groß. Sie wird heute auch mit Erfolg in Zucht gehalten.

Almeja babosa, *venerupis pullastra*, in castellano auch *chocha*, frz. *clovisse, palourde*, ital. *vóngola, longona*. Kleiner, etwas länglicher, creme oder graubraun, innen glänzend weiß, am hinteren Teil violett. Lebt im Unterschied zur vorigen Art immer unterhalb der Ebbelinie, eine vorzügliche Muschel, roh noch besser als die Almeja fina, aber wenig transportfähig, da sie außerhalb des Wassers bald abstirbt. Größe nur bis 3 cm.

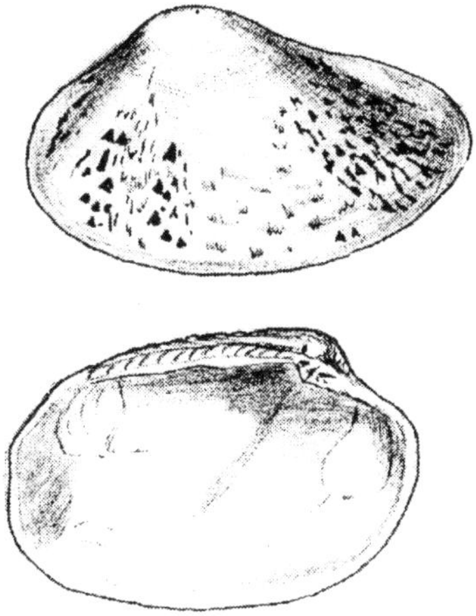

Almeja margarita, dt. Teppichmuschel, *venerupis aurea*, katalanisch *cloïssa*, baskisch *urre txirla*, galicisch auch *bruxa*, *bicuda*; in castellano auch *chocha* wie auch die *babosa*, frz. *clovisse jaune*, ital. *vóngola gialla,* griech. *achivada.*
Glatt, aber nie glänzend, Farbe blaßgelb, aber es kommen jedoch auch weiße oder braune vor, innen zart blau, gelb oder lachsfarben. Seltener als die anderen. Lebt in Schlamm, aber auch in Kies und Feinsand. Größe 4-5 cm.

Almeja rubia, Chocha, *venerupis rhomboideus*, baskisch *txirla zerrendaduna*, frz. *palourde*, *clovisse*, ital. *vóngola.*
Form eher breitgezogen, Farbe creme-gelblich mit roten Tönen, innen weiß, aber in Nabelnähe immer rot oder lachsrot. An offenen Riasmündungen Galiciens häufig, Länge 5-6 cm. Ihr Fleisch ist härter als das der anderen Almejas.

Almejón brillante, dt. Braune Venusmuschel, *callista chione*, katalanisch *petxinot (de sang),* baskisch *txirla arre gorriska*, galicisch *ameixón*, in castellano oft auch nur *almeja,* frz. *verni*, ital. *cappa liscia*, griech. *ghialisteri achivada.*

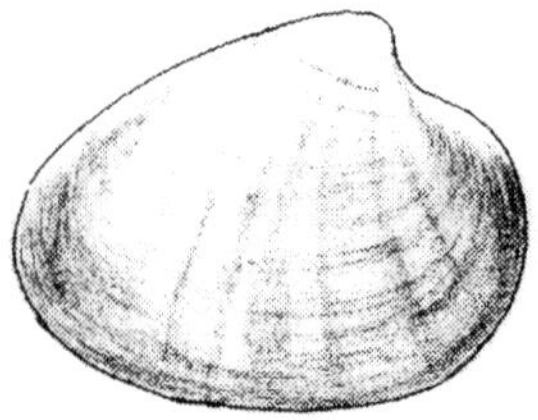

In Farbe und Größe deutlich von den anderen unterschieden, kräftig rotbraun, innen glänzend weiß, sehr schmackhaft, ebenso roh wie gekocht, Größe bis 10 cm. Am Markt sticht sie mit ihrer geradezu poliert wirkenden glänzenden Schale sofort in die Augen.

Klopfzeichen am Strand. Szenenangabe, Akt 1: ein freundlicher sonniger Nachmittag im August, wie er in Nordgalicien selten ist, eine kleine fjordartige Sandbucht bei Viveiro an den Rias Altas, eine winzige Mole, an der abends drei ebenso winzige Fischkutter festmachen. Jetzt sind sie unterwegs, es ist still, ein paar Kinder spielen am Wasser, einige Leute wandern mit Eimerchen über den Sand, die Bucht ist bei Ebbe leergefallen. Ab und zu graben sie Löcher in den Sand, dann wieder stampfen sie sie zu. Akt 2: Eine Polizeistreife taucht plötzlich auf, stellt sich auf die Mole und späht mit Ferngläsern die kleine, stille Bucht ab. Zigarettenpause? Rauschgiftstreife? Spannung liegt in der Luft. Die Muschelsammler wandern weiter, graben hier und dort im Sand. Akt 3: Szene aus, Polizei weg, zwei Touristen aus Valladolid und ich bleiben ratlos zurück. Was war los? Keiner weiß es, erst nach Monaten verrät es mir ein Buch. Klopft man bei Ebbe nämlich kräftig auf den Sand der galicischen Strände, verraten sich überall im Umkreis von mehreren Metern die Almejas. Sie stoßen Wasser aus, es blubbert an der Sandoberfläche. Einige wertvolle Almejas jedoch haben jetzt im August Schonzeit, die zuweilen offenbar sogar die Polizei überwacht, nicht eben scharf, bei einer Zigarettenpause und einer kleinen Landpartie, es gibt unangenehmere Dienstobliegenheiten, außerdem ist es hübsch weit bis nach draußen. Präsenz zeigen, um mehr geht es nicht. Es ist besser und wirkungsvoller als Eingreifen. Die Muschelsammler wußten in diesem Fall offenbar Bescheid. Sie gruben weiter, denn das ist erlaubt. Nur klopften sie nicht mehr auf den Boden, denn das ist nicht erlaubt. Es sei denn, man ist Franzose. Denn mit denen legt sich die Polizei nicht eigens an - es lohnt nicht, sie verstünden lange Erklärungen kaum, und so etwas stört nur die Zigarettenpause. Liebenswertes Galicien. Hättest Du nur mehr Sonne! Aber wer weiß: vielleicht hättest Du dann auch weniger gute Muscheln.

Navaja, dt. Schwertmuschel, *ensis ensis, solen vagina,* katalanisch *ganivet, mànec,* baskisch *datil ildodun,* galicisch *navalla, longueirón, frz. couteau (couteau arqué), rasoir*, ital. *cannolicchio*, griech. *solina*, türk. *solina.* Für die Unterarten in anderen europäischen Ländern keine eigenen Namen.

Eigene Muschelgruppe mit der charakteristischen Form einer geraden oder leicht gebogenen Schwertscheide. Schale brüchig, Nabel auf der Vorderhälfte, Schalen vorn und hinten offen und den dicken Fuß mit 2 langen Siphons heraustreten lassend. Farbe graubraun mit etwas oliv, Länge bis 12,5 cm.

Am Markt ein merkwürdiges Bild, die wie kleine Baumstämme zu Stapeln geschichteten, mit Gummiringen gebundenen *navajas*, vorn und hinten die Füße schlaff herausragend wie überreifer, tropfender Camembert! Einladend sieht das nicht aus. Indes ist diese Muschel sehr geschätzt. Ihr Lebensraum sind feine Sandböden in seichten Gewässern, wo sie von der Gezeitenlinie an bis in wenigen Metern Tiefe lebt, oft im Verbund mit vielen Artgenossen. An Stränden ist sie jedoch selten. Neben der gebogenen Form gibt es auch eine gerade Schwertmuschel, **navaja europea, dt. Messermuschel**, *ensis/solen siliqua*, frz. *couteau droit*, ital. *cannolicchio*, 20-30 cm lang, nicht ganz so schmackhaft und eine mit alt und brüchig wirkender Schwertscheide, **navaja rugosa, dt. Messerscheide**, *solen vagina/marginatus*, frz. *couteau*, ital. *cappalunga*, um 12 cm, eher blaßgelb in der Farbe. Auch sie ist nicht so wertvoll und wird in Spanien oft für Konservenware genommen.

Küche: meist gegrillt. Das Fleisch wird beim Garen fest, die Muschel ist recht ergiebig. Der Geschmack ist fein, dazu etwas würziger als die Almeja.

Tallarina, tellina, dt. Tellmuschel, *tellina tenuis*, katalanisch *tellerina*, balearisch auch *taina*, galicisch *cadelucha*, irreführend auch *chirla*, frz. *telline*, ital. *tellina*.

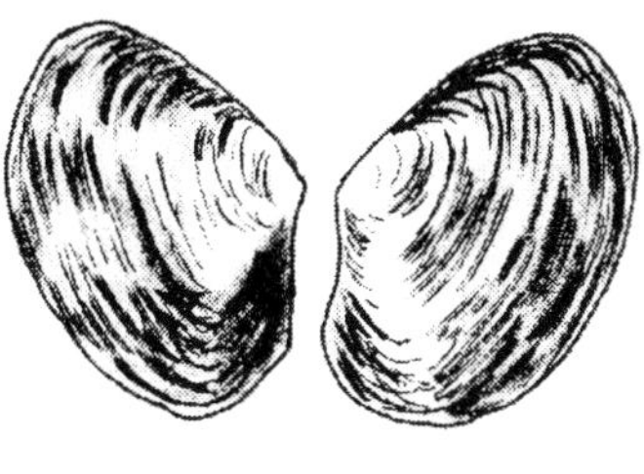

Brüchig zarte, flache, äußerlich den Almejas ähnelnde Kleinmuschel mit ungleichen Schalen (eine ist größer als die andere!), Nabel etwas nach innen versetzt, Form oval, Feine, in Wachstumszonen gebündelte konzentrische Linien intensiverer Farbe: weiß, rosa, lachs, gelb. Innen dieselbe Farbe, aber blasser. Nur bis 2 cm.

Die Tellmuschel lebt auf feinem Sand, von der Gezeitenlinie bis in einigen Metern Tiefe. Zuweilen ist sie in Massenpopulationen anzutreffen, dann ist der Spülsaum der Strände geradezu glitzernd von Tellmuschelschalen übersät. Offenbar kommt sie heute immer mehr zu Ehren. Konnte vor Jahren noch notiert werden: eßbar und recht schmackhaft, wegen der geringen Größe aber ohne Marktwert und meist gemischt mit anderen angeboten, so hat sich das inzwischen geändert. Leider auch der Preis. 1994 kostete das Kilo in Spanien noch 3 Euro, 2001 zahlt man je nach Saison 10 bis 12 Euro. Es gibt aber ausgesprochene Liebhaber der *tallarina*, die sich ihren Genuß dadurch nicht verdrießen lassen, obgleich es kaum Rezepte zu geben scheint.

Selten am Markt sind in Spanien (wenn auch das Beispiel der tallarina zeigt, daß sich das ändern kann):

Arola, dt. Trogmuschel, Ottermuschel, *lutraria lutraria*, katalanisch *navalló*, galicisch auch *meiga*, *mexona*, frz. *lacogne*, ital. *lutraria*.

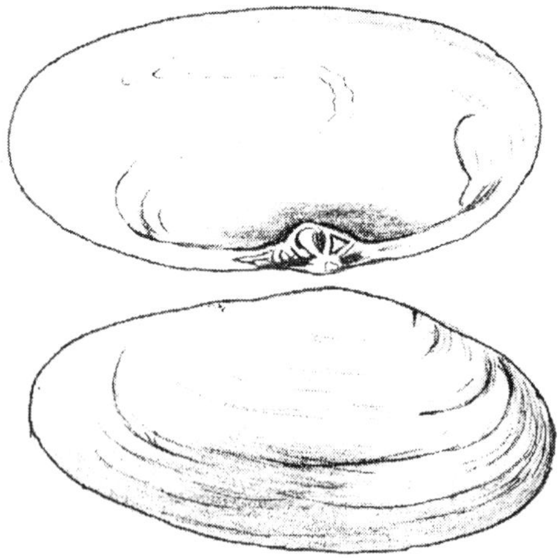

Erscheinungsbild wie eine riesig geratene Tellmuschel, zumal sie bis 13 cm Größe erreicht, darum auch nicht mit ihr zu verwechseln. Sie wird wenig geschätzt, obwohl die Römer, kulinarisch immer eine Autorität, viel von ihr hielten. Was zu ihrem galicischen Namen *meiga, Hexe* führte, war nicht zu ermitteln.

Nacar, dt. Steckmuschel, Nacarschnecke, *pinna nobilis* bzw. *pectinata*, katalanisch *nacre*, baskisch *nakarra*, frz. *jambonneau*, ital. *pinna*.

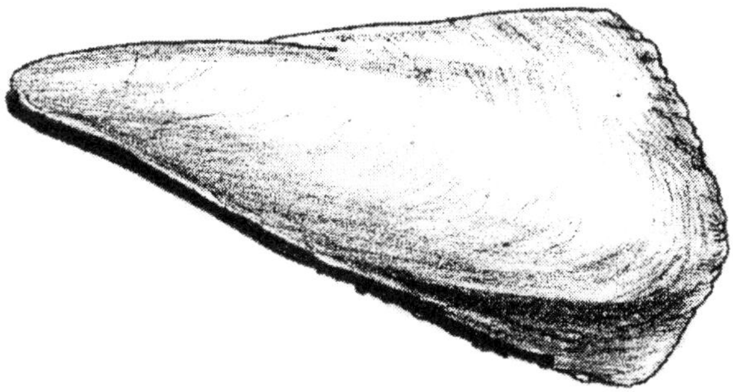

Die größte Speisemuschel des Mittelmeers, fächerartig dreieckig in der Form, bräunlich, innen mit Perlmutt ausgekleidet, deswegen überfischt und selten geworden. Größe 25 cm (eine Seitenart soll sogar 45 cm erreichen können), gilt als sehr schmackhaft.

Coquina, dt. Sägezähnchen, Stumpfmuschel, *donax vittatus (trunculus)*, katalanisch auch *tallerina,* baskisch *cadelucha*, galicisch *navalliña*, frz. *olive de mer, haricot de mer*, ital. *tellina*, griech. *kochili.*

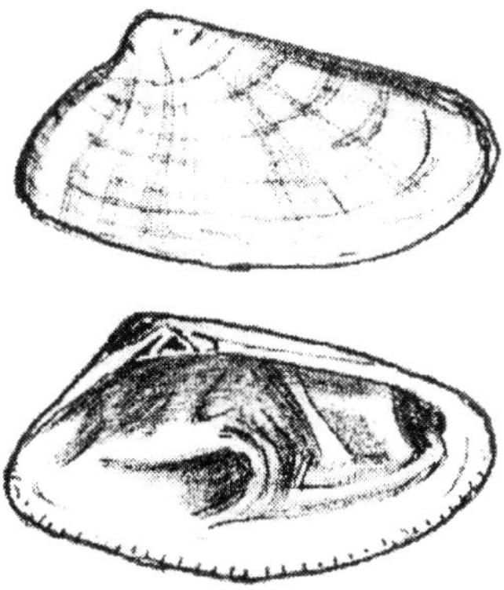

Ebenfalls der *tallarina* ähnelnd, etwa 2-4 cm, aber auf der rechten Schale, wie der Name sagt, mit zwei markanten Dornhaken als Verschluß. Im Unterschied zur *tallarina* farbig längsgestreift, wie diese in vielen möglichen Farben, meist eher dunkel. An allen Küsten häufig, gilt im Wert als bescheiden.

Almendra de mar, dt. Sammetmuschel, *glycymeris glycymeris*, katalanisch *petxinot*, galicisch *rabioso, babosa*, kastilisch auch *petúnculo,* frz. *pétoncle, amande de mer*, ital. *pie d'asino*, griech. *melokídono.*

Den Almejas ähnlich, aber mit dicker, rundum verlaufender, polsterhafter Randverstärkung, die zu ihrem deutschen Namen führte. Farbe gelbbraun, Größe etwa 6 cm.

Rezepte zu Sandbankmuscheln (zum Öffnen der Muscheln siehe 'Muscheln öffnen', S. 235)

Sopa cuarto hora (15-Minutenterrine mit Meeresfrüchten). 16 große Herz- oder Miesmuscheln in 1 Liter Wasser öffnen, auslösen, den Sud abseihen. - Sofrito bereiten: 75g Zwiebel, 1 TL Knoblauch, 1 Lorbeerblatt 5 Min. in 2 EL Öl sanft glasig gebraten, dann dazu 1 Tomate in Stücken, 30g roher Schinken gewürfelt, 2 TL Petersilie, 5 Min. lebhaft braten, bis die Masse dick wird. Oft umrühren. - Den Muschelsud dazugeben, 50g Reis, 80g Fischsud oder Wein, 1-2 EL Zitronensaft. Alles aufkochen und unter Rühren 15 Min. garen. Am Ende für 2-3 Min. 8 Langostinos, ausgelöst und geschnitten, und die Muscheln für 2-3 Min. dazu.
Rezept aus Valencia. Die Zitrone macht es frisch und herzhaft. Nicht mehr als 50g Reis dazu nehmen, er schluckt viel Geschmack! In der angegebenen Menge dagegen macht er die Suppe ausgewogen.

Sopa de musclos (Miesmuschelsuppe). 1kg Miesmuscheln in Wasser öffnen - 1 Zwiebel und 4 gehäutete Tomaten gestückelt in 2 EL Öl anschmoren, dann den Muschelsud und 1 Liter leichte Fleischbrühe angießen und aufkochen. - Eine Picada aus 2 Knoblauchzehen, Salz, Pfeffer, Zimt, 8 Stengeln Petersilie als Paste gemörsert dazu, gemeinsam mit den nicht ausgelösten Muscheln und 100g Reibkäse, 3 Min. lebhaft aufkochen.
Eine Art Zwiebelsuppe mit Muscheln, fein und erfrischend. Wie viele spanische Fisch- und Muschelsuppen ist sie ganz leicht, eher ein Zwischengang als ein vollständiges Gericht. Auch hier passen Käse und Miesmuschel gut zusammen.

Sopa de almejas (Venusmuschelsuppe). 24 große Almejas in Dampf öffnen, ausnehmen, den Sud abseihen und behalten. - 1 Zwiebel in 1 EL Schweinefett glasig dünsten, dann 50g feinen Rohschinken in Würfeln dazu, etwas anbraten. Dann 2 EL Petersilie dazu, 1 EL Mehl einstäuben, den Muschelsud angießen, noch 200g Wasser dazu, die nicht ausgelösten Almejas zugeben, 3 Min. scharf kochen und dann abkühlen lassen. In die fertige Suppe ein Eigelb einrühren und 3-4 EL Brösel einstreuen.
Das Rezept ist nur für Almejas oder Berberechos, Herzmuscheln, gedacht. Ihr Geschmack wird mit Schweinefett und rohem Schinken gut akzentuiert und gehaltvoll, Miesmuscheln dagegen schmecken damit fade. Ein schöner fleischartiger Tongeschmack zeichnet das Gericht aus.

Musclos a la marinera (Muscheln nach Seemannsart). In einem Topf 2 Knoblauchzehen, Petersilie, 1 feingewiegte Zwiebel in 2 EL Öl glasig dünsten, nicht mehr, dann 1 EL Mehl daraufstäuben, gut einrühren, ¼ Liter Wein sowie ¼ Liter Wasser angießen, mit Cayennepfeffer würzen. In diesen Sud 1,2 kg Muscheln geben und geschlossen garen, bis sie sich öffnen (3-4 Min.). Am Ende gut durchrühren.
Ein klassisches Rezept, der reine Muschelgeschmack. 'Marinera' wird immer mit Wein zubereitet und meist mit Miesmuscheln. Es gehen natürlich auch Fischfond und andere Sorten, das Gericht heißt dann aber nicht marinera. Eine Variante verdient Erwähnung: statt des Wassers kann man Tomatenpüree nehmen. Die Muscheln werden dann weniger suppig, es entsteht ein schön aromatisches Muschelgericht.

Musclos a la sevillana (Muscheln nach Art von Sevilla). 1 kg gemischte Muscheln in Dampf öffnen, entnehmen, den Sud behalten. - 1 Zwiebel und 2 Knoblauchzehen in 100g Öl anbraten, dann 3 Tomaten in Stücken, Salz, Pfeffer zugeben und etwas einkochen. Dann die Muscheln zugeben, den Muschelsud, 3 Safranfäden, Pfeffer, und noch 3-4 Min. lebhaft kochen.
Einfach und gut; auch hier verfeinert und würzt die Tomate schön. Das Rezept heißt 'sevillana' wegen des reichen Muschelmarkts dieser Stadt.

Navajas a la parrilla (Schwertmuscheln gegrillt). 400g Navajas gut mit Wasser abspülen, trockentupfen und sanft (nie mit großer Hitze) 5-7 Min. grillen. Die geöffneten Muscheln mit etwas Salz bestreuen und einige Tropfen Zitrone darüberträufeln und servieren.
Rezepte für Schwertmuscheln sind selten. Meist nimmt man sie für gemischte Muschelgerichte oder -suppen. Sie schmecken aber auch für sich recht würzig.

Berberechos en salsa (Herzmuscheln in Sahnesauce). 1 kg Herzmuscheln mit 200g Wasser und 1 Lorbeerblatt aufsetzen und öffnen. Die Muscheln entnehmen und gut abtropfen, den Sud abseihen. - 50g Butter erhitzen, 3 sehr fein gehackte Schalotten (oder 2 Frühlingszwiebeln) darin glasig dünsten, 1½

EL Mehl darüberstäuben und mit dem Muschelsud, danach mit 250g Sahne aufgießen. Abschmecken mit 1 TL Salz und Pfeffer. Dann ½ TL Paprikapulver oder ½ TL Curry oder 40g Reibkäse darangeben und die Sauce über die Muscheln gießen.

Berberechos a la marinera (Herzmuscheln nach Seemannsart). 1 kg Herzmuscheln mit 1 Knoblauchzehe und 1 Schalotte in 40g Öl öffnen. Die Muscheln entnehmen. Vom Sud 10 EL abgießen, mit 2 EL Zitrone und 1 EL Petersilie versetzen und die Muscheln mit dieser Sauce übergossen servieren. Herzmuscheln haben einen ganz eigenen, bitterlich würzigen Geschmackston, den man mögen muß. Das vorige Rezept gleicht diesen Ton mit Sahne etwas aus, 'marinera' bringt ihn rein und klar zum Tragen.

Muscheln gratiniert. 1 kg Muscheln in Courtbouillon aus 1 Zwiebel, Lorbeerblatt, 6 Wacholderbeeren, 2 Stengel Petersilie, Thymian, 1 Knoblauchzehe und 100g Wasser öffnen (4 Min. Garzeit). Dann entnehmen, in eine der Schalenhälften auf ein Backblech zurücksetzen und im Herd bei 220° 15 Min. überbacken.
Dies ist die einfache Art der Zubereitung überbackener Muscheln. Die nachstehenden, vor allem Rezepte für 'gefüllte Muscheln', bauen alle auf ihm auf. Der Muschelsud kann auch anders angesetzt werden.

Muscheln gratiniert. 1 kg Muscheln öffnen, ausnehmen und zurücksetzen wie im vorangehenden Rezept. Auf die Muscheln insgesamt 3 EL Brösel, 50g Kräuterbutter und etwas Frischkräuter (nach Wahl) verteilen und 15 Min. bei 200° gratinieren, dann mit 40g Parmesankäse bestreut noch weitere 5 Min.

Gefüllte Miesmuscheln. 1 kg Miesmuscheln öffnen, ausnehmen und zurücksetzen wie unter 'Muscheln gratiniert' angegeben. Die Muscheln dann einzeln füllen und auf ein Backblech setzen. Zusätzlich etwas vom Muschelsud angießen, ohne daß er die Muschelfülle näßt. 15-20 Min. bei 220° im Herd gratinieren.

Fülle 1: 200g Butter, 4 EL Petersilie, 6 Knoblauchzehen, Salz, Pfeffer, 2 EL Brösel (sehr fett; auch mit 100g Butter gelingen die Muscheln gut).

Fülle 2: 400g Zwiebel, 3 Knoblauchzehen in Öl anschmoren, mit etwas Fischfond aufgießen, dazu 2 EL Tomatenmark, Thymian, Cayenne. Bei diesem Rezept die Muscheln 5 Min. bei 200° überbacken, dann mit 40g Parmesan bestreut und Kräuterbutterflocken überzogen nochmals 10 Min.

Fülle 3: 40g Schalotten (oder kleine Zwiebeln) in 30g Butter andünsten, dann 100g pürierten Merlan (oder anderen Kabeljaufisch) zugeben, 2 Min. anschmoren, vom Herd nehmen und steifgeschlagenes Eiweiß, Salz, Pfeffer, Cayenne dazugeben. Noch sanfter schmeckt die Füllung, wenn man noch etwas Veloutée dazugibt aus: 10g Butter, 10g Mehl, 80g Fischfond.

Drei ganz verschiedene Geschmacksrichtungen. Die 1. Fülle ist das klassische, allgemeine Rezept; man kann es variieren mit anderen Kräutern, mit aromatisierten Ölen, z.B. Nußöl, und vor allem mit Reibkäse oder Parmesan. Die 2. Fülle baut auf Zwiebeln auf, die, einmal gegart, zur Miesmuschel gut passen. Man kann ruhig weniger Zwiebeln nehmen, auch 250g sind genug. Die 3. Fülle ist zarter, vielleicht auch ein wenig blaß. Jedenfalls reichlich Cayennepfeffer dafür nehmen!

Almejas a la Sanluqueña (Venusmuscheln gedünstet). 1 kg Almejas mit 1 TL süßem Paprika in 100g Wasser scharf ankochen und 7 Min. bei gedecktem Topf sanft nachköcheln. Öfters umrühren, damit das Paprikapulver nicht zu sehr in den Schalen anklebt.
Sehr feines, dabei ganz schlichtes Rezept aus Sanlúcar an der Mündung des Guadalquivir in Andalusien. Es nimmt wenig Wasser, um den würzig jodigen Geschmack der Almejas nicht aufzuheben, dadurch gerät das Gericht aber streng salzig. Wer zuviel Meersalz nicht wünscht, sollte die Muscheln vorher 2 Std. nur in reinem Wasser wässern, das schmeckt das Gericht sanfter.

Tallarinas (Tellmuscheln). 4 Knoblauchzehen und reichlich Petersilie in 4 EL Öl 2 Min. sanft schmoren, dann mit 1½ EL Mehl bestäuben, mit ¼ Liter Fischfond aufgießen, gut rühren, mit Pfeffer abschmecken. 1 kg Tallarinas zugeben und 3 Min. aufkochen. Im Sud belassen und servieren.
Dies ist die normale Zubereitungsart der Tellmuschel - man muß anerkennen, daß ein Wunsch nach anderen Rezepten auch gar nicht besteht, wenn man sie so ißt, das Ergebnis ist würzig, fein und aromatisch. Eine Variante nimmt 2 Schalotten und 2 statt 4 Knoblauchzehen. Die Muscheln schmecken dann etwas sanfter und runder.

14. Meeresfrüchte und Tintenfische

Meeresschnecken, Seeigel, Seegurke, Percebes

Schnecken sind Mollusken, Seeigel und Seegurke Echinodermen, Stachelhäuter, und der Percebe ist ein Gliederfüßler. Die drei haben nicht das mindeste miteinander zu tun. Aber am Markt liegen sie zusammen bei den Muscheln, und traditionell werden sie im Anhang zu diesen aufgeführt. Den Meeresschnecken kommt in der europäischen Mariscoküche eine bescheidene Rolle zu. Die Exemplare sind zumeist klein, der Verzehr mühsam, und so finden sich nur selten Rezepte, selbst in Spanien, wo Schnecken sehr beliebt sind. Seeigel sind eine regionale Spezialität. Palafrugell, Estartit, L'Escala, die Bucht von Roses und Cabo Creus, alle an der nördlichen Costa Brava, sind für ihre Seeigel bekannt. Doch auch an Frankreichs Mittelmeerküste, der italienischen Riviera sowie in Korsika und Sardinien weiß man sie zu schätzen. Seegurken sind hingegen in Spanien selten am Markt. Exquisite Restaurants servieren sie zuweilen als Delikatesse, ebenso wie den Percebes. Obwohl biologische Führer den Percebes als im ganzen Atlantik lebend anführen, gibt es diese merkwürdigen Tiere in größeren Beständen offenbar nur in den Buchten der westgalicischen Atlantikküste.

Meeresschnecken

Gehäuseschnecken sind aufgrund ihrer Körperdrehung merkwürdige Tiere. Die Larven haben sie noch nicht, doch sobald das Haus wächst, bleibt ein Körperteil im Wachstum zurück und die Drehung beginnt. Sie ist nicht beliebig, sondern nach Art genetisch festgelegt, meist rechtsdrehend. Abgesehen davon kennen viele Schnecken zudem eine zweite Drehung: der After, zunächst am Hinterende, wandert nach vorne über den Kopf, wobei der eine Fußmuskel verkümmert. Die Schalendrehung des Hauses verläuft rund um eine Mittelachse, die *columnela*, massiv oder hohl. Aus der Öffnung ragen Kopf- und Fußpartie heraus. Durch hornige oder kalkige Operkeln, bei Meerschnecken häufig (das bedeutendste ist die Verschlußplatte), wird das taktile Organ bedient, das ein Zurückziehen auslöst. Auch diese Operkeln sind spiralig, seltsamerweise immer im Gegensinn zur Schalendrehung. Manchmal ist der Fuß pflugartig umgebildet, wie wir es vor allem von den Landschnekken kennen, manchmal zu Schwimmlappen geworden wie bei vielen Wasserschnecken (die übrigens mit dem Rücken nach unten, dem Fuß nach oben schwimmen!). Geschlechtlich sind Schnecken nicht immer echte Hermaphroditen. Sie haben zwar alle zugleich männliche und weibliche Sexualorgane, doch ist Fremdbefruchtung nicht selten. Doch ob Fremd-, ob Selbstbefruchtung, die Mechanik erinnert an die Zehnfußkrebse. Auch Schnecken deponieren Samen in Körpersäcken und lagern ihn dann zur Befruchtung um. Ihre Nahrung besteht aus Grünkost, seltener auch aus Abfall. Manche allerdings sind räuberische Fleischfresser mit scharfer Freßreibe und besitzen dann nicht selten Giftkapseln im Operkel, um Opfer zu lähmen.

Küche der Meeresschnecken: Meeresschnecken haben im Unterschied zu Landschnecken wenig Schleim, das Auskochen entfällt also. Angesetzt werden sie in gut gewürztem Sud mit viel Petersilie, die Kochzeit beträgt nach Größe 15-20 Minuten. Anschließend werden sie in etwas Vinaigrette oder in Würzsaucen nochmals kurz erwärmt und serviert. Bei Tisch werden Hakengabeln gereicht, um die Tiere aus der Schale zu bekommen. - Kleine Schnekken werden in Spanien oft den Fischsuppen beigegeben, egal ob das Rezept es vorsieht oder nicht. Man nimmt dafür gern die Bígaroschnecken.

Oreja de mar, Peneira, dt. Seeohr, Meerohr, *haliotis tuberculata/vulgaris*, baskisch *tisas belarri*, galicisch auch *concharela,* frz. *ormeau*, ital. *orecchia marina*, griech. *aliótis*, türk. *deniz kulagi.*

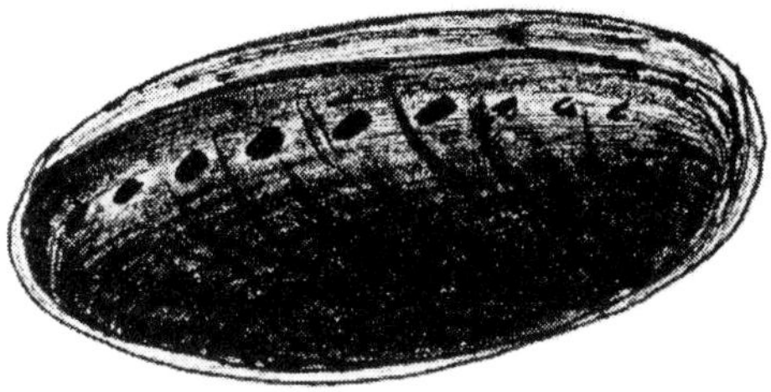

Einer Muschel ähnlich, mit flachspiraligem Haus, wobei die äußerste Spiralreihe sieben auffallende Löcher besitzt, zuweilen auch mehr. Farbe jaspisdunkelbraun, innen hell perlmuttfarben schillernd. Größe meist um 5 cm, kann aber auch bis 9 cm betragen.

Die Peneira ist ein Algenfresser, der auf Felsen und Steinen rund um die Wasserlinie lebt, gerne an Stränden. In Frankreich ist sie beliebt und häufig, sowohl in ihrer Heimat, den Kanalinseln, wie am Mittelmeer, wo ihr Form und verstärkte Außenspiralreihe den Namen ‘Ohr’ eintrugen. In Frankreich wird die Schnecke auch gezüchtet, aus der Schale wird Schmuck hergestellt.

Küche: Eßbar ist nur der Fuß. Das Fleisch ist etwas hart und im August und September am besten. Ähnlich wie beim Kraken schlägt man das Fleisch, um es weicher zu machen (am besten mit einem Mörserstößel). Die ausgenommene Schnecke wird dann ausgebraten *al ajillo* oder in Suppe gekocht. In Frankreich ißt man die Peneira auch roh, sie hat keinen Schleim. In Spanien wird sie selten angeboten.

Lapa, dt. Napfschnecke, *patella caerula/vulgata*, katalanisch *barrete, pegellida*, frz. *patelle*, ital. *patella,* griech. *petalida*, türk. *deniz kulagi.*

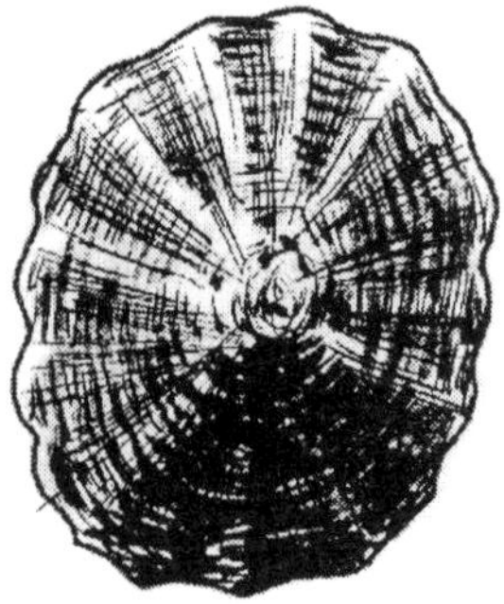

Schale konisch, etwa wie ein Vietnamesenhut, Spitze meist in Richtung des steileren, kürzeren Vorderteils des Tiers verzogen, Oberfläche faltig gerippt, Schale innen glänzend, irisierend, der Rand gut markiert. Farbe grau oder graugelb mit dunklen Flecken. Algenfresser, an Felsen klebend und bei Ebbe oft freiliegend, an allen Felsstränden anzutreffen. Die Ernte ist schwierig; da die Schnecke sehr fest am Felsen anklebt, man muß sie mit speziellen Haken lösen - in Frankreich sind sie zu kaufen, französische Urlauber führen sie auf Reisen oft mit. Größe um 4-6 cm.

Küche: Das Fleisch wird selten gekocht, da es rasch zäh und unverdaulich wird. Man ißt die Lapa daher meist roh mit Zitrone oder erhitzt sie kurz in Butter. Kleinere Exemplare mit gelblichem Fleisch sind vorzuziehen, große sind zu zäh und darum ungenießbar. Als beste Zeit gelten die Wintermonate.

Bígaro, litorina, dt. Uferschnecke, *littorina littorea*, katalanisch *cargol (gris)*, baskisch *karrakela*, galicisch *caramuxa*, *mincha*, auf den Kanaren *burgao*, frz. *bigorneau, vignot*, ital. *chiocciola marina* (Venezia: *bodoletti*), griech. *trochos*, türk. *minare.*

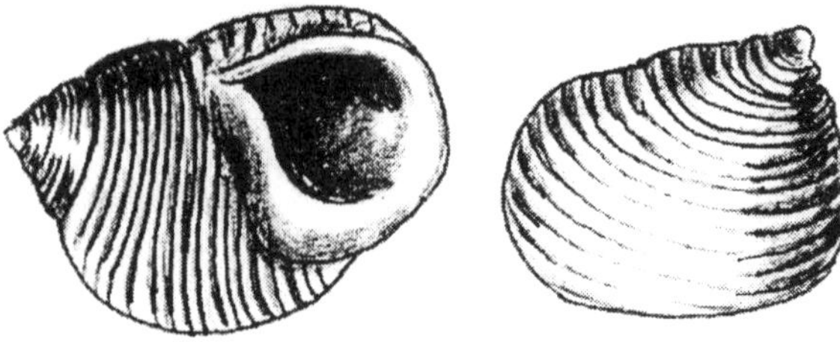

Caracol gris, caramujo, dt. Scheidenbauch, *monodonta turbinata,* katalanisch *baldufa*, galicisch *mincha brava*, frz. *biou, escargot de mer*, in anderen Sprachen nicht unterschieden

Gewohnte Schneckenform, spiralig mit Spitze, der Körper mit 2 langen Augententakeln, Fuß kräftig, horniges Verschlußoperkel; die graue Caramujo mit stärkerem Panzer als die Litorina. Auch diese beiden Schnecken sind Pflanzen- und Algenfresser, auf Felsen und algenreichen Ufersteinen lebend. Den Namen erhielt die Uferschnecke, weil sie zur Fortpflanzung gerne ganz aufs Land wandert und dann in feuchtem Ufergebüsch anzutreffen ist. In Spanien unterscheidet man die Variationen **Bígaro**, nur 0,8 cm groß, zuweilen auch braunschwarz und grün (mehrere Seitenarten, so die **Mugarida**, *nassarius stabilis* und *mutabilis*, in anderen Sprachen keine Angaben, die im Mittelmeer verbreitetste Art), und **Litoralis**, mit 1,2 cm etwas größer, eher schwarzbraun. Auch der **Caracol gris** ist mit 2-3 cm nicht eben groß. Er ist an der Zeichnung unverkennbar: eine auffällige schwarze Bänderung auf der dunkelgrauen Schale.

Caracol de luna, dt. kein Name, *natica hebraea*, katalanisch *cargol*, frz. *limace de mer*, in anderen Sprachen nicht unterschieden. 5 cm, im Mittelmeer häufig, kastanienfarben und etwas gescheckt.

Cañadilla, dt. Stachelschnecke, Purpurschnecke, *murex/bolinus brandaris,* katalanisch *cañailla*, *cargol de punxa*, galicisch *corniño*, frz. *rocher épineux*, ital. *múrice*, griech. *porphyra*, türk. *dikenli salyangoz*.

Corno, Caracol, *hexaplex trunculus*, katalanisch *corn, corneta*, frz. *petit gris*.
Caracola, dt. Tritonshorn, *charonia rubicunda, triton nodifer,* katalanisch *corn*, galicisch *corno, corna*, in anderen Sprachen keine Angaben.

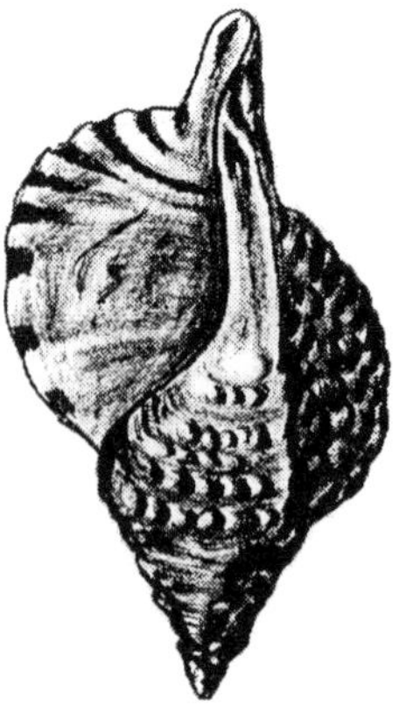

Vertreter einer größeren Familie *muricidae* mit markant stacheliger, ansonsten gehöckerter Form, die *columnela* stets lang nach außen ragend, die 6 Spiralen undeutlich, da eng sitzend. Kleinere Vertreter wie die Cañadilla mit eher hornartiger, große mit porzellanartiger Schale, alle Muriciden im übrigen Fleischfresser, küstennah in felsigem Gebiet, in etwa 10-15 m Seetiefe lebend. Farbe bei der Cañadilla beige bis hellbraun, beim Corno steingrau (wirkt auch steinartig), beim Tritonshorn weiß-beige mit brauner Zeichnung. Länge bei Cañadilla und Corno 5-7 cm, Tritonshorn 20-40 cm.

Europäische Vertreter dieser Familie sind nicht sehr zahlreich. Verbreitet und mit Nebenfamilien auch in sehr großen Arten anzutreffen sind diese Stachelschnecken im Indischen und Pazifischen Ozean. Sie sind Jagdschnecken, von denen die größeren Arten zum Öffnen von Muscheln Speicheldrüsen mit schwefelsaurem Sekret aufweisen. Außer der Cañadilla, die solche Drüsen nicht hat, schmecken sie ziemlich stark, einige Arten auch beißend scharf und ungenießbar. Geschichtlich hatten die Murexschnecken im Altertum hohe Bedeutung als Purpurschnecken. Sie besitzen im zentralen Adernsystem einen Farbstoff, der normalerweise weiß ist, unter scharfer Sonnenbeleuchtung aber Purpurton annimmt und dann durch spezielle Kochverfahren ausgelöst werden kann. In Spanien hat man das nie getan, die Zentren der antiken Purpurgewinnung lagen in Kleinasien und Syrien.

Küche: Uferschnecken sind eßbar und gut. Gewöhnlich werden sie in Sud aus Salzwasser, Pfeffer, Thymian und Lorbeerblatt etwa 15 Min. ausgekocht und so serviert. Obwohl sehr klein, ist ihr Verzehr nicht allzu mühsam, gekocht lösen sie sich recht gut aus der Schale. Ähnlich zubereitet wird die Cañadilla. Man sollte kleinere vorziehen, sie sind weniger zäh. Großschnekken sind am Markt selten.

Rezept zu Meeresschnecken:

Caracoles en salsa picante (Schnecken in pikanter Sauce). 50 Schnecken (es können unterschiedliche sein) in 250g Wasser, mit 2 EL Salz und etwas Thymian versetzt, 15 Min. auskochen. Einen Sofrito bereiten aus 1 EL Öl, 100g Speckwürfeln, 3 Knoblauchzehen, 1 kleine Zwiebel, 500g geschälten Tomaten, ½ TL scharfem Paprika und 200g Schneckensud. - Eine Picada bereiten aus 1 Weißbrotschnitte, die in 1 EL Öl geröstet wurde, 2 EL gemahlenen Mandeln, 150g Dosenpaprika, 1 EL Petersilie, 1 EL Oregano, mit 1 EL Öl genäßt. - Die Muscheln in den Sofrito legen, die Picada darübergeben und noch 5 Min. garen. Variante: die Picada mit 1-2 Zweigen frischer Minze statt mit Oregano zubereiten.
Ein feines Schneckenrezept aus Katalonien. Es wird dort mit gewöhnlichen kleinen Wiesenschnecken zubereitet, die oft die Schulkinder am Nachmittag für die Restaurants sammeln. Das Rezept gelingt auch mit Meeresschnecken.

Seeigel, Seegurke, Percebe

Erizo de mar, castaña de mar, dt. Seeigel, *paracentrotus lividus*, katalanisch *garota*, *eriço,* baskisch *itsas triku arrunt*, galicisch *ourizo*, frz. *oursin*, ital. *riccio*, griech. *achinós*, türk. *deniz kestanesi.*

Kugelig, in der Symmetrieachse, wo der Mund mit den kalkigen Kieferteilen sitzt, etwas gestaucht. Panzer aus aneinandergeklebten Kalkplatten, bewehrt mit Stachelreihen, die aus kleinen runden Tuberkellöchern ragen. Aus der Nabelzone wächst eine Art von Füßen, mit denen das Tier sich am Fels festhält. Farbe nachtblau, je nach Lebensraum auch mit grünen oder braunen Tönen. Größe 7-8 cm.

Die Seeigel gehören zusammen mit Seestern, Seegurke und Seelilie zum uralten, schon im Cambrium ausgebildeten Tierstamm der Stachelhäuter, von denen nur wenige Vertreter übriggeblieben sind. Ihnen gemeinsam ist die 5-teilige Körperanlage, vom Seestern her gut bekannt, und ein diese Tiere rings umfassendes Kalkskelett mit Dornen, das sie als Beutetiere wenig einladend macht. Vermutlich konnten sie deswegen bis heute überleben. Sie ihrerseits ernähren sich von Mollusken, Schalentieren und Invertebraden, schädigen aber vor allem Austernbänke und Almejabestände, auf die sie spezialisiert sind (ein Seestern frißt täglich an die 12 Austern!). Der Seeigel ist ein Herdentier und tritt immer in Bänken oder zahlreichen Gruppen auf, da er spezielle Bedingungen stellt. Weicher, am besten gut mit Pflanzen bewucherter Fels sagt ihm zu, da nämlich gräbt er sich halbkugelige Wohnhöhlen und deckt sich dann mit Schalen, Algen und Pflanzen zu; er muß das tun, denn zu helles Licht verträgt er nicht. Badende wissen ein Lied von diesem Versteckspiel zu singen. Auf einen Seeigel zu treten ist schmerzhaft, und das Fatale ist, daß man die dornigen schwarzen Kugeln wirklich nicht sieht.

Küche des Seeigels. Eßbar sind nur die 5 Gonaden (Geschlechtsteile) der Oberschale unter dem Panzer, gelb oder lachsrot bei Weibchen, bräunlich und feiner beim Männchen. Viel mehr ist auch nicht da, allerdings ist das Innenwasser delikat. Man bricht daher die Seeigel, um das Wasser nicht zu verschütten, mit einem Messer vorsichtig an der Mundöffnung auf und bricht dann ebenso vorsichtig so viele Teile der Kalkschale ab, daß man den Inhalt entnehmen kann. Am besten entwickelt sind Seeigel von Februar bis April. Eine Seitenart, etwas größer mit etwa 10 cm, weniger gedrückt und mit weicheren Stacheln, ist ebenfalls eßbar, aber nicht schmackhaft.

Cohombro de mar, dt. Seegurke, *stichopus regalis*, katalanisch *llongo, espardenya*, galicisch auch *trepang*, frz. *holothurie*, ital. *aloturia, cetriolo.*

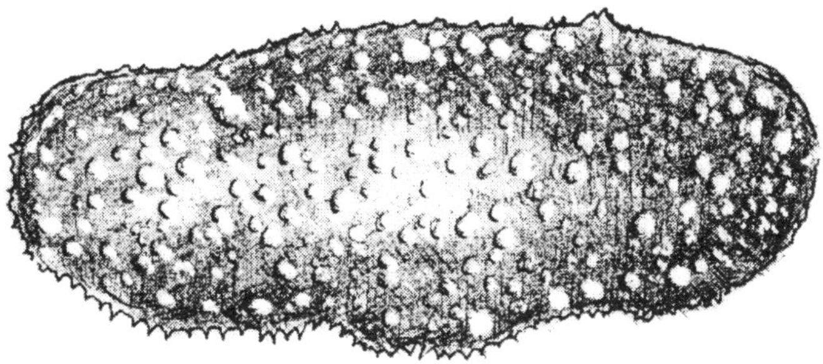

Ein merkwürdiges Tier, dessen Aussehen tatsächlich zwischen flacher Gurken- oder gedunsener Schuhsohlenform liegt, wie die Namen sagen, Farbe dunkelbraun mit vielen hellen kleinen Warzen. Größe etwa 25 cm. Wären sie nicht so selten, würde man den Seegurken an Stränden öfter begegnen, denn sie leben im flachen Wasser auf Sand, oft nur 20 cm tief, zuweilen aber auch bis 400 m tief. Merkwürdig ist, daß sie oft mit einer Kleinfischart zusammenleben, Pichotefischchen, die von ihr leben. Wird der Seegurke das Treiben zu bunt, stülpt sie ihre Sexualorgane nach außen und erzeugt neue Exemplare. Vorkommen: Atlantik und Mittelmeer. Selten.

Küche der Seegurke: Die Seegurke gilt als Leckerbissen. Man verzehrt sie roh wie den Seeigel. Das Drei-Sterne-Restaurant 'El Racó de Can Fabes' in Katalonien bietet als Spezialität pürierte Seegurke an - die Seegurke wird dort wohl nur mit Zitrone und einigen Kräutern aromatisiert.

Percebe, dt. Entenmuschel, Elefantenmuschel, *pollicipes cornucopia*, baskisch auch *lamperna*, in Südspanien auch *pata de burro* oder *de cabra, frz. pouce-pied*, ital. *lepado, cornucopia.*

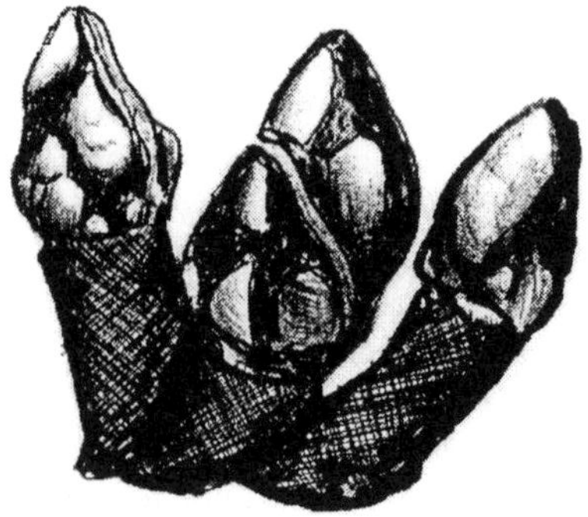

Oft Muschel genannt, korrekt aber ein Gliederfüßler, fingerartig oder gehörnt-fingerig mit fleischigem Fuß, der von einer kräftigen, rindenartigen Haut geschützt ist und mit dem das Tier an Felsen anhaftet. Oberes Fußende und Inneres in einer mehrteiligen Schale steckend, die den Körper muschelartig einschließt. Schwarz mit gelbgrauen Schalenteilen, Größe 4-7 cm. Saison Mai-September.

Percebes leben kolonieweise an hohen Uferfelsen in Nähe der Wasserlinie. Obwohl als Verbreitungsgebiet der ganze Atlantik angegeben wird, findet man sie in größerer Zahl offenbar nur in Galicien und einigen steilen Küstenpartien Nordportugals. Ihre Ernte ist mit Lebensgefahr verbunden, da Percebes unzugängliche Felszonen mit heftiger Brandung bewohnen und außerdem schwer vom Fels zu lösen sind, sie scheiden eine zementartige Masse aus und verwachsen regelrecht mit dem Stein. Eine Seitenart zum echten Percebe ist der **Madeirapercebe**, *lepas anatiferata*, frz. *anatife*, ital. *lepado*. mit durchsichtig-weißen, leicht blaugrauen Platten. Er findet sich in Gewässern dieser Insel massenweise an Booten oder Hölzern haftend, ist ein arger Holzschädling und ungenießbar.

Küche des Percebe. Percebes werden nur kurz gekocht. Man gibt 2 Handvoll in siedendes Salzwasser (1 Liter Wasser, 1 EL Salz, 1 Lorbeerblatt). Sobald das Wasser neu aufkocht, ausschalten und noch 1 Min. ziehen lassen. Percebes werden ohne Beilagen serviert, dafür mit extra großen Stoffservietten, die man sich um den Hals bindet. Man bricht den Percebe mit den Händen an der großen dreieckigen Schalenplatte auf, was gelernt sein will, und saugt den Fuß aus. Das Öffnen ist regelmäßig mit Spritzerei verbunden; es sollte also nicht verwundern, daß in aufmerksamen Restaurants auch alle anderen Tischgenossen Servietten beigelegt bekommen, wenn einer von ihnen Percebes bestellt. Ich habe das in Galicien erlebt. Genießbar sind wie beim Seeigel nur einige kleine Muskelteile und die Innenflüssigkeit. Sie schmeckt stark jodig, frisch und - nach einiger Gewöhnung - in der Tat exzellent. Es gibt heute auch Percebes aus Zucht, ihre Qualität ist aber deutlich geringer.

Spiel mit dem Tod: Percebestauchen. Die Ernte der Percebes steht dem Perlentauchen im Pazifik und dem früheren Schwammtauchen im ägaischen Meer an Gefährlichkeit nicht nach. Auch hier bleibt das Metier meist über lange Generationen in der Familie, wird das Wissen vom Vater auf den Sohn weitergegeben und kommt es immer wieder zu tödlichen Unfällen. Im Unterschied zur Perlen- und Schwammfischerei muß der junge Taucher nicht dem Fassungsvermögen seiner Lunge vertrauen können, sondern seiner Schnelligkeit und Geschicklichkeit, und noch mehr der Erfahrung seiner Mitarbeiter. Denn gerade von ihrer Arbeit hängt sein Leben ab. Von oben über die Felsen an einem Seil in die Tiefe gelassen, pendelt der Taucher knapp über der Brandung und schaut unentwegt sowohl auf die Felsen wie auf den Mann im Boot weiter draußen. Gibt dieser das Freizeichen, wird er in die Brandung hinabgelassen und sucht dort mit einem speziellen Haken, den er mit sich führt, einige Percebes vom Fels abzulösen, die knapp über oder unter der Wasserlinie sitzen. Gibt der Mann im Boot das Gegenzeichen, wird er sofort wieder hochgezogen und muß dann sehen, wie er den Felsen über ihm entkommt, wenn die Brecher über ihm zusammenschlagen. Er sieht in der Wassergischt kaum etwas, er greift eher instinktiv und aus dem Gedächtnis heraus nach dem Fels und nach einigen Sekundenbruchteilen und vielleicht anderthalb Metern Fels ist er außer Gefahr. Eben diese knappe Strecke ist riskant. Vor allem der Mann im Boot, der unablässig nach draußen sieht, muß nämlich zu jedem Zeitpunkt die Wucht der folgenden Brecher, die Schwierigkeit des Felsens und die Geschicklichkeit des Tauchers mit unfehlbarer Sicherheit zusammen abschätzen können. Jeder Irrtum dabei kann zu erheblichen Verletzungen, ja auch zu tödlichem Ausgang führen, dann zerschellt der Taucher unweigerlich in den Felsen. Es sterben auch jährlich einige der jungen Taucher in diesem waghalsigen, mühseligen Beruf. Reich geworden ist dabei trotz des hohen Preises, den Percebes erzielen, übrigens noch keiner. Aber sie tun es dennoch. Der Vater hat es getan, der Großvater auch, man wächst in diesen Beruf hinein. Mit Sport hat es nichts zu tun.

Tintenfische und Kraken

Mit den Tintenfischen erreichen wir die letzte zum Verzehr dienende Ordnung unter den Weichtieren. In allen Weltmeeren häufig, spielen sie in der Nahrungskette der Weltmeere eine bedeutende Rolle, an Biomasse noch weit wichtiger als Krebstiere, sind Lebensgrundlage für viele Fische und nähren sich ihrerseits von Plankton, Kleintieren, Schalentieren, anderen Mollusken, Fischen und Quallen. Wenn im Zusammenhang mit den Krebsen von deren sorgsam eingepegelten Überlebenshaushalt gesprochen wurde, zu dem viele Arten von Schutz gehören, so erstaunt es, wie sorglos die Tintenfische scheinen; sie müssen im langen Lauf der Evolution wahre Überlebenskünstler gewesen sein, denn sie bieten den Fährnissen des Lebens im Meer nahezu schutzlos die Stirn. Einzig ihre Tinte, die sie bei Gefahr ausstoßen, um Angreifer zu verwirren, hilft ihnen vor ihren Gegnern. Es scheint, daß sie sich mit manchen Fischarten zu einer Zweckgemeinschaft zusammentun. Stammesgeschichtlich kommen alle Weichtiere, wie schon gesagt wurde, von den Schalenbelemniten her, und Reste der Schale sind auch bei allen Tintenfischen noch da: Ozeankalamare haben eine muschelartige Restschale unten im Körpersack, bei den Langkörperkalamaren ist eine hornige Feder, bei der Sepia ein kalkiger Schalenschild übriggeblieben, die Oktopusse tragen noch Schalenreste eingelagert in den Muskeln. Alle Tintenfische sind Fleischfresser (wenn auch nicht exklusiv; auch Plankton gehört zu ihrer Nahrung). Biologisches Merkmal dieser Cephalopoden (Kopffüßler) ist, daß sie den Mantel zu einem Sack umgeformt haben, in dem die gut ausgebildeten Eingeweide sitzen. Der Kopf teilt sich in mehrere Arme, meist tentakelartig und mit Reihen von Saugnäpfen besetzt, mit denen das Tier an Felsen Halt findet. Es sind stets acht Arme; Dekapoden unter ihnen, die Tintenfische, haben zusätzlich noch zwei lange Tentakel, die in Taschen einstülpbar sind. Cephalopoden können sehr groß werden; der Poroctopus mißt 5 m, der Riesenkalamar Architheutis soll bis 20 m Länge, Tentakel inclusive, aufweisen (falls es ihn gibt! Es ist umstritten). Obwohl manche dieser Tiere räuberische Kämpfer sind und durchaus fähig, es selbst mit Kleinwalen aufzunehmen, sind Angriffe auf Menschen bisher nicht bekannt geworden. Alle Erzählungen von Kraken, aus deren Fangarmen Menschen nicht mehr herausgekommen sein sollen, sind Erfindung. - In jüngster Zeit haben Beobachtungen an Cephalopoden zu mancherlei Überlegungen über das Gefühls- und Gehirnleben dieser Tiere Anlaß gegeben. Daß Kraken offenbar gut sehen können und ihre Augen um einiges differenzierter sind als etwa die der Fische, wußte man schon immer. Man nimmt an, daß sie ein einigermaßen scharfes, in etwa sogar unserem menschlichen entsprechendes Bild ihrer Außenwelt einfangen. Nun hat man festgestellt, daß sie zudem erstaunlich lernfähig, mitteilsam und in der Reaktion differenziert sind. Mit der Zeit kommen wir ihnen also wohl doch auf die Schliche, denn wie angedeutet, ist es für die Biologen immer noch rätselhaft, wie sie bislang überleben konnten.

Küche von Tintenfisch und Krake: Eßbar sind von Tintenfisch und Krake alle Teile außer dem Innenteil des Kopfs mit den harten Kieferzangen (das Tier kann mit ihnen sogar Muscheln knacken). Im Prinzip wären auch die Eingeweide eßbar, die man zusammen mit dem Kopf aus dem Sack zieht, um ihn dann auszuspülen, und in denen hinter dem Magen auch der Tintensack sitzt. Man muß also beim Ausspülen nicht pingelig sein. Die etwas unangenehm schleimige Masse, die alles umkleidet, ist lediglich gelbpigmentiertes Blut. Es enthält gebundenes Hämocyanin, das bei der Zersetzung der Tiere ebenso wie bei Krebstieren blaut. Man erkennt bei Tintenfischen die Frische sofort an der Farbe. Sobald sie blauen, sind sie verdorben und nicht mehr genießbar. - In der Küche gelten sie als leicht zu behandelnde Ware, ihr Fleisch ist von angenehm festem Biß. Ein Detail aus der Tintenfischküche ist leider viel zu wenig bekannt: Das Fleisch wird beim Garen nach 5-8 Minuten hart, um danach erst nach geraumer Kochzeit wieder zu erweichen. Das Geheimnis besteht darin, Tintenfisch nur ganz kurz zu garen. Das gilt auch für gute Tiefkühlware. Tintenfisch läßt sich problemlos tiefgefrieren, nur benötigt er, wie anderes Fleisch, ein langsames Auftauen im Kühlschrank.

Sepia, dt. Tintenfisch, *sepia officinalis,* katalanisch *sípia*, *sèpia*, baskisch *txoko*, galicisch *giba*, *xiba* (groß), *choco* (mittel), *chopo* (klein) andalusisch auch *jibia,* frz. *seiche*, ital. *seppia*, griech. *soupiá*, türk. *supya.*

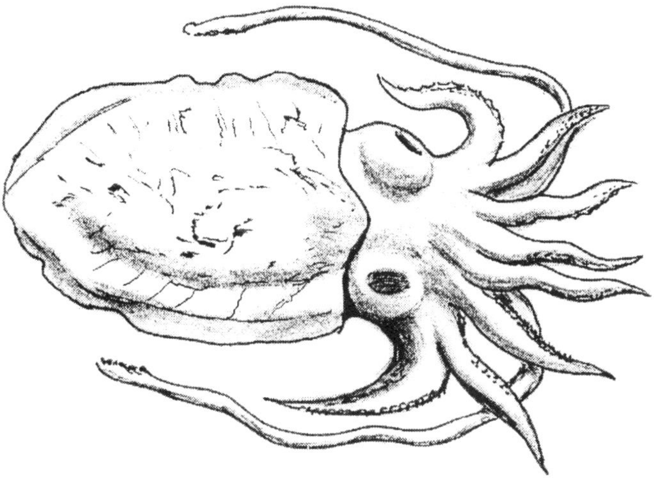

Ovaler, etwas gestauchter, dicklicher Sack mit an den Rändern durchlaufenden Flügellappen, 8 napfreiche, eher kurze Arme (die Näpfe vierreihig) und 2 lange, voll einziehbare Tentakel. Die Schale (Knochen genannt) steckt ganz im Sack, ist kalkig, weiß und von ebenmäßiger Form. Bauchseite schmutzig bräunlich mit irisierendem Glanz, Rückenseite je nach Lebensraum gelblich, braun, auch schwarz, oft gefleckt oder gestreift. Gesamtlänge bei großen Arten 25-40 cm.

Von Bauch und Rücken zu sprechen, ist ein wenig irreführend, denn die Tiere leben 'stehend' über pflanzenreichem Grund, im allgemeinen bodennah. Sie kommen in allen zumindest gemäßigt warmen Meeren vor, Spanien hat seine größten Sepiabestände um die Kanarischen Inseln, ansonsten im Mittelmeer. Ihre Nahrung sind Krebse, Garnelen, Fische und Mollusken, ihre größten Feinde Bodenfische wie der Congrio (Meeraal). Es gibt unter den Sepias eine Anzahl von Seitenarten, vor allem kleinere, einige messen nur 2-5 cm. Meist sitzen bei ihnen die Flügel weiter hinten am Körper. Sie sind ebenso gut wie die großen.

Küche: Sepia und Kalmar gelten in der Qualität als ungefähr gleichwertig, zusammen mit Fischen gilt dagegen die Sepia als besser. Man zieht darum für Einzelgerichte Kalmar vor, für Fischsuppen Sepia. Beide haben zartes Fleisch, das beim Garen nach einigen Minuten hart, später dann wieder weich, aber zäh wird. Garzeit: 3 Minuten. Nur wenn man sie in Fischsuppen verwendet oder gefüllt brät, kocht man sie lange - man kocht sie dann gewissermaßen aus. Ihr etwas spitzer Geschmack tritt dann klarer hervor, die zähere Konsistenz des Fleisches nimmt man in Kauf. Will man diesen Geschmackseffekt nicht (bei Suppen ist das zuweilen reine Geschmacksfrage), gibt man sie zusammen mit den Muscheln bei. - Tiefkühlware ist in Ordnung, verlangt jedoch beim Gefriervorgang sorgfältiges Arbeiten und sehr frische Tiere; etwas teurere Markenware ist spürbar besser. Auftauen nur im Kühlschrank. - Vorbereitung: Tiefkühlware ist fertig vorbereitet, Marktware teilweise. Die gereinigte Sepia sieht mit ihrem glänzend weißen Leib um vieles hübscher aus, kostet freilich auch mehr. Ungeputzte Sepia wird jederzeit am Marktstand geputzt, doch kann man es auch selbst vornehmen, es ist leicht. Aus der Hülle werden mit dem Kopf Tintensack, Eingeweide und Schale herausgezogen; die Hülle wird von ihrem Überzug gereinigt und ausgewaschen (man schabt ihn ab; geht es mühsam, taucht man das Tier kurz in heißes Wasser.) Hülle, Tentakel und Arme werden geschnitten, nur die Partie um die harten Kieferteile und die Augen ist nicht eßbar und zählt zum Abfall.

Calamar, dt. Kalmar, *loligo vulgaris,* baskisch *txibia*, *txipiroi*, galicisch *lura*, *calamar do país,* frz. *calmar, encornet*, am Mittelmeer auch *tautenne* (mit Varianten), ital. *calamaro*, griech. *kalamari*, türk. *kalamar*.

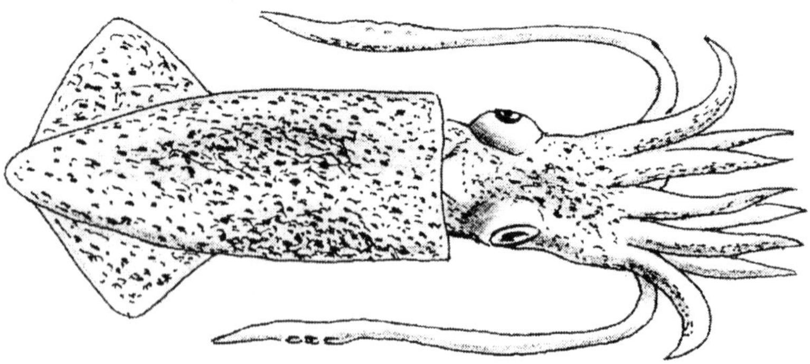

Calamarin, chipirón, dt. Kleiner Kalmar, *sepiola rondeleti*, katalanisch *morrallet, fetosa, orellut*, galicisch *chopiño* oder *choquiño*, frz. *sépiole*, ital. *seppiola*, griech. *soupítsa*, türk. *kalamar*.

Langgezogener, röhriger, glatter Körper (Sepien sind immer dicklich) mit dreieckigen Seitenflügeln, die an der Basis verbunden sind; ausgebreitet bilden sie eine regelmäßige Raute. Arme unterschiedlich lang, mit je 2 Napfreihen, Tentakel etwa 3mal so lang, nicht ganz einstülpbar. Die durchsichtige Feder steckt ganz im Körper. Farbe rosa, auf der Membran hübsch purpurschwarz getupft, kann aber nach Lebensraum stark variieren. Größe 25-50 cm, sehr große Exemplare auch bis 1 m. Saison ganzjährig.

Kalmare wirken im Wasser fast durchsichtig. Sie sind eifrige Fresser und wachsen rasch. Schon nach 1 Jahr weisen sie 16-18 cm Größe auf, wobei die Weibchen stets im Verhältnis 3:5 kleiner bleiben als die Männchen. Wie die Sepia haben sie Tinte, Kalmare schwarz, Sepia braun (davon die Farbbezeichnung), zusätzlich jedoch haben Kalmare zur Jagd auch Drüsen mit beutelähmenden Sekreten. Für den Menschen ist dieses Gift vollkommen harmlos. Den Lebensraum, bodennahe Zonen in Küstennähe überall in Europa, teilen sie mit den Sepien. In spanischen Gewässern kommen auch sie häufig um die Kanarischen Inseln vor, daneben vor Andalusien und im Mittelmeer; nur in Galicien und an der Nordküste sind die Erträge relativ gering. Auch unter den Kalmaren gibt es zahlreichen Nebenarten und örtliche Rassen; meist weichen sie in der Form der Flügel und der Sackspitze voneinander ab. Für die Küche sind diese Unterschiede ohne Belang. Zu nennen sind vor allem zwei häufige Seitenarten, der **Pota, dt. Pfeilkalmar**, *todarodes sagittatus*, katalanisch auch *canana*, frz. *calmar*, ital. *totano*, griech. *thrápsalo,* mit etwas nach unten verrutschten Flügeln, ein am Ende eine pfeilartige Spitze bilden, eher hellrosa, die Punkte violett, und der **Volador, dt. Flugkalmar**, *illex coindetii*, frz. *encornet rouge*, ital. *totano*, mit ziemlich großem Kopfteil, Farbe schmutzigweiß (er fehlt im Mittelmeer) und mit 20 cm auch etwas kleiner. Seinen Namen trägt der letztere zu Recht: in der Tat kann er auf der Flucht einige Meter aus dem Wasser springen!

In der Größe deutlich von der Hauptart abweichend sind hingegen verschiedene kleine Kalmararten, darunter als umfangreichste Population der **Calamarín** oder **Chipirón**, Farbe zumeist eher blaßblau oder grau (neben der Hauptart gibt es auch eine seltenere Art *allotheuthis subulata* mit auffällig verlängerter Sackspitze). Der Calamarín ist im Wert ein wenig geringer, mißt aber nur 2-4 cm Länge und ist mit den großen Arten eigentlich nicht zu verwechseln. Durcheinander gibt es nur, weil Kalmare am Markt gewöhnlich nur in zwei Klassen geteilt werden, große Calamares und kleinen Chipirones. So wird als Chipirón oft Jungkalmar angeboten.

Küche: Kleinere Tiere sind vorzuziehen. Große Exemplare bis 30 cm und 2 kg Gewicht sind meist zäh. Calamares werden warm wie kalt serviert, viele halten sie mariniert als Salat für noch delikater, das Aroma ruht dann besser. Man hüte sich nur vor allzu viel Essig, denn es wäre schade, den feinen Geschmack zu übertönen. Sehr oft werden dagegen die geschmacklich gröberen *chipirones* mariniert. Als Salat gehören sie zu jeder spanischen Tapasbar. - Beliebt ist das Panieren 'a la romana' mit Ei und Semmelbröseln. Abraten kann man davon nicht gut, aber ideal ist es nicht; man erreicht mit anderen Panaden deutlich geschmackvollere Gerichte. - Nur bei Calamares, selten bei Sepien gebräuchlich ist das Dünsten in der eigenen Tinte. Dazu löst man den Tintensack aus, kocht ihn kurz auf und gibt ihn warm über das Gericht oder läßt ihn kurz damit fertiggaren. Regelmäßig sollte man es nicht tun, die Tinte hat relativ hohen Cadmiumgehalt, doch ist gegen einen gelegentlichen *arroz negro* keinerlei Einwand zu erheben. Die Regel heißt: nicht mehr als 30 Mal im Jahr. - Für Tiefkühlware gilt dasselbe wie bei Sepia, siehe also dort.

Pulpo, dt. Krake, *octopus vulgaris,* katalanisch *pop*, baskisch *olagarro arrunt*, galicisch *polbo*. frz. *poulpe*, am Mittelmeer auch *pourpre*, ital. *polpo*, griech. *octápous*, *chtapódi*, türk. *ahtapot.*

Wie sein lateinischer Name sagt: kein Dekapode, sondern ein Achtfüßer, die Arme dreimal so lang wie der Körper und mit starken Näpfen, Körper kugelförmig, glänzend und glatt. Flügel und Schale fehlen. Farbe grautönig, zuweilen gelblich oder grünlich gefleckt, erst nach dem Kochen dunkelrot. Größe 40-160 cm bei 5-14 kg Gewicht. Saison Winter.

Die Saison der Krakenfischerei beginnt, wenn die Kraken in den Wintermonaten zur Fortpflanzung an die Küste kommen. Sie leben dann ziemlich dicht beisammen, auch dann freilich wie sonst auf Felsgrund, und verbergen sich untertags so geschickt, daß sie vom Fels kaum zu unterscheiden sind. Nachts jagen sie Schalentiere, Fische und Mollusken, die sie nach Hamsterart in Nestern oder Beuteverstecken verbergen. Sicher ist schon jeder Taucher an einem Kraken vorbeigeschwommen, ohne ihn zu bemerken; ja es gibt erfahrene Sporttaucher, die gestehen, zuweilen beim Abtasten eines Felsens plötzlich einen Schreck bekommen zu haben: auch aus nächster Nähe und den Fels musternd bemerkten sie ihn nicht. Er hat also leichtes Spiel, wenn er nicht eben auf große Raubfische trifft. Auch für Kraken sind die Kanarischen Inseln reiche Gründe; daneben sind sie auch vor Galicien häufig, dessen Nationalgericht der Krake ist: *polbo a feira* ist dort geradezu eine Leidenschaft! Ein recht bescheidener Ort mit 5000 Einwohnern kann da an einem Festtag im August mit 15000 Kilo Krake in 2 Tagen aufwarten! Kein Wochenmarkt in Galicien findet ohne Krakenküche statt, der salzige Duft weht durch die Stände, so läßt es sich leben. - Auch der Krake ist am Markt mit einigen Seitenarten vertreten. Zu nennen sind die beiden Varianten der Hauptart, *octopus vulgaris* und *macropus*, für Laien kaum zu unterscheiden, sodann die **Weißkraken**, *eledon cirrosa* und *moschata*, frz. *eledone*, ital. *moscardino bianco*, griech. *moschoctápodo*, türk. *ahtapot,* untereinander ebenfalls recht ähnlich, mit weniger kugeligem, eher länglichem, gelbem bis lachsfarbenem Körper, kleiner, die Arme dünner und am Ende fadenartig oder kräuselig, Länge 35-40cm. Seine markante Kopfpartie trug ihm in Galicien, wo er häufig ist, den Namen *cabezón ein.* Man hält ihn dort für weniger schmackhaft als den Felsenkraken. Hingegen schätzt man kleine Seitenarten oder Jungkraken, **pulpitos** genannt (in anderen Sprachen namentlich nicht unterschieden). Von der Hauptart werden sie biologisch nicht unterschieden, größer als gut 6-7 cm sind sie selten. Von Riesenkraken hört man immer wieder, aber vieles ist dabei auch Märchen. Es stimmt allerdings, daß Kraken ihre Beute lähmen. Sie besitzen schwache Giftdrüsen in den Saugnäpfen.

Küche: Vorbereitung wie bei Tintenfischen. Eingeweideteile, harte Teile des Kopfs und Augen werden abgeschnitten. Eine Besonderheit ist, daß man größere Kraken kräftig gegen einen Stein schlagen muß, sonst löst sich die Muskeltension nicht und das Tier bleibt zähe. Wer einmal die Fischer in Galicien diese Tiere wie wütend gegen die Küstenfelsen hauen sieht, vergißt es gewiß nicht wieder; immerhin lebt das Tier dabei ja noch. Der Vorgang braucht auch einige Übung, muß in der Küche aber gottlob nicht mehr angewendet werden. Wer dennoch Zweifel hat, kann den Kraken - falls er noch lebt - kurz abkochen (5 min. reichen) und dann tiefgefrieren. Auch das löst zuverlässig die Muskeltension. 1 Tag einfrieren, 1 Tag auftauen, dann kann man ihn problemlos kochen.

Rezepte zu Tintenfischen und Krake:

Calamarcitos al Jerez (kleine Tintenfische in Jerez). Sofrito bereiten aus 1 kg Zwiebeln, 3 Zweigen Minze, 2 Lorbeerblättern, 100g Öl, 15 Min. Dazu dann 1 kg kleine Calamares (ganz, die Tentakel und Arme geschnetzelt), 3 Safranfäden, 200g Jerez, Salz, Muskat. 8 Min. sanft braten.
Ein kleines, aber aromatisches Gericht. Kleine Calamares von 10 cm Länge werden ansonsten oft paniert, siehe dazu die folgenden beiden Rezepte.

Calamares rebozados (Tintenfische paniert). Tintenfische in 1 cm breite Ringe schneiden, salzen, in Mehl wenden und 1 Std. ruhen lassen. Dann nochmals in Mehl wenden und in reichlich Öl 4-5 Min. fritieren. Mit Zitrone beträufelt servieren.
Einer der Kniffe andalusischer Panierkunst: erst in Mehl marinieren, dann in Mehl panieren! Die Methode ist vorzüglich, sie erhält das Fleisch tatsächlich sehr zart. Aber auch einfaches Panieren in Mehl, sorgfältig vorgenommen, führt zu gutem Ergebnis. Die besten Calamares genoß ich in einer kleinen Bar im Hinterland von Santander. Sie heißen dort wie in ganz Nordspanien 'Rabas', und der Wirt wandte ebenso viel Zeit für das Mehlwenden wie für das Ausbraten auf, nämlich 2 Minuten. Sie waren köstlich.

Calamares fritos (fritierte Tintenfische). 4 große Calamares in 1 cm breite Ringe schneiden, die Arme in Stücke von 7 cm. 30 Min. marinieren in 6 EL Öl, Saft von ½ Zitrone, Lorbeerblatt. - 2 Eigelb, 4 EL Mehl, 2 EL Öl, 80g Milch und Salz verschlagen. 2 steif geschlagene Eiweiß unterheben und die Calamares darin gewendet in reichlich Öl ausbacken. Erst am Teller salzen, sie werden sonst leichter zäh!
Ein anderer Panierkniff: eine Panade mit geschlagenem Eiweiß! Auch das schützt zusätzlich, die Luft im Eiweiß wirkt wie ein Polster.

Calamares rellenos (gefüllte Tintenfische). 8 mittelgroße Calamares (15 cm hoch) nehmen. Flügel und Tentakel hacken, in 2 EL Öl glasig braten, mit Salz und Pfeffer würzen. - Sofrito bereiten aus 1 Zwiebel, 1 Knoblauchzehe, 1 hartes Ei, 1 Dose Morrones (Dosenpaprika), 75g Pinienkerne (3 Min. in wenig Salzwasser vorgegart), 3 EL Öl, 5 Min. gegart. Damit die Calamares füllen und zustecken. - 1 Zwiebel und 2 Knoblauchzehen in 100g Öl anbraten, dann 800g frische Tomaten zugeben, etwas einkochen und die gefüllten Calamares darin 20 Min. garen. Nach Wahl am Ende auch Erbsen mitgaren.
Statt der frischen Tomaten kann man auch 600g Tomatenpüree und 200g Wasser nehmen. Die Finesse des Rezepts besteht darin, gleichzeitig Tomate und Paprika im günstigen Verhältnis von etwa 4:1 zu verwenden. Das Ergebnis kann sich sehen lassen. Das Rezept stammt aus Andalusien.

Calamari ripieni (gefüllte Tintenfische, italienisch). 2 Knoblauchzehen, 4 Sardellenfilets, 1 TL Rosmarin, 2 EL Petersilie, 2 EL Brösel, 1 rohes Ei gut mengen und in 6 mittelgroße Calamares von 15 cm füllen. Mit einem Faden vernähen, außen gut mit Öl bestreichen und 20 Min. grillen. - Variante: in 50g Öl und 200g Fischfond dünsten.
Ein italienisches Rezept, aufgenommen wegen der Sardellen; sie schmecken zu Tintenfisch vorzüglich. Ein Abendessen mit Tintenfisch, Sardellen, Salat, Brot, etwas Käse und etwas Rotwein ist eine harmonische, runde Sache.

Chipirones en su tinta (kleine Tintenfische in ihrer Tinte). 800g kleine Tintenfische ausnehmen, die Tintensäcke beiseitelegen, Flügel und Tentakel

hacken und in die Hüllen zurückfüllen, die Tintenfische mit Zahnstochern zustecken, salzen, in Mehl wenden und in 100g Öl ausbraten. Wieder entnehmen. - Im Rückstand 200g Zwiebeln, 1 Knoblauchzehe, 1 Lorbeerblatt angehen lassen, dann 200g Tomate in Stücken zugeben, etwas einkochen, 200g Wein angießen, nochmals einkochen, die Chipirones dazugeben und 10 Min. fertiggaren. - Die Tinte in etwas Weißwein lösen und über die Chipirones geben. Mit Petersilie bestreut servieren.
Das Rezept oder Varianten zu ihm, auch mit etwas Speck oder Schinken, kann natürlich auch auf große Calamares angewendet werden. Etwas besonderes ist 'arroz negro' aus Südkatalonien oder Valencia, wo man die Tinte in Reis mitkocht. Der Reis saugt auch hier allen Geschmack auf und schmeckt dann ausgesprochen meerhaft. Es muß aber guter Reis sein.

Pulpo (Krake, gekocht). 1 - 1,5 Liter Wasser, 2-3 EL Salz, 1 Zwiebel gewürfelt, 1 TL Pfefferkörner im Schnellkochtopf aufkochen, einen Kraken von 1 kg einlegen und 30 Min. auf Stufe 2 kochen. Den Kraken dann 20 Min. im Wasser ruhen lassen, dann erst entnehmen und mit der Schere in Stücke von 3 cm Dicke zerschneiden. - Im Originalrezept wird der Krake 3 mal nacheinander kurz (30 sec.) in kochendes Wasser getaucht und kalt abgeschreckt. Nie zu lange eintauchen! Dann wird er 15-20 Min. in Wasser gekocht. Die Nadelprobe zeigt den Erfolg. Ist der Krake beim Einsteichen einer Nähnadel hart, so muß das Tier 1 Stunde weitergekocht werden. Klappt das Verfahren, ist der Pulpo unvergleichlich weicher und aromatischer, als wenn er einfach gekocht wird (er kann dann 1 Std. in Wasser bei ca. 50° liegen bleiben). Die Schnelltopfmethode umgeht das durch höhere Temperatur. Traditionell wird der Krake dann nach zwei Rezepten servierfertig gemacht. Serviert wird er auf Holztellern mit Abfließrand:

Pulpo a feira (Krake nach Festtagsart). 1 TL süßen, 1 TL scharfen Paprika und gerösteten Safran in Öl erster Pressung aufschlagen. - Bratkartoffeln bereiten, mit Paprika bestreuen, das Öl über Kartoffeln und Kraken geben und warm servieren. (Das Rezept liegt fest. Wer im August nach Galicien kommt, wird es auf vielen Dorffesten serviert bekommen).

Pulpo gallego (Krake, galicische Art). Über den gekochten Pulpo Öl gießen, dann grobes Meersalz und Paprika daraufstreuen.

Register der Fischnamen

Verzeichnis der Rezepte

Bücher über Spanien

Almanach Spanien - Kalender zu Kultur und Alltag in Spanien
Texte zu Land und Leuten, zu Kultur und Alltag in den verschiedenen Provinzen und Regionen Spaniens. Dazu ein umfangreicher Serviceteil: Adressen, Internet, Telefonnummern, Feiertage und Feste, Buchempfehlungen, Tips zum Reisen, Essen und Trinken in Spanien. Informationen zu Deutsch-Spanischen Vereinen und Gesellschaften, Städtepartnerschaften etc.
Hg. v. W. Jenior, erscheint jährlich im Herbst, 320 S. Fotos. Kart. EUR 8.-

Winfried Jenior: Tapas - Spezialitäten aus Spanien
Vorwort von Juan Madrid. ISBN 3-928172-46-8, 7. Aufl. 160 S. Fotos. Glossar. Kart. EUR 8.-
Tapas - jeder Spanienreisende kennt sie. Kleine Gerichte, die auf den Theken der spanischen Bars stehen. Hundert der besten Rezepte, auf Reisen durch den Süden gesammelt, werden hier vorgestellt. Juan Madrid, zu Hause in den Bars und Altstadtkneipen, beschreibt deren Herkunft und Tradition und führt den Leser ein in die Kunst, Tapas zu essen. Ein umfangreiches Glossar erschließt das Vokabular der spanischen Küche.

Peter Hilgard: Der maurische Traum. Dimensionen der Sinnlichkeit in al-Andalus.
Etwa 800 Jahre lang wurde der spanische Alltag durch die Kultur der Mauren bestimmt. Der Autor beschreibt den Umgang mit Rausch- und Liebesdrogen, die ausgeprägte Weinkultur bei gleichzeitigem Alkoholverbot, Körperpflege und Erotik, die Unterschiede der jüdischen und arabischen Speisen, die Bedeutung der Düfte, Kräuter und Gewürze und entwickelt so die Dimensionen maurischen Lebensgefühls anhand eigener Forschungen und zeitgenössischer spanisch-arabischer Schriftsteller.
ISBN 3-928172-77-8, 240 S. Geb. Abb. EUR 17.-

Gerald Brenan: Südlich von Granada
Der Engländer Gerald Brenan lebte von 1920 bis 1934 in einem Dorf in den Alpujarras. Er bekam Einblick in Alltag, Gewohnheiten, Glauben und Aberglauben der Menschen.
Dt. v. W. Jenior, ISBN 3-928172-51-4, 368 S. Fotos. Geb. EUR 17.-

Gerald Brenan: Das Gesicht Spaniens
Bericht von einer Reise durch den Süden
Dt. v. Felix Hofmann, ISBN 3-9801438-9-9, 300 S. Kart. EUR 17.-

Felix Hofmann (Hg.): Andalusische Ansichten
Lesebuch nicht nur für Reisende
ISBN 3-928172-79-4, 2., erweiterte Auflage. 240 S. Geb. EUR 17.-

Ian Gibson: Lorcas Granada. Ein Führer durch das heutige Granada - auf den Spuren von Federico García Lorca. Dt. v. Ingrid Mylo und Felix Hofmann
ISBN 3-928172-14-X, 230 S. Fotos. Pläne. Geb. EUR 17.-

Juan Goytisolo: La Chanca
Nachwort v. Felix Hofmann, Dt. von Einar Schlereth, Fotografien von Carlos Pérez Siquier, ISBN 3-934377-31-9, 198 S. Geb. EUR 18.-

Rolf Neuhaus: Fiestas – Spanien im Festrausch. Kalender mit mehr als 800 Fiestas
ISBN 3-934377-30-0, 304 S. tlw. farbige Fotos. Kart. EUR 14.-

Eugen Heinen: Sephardische Spuren
Einführung in die Geschichte des Iberischen Judentums, der Sepharden und Marranen
Bd. I: ISBN 3-934377-34-3, 256 S. Kart. EUR 14.-
Bd. II: ISBN 3-934377-35-1, 480 S. Kart. EUR 34.-

Bitte fordern Sie unseren Gesamtkatalog an!

Verlag Winfried Jenior

Lassallestraße 15 D-34119 Kassel
Tel.: 0561-7391621 Fax: 0561-774148
e-mail: jenior@aol.com, www.jenior.de